Dimitar Bechev

Die Türkei unter Erdoğan

**Wie sich das Land von der Demokratie
und vom Westen verabschiedet hat**

*Aus dem Englischen von
Karlheinz Dürr und Hans Freundl*

HarperCollins

Die englische Originalausgabe erschien 2022 unter dem Titel
»Turkey Under Erdoğan« bei Yale University Press, London

INHALT

VORWORT
ZUR DEUTSCHEN ERSTAUSGABE

Europa befindet sich inmitten des größten und schwersten militärischen Konflikts seit Ende des Zweiten Weltkriegs. Der Einmarsch Russlands in die Ukraine, der am 24. Februar 2022 begann – ein Datum, das in die Geschichtsbücher eingehen wird –, hat die europäische Sicherheit auf den Kopf gestellt. Mit massiver Unterstützung der USA und ihren europäischen NATO-Verbündeten haben die Ukrainer dem russischen Angriffskrieg getrotzt und um das Überleben ihres Staates und ihrer Nation gekämpft.

Auch die Türkei hat sich aktiv an dem Drama beteiligt, das sich vor unseren Augen abspielt. Die Waffen, die sie an die ukrainischen Streitkräfte geliefert hat, wie zum Beispiel die vielbeachteten Bayraktar-TB2-Drohnen, haben in der Anfangsphase des Krieges in der Schlacht um Kiew einen Unterschied gemacht. Die türkische Regierung hat sich jedoch nicht auf die Seite der Ukraine geschlagen, sondern sich für eine neutrale Haltung entschieden. Auch den westlichen Wirtschaftssanktionen hat sich Ankara nicht angeschlossen, ähnlich wie in den Jahren 2014/15. Die türkischen Exporte nach Russland stiegen sprunghaft an, was vermuten lässt, dass die Türkei Ländern, die die Sanktionen umgehen möchten, eine Hintertür bietet. Ankara erhob zudem Bedenken gegen den NATO-Beitritt Finnlands und Schwedens, mit der Begründung, sie würden kurdische Kämpfer beherbergen. Diese Verzögerungstaktik war zwar durch innenpolitisches Kalkül der Türkei bedingt, kam aber Russland zugute. Im Gegensatz zu westlichen Staatsoberhäuptern wandte

sich Erdoğan nicht gegen den Kreml und setzte seine Treffen und Telefo-
nate mit Putin fort. Seine Bemühungen als Vermittler zwischen Russland
und der Ukraine trugen Früchte: Juli 2022 erzielten Diplomaten eine
Einigung, die die Wiederaufnahme der Getreideexporte aus dem ukrainischen Hafen von Odessa ermöglichte. Weizen und Mais aus der Ukraine gelangen nun vor allem in die muslimisch geprägten Länder des Nahen Ostens, Nordafrikas und südlich der Sahara, für die die Türkei eine
Führungsrolle anstrebt.

Die neutrale Haltung der Türkei in diesem Krieg spricht für die Vision
der Türkei als unabhängiger geopolitischer Akteur und nicht als verlängerter Arm des Westens. Es gibt Anzeichen dafür, dass diese Haltung
über die islamisch-nationalistisch geprägte Regierungselite hinausgeht.
Eine kürzlich durchgeführte Umfrage ergab, dass gut zwei Drittel der türkischen Bevölkerung Russland weiterhin als Partner betrachten.[1] Das tief
verwurzelte Misstrauen gegenüber den USA und, in geringerem Maße,
gegenüber Europa prägt diese Haltung – und wird dies auch in den kommenden Jahren und Jahrzehnten tun. Gleichzeitig vertritt das Oppositionsbündnis – die sogenannte Sechsergruppe – die Auffassung, dass ein
Neustart mit den USA und der EU sowohl möglich als auch wünschenswert ist. Die Regierung Joe Bidens ist ebenfalls bestrebt, die Türkei im
Kampf gegen das Machtstreben Russlands weiterhin auf ihrer Seite zu
wissen. Inwieweit eine künftige Nicht-AKP-Regierung den Kurs des Landes ändern würde oder könnte, ist fraglich. Es gibt Grund zu der Annahme, dass die Vorstellung über die schwindende globale Dominanz des
Westens und den Aufstieg der Türkei in einer multizentrischen Welt tiefe
Wurzeln geschlagen hat, in einem Land, das nun darauf besteht, bei seinem wahren Namen genannt zu werden: Türkiye.

In den letzten beiden Jahren hat sich die türkische Außenpolitik verändert. Ankara hat die Beziehungen zu Ländern wie den Vereinigten Arabischen Emiraten und Israel normalisiert. Gelder aus den Vereinigten
Arabischen Emiraten und Saudi-Arabien, die in die Zentralbank einge-
zahlt werden, stützen die angeschlagene Türkische Lira. Im November
2022 traf Erdoğan den ägyptischen Präsidenten Abdel Fatah El-Sisi und

schüttelte ihm die Hand – ein Durchbruch angesichts der jahrzehntelangen Feindseligkeit zwischen den beiden Ländern seit dem Sturz der Muslimbruderschaft durch das ägyptische Militär im Jahr 2013. Die Normalisierung der Beziehungen zu Armenien schreitet ebenfalls voran. Nach der Niederlage in Berg-Karabach im Jahr 2020 ist die armenische Regierung der Ansicht, dass es sich nicht auf die Unterstützung Russlands verlassen kann und die Beziehungen zu anderen Ländern, einschließlich der Türkei, verbessern muss. Im Februar 2023 wurde die türkisch-armenische Grenze kurzzeitig geöffnet, um Lastwagen mit Hilfsgütern für die erdbebengeschädigten Gebiete im Südosten der Türkei passieren zu lassen. Auch die türkisch-griechischen Spannungen haben sich abgeschwächt, da Außenminister Nikos Dendias nach dem Erdbeben in die Region Hatay reiste. Erinnerungen an die »Erdbebendiplomatie« von 1999 kamen hoch. Vor allem aber haben sich die Türkei und das syrische Assad-Regime mit Unterstützung und unter Vermittlung Russlands wieder angenähert. Alles in allem ist die Türkei gegenüber ihren Nachbarstaaten weit weniger konfrontativ als noch vor einigen Jahren. Das ist zwar keine Rückkehr zu den »Null-Problem«-Zeiten unter Ahmet *Davutoğlu* (der mittlerweile Vorsitzender der Oppositionspartei Gelecek Partisi ist), aber dennoch eine Entwicklung, die zu begrüßen ist.

Während ich dies schreibe, bereitet sich die Türkei auf die Präsidentschafts- und Parlamentswahlen vor, bei der Erdoğan gegen Kemal Kılıçdaroğlu antreten wird, der vor Kurzem zum Präsidentschaftskandidaten des Oppositionsbündnisses nominiert wurde. Dies verspricht ein enges Rennen zu werden. Die Beliebtheitswerte der AKP und Erdoğans sind auf einem historischen Tiefstand. Die desaströse Wirtschaftspolitik, die galoppierende Inflation, die nach offiziellen Angaben bei 85 Prozent liegt, möglicherweise aber noch viel höher ist, und die enttäuschende Reaktion auf die Erdbebenkatastrophe vom 6. Februar, bei der mehr als 50 000 Menschen ums Leben kamen, haben der Regierung einen schweren Schlag versetzt. Kılıçdaroğlu mag nicht das Charisma Erdoğans oder gar des populären Istanbuler Bürgermeisters Ekrem İmamoğlu haben, der ebenfalls als Präsidentschaftskandidat gehandelt wurde, aber er macht dies durch persönliche Integrität wett. Da jedoch sowohl die Wahlbehörden als auch die Gerichte und die Medien mehrheitlich Erdoğan ergeben sind, ist der Wahlkampf alles andere als fair. Erdoğan wird höchstwahrscheinlich seine Macht nutzen, um den Sieg der Oppositionsparteien in der Großen Nationalversammlung zu verhindern. Darüber hinaus setzt sich das Oppositionsbündnis für die Wiederherstellung des parlamentarischen Systems und die Abschaffung des Präsidentialismus ein. Dafür bräuchte es allerdings die Unterstützung der kurdischen Wähler und müsste sich mit der pro-kurdischen HDP verbünden, der nun ein Verbotsverfahren droht.

Die Bedeutung der bevorstehenden Wahlen kann gar nicht hoch genug eingeschätzt werden. Ein Sieg Erdoğans könnte die Türkei weiter in eine Autokratie führen, bei der die letzten demokratischen Überbleibsel beseitigt würden. Ein Sieg Kılıçdaroğlus könnte einen demokratischen Neubeginn einleiten, auch wenn er sich um die großen wirtschaftlichen und sozialen Probleme kümmern müsste, die er von Erdoğans Herrschaft erben würde. Ein knappes Wahlergebnis, bei dem sowohl Erdoğan als auch die Opposition den Sieg für sich beanspruchen würden, könnte zu einer Katastrophe führen. Schlimmstenfalls könnte der Türkei eine längere Zeit der Turbulenzen bevorstehen, mit Protestwellen, die an die Gezi-Kundgebungen von 2013 erinnern, wachsenden politischen und sozialen Spannungen oder gar gewalttätigen Auseinandersetzungen.

Wenn ich in die Zukunft blicke, bleibe ich ein gemäßigter Optimist, was die Türkei betrifft. 2023 feiert das Land den hundertsten Jahrestag seiner Gründung durch Mustafa Kemal Atatürk. Der größte Trumpf des Landes sind nach wie vor seine Menschen – fleißig, zäh und widerstandsfähig gegenüber allen Widrigkeiten, seien es wirtschaftliche Notlagen, Naturkatastrophen, dysfunktionale staatliche Institutionen oder ein selbstsüchtiges politisches System. Dank ihrer Gesellschaft verfügt die Türkei über ein enormes Potenzial und wird sich wieder zu dem wirtschaftlichen und kulturellen Kraftzentrum entwickeln, das sie in den 2000er- und frühen 2010er-Jahren war. Letztendlich wird auch die Demokratie zurückkehren. Doch wie ich in »Die Türkei unter Erdoğan« zeige, wird sie nicht mehr dasselbe Land sein wie vor dreißig Jahren. Bei all den Fäden, die die moderne türkische Geschichte durchziehen und verbinden, haben die Herrschaft des starken Mannes und die AKP-Ära dem Land ihren unauslöschlichen Stempel aufgedrückt.

Dimitar Bechev
Oxford im Mai 2023

VORWORT

Dieses Buch entstand in anderthalb Jahren; die Arbeit war aufgrund des pandemiebedingten Lockdowns recht mühsam. Ich fing mit der Arbeit im ländlich-idyllischen North Carolina an und schloss sie in Oxford ab. Es war eine Art Heimkehr, weil ich mich hier am St. Antony's College vor Jahren zum ersten Mal in alles vertiefte, was mit der Türkei und den Türken zu tun hatte. Das vorliegende Buch ist das Ergebnis von mehr als einem Jahrzehnt des Forschens, Schreibens und Nachdenkens über die Türkei. Offen gesagt war es keine sehr glückliche Zeit, zumindest nicht für das Land selbst, da es eine ganze Reihe schmerzlicher Ereignisse erlebte und seine früheren Hoffnungen auf eine friedliche und demokratische Zukunft zunichtegemacht wurden. Die politischen und gesellschaftlichen Ereignisse in der Türkei interessieren mich bis heute. Als Lehrender, Forschungsstipendiat und Wissenschaftler habe ich das Glück, eine Nische zu besetzen. Bücher wie dieses werden gewöhnlich aus einer von zwei möglichen Perspektiven geschrieben: entweder aus der Sicht von Autoren, die selbst aus der Türkei stammen und mit ihrem Land aufs Innigste vertraut und verbunden sind, so groß und verschiedenartig es auch sein mag, oder aus der Sicht von Westlern, die, wie ich hinzufügen muss, oftmals über ein Niveau an Wissen und eine linguistische und kulturelle Expertise verfügen, die ich mir selbst nur wünschen kann. Meine Positionalität, um einen bei Anthropologen beliebten Begriff zu verwenden, befindet sich irgendwo zwischen diesen beiden Standpunkten. Ich selbst stamme aus einem Nachbarland der Türkei, das einst zum Mittelpunkt des Osmanischen Reiches gehörte, in dem noch immer eine große türkische und muslimische Minderheit lebt und das bis heute in gewisser Weise auf den großen Nachbarn fixiert bleibt. Diese Herkunft ermöglicht mir einen guten Einblick, gleichzeitig aber auch ein ausreichendes Maß an kritischer Distanz. Zumindest theoretisch.

Dieses Buch wäre ohne die großzügige Hilfe von Freunden und Kollegen nicht möglich gewesen. Es gibt eine lange Liste von Menschen, denen ich zu Dank verpflichtet bin.

Besonderen Dank schulde ich Ayşe Kadıoğlu, Berk Esen, Suat Kınıklıoğlu, Lisel Hintz, Marc Pierini, Erdi Öztürk, Venelin Ganev, Emre Çalışkan, Kerem Öktem und Soli Özel, die Teile des Manuskripts lasen und kommentierten. Auch den beiden anonymen Rezensenten von Yale University Press danke ich für ihr Feedback und ihre Anregungen. Im Laufe der Jahre haben sich die vielen Gespräche und der Schriftwechsel als sehr hilfreich und nützlich erwiesen, die ich mit einer ganzen Reihe von Personen führte, vor allem mit Galip Dalay, Mehmet Karlı, Karabekir Akkoyunlu, Kemal Kirişçi, Gönül Tol, Ömer Taşpınar, Elaine Papoulias, Ioannis Grigoriadis, Aaron Stein, Nigar Göksel, Has Avrat, Michael Werz, Nate Schenkkan, Sinan Ciddi, Lenore Martin, Soner Çağaptay, Henri Barkey, Amberin Zaman, Sinan Ülgen, Nathalie Tocci, Barış Kesgin, James Ker Lindsay, Robert Jenkins, William Armstrong, Sinikukka Saari und Stanislav Secrieru. Ich könnte noch weitere Seiten mit Namen füllen. Ich muss wohl nicht eigens betonen, dass mögliche Unterlassungen oder Fehler, die Tatsachen oder Interpretationen betreffen, einzig und allein in meiner Verantwortung liegen.

Auch die institutionelle Unterstützung war sehr wichtig. Ein großes »Dankeschön« schulde ich Taiba Batool, die mich zuerst ermutigte, diese ehrgeizige Reise zu unternehmen (mein ursprünglicher Plan war sehr viel bescheidener). Ebenso danke ich meinem Lektor Julian Loose, der mein Projekt bei der Yale University Press begleitete.

Danken möchte ich auch für die freundliche Unterstützung durch das Institut für die Wissenschaften vom Menschen (IWM) in Wien, das mir

2020/2021 ein Fellowship gewährte, das es mir ermöglichte, mein Manu-
skript termingerecht fertigzustellen. Mein Dank gilt ferner dem Frontier
Europe Program am Middle East Institute in Washington, D.C, das ebenfalls meine Arbeit über die türkische Außenpolitik unterstützte, und dem
Center for Slavic, Eurasian and East European Studies at the University
of North Carolina at Chapel Hill, wo ich von 2016 bis 2020 ebenfalls ein
Fellowship innehatte.

Und nicht zuletzt schulde ich auch meiner Familie großen Dank.
Meine Frau Galina und unsere Kinder Emanuil, Anthony und Sophia
sind mir auf der gesamten Reise stets eine Quelle der Inspiration gewesen.

GENDER-HINWEIS

In diesem Buch wird aus Gründen der besseren Lesbarkeit in den meisten Fällen das generische Maskulinum verwendet. Weibliche und anderweitige Geschlechteridentitäten werden dabei ausdrücklich mitgemeint, soweit es für die Aussage erforderlich ist.

ABKÜRZUNGEN

AKP	Partei für Gerechtigkeit und Aufschwung	Adalet ve Kalkınma Partisi
ANAP	Mutterland-Partei	Anavatan Partisi
AP	Gerechtigkeitspartei	Adalet Partisi
BDP	Partei des Friedens und der Demokratie	Barış ve Demokrasi Partisi
BOTAŞ	Staatl. Türkisches Energie-unternehmen für Erdöl- und Gastransport	Boru Hatları ile Petrol Taşıma Anonim Şirketi
CHP	Republikanische Volkspartei	Cumhurriyet Halk Partisi
DP	Demokratische Partei	Demokrat Parti
DSP	Demokratische Linkspartei	Demokratik Sol Parti
DTP	Partei für eine demokratische Gesellschaft	Demokratik Toplum Partisi
DYP	Partei des Rechten Weges	Doğru Yol Partisi
EG/EC	Europäische Gemeinschaft	
EGMR/ ECtHR	Europ. Gerichtshof für Menschenrechte	

EWG/EEC	Europäische Wirtschaftsgemein-schaft	
EEZ	Ausschließliche Wirtschaftszone (die seerechtlichen Einfluss-gebiete der Staaten)	
EU	Europäische Union	
FDI	Ausländische Direktinvestition	
FETÖ	Gülen-Bewegung; von der türk. Reg. als terroristische Organisa-tion bezeichnet	Gülen hareketi, von den Anhängern Hizmet (»Dienst«) oder Cemaat (»Gemeinde«) genannt
FP	Tugendpartei	Fazilet Partisi
FSA	Freie Syrische Armee	(bewaffneter Arm von Teilen der Opposition, auch Überläufer aus Assads Armee)
GNA (Libyen)	Die Regierung der Nationalen Übereinkunft oder auch Libyan Political Agreement/Libysches Politisches Abkommen LPA	Ḥukūmat al-Wifāq al-Waṭanī
HADEP	Partei der Demokratie des Volkes	Halkın Demokrasi Partisi
HDP	Demokratische Partei der Völker	Halkların Demokratik Partisi
IWF/IMF	Internationaler Währungsfonds IWF	

İP	Arbeiterpartei	Vatan Partisi (türkisch für »Vaterlandspartei«; bis Anfang 2015 als İşçi Partisi, türkisch für »Arbeiterpartei«, bekannt)
ISIS	Islamischer Staat im Irak und in Syrien (später umbenannt in IS)	
KCK	etwa: Union der Gemeinschaften Kurdistans (neue Organisationsform der Arbeiterpartei Kurdistans PKK, die die Umsetzung des von Abdullah Öcalan am 20. März 2005 deklarierten »Demokratischen Konföderalismus« zum Ziel hat).	Koma Civakên Kurdistan
KRG	Kurdische Regionalregierung	
LNG	Flüssiggas	
MGK	Nationaler Sicherheitsrat	Millî Güvenlik Kurulu
MHP	Partei der Nationalistischen Bewegung	Milliyetçi Hareket Partisi
MİT	Nachrichtendienst der Türkei	Millî İstihbarat Teşkilatı
MKO	Volksmudschahedin	Modschahedin-e Chalgh-e Iran
MSP	Nationale Heilspartei	Millî Selâmet Partisi
PJAK	Partei für ein Freies Leben in Kurdistan	Partiya Jiyana Azad a Kurdistanê
PKK	Arbeiterpartei Kurdistans (türkisch-kurdisch)	Partiya Karkerên Kurdistanê

PYD	Demokratische Unions-Partei (syrisch-kurdisch)	Partiya Yekîtiya Demokrat
RP	Wohlfahrtspartei	Refah Partisi
SDF	Demokratische Kräfte Syriens	
SHP	Sozialdemokratische Populistische Partei	Sosyaldemokrat Halkçı Parti
SNC	Syrischer Nationalrat	(Oppositionskräfte zu Assad)
TİKA	Türkisches Präsidium für Internationale Kooperation und Koordination	Türk İşbirliği ve Koordinasyon İdaresi Başkanlığı
TOKİ	Staatliche Wohnungsbaubehörde	Toplu Konut İdaresi Başkanlığı
TRT	Türkische Hörfunk- und Fernsehanstalt (öffentl.-rechtliche TV-Gesellschaft der Türkei)	Türkiye Radyo ve Televizyon Kurumu
VAE/UAE	Vereinigte Arabische Emirate	
VN/UN	Vereinte Nationen	
YPG	Volksverteidigungseinheiten (bewaffneter Arm der PYD)	Yekîneyên Parastina Gel

ZEITLEISTE

1919–1922	Türkischer Unabhängigkeitskrieg
1923	Gründung der Republik Türkei
1938	Mustafa Kemal Atatürk, Gründer der Republik, stirbt in Istanbul
1946	Einführung des Mehrparteiensystems
1950	Die von Atatürk gegründete CHP verliert die Parlamentswahl; die Demokratische Partei (DP) kommt an die Macht
1952	Die Türkei tritt der NATO bei
1960	Ministerpräsident Adnan Menderes (DP) wird durch einen Militärputsch abgesetzt und später zum Tode verurteilt
1963	Das Assoziierungsabkommen mit der Europäischen Wirtschaftsgemeinschaft (EWG) wird in Ankara unterzeichnet
1971	Nach einem Militärputsch wird die von Süleyman Demirel (Justice Party) geführte Regierung abgesetzt
1974	Die Türkei interveniert in Zypern und übernimmt im Norden der Insel die Kontrolle
1980	Nach einem dritten Militärputsch wird die erneut von Demirel geführte Regierung abgesetzt. Der Nationale Sicherheitsrat (MSR) mit dem Vorsitzenden Generalstabschef Kenan Evren übernimmt die Exekutiv- und Legislativgewalten

1983	Nach dem Inkrafttreten einer neuen Verfassung gewinnt die Mutterlandspartei (ANAP) die Parlamentswahl. Turgut Özal wird Ministerpräsident
1984	Anschläge durch die Arbeiterpartei Kurdistans (PKK) markieren den Beginn eines Aufstands im Südosten der Türkei
1987	Die Türkei stellt den Antrag auf Mitgliedschaft in der EWG
1989	Die Große Nationalversammlung wählt Özal zum Präsidenten der Republik
1991	Zweiter Golfkrieg
1993	Turgut Özal stirbt aufgrund von Herzversagen
1994	Die islamistische Refah Partisi (RP; Wohlfahrtspartei) gewinnt die Kommunalwahlen; Recep Tayyip Erdoğan wird Oberbürgermeister von Istanbul
Jan. 1996	Die Zollunion EU-Türkei tritt in Kraft
Jan. 1996	Spannungen zwischen Griechenland und der Türkei in der Ägäis führen beinahe zu einer militärischen Auseinandersetzung
Juni 1996	Der Vorsitzende der Refah Partisi, Necmettin Erbakan, wird Ministerpräsident
Feb. 1997	Ein vom türkischen Militär veröffentlichtes Memorandum führt im Juni 1997 zum Rücktritt Erbakans (der sogenannte »postmoderne Putsch«)
1998	Syrien weist den Vorsitzenden der PKK, Abdullah Öcalan, aus dem Land, nachdem die Türkei eine militärische Invasion angedroht hatte. Öcalan wird im Februar 1999 in Kenia von einem türkischen Kommando gefangen genommen
1999	Bei der Sitzung des Europäischen Rates in Helsinki anerkennen die Staats- und Regierungschefs der EU die Türkei als Beitrittskandidatin
2001	Eine schwere Banken- und Finanzkrise trifft die Türkei

Aug. 2001	Ehemalige Mitglieder von Erbakans islamistischer Bewegung gründen die Partei für Gerechtigkeit und Aufschwung (AKP)
Nov. 2002	Die AKP geht bei der Parlamentswahl als Siegerin hervor und bildet eine Regierung unter Führung von Abdullah Gül
März 2003	Im türkischen Parlament scheitert ein Antrag auf Beteiligung der Türkei an der von den USA geführten Koalition im Dritten Golfkrieg. Erdoğan löst Gül als Ministerpräsident ab.
2004	Die türkischen Zyprer stimmen bei einem Volksentscheid dem Plan der Vereinten Nationen für die Wiedervereinigung der Insel zu, doch die Mehrheit der griechischen Zyprer lehnt den Plan ab. Die Republik Zypern tritt der EU bei, der Norden bleibt im Ungewissen
2005	Die EU beschließt die Aufnahme der Beitrittsverhandlungen mit der Türkei
2006	Mehrere Verhandlungskapitel werden »eingefroren«; Grund ist die Weigerung der Türkei, griechisch-zyprischen Schiffen und Flugzeugen die Benutzung türkischer Häfen und Flughäfen zu gestatten
2007	Die AKP wird inmitten einer großen innenpolitischen Krise wiedergewählt. Das neu konstituierte Parlament wählt Abdullah Gül zum Staatspräsidenten
Okt. 2007	Eine Bevölkerungsmehrheit stimmt der Verfassungsänderung für die Direktwahl des Staatspräsidenten zu
2008	Die Ergenekon-Ermittlungen beginnen. Das Verfassungsgericht urteilt, dass die AKP gegen die Prinzipien des Säkularismus verstoßen habe, sieht aber von einem Parteiverbot ab
2009	Ahmet Davutoğlu wird Außenminister. Die »Null Probleme mit den Nachbarn«-Politik tritt ins Rampenlicht der Öffentlichkeit

Sept. 2010   Bei einem Volksentscheid stimmt eine Mehrheit der türki-
             schen Bürger einer Reihe von Verfassungsänderungen zu
             verschiedenen Bereichen zu, vor allem hinsichtlich des
             Rechtswesens

Dez. 2010   Demonstrationen in Tunesien lösen den Arabischen Früh-
             ling aus

Juni 2011   Die AKP gewinnt zum dritten Mal in Folge die Parla-
             mentswahl, verfehlt aber die angestrebte Zweidrittelmehr-
             heit, um allein die Verfassung ändern zu können

Sept. 2011   Die Türkei bricht die diplomatischen Beziehungen zum
             Assad-Regime in Syrien ab

März 2013   In Diyarbakır wird die kurdische Friedensinitiative (»So-
             lution process«) der Öffentlichkeit vorgestellt

Mai–Juni   Proteste im Gezi-Park in Istanbul
2013

Dez. 2013   Ein Korruptionsskandal führt zum endgültigen Bruch zwi-
             schen der AKP und der Gülen-Bewegung

Aug. 2014   Erdoğan wird zum Staatspräsidenten gewählt

Dez. 2014   In Ankara verkündet Wladimir Putin Pläne zum Bau einer
             Gaspipeline durch das Schwarze Meer (»TurkStream«)

Juni 2015   Die AKP verliert bei der Parlamentswahl ihre parlamenta-
             rische Mehrheit. Im Südosten der Türkei kommt es erneut
             zu Gewaltausschreitungen, die das Ende der kurdischen
             Friedensinitiative bedeuten

Nov. 2015   Vorgezogene Parlamentswahl. Die AKP gewinnt die parla-
             mentarische Mehrheit zurück

25. Nov.   Ein türkisches Kampfflugzeug schießt eine russische Mili-
2015   tärmaschine an der syrischen Grenze ab

März 2016   Die Türkei und die EU beschließen ein umfassendes
             Flüchtlingsabkommen

Juli 2016   Ein Putschversuch abtrünniger Militäreinheiten gegen
             Präsident Erdoğan scheitert. Der Notstand wird ausgeru-
             fen

Aug. 2016	Das türkische Militär und die Freie Syrische Armee dringen in den Nordwesten Syriens vor
April 2017	Mit knapper Mehrheit billigt das türkische Volk Verfassungsänderungen, durch die das parlamentarische durch ein präsidentielles Regierungssystem ersetzt wird
Juni 2018	Erdoğan wird nach den neuen Verfassungsbestimmungen als exekutiver Präsident wiedergewählt. Die AKP verfehlt die parlamentarische Mehrheit und muss eine Regierungskoalition mit der Partei der Nationalistischen Bewegung (MHP) bilden
März 2019	Bei den Kommunalwahlen verliert die AKP in Istanbul und in Ankara. Bei der Wahlwiederholung in Istanbul wird der Sieg der vereinten Opposition bestätigt
Jan. 2020	Die Türkei interveniert offen im Bürgerkrieg in Libyen
Feb.–März 2020	Türkische Truppen bringen eine große Offensive des Assad-Regimes zum Stillstand
Sept.–Nov. 2020	Eine Intervention der türkischen Streitkräfte unterstützt Aserbaidschan bei der Rückeroberung von bislang durch Armenien besetzten Gebieten rund um Bergkarabach
Dez. 2020	Die Vereinigten Staaten verhängen wegen des Erwerbs von russischen Raketen Sanktionen gegen die Türkei
Dez. 2020	Die EU sanktioniert türkische Staatsbedienstete wegen rechtswidriger Öl- und Gasförderung im östlichen Mittelmeer
Juni 2021	Erdoğan und Präsident Biden treffen in Brüssel zusammen, um die Beziehungen neu zu beleben

EINLEITUNG

DAS DREHBUCH DES MACHTHABERS

Dieser Tag im Oktober 2016 bot so etwas wie eine Parade des globalen Autoritarismus. Eine hochkarätige Auswahl an starken Männern versammelte sich auf der Bühne des riesigen Kongresszentrums im Istanbuler Stadtteil Harbiye. Nacheinander ergriffen der russische Präsident Wladimir Putin, Präsident Ilham Aliyev von Aserbaidschan und Präsident Nicolás Maduro aus Venezuela das Wort, um die Teilnehmer des 23. Weltenergiekongresses an ihren Gedanken über schwankende Ölpreise, globale Investitionen und wirtschaftliche Entwicklung teilhaben zu lassen. Aber das war nicht der eigentliche Zweck ihres Treffens. Die internationalen Würdenträger waren in die Türkei gereist, um ihrem Gastgeber, Präsident Recep Tayyip Erdoğan, ihre uneingeschränkte Unterstützung zu bekunden. Erst drei Monate zuvor hatte der türkische Staatschef einen Putschversuch – diesen »abscheulichen terroristischen Anschlag« – mit aller Härte niedergeschlagen und sparte nun nicht mit Dankesworten. »Bei diesem Anlass haben Sie unsere Nation, unser Land und unsere Demokratie unterstützt. Im Namen meiner Nation möchte ich mich dafür persönlich bei Ihnen bedanken.«[1]

Seine Nation, in der Tat. Wie kein anderer Staatsmann seit Mustafa Kemal Atatürk, dem Gründer der Republik, hatte Erdoğan gewaltige Machtbefugnisse an sich gerissen. Im Jahr 2016 waren ihm, und ihm allein, alle wichtigen Institutionen des Landes unterstellt – von der regierenden AKP (Partei für Gerechtigkeit und Aufschwung, Adalet ve Kalkınma Partisi) über die staatliche Bürokratie, die Gerichte, die

Medien und das wirtschaftliche Establishment bis hin zu Armee und Polizei (die beide erst kürzlich einem gründlichen Säuberungsprozess unterzogen worden waren). Praktisch der gesamte türkische Staat hatte sich in ein Familienunternehmen verwandelt. Wer mit der von Erdoğan ausgerufenen »Neuen Türkei« nicht einverstanden war, sah sich als Terrorist und Mitglied der Fünften Kolonne denunziert – wenn er oder sie Glück hatte. Vielen standen jedoch lange Gefängnisstrafen bevor, sie verloren ihre Jobs oder sahen sich gezwungen, ins Ausland zu fliehen, gleichgültig, ob sie mit dem Putschversuch des Militärs etwas zu tun gehabt hatten oder nicht. Selahattin Demirtaş, der in den jüngsten Wahlen als Spitzenkandidat der prokurdischen HDP (Halkların Demokratik Partisi) angetreten war, sah seiner Verhaftung entgegen. Dass er den Putsch verurteilt hatte, war keine Entschuldigung dafür, dass er dem Führer (oder *reis*, wie Erdoğans Anhänger ihn gerne nennen) nicht die nötige Ehrerbietung bekundet hatte.

Dann waren da auch noch die Freunde der Türkei, wie etwa der russische Präsident Wladimir Putin. Dem Kremlherrscher galt der Dank, weil er nach dem Putschversuch fest zu Erdoğan gestanden hatte. Putin hatte dabei sogar die ernsthafte Verstimmung hintangestellt, die sich im November 2015 ergeben hatte, nicht nur in Bezug auf Syrien allgemein, sondern vor allem wegen des Abschusses einer Suchoi Su-24, eines taktischen Bombers der russischen Luftwaffe, durch eine türkische Luft-Luft-Rakete. Putin wisse ja selbst zur Genüge, dass der Westen immer wieder mal Umsturzpläne ausbrüte, um einen Regimewechsel zu erzwingen, raunten die Parteigänger des türkischen Präsidenten. Den Vereinigten Staaten, einem vermeintlichen Verbündeten, wurde nun sogar vorgeworfen, die Verschwörung zum Sturz oder gar der physischen Eliminierung Erdoğans angezettelt zu haben und der Türkei quasi den Dolch in den Rücken stoßen zu wollen. Wladimir Wladimirowitsch Putin hatte natürlich gegen dieses Narrativ nichts einzuwenden. Solange Ankara, sehr zum Missfallen der übrigen NATO-Mitglieder, Spitzenprodukte der russischen Raketentechnologie kaufte und mit Moskau in Syrien kooperierte, war der »liebe Freund« Putin zufrieden. Auch er war an diesem Tag nach Istan-

bul gereist, um der Unterzeichnung des milliardenschweren Regierungs-
abkommens für TurkStream beizuwohnen, einer Gaspipeline durch das
Schwarze Meer. Aber auch Erdoğan selbst spielte unbekümmert seine
russische Trumpfkarte aus. Der Kreml gab einer türkischen Militäropera-
tion in Syrien grünes Licht, durch die der von den USA unterstützten
kurdischen Miliz die Flügel gestutzt werden sollten. Warum sollte man
sich noch auf die Seite des Westens stellen? Die Russen achteten auf die
türkischen Nationalinteressen und standen zu ihren Verpflichtungen.
Wer war da wohl besser: Putin oder der unzuverlässige Obama,[2] ganz zu
schweigen von den doppelzüngigen Europäern, die die Türkei seit Jahren
auf Armeslänge hielten?

Welchen Unterschied doch ein einziges Jahrzehnt ausmachen konnte!
Während ich im Istanbuler Kongresszentrum im Publikum saß und stau-
nend die Putin-Erdoğan-Show beobachtete, ging mir unwillkürlich wieder
durch den Kopf, wie ich zum ersten Mal den türkischen Staatsmann live
sprechen gehört hatte. Das war am 28. Mai 2004 gewesen, und Erdoğan,
damals noch türkischer Ministerpräsident, hatte im St. John's College in
Oxford eine Rede zum Thema »Warum die Europäische Union die Türkei
braucht« gehalten. Umgeben von Kalypso Nicolaidis, einem Professor
für europäische Politik französisch-griechischer Herkunft, und dem inzwischen verstorbenen Geoffrey Lewis, einer Koryphäe des Faches Türkei-
studien in Oxford, schwadronierte Erdoğan darüber, dass er »Europäische Werte zu Ankaras Werten machen« wolle. Europa, argumentierte
er, sei eine Wertegemeinschaft, in der die Türkei ihren Platz verdiene, und
nicht eine »eng definierte Geografie«. Dann ging er eine Liste von Problemen durch, welche die Beziehungen zwischen Brüssel und Ankara
erschwerten, von den Rechten der kurdischen Minderheit bis zur Teilung
Zyperns.[3] Er verbreitete eine hoffnungsfrohe Botschaft: Die Türkei be-
mühe sich nach besten Kräften um demokratische Reformen, stelle sich
den Geistern der schwierigen Vergangenheit des Landes, verbessere die
Menschenrechtssituation und steigere ihr Wirtschaftswachstum.

Die Rechnung schien aufzugehen. Am 3. Oktober 2005, also weniger
als ein Jahr danach, beschloss die Europäische Union (EU), Verhand-

lungen über den Beitritt der Türkei aufzunehmen, eine verspätete Belohnung für die Veränderungen, die von der AKP und, was nicht vergessen werden darf, auch von ihren Vorgängerregierungen erzielt worden
waren. Schon damals glaubte niemand, dass die EU-Beitrittsverhand-
lungen angesichts der zähen Hindernisse, die zu überwinden waren,
schnell und reibungslos über die Bühne gehen würden. Auch stand noch
keineswegs fest, dass das Land tatsächlich Mitglied werden würde. Aber
letzten Endes würde es auf die eigenen Transformationsanstrengun-
gen der Türkei ankommen. Oder, um Konstantinos Kavafis Gedicht
»Ithaka« zu zitieren, ging es dabei vor allem um die »schöne Reise«,
nicht um das Ziel.[4]

WAS GING SCHIEF?

Dieses Buch setzt sich mit der Frage auseinander, wie sich das alles so
drastisch und so schnell verändern konnte. Warum hat sich die Türkei
dem Autoritarismus ergeben, warum hat sich das Land dem Nationalismus zu- und vom Westen abgewandt?

Aus Sicht vieler Beobachter gibt es natürlich darauf eine einfache Antwort: Recep Tayyip Erdoğan. Erdoğan ist ein gewiefter Politiker; er
nutzte die Wahldemokratie geschickt aus, um sich immer mehr Macht
anzueignen und schließlich ein Ein-Mann-Regime zu etablieren. Die
Mission wurde 2017 mit der Verfassungsänderung vollendet, mit der die
parlamentarische Demokratie durch ein Präsidialsystem ersetzt wurde.
Jetzt zeigte sich, dass Erdoğans Verbundenheit mit Demokratie und
Menschenrechten, die einst im Westen so gepriesen wurden, nur ober-
flächlich gewesen war. Das wiederum weist auf eine andere, damit zusam-
menhängende Erklärung hin: Die westlichen Alliierten der Türkei waren
dafür mitverantwortlich. Um es unverblümt auszudrücken: Erdoğan hat
sowohl die EU als auch die USA übertölpelt. Eine taktische Allianz mit
Brüssel legitimierte seinen Machtzugriff. Die demokratische Konditiona-

lität Europas ermöglichte es einem Demagogen, seine Gegner zu über-
wältigen, vor allem das Militär und die eingefleischten Säkularisten in der
Verwaltung und im Rechtswesen. Washington nahm das ganze Gerede
über islamische Demokratie für bare Münze, geblendet vom eigenen mis-
sionarischen Eifer, von dem auch die gesamte amerikanische Politik im
Nahen Osten angetrieben wird. Als jedoch die Partnerschaft ihre Nütz-
lichkeit einbüßte, nicht zuletzt, weil die EU der Türkei die kalte Schulter
zeigte, kappte Erdoğan die Leine zum Westen. Seine Gegner, die schon
seit Langem dagegen protestiert hatten, dass einem Islamisten wie
Erdoğan in den westlichen Hauptstädten der Hof gemacht wurde, hatten
recht behalten.

Dieses Narrativ lässt allerdings die langfristigen strukturellen und institutionellen Kräfte außer Acht, die die türkische Innen- und damit letzten
Endes auch die Außenpolitik formen. So gerissen und rücksichtslos
Erdoğan auch handeln mag – und in dieser Hinsicht schneidet er glän-
zend ab –, gab es doch auch andere Gründe, warum er an diesem glitschi-
gen Felsen so hoch hinaufklettern konnte und sich seit über zwei Jahrzehnten an der Spitze der Macht halten kann. Was waren diese Gründe?
Der Aufstieg der AKP wäre undenkbar gewesen, würde man nicht auch
die gesellschaftlichen Spaltungen berücksichtigen, welche durch die von
säkularen Staatseliten im 20. Jahrhundert vorangetriebene Modernisierung verursacht wurden. Seit den 1970er-Jahren hatte der politische Islam in der frommen anatolischen Bevölkerung an Einfluss gewonnen, ein
Bevölkerungsteil, der nun im öffentlichen Leben stärker hervortrat. Der
Aufstieg einer konservativen Unternehmerschicht, verbunden mit einer
in den 1980er- und 1990er-Jahren rasant fortschreitenden Urbanisierung, verwischte die gesellschaftlichen und geografischen Unterschiede
zwischen dem Zentrum und der Peripherie, nährte aber auch die Spannungen.[5] Die Kultur wurde zu einem Schauplatz ideologischer Kämpfe
um die Frage, welche Stellung der Glaube im öffentlichen Raum einnehmen solle. Die türkische Variante des islamistischen Populismus positio-
nierte die privilegierte Minderheit, die den Staat vereinnahmt hatte, ge-

gen »das Volk«, die gewöhnliche Bevölkerung – Türken, Kurden und
verschiedene Minderheiten –, die wegen ihrer religiösen Werte und ihres
Lebensstils diskriminiert wurde.[6] Es war das Volk, nicht Erdoğan, das das
sogenannte Vormundschaftssystem (*vesayet*) überwunden hatte, in dem
Generäle und nicht demokratisch gewählte Verwaltungsbeamte in staatlichen Angelegenheiten das letzte Wort hatten. Es war das Volk, das eine
Demokratie aufbaute, die diesen Namen verdiente. Und es waren die Ah-
mets und die Mehmets, die sich den Panzern in jeder schicksalhaften
Nacht im Juli 2016 in den Weg stellten und dafür mit ihrem Leben be-
zahlten. Das ist es, was die Marke Erdoğan wirklich ausmacht.

Natürlich ist der Populismus keine Erfindung Erdoğans. Er war schon
seit Langem der Sauerstoff der türkischen Parteipolitik gewesen, und
Männer wie Süleyman Demirel auf der rechten und Bülent Ecevit auf der
linken Seite hatten ihn mit großem Geschick eingesetzt. Erdoğan jedoch
hat ihn perfektioniert und seine emotionale Verbindung zu den Massen
und seine persönliche Lebensgeschichte – ein armer Junge aus einem
Elendsviertel Istanbuls, der bis ins höchste Amt aufgestiegen war[7] – in ein
wirkmächtiges politisches Instrument verwandelt. Seine Herrschaft sei,
wie er gern argumentiert, der Triumph des »Volkswillens«, der sich an
der Wahlurne ausgedrückt habe. Dann habe sich der gemeine Mann
(Frauen spielen selbstverständlich nur Nebenrollen) gegen die oppressi-
ven und eigennützigen Eliten erhoben und zurückgefordert, was ihm von
Rechts wegen zustehe. »Es ist ja nicht so, dass wir Oxford in *Şanlıurfa*
hätten«, schmunzelte er bei einer Jugendkundgebung 2018 und zitierte
den Sänger İbrahim »Ibo« Tatlıses, einen wichtigen Vertreter der Ara-
beske-Musik[8], »aber ich habe es vorgezogen, dort nicht zu studieren!«[9]
In dieser Hinsicht konnte Erdoğan tatsächlich viel Lob einheimsen, weil
sich während seiner Amtszeit die Zahl der Universitäten von 75 auf 206
erhöht und auch der Zugang zu höherer Bildung und die Aufstiegsmobi-
lität der bislang Unterprivilegierten deutlich verbessert hatten. Das war
sie, die »Neue Türkei«, mit ihren Krankenhäusern von Weltrang, ihren
Autobahnen, ihren glitzernden Shopping Malls, den gigantischen Flug-
häfen und turmhohen Wohnhäusern, alles nur für das Volk. Allein im

ersten Jahrzehnt der AKP-Regierung verdreifachte sich das Bruttoinlandsprodukt von 3600 auf 12 600 Dollar (das allerdings 2020 wieder auf 8000 Dollar abstürzte).[10] Gleichzeitig unterscheidet sich Erdoğans Populismus jedoch von dem seiner Vorgänger. Denn kein anderer türkischer Staatsmann war bisher gewillt oder auch fähig gewesen, sich mit dem Establishment anzulegen, das Land in einem solchen Ausmaß zu verändern und es nach seinen Vorstellungen umzugestalten. Erdoğan spielt in einer ganz eigenen Liga.

So weit, so gut. Das Problem mit Erdoğans Version besteht jedoch darin, dass der »nationale Wille«, den zu vertreten er vorgibt, nicht mit der Realität der Wahlergebnisse übereinstimmt. Bis zur ersten Direktwahl des Staatspräsidenten im Jahr 2014 hatte die AKP noch nie die 50-Prozent-Marke überschritten. Bei den Kommunalwahlen 2019 liefen strenggläubige Wählerinnen und Wähler in genügend großer Zahl zur Opposition über, um ihr in Ankara und Istanbul Siege zu bescheren, und das geschah auch in den meisten übrigen Großstadtbezirken. Im Jahr zuvor hatte die AKP ihre parlamentarische Mehrheit verloren und ist nun auf die Unterstützung durch die MHP (Partei der Nationalistischen Bewegung, Milliyetçi Hareket Partisi) angewiesen. Hinzu kommt, dass Erdoğan Nutznießer bestimmter Regeln und Institutionen ist, die sein Abschneiden bei den Wahlen begünstigen und folglich seine Macht stärken. Formelle Regeln sind wichtig, sogar in Ländern, die so sehr von Informalität besessen sind wie die Türkei. Schon bei den Wahlen von 2002 hatte die außerordentlich hohe Sperrklausel von 10 Prozent dafür gesorgt, dass die Rivalen der AKP auf der Rechten nicht ins Parlament einziehen konnten, während die AKP an die Macht gelangen konnte, obwohl sie nur ungefähr ein Drittel der Wählerstimmen auf sich vereinte. In der Folge monopolisiert die Partei nun den gesamten rechten Flügel und den konservativen Raum, zu dem traditionell ein großer Teil der Wählerschaft tendiert. Deshalb konnte die AKP auch bestimmte in der Verfassung vorgesehene Bestimmungen ausnutzen, die Verfassungsänderungen durch Volksabstimmungen ermöglichen. Die Plebiszite verschoben jedoch das politische System in Richtung Majoritarismus, polarisierten die

Gesellschaft und verschafften Erdoğan den Bonus eines Siegers, der alles bekommt. Ein solches Spielfeld begünstigt natürlich den Präsidenten, weil entscheidende Institutionen wie der Hohe Wahlausschuss (Yüksek Seçim Kurulu, YSK), die höchste Wahlbehörde der Türkei, nur noch seinen Befehlen folgt.

Die Transformation der Türkei von einer Wahldemokratie zu einem kompetitiven autoritären Regime hat viel mit den potenziell hohen Kosten eines Machtverlusts der AKP zu tun. Karabekir Akkoyunlu und Kerem Öktem beschrieben den Zustand der »existenziellen Unsicherheit«.[11] Während der 2000er-Jahre sah sich die Partei durch die Säkularisten und die Gerichte herausgefordert, aber auch durch das Militär, das für das Verbot ihrer Vorläufer verantwortlich war. Sie überlebte 2016 einen recht massiven Putschversuch, der möglicherweise durch ihre ehemaligen Verbündeten in der Gülen-Bewegung gesteuert worden war. Die lange Zeit an der Macht wurde durch eine Reihe von Korruptionsskandalen getrübt, die sehr schädliche Gerichtsverfahren im Westen nach sich zogen. Aus Erdoğans Sicht gibt es offenbar keine Alternative, als sich durch diverse einschlägige Maßnahmen so lange wie möglich an der Macht zu halten, sei es durch Manipulationen der Verfassung oder durch direkte Repression. Das ist ein Dilemma, das alle autoritären und halbautoritären Systeme kennzeichnet. Stellen wir uns das kontrafaktische Szenario vor: In einem Land, in dem das Rechtsstaatsprinzip durch unabhängige Institutionen gewährleistet wird, wäre der Wechsel von der Regierung in die Opposition (und umgekehrt) ein weit weniger riskantes Unterfangen.

Man sollte jedoch auch die anhaltende Anziehungskraft des Nationalismus nicht aus dem Blick verlieren. Der Nationalismus ist der Faden, der Erdoğans Neue Türkei mit der alten Türkei und ihrem gesamten autoritären Ballast verbindet.[12] Das Scheitern der Friedensgespräche zwischen der Regierung und der Kurdischen Arbeiterpartei (PKK) im Jahr 2015, der wiederaufflammende Konflikt im von Kurden bewohnten Südosten, das seit 2016 bestehende Wahlbündnis der AKP mit der rechtsextremen MHP, aber auch die Verbindungen zu kemalistischen Gruppierungen, die dem Westen und den Rechten von Minderheiten ablehnend gegenüberstehen, und schließlich auch der Zusammenstoß mit Griechenland im östlichen Mittelmeer machen die verschiedenen Kapitel dieser Geschichte aus. Auch die Einschränkung des öffentlichen Gebrauchs der kurdischen Sprache, die Beseitigung zweisprachiger Straßenschilder in der Stadt *Diyarbakır* im Jahr 2018 und die Entlassung von Wahlbeamten sind allesamt Zeichen einer Haltung, die an ein »Zurück-in-die-Zukunft« erinnert. Das Bild einer Türkei als belagerte Festung, bedroht durch Feinde von außen und deren Helfershelfer im Innern, ist zu einem zentralen Inhalt der Botschaft geworden, die Erdoğan verbreitet.

Erdoğans Entwicklung von einem EU-freundlichen »muslimischen Demokraten« zu einem autokratischen Machthaber sagt viel aus über die Last eines illiberalen Erbes. Im Wesentlichen haben sich er und seine Gefolgsleute den Kult eines starken, souveränen, unteilbaren Staates angeeignet und ihn mit einem (sunnitisch-)islamischen Anstrich versehen.[13] Individuelle Rechte und Freiheiten werden einem vom Präsidenten und seinem Gefolge interpretierten *raison d'état* untergeordnet. Dank der Verschmelzung der AKP mit dem Staat ist Erdoğan, um den Politikwissenschaftler Soner Çağaptay zu zitieren, zum »Anti-Atatürk-Atatürk« geworden.[14] Obwohl schon die bloße Gleichsetzung der beiden Politiker für die Säkularisten und die CHP (Republikanische Volkspartei, *Cumhuriyet Halk Partisi*) völlig indiskutabel ist, wird sie doch in der offiziellen Gedenkpolitik deutlich hervorgehoben. Tatsächlich hat sich in einem Bruch mit der Tradition der Fokus des historischen Narrativs der Neuen Türkei von den Verwestlichungsreformen Mustafa Kemals auf seine Rolle als Retter des Staates angesichts der existenziellen Bedrohung während des Befreiungskrieges verlagert.[15] Beachten sollte man auch die Kampagne anlässlich der Hundert-Jahr-Feier der Gründung der Republik im Jahr 2023, bei der offenbar Erdoğans sultanähnliche Vormachtstellung zelebriert werden soll. Paradoxerweise findet sich Atatürk im AKP-Pantheon Seite an Seite mit Sultan Abdülhamid II, der von den Konservativen für seine pan-islamische Weltsicht verehrt wird, aber von Kemalisten eher als der »Andere« gesehen wird.[16] Beide Herrscher werden als Erdoğans historische Vorläufer porträtiert, zusammen mit weiteren Führungsfiguren der Mitte-Rechts-Tradition wie Adnan Menderes oder Turgut Özal.

Letztendlich lässt sich der Verlauf der illiberalen Entwicklung der Türkei am besten mit dem Blick auf die illiberalen Wesenszüge des Landes begreifen: seine polarisierte Gesellschaft, seine undemokratische institutionelle Ordnung und seinen ausgrenzenden Nationalismus. Aus alledem ergibt sich, dass das Schicksal des Landes in seinen eigenen Händen liegt. Es sind die türkischen Wählerinnen und Wähler, denen Erdoğan seine Karriere verdankt. Sie sind es, die letztlich den Ausgang der Geschichte entscheiden und bestimmen, ob der Erdoğanismus als Herrschaftssystem seinen Gründungsvater überleben wird. Doch müssen nicht auch westliche Staatsführer einen Teil der Schuld auf sich nehmen, dass sich die Türkei so entwickelt hat? Wahrscheinlich tun sie das auch. Die EU trug in den späten 1990er- und frühen 2000er-Jahren entscheidend dazu bei, demokratische Reformen in der Türkei anzustoßen, überließ dann aber das Land sich selbst, besonders nachdem der französische Präsident Nicolas Sarkozy 2007 klargestellt hatte, dass eine EU-Vollmitgliedschaft der Türkei nicht auf der Agenda stand. Als die internen Mechanismen der Gewaltenteilung in der Türkei allmählich aufgehoben wurden, konnte die EU nur noch so lange auf Erdoğan einwirken, sich zu mäßigen und die Innenpolitik der Türkei zu depolarisieren, wie die EU-Mitgliedschaft noch eine realistische Perspektive darstellte. Doch auch hier mag eine konterfaktische Analyse hilfreich sein. Wie hätte sich wohl ein EU-Mitglied Türkei verhalten? Hätte sich das Land auch weiterhin der liberalen Demokratie verpflichtet gefühlt oder wäre es im Gegenteil wie Viktor Orbáns Ungarn zurückgefallen? Wir werden die Antwort niemals erfahren, aber das macht die Frage noch lange nicht hinfällig.

Die tiefen soziologischen und historischen Wurzeln des Regimes implizieren keineswegs, dass die Türkei zu einer autoritären Herrschaft verdammt ist. Das Land kann auf eine mehr als sieben Jahrzehnte lange Geschichte politischen Wettbewerbs zurückblicken[17] und auf einen steigenden sozio-ökonomischen Entwicklungsstand sowie Verbindungen zum Westen verweisen. Dies sind Faktoren, die irgendwann in der Zukunft eine Rückkehr zur Wahldemokratie begünstigen könnten, sofern sich die Bedingungen nicht grundsätzlich ändern. Die Bürger glauben, dass ihre Stimmen zählen, und beteiligen sich auch weiterhin in hohem Maße an den Wahlen. Es gibt eine echte Opposition, die ihre Fähigkeit zur Kooperation bewiesen hat und bereit ist, ideologische und identitätsbezogene Differenzen hintanzustellen. Das steht im Gegensatz zu anderen autoritären Regimes, etwa in Aserbaidschan, Russland oder in Abdel Fatah El-Sisis Ägypten, wo Mehrparteienpolitik und Wahlen nur Fassade sind. Wir können nicht mit Sicherheit wissen, ob, wann und wie die Türkei zur Demokratie zurückkehren wird, aber es gibt auch keinen Grund, ein solches Ergebnis von vornherein auszuschließen.

DER LANGE ABSCHIED

Der demokratische Niedergang der Türkei hat einen Graben zwischen dem Land und der EU sowie den Vereinigten Staaten aufgerissen. Lange Zeit bildete der Westen den normativen Horizont, den zu erreichen das Land anstrebte. Ob es Atatürks Verweis auf die »zeitgemäße Zivilisation« in den 1920er- und 1930er-Jahren war oder die Nachkriegsvision einer Türkei als »kleines Amerika« oder die Beitrittskriterien der EU – die türkische Gesellschaft bewertete ihre Errungenschaften und Misserfolge immer nach westlichen Maßstäben. Natürlich war diese Beziehung stets von Zweideutigkeiten belastet. Waren es denn nicht die europäischen Mächte gewesen, die sich mit nichtmuslimischen Minderheiten verschworen hatten, um das einst so mächtige Osmanische Reich zu Fall zu bringen? Die Kemalisten, aber auch die Reformer der Tanzimat-Ära ahmten den Westen teilweise nur deshalb nach, weil sie ihm nicht zum Opfer fallen wollten. Auch während des Kalten Krieges gab es in der türkischen Linken einen stark ausgeprägten Antiamerikanismus, aber auch in der Milî-Görüş-Bewegung (Nationale Sicht), dem islamistischen Zweig, aus dem letztlich die AKP hervorging. Dem politischen und militärischen Establishment war die amerikanische Zypernpolitik ebenso verhasst wie das Zögern der Westeuropäer, die Türkei in ihren exklusiven Klub aufzunehmen. Heutzutage ist es unter manchen Analysten auf beiden Seiten des Atlantiks üblich, nostalgisch von den goldenen Zeiten zu schwärmen, als Ankara voll und vorbehaltlos auf der Seite des Westens stand. Doch diese goldene Ära hat es nie gegeben, ausgenommen vielleicht in den 1950er-Jahren. Alles in allem betrachtet, neigte die Hassliebe leicht zur Seite der Zuneigung, nicht zuletzt aufgrund der Mitgliedschaft in der NATO und der Aussicht, der Europäischen Wirtschaftsgemeinschaft (beziehungsweise der EU) beitreten zu können, die als Eckpfeiler der türkischen Außenpolitik galten.

Das ist heute ganz offensichtlich nicht mehr der Fall. Galip Dalay zufolge haben die (derzeitigen) Entscheidungsträger in Ankara die »Idee von der Unverzichtbarkeit und Einzigartigkeit des Westens« aufgegeben. Das Atlantische Bündnis und die Zugehörigkeit zu Europa stehen, so Dalay, nicht mehr im Mittelpunkt der geopolitischen Identität der Türkei, durch die sie ihre »Beziehungen mit nichtwestlichen Mächten filtert«, und sie stellen auch keinen Bezugspunkt der Innenpolitik mehr dar.[18] Die Allianz mit den USA, die schon seit dem Ende des Kalten Krieges erodiert, hängt nur noch an einem seidenen Faden. Ein überwältigend hoher Teil der Türken sieht in den Vereinigten Staaten die größte Bedrohung der nationalen Sicherheit. Auch die Beziehungen der Türkei zur EU sind in schlechtem Zustand, auch wenn noch rund 60 Prozent der Bevölkerung die Mitgliedschaft befürworten.[19] Erdoğan beteuert zwar immer wieder, dass die Zukunft seines Landes in Europa liege, aber beiden Seiten ist klar, dass das inzwischen kaum mehr als eine Farce ist. Die Beitrittsverhandlungen sind knirschend zum Stillstand gekommen, aber weder Ankara noch Brüssel (oder vielmehr eine Mehrheit der Mitgliedstaaten) sind daran interessiert, als Erste auszusteigen. Die Folge ist, dass sich die Türkei immer dann an die EU und die USA wendet, wenn sie sich davon einen Vorteil erhoffen kann. Das zeigt nicht nur das Flüchtlingsabkommen, das Brüssel im März 2016[20] mit Ankara aushandelte, sondern auch die Tatsache, dass Erdoğan den damaligen US-Präsidenten Donald Trump überreden konnte, im Oktober 2019 den Einmarsch türkischer Truppen in den Nordosten Syriens hinzunehmen.

Der Fairness halber sei angemerkt, dass auch der Westen nicht frei von Schuld ist. Zum einen treten viele seiner führenden Politiker der Türkei mit der Denkweise von Leistung und Gegenleistung gegenüber und sind nur allzu gerne bereit, mit Erdoğan zu kungeln. Zum anderen, und das ist noch wichtiger, manifestieren sich die eigenen Probleme des Westens im Aufstieg eines illiberalen Populismus, der die hehren moralischen Ansprüche des Westens arg beschädigt. »Statt dass wir zu einem kleinen Amerika geworden sind, seid ihr zu einer großen Türkei geworden«, stichelt der Politikwissenschaftler Ersin Kalaycıoğlu.[21] Scherz beiseite: Der Westen ist heute im Vergleich zur Blütezeit seiner Macht in den 1990er- und 2000er-Jahren viel weniger geschlossen und infolgedessen auch viel weniger einflussreich. Es ist kein Zufall, dass Donald Trumps eigenbrötlerische Außenpolitik bei Erdoğan und dessen Höflingen großen Anklang fand, ganz zu schweigen von Trumps äußerst lässigem Umgang mit den Normen der Verfassung und seiner Neigung, persönliche Interessen mit Staatsangelegenheiten zu vermengen. Die »liberale internationale Ordnung«, die den frühen Reformen der AKP zugrunde lag, erscheint heute wie ein Relikt einer längst vergangenen Zeit.[22] In der schönen neuen Welt von heute fühlt sich die Türkei wohl.

Erdoğans Türkei sieht sich nicht an der Peripherie des Westens, sondern im Zentrum eines eigenen Universums, das den Nahen Osten, den Balkan und den Südkaukasus umspannt und sich bis ins Subsahara-Afrika erstreckt. Diese Verschiebung kehrt auch das »Republikanische Paradigma« um, wie es Malik Mufti nennt. Das Paradigma wurzelte Mufti zufolge im Trauma des Zusammenbruchs des Osmanischen Reiches und wurde untermauert von einer »starken Neigung hin zum geopolitischen Status quo und einer mächtigen Abneigung gegen Verwicklungen in ausländische Angelegenheiten«, aber auch von der »Überzeugung, dass die äußere Welt im Wesentlichen feindlich und bedrohlich ist, und der

Befürchtung, äußere Feinde könnten das politische System unterwandern und interne Spaltungen ausnutzen«.[23] Erdoğans Aufstieg und der Niedergang der kemalistischen Eliten ermöglichten es der Türkei, in ihren Außenbeziehungen wieder offen und selbstbewusst aufzutreten. Das imperiale Erbe wandelte sich von einer Bürde in einen geopolitischen Vorteil. Die »Neue Türkei« von heute beansprucht die Führung des globalen Islam und bekennt sich zu einer moralischen Verpflichtung gegenüber den Muslimen – *Umma*, die religiös fundierte Gemeinschaft der Muslime –, wo auch immer sie leben mögen.[24]

Manche Analysten bezeichnen das neue Rollenkonzept mit dem Begriff »Neo-Osmanismus«, was im Grunde eine Verbeugung vor der Besessenheit mit der fernen Vergangenheit ist.[25] Die Realität ist freilich viel unübersichtlicher. Russland und Iran, zwei der erbittertsten Feinde des Osmanischen Reiches, stehen bei der Neuausrichtung der Nachbarschaftsbeziehungen ganz weit vorne. Die osmanische Nostalgie vereinigt sich mit der Realpolitik und dem Verfolgen wirtschaftlicher Interessen. Erdoğan ist nicht der Erste, der sich das »imperiale Paradigma« zu eigen macht, das Mufti als Glaube an den Nutzen einer Umgestaltung des äußeren Umfelds definiert.[26] Tatsächlich lassen sich viele politische Maßnahmen und Initiativen Ankaras auf die 1980er- und 1990er-Jahre zurückführen, als Turgut Özal auf ein stärkeres Engagement der Türkei im Nahen Osten, auf dem Balkan und im postsowjetischen Zentralasien drängte. Am Ende des Kalten Krieges wollte er die Vorstellung der Türkei als Modell wiederbeleben, die in der frühen republikanischen Periode entstanden war, aber auch als Kanal für den westlichen Einfluss gesehen werden kann. Auch unter Erdoğan taucht dieses Thema wieder auf, zuerst seit 2001 im Gefolge der Anschläge auf das World Trade Center, als sich die Bush-Administration für die Idee begeisterte, und dann erneut vor und während des sogenannten Arabischen Frühlings, als Ahmet Davutoğlu das Außenministerium in Ankara leitete.

Ist die Türkei ihrem hegemonialen Streben gerecht geworden? Nicht ganz, wie ich in diesem Buch zeigen will. Der brutale und verheerende Krieg in Syrien hat alles auf den Kopf gestellt. Der Konflikt löste einen weiteren regionalen Streit aus, in dessen Verlauf andere Akteure, vor allem Russland und der Iran, die Bestrebungen Ankaras zunichtemachten, den Nahen Osten nach eigenem Ebenbild zu formen. Außerdem vertiefte die syrische Tragödie die Kluft zwischen der Türkei und dem Westen, verschärfte den demokratischen Rückschritt im Innern und führte letztendlich zur Militarisierung der türkischen Außenpolitik. Und da Erdoğan keiner internen Kontrolle seines Machtgebrauchs mehr unterworfen ist und jede Gelegenheit nutzt, nationalistischen Eifer zu schüren, nimmt auch seine Bereitschaft zu, Risiken einzugehen. Die Anwendung militärischer Gewalt weit über die eigenen Grenzen hinaus ist zur Norm geworden, beispielsweise in Libyen oder am Horn von Afrika. Die derzeitige türkische Elite ist überzeugt, dass das Land in einer zunehmend wettbewerbsorientierten Welt nur erfolgreich bestehen kann, wenn es entschlossen handelt, hart durchgreift und seine von der eigenen Rüstungsindustrie entwickelten militärischen Fähigkeiten einsetzt. »Soft Power« (weiche Macht) ist nicht irrelevant geworden; sie bildet sogar einen Schwerpunkt. Aber wenn Erdoğan aus Putins Intervention in Syrien eine Lektion gelernt und verinnerlicht hat, dann diese: dass militärische Macht äußerst wirksam ist.

Wo und wie fügt sich die Türkei in die Weltordnung ein? Nach Auffassung Erdoğans und seiner Gefolgschaft gehört die Zukunft nicht Amerika und seinen westlichen Verbündeten, sondern »dem Rest«. Die Türkei fühlt sich wohl im Kreis der G20, erfreut sich ihres neu entdeckten Einflusses in Afrika, positioniert sich als Führer der Muslime auf der ganzen Welt und vertieft seine Verbindungen zu Regimes wie Russland und China. Am 15. Januar 2021 ließ sich Erdoğan den von der chinesischen Firma Sinovac Life Sciences entwickelten Covid-19-Impfstoff spritzen. Bereits im Juni 2020 hatte die türkische Zentralbank ein Swapgeschäft mit der Chinesischen Volksbank (der Zentralbank der Volksrepublik China) vereinbart, das es einheimischen Unternehmen ermöglicht, Importe aus China in Renminbi Yuan zu bezahlen.[27] Damit kam Peking der Türkei mitten in der Pandemie zu Hilfe, wie auch Moskau dem Land nach dem Putschversuch 2016 seine Solidarität bewiesen hatte. Bemerkenswerterweise hat Erdoğan, der ansonsten kein Blatt vor den Mund nimmt, China bisher weder für die Unterdrückung der Uiguren noch anderer turkisch-muslimischer Gruppen in Xinjiang (oder Ost-Turkestan) angeprangert. Aber wird sich die Türkei mit den revisionistischen Mächten zusammentun, um mit ihnen gemeinsam die westliche Dominanz in internationalen Angelegenheiten frontal herauszufordern? Trotz Erdoğans kämpferischer Rhetorik lautet die Antwort Nein. Die Türkei wird vielmehr auf der Suche nach eigenem Vorteil zwischen verschiedenen Zentren jonglieren: als Macht in der Mitte oder vielleicht auch als unternehmerischer Verkäufer auf einem zunehmend überfüllten geopolitischen Bazar. »Die Türkei macht ihr eigenes Ding«, wie Nigar Göksel und Hugh Pope konstatieren.[28]

Auch in Zukunft wird die Türkei Mitglied der NATO bleiben und die Verbindung zu Europa aufrechterhalten. Das ist eine gute Nachricht für all jene im Westen, die die Türkei noch nicht aufgegeben haben, und auch für viele Menschen in der Türkei selbst, die an ihrem Glauben an die liberale Demokratie festhalten. Aber für beide Kreise gibt es auch eine schlechte Nachricht: Auch nach Erdoğan wird die Türkei vermutlich nicht auf schnellstem Weg zum Westen zurückkehren, sondern weiterhin dem Drehbuch folgen, das vom derzeitigen Regime geschrieben wurde. Aber ob dieses Drehbuch letztlich brauchbar ist oder nicht, ist eine ganz andere Frage.

KAPITELÜBERSICHT

Zwei Kapitel über die Türkei in den späten 1980er- und in den 1990er-Jahren leiten dieses Buch ein; sie schildern die Geschichte der inneren Veränderungen des Landes bis zum Auftreten der AKP. Kapitel 1 erkundet Turgut Özals Reformen und deren Auswirkungen auf Politik, Gesellschaft und Wirtschaft; ferner geht es der Frage nach, wie Özals Reformen, das Aufkommen der Kurdenfrage und der politische Islam dazu beitrugen, die Saat der Polarisierung auszustreuen. Obwohl Erdoğan und seine Partei 2002 mit dem Versprechen an die Macht gelangten, einen Neuanfang machen zu wollen, waren die 1990er-Jahre weit mehr als ein »verlorenes Jahrzehnt«, wie dieser Zeitabschnitt später oft beschrieben wurde. Insbesondere der angestrebte EU-Beitritt verlieh der türkischen Wirtschaft neuen Schwung und schuf die Voraussetzungen für demokratische Reformen. Als die AKP an die Macht kam, konnte sie auf den Errungenschaften ihrer Vorgänger aufbauen, auch wenn diese durch Korruptionsskandale, eine von heftigen Konjunkturschwankungen geprägte Wirtschaft und 2001 von einer schweren Finanzkrise teilweise wieder zunichtegemacht wurden. Kapitel 2 befasst sich mit der türkischen Außenpolitik in diesem Zeitabschnitt. Obwohl die Schlagzeilen damals von waghalsiger Politik und häufigen Konflikten mit Nachbarländern wie Griechenland, Syrien, Armenien und anderen beherrscht wurden, entwickelten Politiker wie Özal oder Außenminister Ismail Cem doch auch eine alternative Vision, die ökonomische Integration, Diplomatie und weiche Macht in den Vordergrund rückte. Nach dem Ende des Kalten Krieges versuchte die Türkei, sich als regionale Führungsmacht im eurasischen Raum zu behaupten, sich zugleich aber auch als Fackelträger westlichen Einflusses zu etablieren, wobei sie sich mit einer Vielfalt interner und externer Zwänge auseinandersetzen musste.

Im Anschluss daran werden wir uns den frühen Jahren der AKP zuwenden. Kapitel 3 führt aus, wie die von der EU dem Land auferlegten Reformen eine breite Koalition hervorbrachten, der Islamisten, Liberale, demokratische Kemalisten, kurdische Nationalisten und die Wirtschaftselite angehörten und die dem demokratischen Wandel den nötigen Impuls verlieh. Diese Konstellation trug dazu bei, dass Erdoğan 2007 eine schwere politische Krise überstehen konnte, und half ihm, sich gegen das Militär sowie gegen die kompromisslose säkulare Opposition zu behaupten. Die AKP profitierte auch von einem günstigen internationalen Umfeld: eine bis zur Finanzkrise von 2008 blühende Weltwirtschaft und eine EU im Erweiterungsmodus. Doch die ungelöste Zypernfrage und die Ablehnung des türkischen EU-Beitritts durch wichtige Mitgliedstaaten wie Frankreich untergruben die Rolle Brüssels als Triebkraft des Wandels in der Türkei. Gegen Ende des Jahrzehnts wandte sich Ankara von Europa ab und den Nachbarländern und -regionen zu. Kapitel 4 erkundet die »Null-Probleme-mit-Nachbarn«-Phase, eine Periode, in der die Türkei versuchte, sich durch Handel, Entwicklungshilfe, Kulturexport und eine auf Konfliktlösung zielende Diplomatie als Führungsnation im Nahen Osten, auf dem Balkan und im Kaukasus zu etablieren. In dieser Zeitspanne war auch eine Neubewertung der strategischen Allianzen des Landes und, im Gefolge der Irak-Invasion 2003, eine zunehmende Divergenz zu den Vereinigten Staaten zu beobachten.

Die Auswirkungen des Arabischen Frühlings auf die Türkei, die Gegenstand von Kapitel 5 sind, können kaum überschätzt werden. Ankara sah in den Veränderungen südlich seiner Grenze eine Gelegenheit, sein »Modell« anzupreisen, importierte aber letztendlich Instabilität. Der Krieg in Syrien verursachte den türkischen Entscheidungsträgern großes Kopfzerbrechen, vertiefte die Kluft zum Westen, der sich nicht einmischen wollte, und forderte letztendlich von den demokratischen Institutionen der Türkei einen hohen Preis. Der Konflikt fiel mit einem Rückschritt in Richtung Autoritarismus in der Türkei zusammen, wie wir in Kapitel 6 darstellen werden. Erdoğan verschaffte sich die vollständige Kontrolle über die AKP, nahm das Rechtssystem an eine sehr kurze Leine und ließ 2013 die Proteste im Gezi-Park brutal niederschlagen. Der Versuch, die Kurdenfrage zu lösen, stellte die einzige große Leistung seines Regimes dar, doch auch dieser Versuch fiel schon bald dem nur halbherzigen Engagement der türkischen Regierung zum Opfer, ein Abkommen zu erreichen, wobei auch die Nachwirkungen des Syrien-Konflikts eine Rolle spielten. Die Weigerung der prokurdischen HDP, sich an der Einführung eines Präsidialsystems zu beteiligen, ließ die Rückkehr der Gewalt im Südosten der Türkei vorausahnen. Kapitel 7 zeichnet den Übergang des Landes zu einem kompetitiven autoritären Regime (in dem gewisse demokratische Institutionen in eingeschränktem Rahmen bestehen bleiben) nach, ein Wandel, der durch den fehlgeschlagenen Putschversuch im Juli 2016 beschleunigt wurde. Erdoğans »Neue Tür-

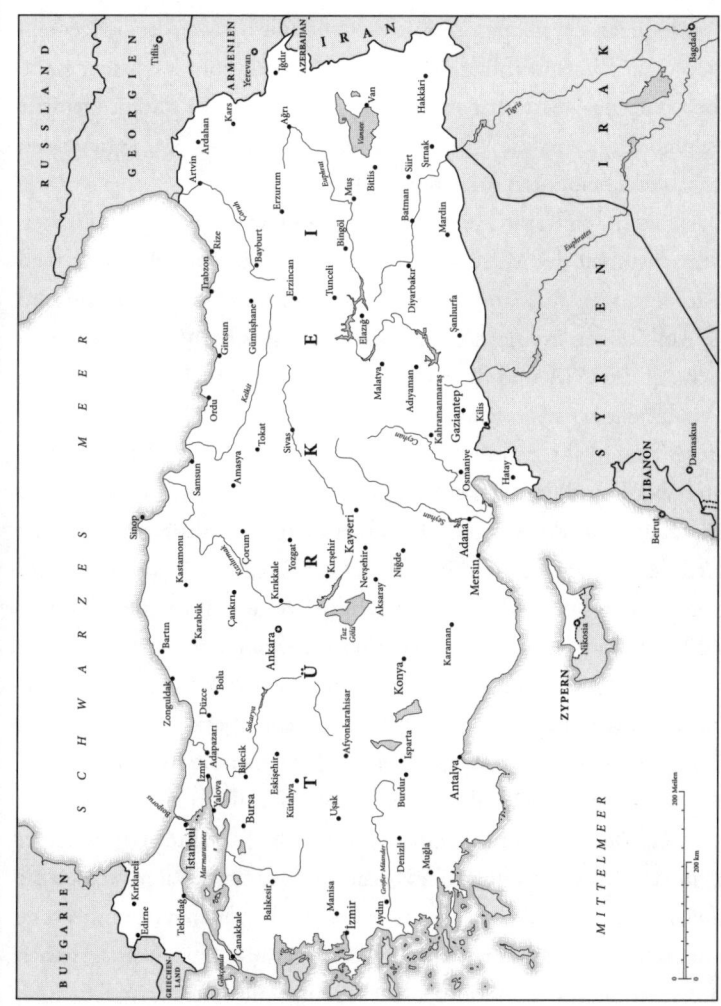

Die Türkei und ihre Nachbarstaaten

kei« installierte ein neopatrimoniales Regierungssystem, das sich jedoch
entgegen allen Versprechungen als unfähig erwies, Politik effizient zu betreiben oder das Wirtschaftswachstum nachhaltig zu fördern. Dementsprechend reagierten die Wähler: Sie wandten sich von der regierenden
Partei ab und belohnten die vereinte Opposition.

Die letzten drei Kapitel bieten eine Bestandsaufnahme der türkischen
Außenpolitik seit der Mitte der 2010er-Jahre. Wie Kapitel 8 zeigt, wendet sich Erdoğan Russland zu, um Druck auf die USA auszuüben und
seine Ambitionen in Syrien zu verwirklichen; gleichzeitig verlässt er sich
jedoch auf die USA und die westliche Allianz als Rückversicherung gegen ein erneut expansionistisch auftretendes Russland. Solange die AKP
an der Macht bleibt, definiert sich die Türkei vor allem als Nahostmacht,
richtet aber den Blick auch auf weiter entfernte Regionen in Subsahara-
Afrika. Kapitel 9 erkundet die Patt-Situation im Verhältnis der Türkei zu
den rivalisierenden Blöcken in der Nahost-Region, die von Saudi-Arabien beziehungsweise vom Iran angeführt werden. Im Unterschied zu
den 2000er- und frühen 2010er-Jahren ist derzeit die militärische Macht
der wichtigste Aktivposten der Türkei, anstelle der Vorzüge seines politischen Systems, seiner Wirtschaftskraft oder seiner populären kulturellen
Exporte. Das Buch schließt mit einem Kapitel über die Beziehungen der
Türkei zu Europa. Trotz Erdoğans polarisierender Rhetorik, der Tatsache,
dass er das Flüchtlingsproblem benutzt, um die EU unter Druck zu setzen, und trotz der Spannungen im östlichen Mittelmeerraum bleiben die
Türkei und die europäischen Länder wirtschaftlich auch weiterhin so eng
miteinander verflochten wie in der Vergangenheit. Europa mag seinen
Einfluss auf die Innenpolitik der Türkei eingebüßt haben, ist aber nach
wie vor für die Interessen der Türkei von großer Bedeutung. Während
sich die Türkei darauf vorbereitet, 2023 den 100. Jahrestag seiner Republikgründung zu feiern, sieht sich das Land mit heftigen Turbulenzen im
Innern wie auch in seinen Beziehungen zum Rest der Welt konfrontiert.

1

DIE VERGANGENHEIT IST KEIN ANDERES LAND

So reizvoll Istanbul auch sein mag, es besaß schon immer auch eine raue Seite. Wer hier in den 1990er-Jahren wohnte, wird das bestätigen können. Damals kämpfte die sich weit erstreckende Metropole mit einer schwindelerregenden Zunahme ihrer Einwohnerzahl – von 3 auf 10 Millionen innerhalb eines Jahrzehnts. Wasserknappheit und Stromabschaltungen waren an der Tagesordnung, vor allem während der Hitzewellen im Sommer. In Bezirken, die hauptsächlich von neu Zugezogenen aus den entferntesten Winkeln Anatoliens bewohnt wurden, bildeten sich lange Warteschlangen an den Brunnen der Nachbarschaft, aus denen die Menschen mit Plastikkanistern (*bidon*) Wasser heraufholten. Manche wagten sich auch weiter weg und durchstreiften auf ihrer »Wasserjagd« die ganze Stadt. In den Armenvierteln waren Baden und Wäschewaschen auf der Straße ein alltäglicher Anblick. Die unzureichende Qualität des »Trinkwassers« machte die Situation noch schlimmer. 1993 mussten die Gesundheitsbehörden wegen überhöhter Ammoniumwerte die Schließung des Elmalı-Reservoirs anordnen, woraufhin die Krise auch auf die wohlhabenden Bezirke entlang des Bosporus und des Marmarameers übergriff. Hatte der frühere Bürgermeister Bedrettin Dalan versprochen, dass die Gewässer am Goldenen Horn bald »dieselbe Farbe wie meine [blauen] Augen« haben würden, so wurde dieser Ausspruch infolge der starken Meeres- und Luftverschmutzung zu einem Standardwitz. Kommunalpolitiker von der Sozialdemokratischen Populistischen Partei SHP (Sosyaldemokrat Halkçı Parti), die damals die großen Städte und Ge-

meinden kontrollierten, waren mit der kolossalen Herausforderung, vor
der sie standen, schlicht überfordert.

Die Notlage Istanbuls spiegelte den allgemeinen chaotischen Zustand
des Landes wider. Waren die 1980er-Jahre noch vom Versprechen einer
neuen, dynamischen und globalisierten Türkei geprägt gewesen, so erinnert man sich heute an das folgende Jahrzehnt nur noch als eine Zeit
voller Turbulenzen und Unzufriedenheit. Berichte von politischem
Streit, von Verschwörungen und Umsturz, von Säbelrasseln und Spiel
mit dem Feuer füllten die Titelseiten der Zeitungen. Im April 1993 starb
Staatspräsident Turgut Özal an Herzversagen, mitten in seiner Amtszeit.
Sein Nachfolger, der altgediente Politiker Süleyman Demirel, sah eine
Reihe von schwachen, zerstrittenen Regierungskoalitionen kommen und
gehen. 1994 verzeichnete die Wirtschaft ihre schlimmste Rezession seit
Jahrzehnten; das Bruttoinlandsprodukt schrumpfte um 4,7 Prozent. Aufgrund der galoppierenden Inflation verlor die türkische Lira dramatisch
an Wert: von Januar bis Dezember stieg der Betrag, den man für einen
US-Dollar bezahlen musste, von 15 000 auf 38 000 Lira. Der Internationale Währungsfonds musste dem Land zu Hilfe eilen. Bei den Kämpfen
gegen die separatistische Kurdische Arbeiterpartei PKK verloren rund
1000 Soldaten ihr Leben. Durch diesen Krieg wurden 250 000 Soldaten in den unruhigen südöstlichen Provinzen des Landes gebunden. Die
Wehrpflicht wurde von 15 auf 18 Monate verlängert. Erzfeind Griechenland sprach sich gegen die Aufnahme der Türkei in die EU aus. Es
war in der Tat kein Jahrzehnt, an das viele Türken gerne zurückdenken
würden.[1]

Die politische und wirtschaftliche Instabilität der 1990er-Jahre bildet
das Herzstück von Erdoğans Narrativ. Von Anfang an stellte er seine
Herrschaft als Heilmittel für das ›verlorene Jahrzehnt‹ dar, ähnlich wie
Wladimir Putin sich als Retter Russlands des ihm vererbten Chaos insze-
niert. Der Fairness halber sei angemerkt, dass Erdoğan in jenen Tagen
auch als Politiker reifte, eine weitere Ähnlichkeit mit Putin, der während
der Präsidentschaft Boris Jelzins einen enormen Karriereschub durchlief.
Bei den Kommunalwahlen im März 1994 stimmten die enttäuschten

Wähler in großer Zahl für die islamistische Wohlfahrtspartei (Refah Partisi) und machten den ehrgeizigen jungen Politiker Erdoğan zum Oberbürgermeister der Metropole Istanbul. Die Wohlfahrtspartei siegte auch in vielen anderen Orten der Türkei, einschließlich der Hauptstadt Ankara. In Istanbul hatte Erdoğan seinen Sieg zwar den Wahlbestimmungen (vor allem dem Mehrheitswahlrecht) und einem Vorsprung von weniger als 12 000 Stimmen vor dem Kandidaten der Mutterland-Partei (Anavatan Partisi, ANAP) zu verdanken. Dennoch konnte es keinen Zweifel geben, dass seine Botschaft beim Wahlvolk gut ankam. Die Verbesserung der Lebensbedingungen in vernachlässigten innerstädtischen Bezirken, etwa in seinem Heimatviertel Kasımpaşa, sowie auch an den Rändern der weit zersiedelten Stadt wurden zu Markenzeichen seiner Politik.[2] Und sind es auch heute noch, trotz der wirtschaftlichen Schwierigkeiten in den 2010er-Jahren und dem Verlust der AKP-Mehrheit bei den Kommunalwahlen 2019 in wichtigen Großstädten, darunter auch Istanbul.

Doch schon der Triumph von 1994 in Istanbul hatte gezeigt, dass der Aufstieg der Wohlfahrtspartei zu nationaler Bedeutung unaufhaltsam war. Zum Entsetzen des säkularen Establishments wie auch vieler Türken, die dem Erbe des Mustafa Kemal Atatürk anhingen, eroberte die Refah Partisi auch die Hauptstadt Ankara, außerdem 25 weitere Provinzzentren. Aus der nächsten Parlamentswahl im Dezember 1995 ging die Partei erstmals als größte Fraktion in der Großen Nationalversammlung hervor. Sechs Monate danach übernahm Professor Necmettin Erbakan, der Vorsitzende der Partei und Gründungsvater des politischen Islam in der Türkei, das Amt des Ministerpräsidenten. Die Säkularisten witterten darin eine Gefahr für die Grundlagen der politischen Ordnung. Am 28. Februar 1997 gab der Generalstab der Streitkräfte der Türkei, damals eine Bastion des Kemalismus, eine nur schwach verhüllte Drohung heraus, die einige Monate später zum Rücktritt Erbakans führen sollte. Das Verfassungsgericht verbot die Refah, weil sie gegen den Grundsatz der laizistischen Staatsdoktrin (*laiklik*) verstoßen habe – die Trennung von Staat und Religion, die von Frankreichs Laizismus (*laïcité*) inspiriert

worden war, aber im Wesentlichen die Unterordnung des Glaubens unter
den Staat bedeutete. Erdoğan wurde mit der Begründung, religiösen
Hass geschürt zu haben, das Mandat entzogen und zu einer zehnmonati-
gen Gefängnisstrafe verurteilt, aber schon nach vier Monaten entlassen.
Der sogenannte »postmoderne Putsch« von 1997 löste einen politischen Kampf aus, der über die Wahlurnen, vor Gericht, durch die nationalen Medien sowie auf der internationalen diplomatischen Bühne ausgetragen wurde und den weiteren Weg der Türkei bereits vorzeichnete.
Die gesamte Episode festigte den Ruf der AKP – einem Sprössling der
Refah – als Verfechterin der Interessen des einfachen Volkes gegen die
selbsternannten Staatswächter und als wahren Ausdruck des Volkswillens.

Der Blick zurück auf das sogenannte »verlorene Jahrzehnt« der
1990er-Jahre kann uns helfen, die heutige Türkei besser zu verstehen –
ihre kühnen Zielsetzungen und ihre unerfüllt gebliebenen Versprechungen.[3] Nicht nur der Krieg gegen die PKK, sondern auch Probleme wie
die Spannungen im östlichen Mittelmeerraum, die Zypernfrage und der
sogenannte »Tiefe Staat« *(derin devlet),* worunter eine konspirative Verflechtung von korrupten Politikern, Geheimdiensten, des organisierten
Verbrechens und Beamten zu verstehen ist – all das rächt sich nun. Die
Geschichte mag sich nicht wiederholen, aber sie reimt sich, wie Mark
Twain einmal anmerkte. Tatsächlich hat sich in der Zwischenzeit sehr viel
verändert. Die Türkei von heute ist ein viel reicheres und selbstbewusste-
res Land und wird von einer neuen Herrschaftselite auf der Grundlage
eines stark veränderten Regierungssystems geführt. Aber in gewisser
Weise hat sich der Kreis für Erdoğans Neue Türkei geschlossen. Vergan-
gene Zeiten werfen ihr Licht auf die Gegenwart.

DER LANGE SCHATTEN DES TURGUT ÖZAL

Die Ära des Özalismus

Im April 1988 besuchte Margaret Thatcher die Türkei. Es war das erste Mal, dass ein britischer Premierminister oder eine Premierministerin dem Land einen offiziellen Besuch abstattete. Wie üblich leitete sie ihre »Dinner Speech« mit einem kleinen Scherz ein: »1987 war offenbar ein Spitzenjahr für Wahlen. Wir hatten unsere im Juni; Sie hatten Ihre im November, und das Ergebnis war in beiden Fällen höchst befriedigend. In Großbritannien unterstützten die Wähler meine özalistische Politik.« Im Verlauf ihrer Rede lobte sie Özal für seinen Glauben an »Unternehmertum, an Initiative, an wirtschaftliche Anreize, und weil er den Menschen etwas gibt, wonach sie streben können«.[4]

Lange Zeit sah man den Wert der Türkei in ihrer strategischen Lage und in ihrer Rolle, die Sowjetunion in Südeuropa und im Nahen Osten einzuhegen (Aspekte, die Thatcher in ihrem Toast ebenfalls lobend erwähnte). Aber Özal hatte auch etwas erreicht, das nur wenige erwartet hätten, als er ins Amt kam: Die Türkei war zu einem Aushängeschild der Vorzüge einer freien Marktwirtschaft geworden. Die staatlich gelenkte Industrialisierung, die auf die Importsubstituierung gerichtet war, und die Fünf-Jahres-Pläne, die sich an der sowjetischen Doktrin sowie am französischen *dirigisme* angelehnt hatten, waren *passé*. Eine neue Strategie, die sich an neoliberalen Prämissen orientierte, zeichnete den Weg in die Zukunft vor (ironischerweise mit Özal, einem früheren Spitzenfunktionär des Staatlichen Planungsamtes der Türkei, an der Spitze). Özal hatte eine ganze Reihe struktureller Reformen angestoßen, beispielsweise den Abbau der Importzölle und die Abschaffung der Importquoten, die Privatisierung staatlicher Unternehmen, den Abbau von Subventionen und schließlich im August 1989 auch die Liberalisierung der Kapitalmärkte.[5] Die Beziehungen zur Europäischen Wirtschaftsgemeinschaft (EWG) waren aufgeblüht, nachdem die Türkei 1987 ihren Aufnahmeantrag eingereicht und das Beitrittsverfahren mit dem Abschluss eines Zollunionsabkommens mit der EWG eingeleitet hatte.[6] Diese politi-

schen Maßnahmen trugen dazu bei, ausländische Direktinvestitionen ins
Land zu holen, die Exporte zu steigern und das Wachstum anzuregen.
Das türkische Bruttoinlandsprodukt legte 1986 um 7 Prozent und 1987
sogar um 9,5 Prozent zu.[7] Nirgends wurden die Veränderungen so deutlich sichtbar wie im Außenhandel. Die Exporte nahmen jährlich um
40 Prozent zu und stiegen im Zeitraum 1980 bis 1988 von 2,9 Milliarden
Dollar auf 11,7 Milliarden Dollar. Verarbeitete Waren und Güter überholten landwirtschaftliche Produkte im Außenhandel: Hatten sie 1980
noch 36 Prozent ausgemacht, so waren sie schon fünf Jahre später auf
80 Prozent gestiegen.[8]

Turgut Özals Weg zur Macht war ungewöhnlich.[9] Nachdem er kurzzeitig bei der Weltbank und im türkischen Privatsektor gearbeitet hatte,
diente der im ostanatolischen Malatya geborene Özal 1979–1980 als
Berater des Ministerpräsidenten Süleyman Demirel und machte sich einen
Namen als kompetenter Technokrat. Das war es, was ihn nach dem Putsch
von 1980 für den Posten des Stellvertretenden Ministerpräsidenten in
dem von General Kenan Evren eingesetzten Kabinett qualifizierte. Die
hochrangige Position erwies sich als Startrampe für seine eigene partei-
politische Karriere. Nachdem die Militärjunta im Vorfeld der Parlamentswahl von 1983 das Verbot politischer Parteien aufgehoben hatte, errang
Özals neu gegründete Mutterlandspartei (ANAP) auf Anhieb 45 Prozent
der Stimmen und wurde zur stärksten Kraft in der Großen Nationalversammlung. ANAP sammelte dabei einen großen Teil der konservativen
Mitte-Rechts-Wähler ein, die bisher die Stammwählerschaft von Süleyman Demirels Gerechtigkeitspartei (Adalet Partisi) gebildet hatten – einer Partei, in der Özal selbst früher Mitglied gewesen war. Özals früherer
Mentor Demirel war durch die vom Militär entworfene Verfassung von
1982 aus der Politik verbannt worden, ein Umstand, der seinem früheren
Zögling Özal zugutekam. Die vom Militär unterstützte Nationalistisch-
Demokratische Partei, der sich Demirel beharrlich verweigerte, erwies
sich als Fehlschlag und kam nur auf den dritten Platz. Die Wahlurne hatte
somit den früheren Bürokraten in einen authentischen Führer der Nation
verwandelt, der gewillt war, den Wandel voranzutreiben.

Der neue Ministerpräsident wuchs schnell in seine Rolle hinein. Seine Politik war erfolgreich, auch wenn die Erfolge alles andere als gleich verteilt waren. Die Wirtschaft blühte auf, von Istanbuls neu gegründeter Börse über die Oyak-Renault-Fabrik in Bursa, die neue Autos am laufenden Band produzierte, bis hin zu den Textilfabriken in anatolischen Städten wie Kayseri und Gaziantep. Und im Unterschied zu früheren Jahrzehnten waren nun auch aus dem Westen importierte Konsumgüter wie Zigaretten und elektronische Geräte häufiger erhältlich.

Özals öffentlich zur Schau gestellte Religiosität verschaffte ihm bei den einfachen Menschen zusätzliche Glaubwürdigkeit. Korkut Özal, sein Bruder, war ein führendes Mitglied der islamistischen Nationalen Heilspartei (MSP) gewesen und hatte es in den frühen 1970er-Jahren sogar zum Minister gebracht. Auch Özal selbst hatte sich für die Partei bei den Parlamentswahlen als Kandidat aufstellen lassen, war aber nicht gewählt worden. Die Özals hatten Verbindungen zum Imam der Nakschibandi-Tariqa (ein Sufi-Orden) und zu dem Intellektuellen Mehmet Zahid Kotku, der in einer Moschee in Fatih predigte, einer konservativen Stadtgemeinde in der Altstadt von Istanbul. Auch religiöse Konservative, die aus Inneranatolien stammten, darunter auch der ehemalige Bürgermeister von Konya, Mehmet Keçeciler, gelangten innerhalb der Mutterlandspartei ANAP zu Einfluss. Die 1980er-Jahre waren der Zeitraum, in dem auch Fethullah Gülens Bewegung an Bedeutung gewann. Özal selbst bekannte sich zum Grundsatz der *laiklik* – also der Trennung von Staat und Religion. Trotz all seiner Angriffe auf die »Status-quo-Leute« (*statükocular*) und seiner engen Beziehung zu den *tariqas* (den Sufi-Bruderschaften) stellte er sich den überholten Ansichten, die vorgetragen wurden, nicht frontal entgegen. Vielmehr hatte er sich für eine andere Rolle entschieden: die des Schlichters. Er wollte ein Mann des Ausgleichs sein, der die verschiedenen Strömungen zusammenbringen konnte.

Auch die ANAP verstand sich als politisches Sammelbecken, in dem unterschiedliche Auffassungen willkommen waren: Liberale, Nationalisten, islamische Konservative und sogar Sozialdemokraten. Das war genau die Formel, die es der AKP in den 2000er-Jahren ermöglichte, sich im Zentrum der türkischen Politik zu etablieren und sich dabei von den radikaleren, antiwestlichen und antikapitalistischen Strömungen zu distanzieren, die von ihren Vorläufern in der politisch-islamistischen Tradition propagiert worden waren. Insofern ist es nicht verwunderlich, dass Özal nach seinem Tod in das Narrativ der Partei aufgenommen wurde.

Polarisierung

Özals Präsidentschaft legte den Samen der Polarisierung zwischen den Säkularen und den konservativ-frommen Religiösen in der Türkei. In den 1980er-Jahren konnte das militärische und bürokratische Establishment die gewachsene Bedeutung des Islam in öffentlichen Angelegenheiten noch tolerieren. Artikel 24 der neuen, 1982 verabschiedeten Verfassung führte den Religionsunterricht als Pflichtfach in den Schulen ein, das zuvor nur ein Wahlfach gewesen war. Die Frömmigkeit sollte als Schutzwehr gegen das Wiedererstarken der Linken dienen. Es wurden so viele Moscheen gebaut wie selten zuvor, was teilweise dem Zustrom der anatolischen Gläubigen zuzuschreiben war, die in die städtischen Zentren im Westen des Landes gezogen waren. Die Zahl der Studierenden an den sogenannten İmam-Hatip-Schulen, den staatlichen Berufsfachgymnasien für die Ausbildung zum Imam und Prediger, deren Absolventen nun das Recht erhielten, sich an den Universitäten einzuschreiben, stieg zwischen 1980 und den frühen 1990er-Jahren von 200 000 auf 300 000.[10] Die zunehmende Bedeutung des Islam im öffentlichen Leben war einerseits eine natürliche Folge des Demokratisierungstrends, der die Werte großer Gruppen der Gesellschaft widerspiegelte. Andererseits beunruhigte dieser Bedeutungszuwachs viele Säkulare, die in der Entwicklung des Iran nach 1979 ein warnendes Beispiel sahen. Linksorientierte Türken wiesen die Schuld für die Islamisierung der Türkei der Außenpolitik der USA zu, die in ihrem Streben nach globaler Vorherrschaft eine Allianz mit den konservativen Kräften eingegangen seien. Nach dem Tod Özals, der einigenden, vermittelnden Führungspersönlichkeit, wurde die islamistische Wohlfahrtspartei (RP) immer stärker, und Ängste und Spannungen eskalierten.

In Bezug auf die Kurdenfrage waren die Özal-Jahre eine verpasste Chance. Özal stammte aus dem Südosten des Landes; unter seinen Vorfahren waren auch Kurden. Er stand der kurdischen Identität aufgeschlossen gegenüber. 1991, während seiner Präsidentschaft, wurde das Verbot der kurdischen Sprache aufgehoben. Auch das Nevroz-Fest, das Neujahrs- und Frühlingsfest, das zur ethnischen Tradition der Kurden und vieler anderer Turk-Völker gehört, wurde wieder erlaubt. Özal hatte sich von der rigiden Vorstellung dessen, was türkisch sei, verabschiedet und fasste die Türkei als eine Mischung ethnischer Gemeinschaften auf, die durch eine einzige Nation miteinander verbunden seien – womit er im Grunde eine Parallele zu dem für die USA geradezu sprichwörtlich verwendeten Begriff des »Schmelztiegels« zog. Die Binnenwanderung führte in den 1980er- und 1990er-Jahren Millionen Kurden in die städtischen Metropolen und machte Özals Sichtweise nun auch der Bevölkerungsmehrheit bewusst. Viele prominente Kurden gehörten der ANAP an und hatten sich dem türkischen Mainstream angepasst. Der kurdischstämmige Diplomat und Regierungsbeamte Kâmran Inan aus Bitlis im Südosten wurde 1993 von der Partei sogar als Präsidentschaftskandidat nominiert. Nationalistische Kurden wendeten sich allmählich der linken Seite des politischen Spektrums zu und bildeten um 1989–1990 eine eigene Gruppierung innerhalb der Sozialdemokratischen Populistischen Partei SHP, nachdem sie vor dem Putsch von 1980 noch von anderen linksorientierten Gruppierungen repräsentiert worden waren. Und auch Özal selbst, der 1987 den Notstand über die kurdischen Provinzen verhängt hatte, zeigte sich nun zu Verhandlungen mit den Militanten bereit. Im März 1993 trug seine Initiative erste Früchte, als Abdullah Öcalan, der Führer der Arbeiterpartei Kurdistans (PKK), einen Waffenstillstand ausrief. Özal war es auch, der in der erweiterten Region das Potenzial für ein Abkommen mit den Kurden erkannte, von dem beide Seiten profitieren konnten. Dschalal Talabani, ein Kurdenführer aus dem Nordirak, war einer der Vermittler zwischen Ankara und der PKK. Dieselbe Philosophie, die Kombination von Zuckerbrot und Peitsche, sollte dann in den späten 2000er-Jahren auch unter Erdoğan wieder eine Rolle spielen.[11]

Zweifelhaftes Erbe

Der türkische Wirtschaftswissenschaftler Ziya Öniş bezeichnete Özal einmal als einen »neoliberalen Populisten«.[12] Das ist nicht weiter verwunderlich, da der Populismus – verstanden als Volksnähe und authentische Verbundenheit mit den einfachen Menschen – damals wie auch heute noch das Grundgerüst der türkischen Politik darstellt. Özal praktizierte ihn handwerklich geschickt wie Demirel und andere bis hin zu Erdoğan. Was ihn von anderen unterschied, war sein Bestreben, den Wohlfahrtsstaat teilweise abzubauen. Aber natürlich gibt es auch hier einen Vorbehalt. Ein Großteil der türkischen Bevölkerung, zum Beispiel die Binnenmigranten, die aus den ländlichen Gebieten in die Großstädte strömten, hatten sich von Anfang an nie völlig auf das soziale Netz des Staates verlassen, sondern weiterhin auf die familiären und dörflichen Netzwerke ihrer Heimatorte sowie ganz allgemein auf nichtstaatliche Sektoren vertraut. Sie bildeten daher das ideale Zielpublikum für einen künftigen populistischen Führer mit starker Marktorientierung, wie auch Erdoğan später unter Beweis stellte. Zweitens wurden die negativen Auswirkungen von Özals Reformen durch diverse Unterstützungsmaßnahmen abgefedert, die aus dem Staatshaushalt finanziert wurden. Doch diese Maßnahmen begünstigten vor allem die Insider. Die ANAP pflegte eine Wirtschaftsklientel, beispielsweise im Exportsektor, die bereitwillig all die Subventionen und Steuererleichterungen einstrich; außerdem ließen die von der ANAP eingeleiteten Reformen den Grundsatz der Rechtsstaatlichkeit außer Acht. Auch die Kontrolle der Ausgaben des öffentlichen Sektors war unzureichend. Als in den 1990er-Jahren wild zusammengewürfelte Koalitionen an die Macht gelangten, blühte die Korruption noch weiter auf, weil die Koalitionsparteien die von ihnen jeweils besetzten Ministerien praktisch ausplünderten. Die schlechte Finanzdisziplin heizte die Inflation immer weiter an, bis sie gegen Ende von

Özals Leben außer Kontrolle geriet. Özal neigte dazu, diese Herausforderung herunterzuspielen, in dem Glauben, dass ein schnelles Wirtschaftswachstum – und die zunehmende Nachfrage seitens der Bevölkerung –
die negativen Folgen hoher Inflationsraten rechtfertigen und letztendlich
aufheben würden. Auch das war Bestandteil des populistischen Credos.
Wie sich zeigte, würde die Türkei schon bald teuer dafür bezahlen müssen.

Die Mischung von Marktwirtschaft, islamischer Frömmigkeit, halb-
wegs akzeptierter ethnischer Vielfalt und einem seit Langem geübten
Klientilismus funktionierte – wie auch eine Generation später unter der
AKP. Bei den Parlamentswahlen im November 1987 vergrößerte sich die
parlamentarische Fraktion der ANAP von 211 auf 292 Abgeordnete.
Doch jetzt wurden auch die Grenzen ihres Rückhalts in der Wählerschaft
sichtbar, denn tatsächlich war der Stimmenanteil der Partei um mehr als
8 Prozent gesunken; dass sie so viele Sitze hinzugewinnen konnte, hatte
sie nur der hohen Sperrklausel von 10 Prozent zu verdanken, da die Stimmen der kleineren Parteien nicht verfielen, sondern anteilig auf die erfolgreichen umverteilt wurden. Aber Özals ultimatives Ziel war die Präsidentschaft. Dass ihn das Parlament schließlich für die siebenjährige
Amtszeit wählte, glich die schmerzhaften Zugeständnisse aus, die die
Mutterlandspartei den Konkurrenten auf der rechten Seite des politischen Spektrums hatte machen müssen, beispielsweise Demirels 1983
gegründeter Partei des Rechten Weges (Doğru Yol Partisi, DYP). Durch
ein Verfassungsreferendum im September 1987 waren die Beschränkungen wieder aufgehoben worden, durch die ehemals führende Politiker
wie Demirel daran gehindert werden sollten, wieder aktiv in der Politik
mitzumischen,[13] womit Özal praktisch überstimmt wurde, der sich indirekt durch Ersatzmänner gegen die Änderung eingesetzt hatte. Auch der
linksgerichtete Aktivismus, der von den Generälen unterdrückt worden
war, meldete sich nun mit neuer Kraft zurück. Studenten und Gewerkschafter demonstrierten am 1. Mai 1988 auf dem Taksim-Platz in Istanbul und setzten sich damit über das offizielle Verbot hinweg. Die Demonstrationen weckten Erinnerungen an die unruhigen 1970er-Jahre. In
den Umfragen hatte die Sozialdemokratische Volkspartei SHP zugelegt,

die so viel Zustimmung von linksgerichteten sowie von kurdischen Wählern gewann, dass sie bei den Kommunalwahlen von 1989 einen überwältigenden Sieg erzielen konnte. Özal, inzwischen Staatspräsident und somit nominell über dem Parteienwettstreit stehend, sah sich mit einer Veränderung der Kräfteverhältnisse konfrontiert und sprach sich nun sehr dezidiert für eine mit starken exekutiven Befugnissen ausgestattete Präsidentschaft nach französischem Vorbild aus. Seine Kritiker widersprachen mit dem Argument, dass es in der Türkei keine funktionierende Gewaltenteilung gebe und dass dies daher den lateinamerikanischen Typus des *presidencialismo* hervorbringen würde. Doch Özal blieb bis zu seinem unerwarteten Tod aufgrund von Herzversagen im Jahr 1993 überzeugt, dass der Präsident direkt vom Volk und nicht durch die Legislative gewählt werden sollte. Auch diese Debatte erlebte gegen Ende der 2000er-Jahre ein Comeback, allerdings unter einer völlig andersartigen politischen Konstellation. Und natürlich berief man sich dabei auf Özal.

Unruhige Zeiten

Özal dozierte gerne, dass das 21. Jahrhundert den Türken gehören werde. Allerdings beeilte er sich hinzuzufügen, »wenn wir keine großen Fehler machen«. Aber die Türken machten Fehler. An die Jahre nach seinem vorzeitigen Tod erinnert man sich noch bis heute als eine Zeit voller Probleme. Schwache Regierungen, eine unbeständige Wirtschaft, politische Streitereien und die Gefahr eines militärischen Konflikts markierten die Mitte der 1990er-Jahre. Aber ehrlicherweise muss hinzugefügt werden, dass das neue Kapitel in der politischen Geschichte des Landes das politische, wirtschaftliche und institutionelle Erbe widerspiegelte, das Özal hinterlassen hatte.

Die Neuordnung des politischen Systems der Türkei war das augenfälligste Ergebnis des Abgangs einer derart dominierenden politischen Gestalt. Um 1995 hatte die islamistische Wohlfahrtspartei Refah die ANAP und die DYP als führende Parteien bereits verdrängt. Die konservativen Wähler, die das größte Wählerpotenzial im Land bildeten, liefen *en masse*

von den traditionellen Mitte-Rechts-Parteien zur Refah über. Für diesen
Stimmungsumschwung gab es eine Vielzahl von Erklärungsfaktoren.

Erstens standen die Mitte-Rechts-Parteien vor der Herausforderung,
neue Führer zu finden. Der Abgang populärer Politiker wie Özal und
Demirel (der als Staatspräsident ein überparteiliches Amt innehatte) kos-
tete viele Wählerstimmen, da deren Charisma mindestens so viel wog wie
ideologische Überzeugungen. Das konnte man von den anderen Akteuren nicht behaupten. Die neue politische Führungsschicht, etwa Tansu
Çiller (DYP) oder Mesut Yılmaz (ANAP), konnte sich zwar auf die mit
ihren Parteien verknüpften klientilistischen Netzwerke stützen, Stimmen
gewinnen, Intrigen spinnen und politische Fehden austragen. Doch ihre
Legitimität in den Augen der Wähler wurde allmählich brüchig, vor allem, nachdem sie an die Macht kamen und in Korruptionsskandale verwickelt wurden. Im Gegensatz zu ihnen kam die ältere Generation charis-
matischer Führer wie Erbakan von der islamistischen Refah Partisi oder
Bülent Ecevit von der Linken bei ihren jeweiligen Stammwählerschaften
besser an.

Zweitens waren, nachdem Özal 1989 zum Staatspräsidenten gewählt
worden war, weder die ANAP noch die DYP in der Lage, allein zu regie-
ren, sondern mussten sich auf wackelige Koalitionen stützen, denen entweder linksorientierte Gruppen (1991–1995) oder Islamisten angehörten. Nach den Wahlen im Dezember 1995 bildeten Yılmaz und Çiller ein
Kabinett, das nach nicht einmal vier Monaten wieder auseinanderbrach.
Danach wurde Çillers DYP 1996–1997 schließlich Juniorpartner der
Islamisten, bis der »postmoderne Putsch« Yılmaz an die Macht brachte,
der sich den Militärs mit dem Versprechen angedient hatte, eine weitere
Zusammenarbeit mit der Refah zu verhindern. Bei den Wahlen von 1999
wurden die ANAP und die DYP nur noch viert- beziehungsweise
fünftstärkste Partei und mussten sich mit einer nachgeordneten Rolle
begnügen. Zusammen bildeten sie aber immer noch den größten Block
im Parlament. Doch trug ihre Unfähigkeit zur Kooperation dazu bei,
dass die Mainstream-Mitte-Rechts-Parteien für eine Weile an Bedeutung
verloren.

Drittens fielen die etablierten Eliten, ob sie nun rechts oder links der Mitte standen, der unberechenbaren Wirtschaftsentwicklung der Türkei zum Opfer. Özal hatte dem Wirtschaftswachstum größere Bedeutung beigemessen als der Preisstabilität, was zu der galoppierenden Inflation der 1990er-Jahre geführt hatte. Die Inflationsrate sprang von 35 bis 40 Prozent in den frühen 1980er-Jahren auf 65 Prozent Anfang der 1990er-Jahre und stieg bis zum Ende des Jahrzehnts sogar auf 80 Prozent. Durch interne Kämpfe behindert, erwiesen sich die diversen Koalitionsregierungen als unfähig, die Preissteigerungen in den Griff zu bekommen und ihre eigenen Ziele zu erreichen. Sie richteten ihre Prioritäten nur noch kurzfristig darauf aus, mit öffentlichen Finanzmitteln die Bedürfnisse diverser Interessengruppen zu bedienen, beispielsweise durch Subventionen, die vor allem Unternehmen in Staatsbesitz zugutekamen. Das führte zu Haushaltsdefiziten, hemmungsloser staatlicher Kreditaufnahme und letztendlich zu den erwähnten Inflationsraten, womit die Kosten dieser Politik auf die gesamte Gesellschaft abgewälzt wurden.[14] Gegen Ende des Jahrzehnts stieg das Defizit der öffentlichen Hände (einschließlich des Staatshaushalts, der Kommunen, des sozialen Sicherheitssystems, der haushaltsfremden Fonds und der staatseigenen Unternehmen) auf 11,7 Prozent des Bruttoinlandsprodukts.[15]

Legitimitätskrise

Die schwächelnde Wirtschaft hob das Korruptionsproblem ins Rampenlicht. In guten Zeiten brachten die Bürgerinnen und Bürger gegenüber gewissen Praktiken mehr Toleranz auf, beispielsweise wenn es um Tricksereien bei der Vergabe öffentlicher Aufträge ging, wenn staatseigene Banken bestimmten Personen oder Gruppen vorteilhafte Kreditbedingungen gewährten, wenn Steuerhinterziehung nicht geahndet wurde und so weiter. In Krisenzeiten war das anders. Sowohl die Refah als auch die Wohlfahrtspartei RP (die als »unbefleckt« galt) machten sehr viel Boden gut, indem sie sich gegenüber den korrupten Amtsinhabern auf einer höheren moralischen Ebene positionierten, wobei sie sich auch auf die inhärenten Normen des Islam berufen konnten. Im Volk verstärkte die nicht enden wollende Serie von Skandalen nur die Wahrnehmung des staatlichen Versagens und des Machtmissbrauchs durch eigennützige Interessengruppen.

Ein besonders krasses Beispiel war der sogenannte Susurluk-Skandal. Im November 1996 krachte ein Mercedes auf der Autobahn zwischen Istanbul und Izmir in der Nähe der Stadt Susurluk in einen LKW. Zu den Todesopfern zählte der Polizeichef Hüseyin Kocadağ, der berüchtigte Auftragskiller und Drogenhändler Abdullah Çatlı, der mit ultranationalistischen (*ülkücü*, wörtlich »idealistischen«) Gruppen in Verbindung gebracht wurde, und dessen Geliebte, eine ehemalige Schönheitskönigin. Der Eigentümer des Luxusautos überlebte: Sedat Bucak, Parlamentsabgeordneter der Partei des Rechten Weges und Abkömmling einer prominenten kurdischen Familie aus Şanlıurfa. Ob der Unfall nun ein Attentat war oder nicht, war weniger wichtig als die Tatsache, dass er die intimen Verstrickungen zwischen dem staatlichen Establishment und der kriminellen Unterwelt offen an den Tag brachte. Der Skandal war Anlass für eine parlamentarische Untersuchung und führte zum Sturz von Innenminister Mehmet Ağar (auch er ein DYP-Mitglied), der früher Chef der Zentralbehörde der türkischen Polizei (Emniyet Genel Müdürlüğü, Generaldirektion für Sicherheit) gewesen war. In beiden Positionen hatte Ağar im Kampf gegen die PKK an vorderster Front gestanden.[16] Für viele Menschen war der Susurluk-Vorfall der Beweis, dass es einen Staat im Staate gab, der sich der öffentlichen Kontrolle entzog, mit politischem Einfluss Geschäfte machte und von der Gewalt in den kurdischen Gebieten profitierte. Der Skandal folgte auf eine Reihe von Anschlägen auf bekannte Personen, die in den vorhergehenden Jahren verübt worden waren, beispielsweise auf den Journalisten Uğur Mumcu,[17] dessen Wagen 1993 durch eine Autobombe in die Luft geflogen war, sowie auf mehrere kurdische Politiker. Der Susurluk-Vorfall fachte auch das verbreitete Misstrauen erneut an, dass der »tiefe Staat« *(derin devlet)* im Hintergrund an den Fäden zog – eine Kabale von Bürokraten, Armeeoffizieren, Sicherheitsbeamten und echten Mafiosi.[18] Das trug zu einer weiteren

Delegitimierung der türkischen politischen Klasse bei und bereitete den
Boden für spätere hochkarätige Ermittlungen wie die im Zusammenhang
mit der Ergenekon-Verschwörung in den späten 2000er-Jahren.

In diesem Morast konnte man auch nicht mehr darauf zählen, dass das
Militär als unabhängiger Vermittler auftreten und das Kräftegleichge-
wicht wiederherstellen würde. Der frühere Putsch vom 12. September
1980, die darauf folgenden Repressionen – die vor allem gegen die Linke
gerichtet waren – sowie die Parteienverbote hatten sich noch auf eine
gewisse Legitimierung durch das Volk berufen können. Damals war eine
Mehrheit der Bevölkerung bereit gewesen, im Tausch gegen Stabilität auf
politische und individuelle Freiheiten zu verzichten. Im Gegensatz dazu
signalisierte der Staatsstreich vom Februar 1997, obwohl dabei kein Blut
vergossen wurde, dass die Armee alles andere als ein unparteiischer
Schiedsrichter war. Es war daher unvermeidlich, dass das Verbot der
Refah nicht nur bei den Wählern Erbakans auf scharfe Ablehnung stoßen würde, sondern auch bei demokratisch und proliberal gesinnten Bürgern, für die es einen Rückschritt in die Vergangenheit und eine Abkehr
von der EU darstellte. Es war, als würde die Türkei wieder auf den An-
fangspunkt zurückgeworfen: zurück in die Zeit vor Özals Reformen und
der Öffnung zur Welt.

Medienrevolution

Die Skandale ereigneten sich vor dem Hintergrund eines zunehmend
dynamischen Medienmarktes, der jede neue Kontroverse, jede Korrup-
tionsaffäre, jede schockierende Entdeckung buchstäblich in jedes Wohn-
zimmer brachte. In den 1990er-Jahren entstanden private TV-Sender,
wodurch das Monopol des öffentlichen Fernsehkanals TRT praktisch
endete. Das ereignete sich zunächst informell: Der Sender Star 1, der sich
als »erster TV-Privatsender« bezeichnete, ging 1990 als Testprogramm
auf Sendung. Eine Verfassungsänderung im Juli 1993 sowie das im folgenden Jahr verabschiedete Gesetz 3948 liberalisierten Fernsehen und
Radio, verordneten die Einrichtung der öffentlichen Regulierungsbe-

hörde für den privaten Rundfunk (RTÜK) und ebneten weiteren Privat-
sendern wie NTV, Kanal D, ATV und Star TV den Weg. Große Akteure
wie die Doğan-Gruppe, die auflagenstarke Tageszeitungen wie *Milliyet*
und *Hürriyet* kontrollierten, die Uzan-Gruppe und der Geschäftsmann
Dinç Bilgin fassten auf dem Fernsehmarkt Fuß und bauten damit ihre
Macht aus. Doğan gründete auch CNN Türk, den türkischen Ableger
des US-Nachrichtenkanals. Große Familienunternehmen wie Doğuş
stiegen ebenfalls in den Mediensektor ein und gründeten NTV. Nun
dehnten auch die Anhänger von Fethullah Gülen ihre Mediennetzwerke
weiter aus, darunter die Zeitung *Zaman* (gegründet in den 1980er-Jah-
ren), der TV-Sender *Samanyolu* (Milchstraße) und die Nachrichtenagen-
tur *Cihan*.[19] Obwohl das Geschäftsmodell der privaten TV-Sender darauf beruhte, durch Werbung, Sportberichterstattung und Unterhaltung
Gewinne zu erwirtschaften – von Fußballmeisterschaften bis hin zu den
in den 2000er-Jahren geradezu aus dem Boden schießenden Soap-Ope-
ras –, gab es auch dem politischen Journalismus starken Auftrieb. Und
trotz aller Tabus und Einschränkungen wurden dabei auch heikle Themen behandelt, etwa das Elend der Minderheiten, der Status der Menschenrechte und Fragen der Rechtsstaatlichkeit. Währenddessen behielt
das Militär auch die Medienszene aufmerksam im Auge. Durch den Nationalen Sicherheitsrat wirkte es bei der Ausformulierung des Gesetzes
von 1994 mit, das strenge Auflagen für die islamistische Berichterstattung vorsah.

Die Kurdenfrage

In den 1990er-Jahren nahm die Brisanz der Kurdenfrage oder vielmehr
des Kurdenproblems *(Kürt sorunu)* dramatisch zu. Die Kurdenfrage
wurde zum beherrschenden Thema, das die Türkei bis zum heutigen Tag
quält. Die 1978 gegründete Kurdische Arbeiterpartei PKK, die als Reaktion auf die Repressionen nach dem Militärputsch vom September 1980
immer aktiver wurde, hatte 1984 im Südosten einen Guerillakrieg gegen
den türkischen Staat losgetreten. Dabei ging es nicht mehr nur darum,

ein kurdisches Staatsgebilde aus der Türkei herauszuschneiden. Vielmehr sahen Abdullah Öcalan (*Serok Apo*, auch Vorsitzender Apo genannt) und seine Anhänger *(Apocular)* ihre Mission darin, eine neue nationale Identität zu schmieden und die tiefen Gräben im bislang noch imaginären Gemeinwesen zu überwinden. Henri Barkey und Graham Fuller führten aus: »Die PKK [war] die erste politisch-militärische Organisation, die über regionale und Stammesbindungen hinweg in der Lage war, eine große Bandbreite von Kurden anzusprechen, die in verschiedenen Landesteilen lebten.«[20] Tatsächlich stellten sich die Kämpfer den quasi-feudalen Strukturen entgegen, die im Südosten und Osten des Landes vorherrschten. Seit der osmanischen Herrschaft war es dem Zentralstaat gelungen, in den Kommunen Unterstützung zu erkaufen, indem er die lokalen Honoratioren in die Regierung integrierte und ihnen Zugang zu Machtpositionen verschaffte. Der Einsatz militärischer Gewalt, um die Provokationen gegen die staatliche Autorität zu unterdrücken, wie es bei der Scheich-Said-Rebellion Mitte der 1920er-Jahre und den Aufständen in Dersim (Tunceli) 1937–1938 der Fall gewesen war, ging Hand in Hand mit politischen Maßnahmen, die auf Kooptation abzielten. Im späteren Verlauf des 20. Jahrhunderts übernahmen politische Parteien den Job, die Kluft zwischen dem Zentrum und der Peripherie zu überbrücken und Loyalität gegenüber dem Staat aufzubauen. Sie verschafften kurdischen Eliten als Gegenleistung für Wählerstimmen Zugang zu Ressourcen und gesellschaftliches Prestige, eine Praxis, die schon in den 1980er-Jahren wiederaufgelebt war, als unter Özal der politische Wettbewerb ein Comeback erlebte.

Seit den 1970er-Jahren entwarfen linke Gruppierungen aus der kurdischen Region – dem Milieu, aus dem die Gründer der PKK stammten – eine radikal andersartige Vision. Sie basierte auf Ideen wie Selbstbestimmung, Klassenkampf, Gleichheit und der Stärkung der Frauenrechte. Letztere umfasste sogar die Gleichberechtigung der Geschlechter, eine wahrhaft revolutionäre Vorstellung in dieser konservativen Ecke der Türkei, in der auch Kinderehen und Ehrenmorde noch immer gang und gäbe waren. Gleichzeitig distanzierte sich die PKK von der Linken, da sich in ihrer Forderung nach einem eigenen Kurdenstaat auch das Verlangen nach ethnischer Separation und nach einer neuen Festlegung der Grenzen im Nahen Osten manifestierte. Obwohl das Programm, wie es im Gründungsmanifest von 1978 enthalten war, zu keinem Zeitpunkt von einer Mehrheit der Kurden akzeptiert wurde, konnte es doch beträchtliche Unterstützung gewinnen. Die Rekrutierung für die Partei wurde auch durch die Kampagne der verbrannten Erde gefördert, die vom Militär, der Gendarmerie und deren lokalen Stellvertretern wie den berüchtigten Dorfschützern betrieben wurde. (Die Dorfschützer waren paramilitärische Verbände im Osten und Südosten, die Mitte der 1980er-Jahre von Özal gegründet worden waren, um den Kampf gegen die PKK zu unterstützen.) Die PKK bewies jedoch ihre Überlebensfähigkeit. Bei ihren Überfällen starben Hunderte türkische Soldaten (von denen viele selbst Kurden waren), Dorfschullehrer, Bürokraten und sonstige Zivilisten, die der Kollaboration verdächtigt wurden. Die PKK brannte auch Schulen nieder (»Instrumente der assimilationistischen Politik des Staates«).[21] In den 1990er-Jahren eskalierten die Gewalttätigkeiten, mit denen nun auch ältere Stammes- und persönliche Fehden vermengt wurden, die den Südosten schon seit Langem heimgesucht hatten. Allein 1992 stieg die Zahl der Opfer auf 2000 Menschen, eine drastische Zunahme im Vergleich mit den 4500, die seit dem Beginn des Konflikts vor acht Jahren gestorben waren. Bis zum Ende des Jahrzehnts erhöhte sich die Zahl auf mehr als 30 000 Tote, darunter auch 5828 türkische Staatsbedienstete, 5390 Zivilisten und 19 786 PKK-Kämpfer. Ungefähr 4000 Dörfer mussten evakuiert werden. Die Kosten wurden auf 86 Milliarden Dollar geschätzt, was ungefähr der gesamten Auslandsverschuldung der Türkei entsprach.[22]

Die kurdischen Milizen erhielten auch Unterstützung aus dem Ausland, vor allem von Seiten Syriens, das den Kurdenführer Öcalan bei sich aufnahm und Trainingslager in der Bekaa-Ebene im Libanon anlegte. In den 1990er-Jahren wurde der Nordirak zu einer Basis, von der aus die PKK grenzüberschreitende Angriffe ausführen konnte. Mitte August 1992 eroberte eine Gruppe von 700 PKK-Kämpfern die Stadt Şırnak, steckte Behördengebäude in Brand und tötete acht Soldaten. Die Türkei versuchte ohne Erfolg, Druck auf die Nachbarstaaten auszuüben. So sicherte beispielsweise der syrische Präsident Assad mehrmals zu, die Unterstützung für die Kurden einzustellen, löste aber seine Versprechen nicht ein, da er in der PKK ein Faustpfand in seinen Streitigkeiten mit Ankara sah – etwa über die Menge Wasser, die den Euphrat herabfloss. Mit den Kurdenführern im Irak, Masud Barzani und Dschalal Talabani, hatte die Türkei mehr Glück. Beide bauten starke Beziehungen zu Präsident Özal auf, der ihnen sogar türkische Pässe ausstellen ließ. Doch die Pläne, die lokalen Führer als Verbündete gegen die Aufständischen zu gewinnen, scheiterten an dem internen, gegenseitig zerstörerischen Krieg im irakischen Kurdistan, der von 1994 bis 1997 andauerte und in dem sich die PKK mit Talabani gegen Barzani verbündete. Im Frühjahr 1995 drangen türkische Streitkräfte in den Norden Iraks ein, um kurdische Milizen zu jagen, konnten aber, wie schon bei einer früheren Operation 1992, keine nennenswerten Erfolge erzielen.

Tansu Çillers Amtszeit als Ministerpräsident dauerte von Juni 1993 bis März 1996 und markierte die schlimmste Phase des Konflikts. Çiller schloss sich der Einschätzung an, dass eine militärische Lösung des Aufstands möglich sei. Özals Friedensinitiativen, die in einem von Öcalan in Anwesenheit von Talabani im März 1993 verkündeten Waffenstillstand gipfelten, wurden damit hinfällig. Die linksgerichtete SHP, von 1991 bis 1995 Koalitionspartner der DYP, hielt still, obwohl sie Çillers Ansatz nicht unterstützte. Auch Präsident Demirel blieb im Hintergrund. Die Folge war, dass das Militär und die Gendarmerie ihre Operationen im Südosten intensivierten – aber auch im nördlichen Irak. Die Spannungen lockerten sich jedoch ein wenig, als Öcalan von Syrien aus dem Land gewiesen wurde, nachdem die Türkei im Oktober 1998 mit einem Einmarsch gedroht hatte. Öcalan wurde wenig später von einem türkischen Kommandotrupp in der kenianischen Hauptstadt Nairobi gefangen genommen, als er aus der griechischen Botschaft kam. Aber auch diese Enthauptungsstrategie führte nicht zum Sieg über die PKK. Zwar schrumpfte die Zahl ihrer Guerillakämpfer auf wenige Tausend Mann, aber die Organisation wurde nicht ausgelöscht, und auch ihre Befehlsstruktur einschließlich der Führungstroika, der Cemil Bayık, Duran Kalkan und Mustafa Karayılan (der von den Basen in den Kandil-Bergen aus operierte) angehörten, blieb funktionsfähig. Die Unterdrückung hatte sich als Sackgasse erwiesen.

Die Eskalation Mitte der 1990er-Jahre beeinflusste jedoch die öffentliche Meinung, als die Nachrichten die Tötung eines weiteren *Mehmetçik* (»kleiner Mehmet«, eine freundliche Bezeichnung für einen Soldaten) durch Terroristen meldeten. Die Beerdigungen getöteter Soldaten oder Polizisten wurden zu Racheappellen. Die türkischen Massenmedien bezeichneten die PKK als »Kindermörder« und als Agenten der ausländischen Feinde des Landes und nicht mehr als legitime Gesprächspartner der Behörden. Zweifellos spielte dabei auch die von der Organisation angewandte Terrortaktik eine Rolle. Aber auch die tief verwurzelten Vorurteile gegenüber dem östlichen Anatolien als einem rückständigen und von Clans beherrschten Land beeinflussten die öffentliche Meinung bis zu einem bestimmten Grad. Außerdem war auch oft die Rede von den Verbindungen der PKK zum Drogenhandel, einem in den grenznahen Gebieten der Türkei verbreiteten Phänomen, bei dem politische oder ideologische Einstellungen keine Rolle spielten. Und auch die Beziehungen der kurdischen Milizen zu anderen, der Türkei feindlich gesinnten Ländern – etwa Griechenland, Syrien, Iran oder Russland – nährten die feindselige Einstellung der Öffentlichkeit.

Eine weitere dauerhafte Wirkung des Konflikts war der Exodus aus dem Osten und Südosten. Durch die Kämpfe wurden mehr als 2000 Dörfer dem Erdboden gleichgemacht. Die örtliche Bevölkerung geriet in das Kreuzfeuer und suchte daher nach einem besseren Leben in den Großstädten im Westen der Türkei oder noch weiter entfernt in Europa. Dazu trugen auch die ehrgeizigen staatlichen Entwicklungsprogramme bei, ganz besonders das Südostanatolien-Projekt (Güneydoğu Anadolu Projesi; GAP), das größte regionale Entwicklungsprojekt der Türkei, das den Bau von Dämmen und Wasserkraftwerken vorsah. GAP, ein Erbe der Özal-Ära, wurde in den 1990er-Jahren vorangetrieben und beanspruchte stattliche 7 Prozent der gesamten öffentlichen Investitionen der Türkei.[23] Die rund 20 Dämme, die vor allem in kurdischen Siedlungsgebieten gebaut wurden, machten die Dorfbewohner zu Heimatvertriebenen. Schätzungen der Abwanderung aus dem östlichen und südöstlichen Anatolien fallen sehr unterschiedlich aus, doch könnte sich die Zahl für die gesamte Periode vom Anfang der 1980er-Jahre bis in die späten 1990er-Jahre auf mehr als 3 Millionen Menschen belaufen haben.[24]

Der Krieg und der Ausnahmezustand verliehen einer politischen Bewegung Auftrieb, die sich für die Rechte der Kurden einsetzte. Die staatlichen Institutionen wie auch ein guter Teil der Öffentlichkeit sahen in zivilgesellschaftlichen Organisationen und linksgerichteten kurdischen Politikern aus diesen Gebieten nur weitere Deckmäntel der PKK. Im Juni 1990 erfolgte der erste Versuch, eine parlamentarische Gruppe zu gründen, als sieben Mitglieder der Sozialdemokratischen Populistischen Partei (SHP) die Grundlagen für die Arbeitspartei des Volkes (Halkın Emek Partisi, HEP) erarbeiteten, die sich für besseren Schulunterricht und kurdischsprachige Rundfunk- und TV-Sender einsetzen wollte. Doch schon 1993 wurde die HEP vom Verfassungsgericht verboten, und dasselbe Schicksal traf auch deren Nachfolgeorganisationen, die Demokratische Partei (1993–1994) und die Partei der Demokratie des Volkes (Halkın Demokrasi Partisi, HADEP, 1994–2003). 1991 sorgte Leyla Zana, die als erste Kurdin ins Parlament gewählt worden war, für Aufruhr, als sie direkt nach ihrer Vereidigung vor der Großen Nationalversammlung noch einen Satz auf Kurdisch hinzufügte. Drei Jahre danach wurden Zana und vier weitere Abgeordnete wegen angeblicher terroristischen Aktivitäten angeklagt und zu 15 Jahren Gefängnis verurteilt. Anderen erging es noch schlimmer: Mehrere Aktivisten erlagen Anschlägen, die der JİTEM (Jandarma İstihbarat ve Terörle Mücadele) angelastet wurden, dem inoffiziellen nachrichtendienstlichen Zweig der Gendarmerie, der für derartige Geheimoperationen zuständig war. Auf der Liste der Opfer standen auch der Politiker Vedat Aydın, der Gewerkschafter Zübeyir Akkoç, der Schriftsteller Musa Anter und andere. JİTEM verhaftete Aydın am 5. Juli 1991; zwei Tage später wurde sein verstümmelter

Leichnam gefunden. Tausende erwiesen ihm bei seiner Beerdigung in Diyarbakır die letzte Ehre, darunter auch der damals 18-jährige Selahattin Demirtaş, der zwei Jahrzehnte später einer der Anführer der Bewegung werden sollte.[25] Trotz aller Einschränkungen und Repressalien wurden die linksgerichteten kurdischen Nationalisten immer stärker. Nach den Kommunalwahlen von 1999 stellte die HADEP den Bürgermeister der Stadt Diyarbakır und siegte in fünf weiteren Provinzzentren in Ost- und Südostanatolien. Öcalans Gefangennahme hatte der Partei Auftrieb verliehen. In den Augen seiner Gefolgsleute wurde er zum Märtyrer und zur unangefochtenen Symbolfigur der kurdischen Nation und ihrer Bestrebungen. »Biji Serok Apo« (»Lang lebe Serok Apo«) skandierten nun kurdische Jugendliche bei den Versammlungen, beispielsweise auch bei den jährlichen Nevroz-Festen.

Der Konflikt der 1990er-Jahre schärfte das internationale Bewusstsein für die Kurdenfrage. Es war inzwischen offenkundig, dass ihre Lösung eine *Conditio sine qua non* darstellte, sollte die Türkei in ihren Beziehungen zur EU vorankommen wollen. Nachdem Danielle Mitterand, die First Lady Frankreichs, 1989 Diyarbakır besucht hatte, wurden auch westeuropäische Politiker und Meinungsführer auf die Kurdenfrage aufmerksam. Leyla Zana wurde berühmt, als ihr das Europäische Parlament 1995 den Andrej-Sacharow-Preis für geistige Freiheit (auch EU-Menschenrechtspreis genannt) verlieh und der Europäische Gerichtshof für Menschenrechte (EGMR, eine Körperschaft des Europarats, dem auch die Türkei angehört) in einem weithin beachteten Urteil von der Türkei die Wiederaufnahme des Verfahrens gegen Zana verlangte, da der Prozess nicht fair geführt worden war. Auch die Lobbyarbeit in der kurdischen Diaspora, die durch die Entwicklungen in der südöstlichen Türkei befeuert wurde, trugen dazu bei. »Der Weg in die EU führt durch Diyarbakır«, fasste Ministerpräsident Mesut Yılmaz die Situation 1999 zusammen.[26] Das war auch der Grund, warum Öcalan am Leben blieb, obwohl er schon im April 1999 zum Tod durch den Strang verurteilt worden war. Die türkische Regierung schob zunächst die Hinrichtung wegen des vor dem EGMR anhängigen Verfahrens auf und schaffte

schließlich im August 2002 im Zusammenhang mit den von der EU ein-
geforderten Reformen die Todesstrafe in Friedenszeiten ab. Die Unterstützung und Sympathie der EU machten aus den nationalistischen Kurden eine der am deutlichsten proeuropäischen Wählergruppen in der
türkischen Politik.

Der andere Grund für das Überleben Öcalans war, dass sich seine Position gewandelt hatte. Aus seiner Zelle im Hochsicherheitsgefängnis auf
der Insel İmralı im Marmarameer widerrief der Serok Apo das Ziel eines
unabhängigen Kurdistans und setzte sich stattdessen für eine »demokratische Autonomie« ein. Mit diesem Positionswechsel mutierte er vom
Staatsfeind Nr. 1 zu einem potenziellen Partner des türkischen Staates.
Seine Metamorphose bereitete den Boden für zukünftige Verhandlungen,
so ähnlich wie schon während Özals Amtszeit. Die Folge war die sogenannte »Kurdische Öffnung« gegen Ende der 2000er-Jahre.[27]

Die Islamisten trugen jedoch in den 1990er-Jahren einen eigenen Lö-
sungsvorschlag der Kurdenfrage vor, der sich von den Ansätzen unterschied, welche vom Militär oder säkularen, aber nicht aus der Region
stammenden Politikern propagiert wurden. Als Alternative zum Ethno-
nationalismus und der Weigerung, die Rechte von Minderheiten anzuerkennen, wurde in diesem neuen Ansatz der Islam als ein gemeinsames
Band hervorgehoben, das Türken und Kurden verbindet. Die Wohlfahrtspartei Refah, die bei tiefgläubigen Kurden im Osten und in den
Großstädten der Westtürkei Zustimmung fand, vertrat in Bezug auf die
kurdische Identität eine offenere Haltung als die anderen großen Parteien. Erbakans Regierungszeit bewirkte eine gewisse Entschleunigung
der Anti-PKK-Kampagnen. Es war diese Rhetorik, die eine kurdische
Identität im Rahmen eines allumfassenden Islam anzuerkennen bereit
war, die dann nach 2002 zu einem zentralen Bestandteil der AKP-Politik
wurde.

Das Gespenst der lokalen Gewalt

Die kurdische Frage war zweifellos die Hauptursache der Gewalt in den 1990er-Jahren, sie war jedoch keineswegs der einzige Grund. Auch andere Gruppen wie die Aleviten, eine heterodoxe muslimische – und hauptsächlich türkischsprachige – Gemeinschaft, bekamen die volle Wirkung der vom Staat ausgehenden Vorurteile und Diskriminierung zu spüren. Im Unterschied zu den Kurden (von denen manche Aleviten und nicht Sunniten waren) spielten sich ihre Kämpfe vor allem in den Großstädten ab – vor laufenden TV-Kameras und unter den Augen der Journalisten – und nicht in ländlichen Gebieten, für die der Ausnahmezustand galt und die mehr als 1000 Kilometer entfernt im Osten lagen.

Im Juli 1993 überfielen sunnitische Extremisten ein alevitisches Fest in der zentralanatolischen Stadt Sivas. Ihre Wut wurde durch die Anwesenheit des alten linksstehenden Schriftstellers Aziz Nesin angestachelt, der erst vor Kurzem ins Licht der Öffentlichkeit getreten war, weil er versucht hatte, eine türkische Übersetzung von Salman Rushdies Roman *Die satanischen Verse* zu veröffentlichen, das fromme Muslime als Blasphemie ansehen. Die wütende Menge steckte das Madımak-Hotel, in dem die Versammlung stattfand, in Brand. 37 Menschen kamen ums Leben, darunter auch mehrere prominente Intellektuelle und zwei der Angreifer. Im März 1995 wiederholte sich die Geschichte, als maskierte Bewaffnete mit Sturmgewehren das Feuer auf Cafés in Gazi eröffneten, einem Arbeiterviertel auf der europäischen Seite Istanbuls, das überwiegend von Aleviten bewohnt wird. Ein Gemeindevorsteher *(dede)* wurde getötet; 25 weitere Personen wurden verletzt. Als Reaktion kam es zu einem lokalen Aufruhr, an dem sich Tausende beteiligten. Bei Zusammenstößen mit Einheiten der Polizei und Gendarmerie starben weitere 23 Menschen. Die Proteste griffen auch auf Ankara über. Die Krise warf ein grelles Licht auf die Misere und die Forderungen der Aleviten nach Anerkennung.[28] Jahre später, im Sommer 2013, rückte Gazi erneut ins Zentrum der Aufmerksamkeit, als ein 13-jähriger Einwohner namens Berkin Elvan bei den Protesten im Gezi-Park von einer Tränengasdose am Kopf getroffen wurde und später den Verletzungen erlag.

KERNSCHMELZE

Trotz ihrer innenpolitischen Instabilität machte die Türkei gegen Ende
der 1990er-Jahre Fortschritte. Zwischen 1999 und 2002 konnte Bülent
Ecevits Koalitionsregierung, der die Demokratische Linkspartei (Demokratik Sol Parti, DSP), die rechtsextreme Partei der Nationalistischen
Bewegung (Milliyetçi Hareket Partisi, MHP)[29] und die Mutterlandspartei ANAP angehörten, mehrere Erfolge verbuchen.

Da war zunächst einmal Öcalans Gefangennahme, die zu einer Deeskalation der Gewalt im Südosten führte und dazu beitrug, dass der legale
Zweig der Kurdenbewegung wieder ins Zentrum der Aufmerksamkeit
rückte. Der Wahlerfolg der HADEP 1999 stellte einen Präzedenzfall dar,
konnte aber die Skepsis der großen Parteien und des Militärs nicht beseitigen.

Zweitens musste die Türkei mit einer großen Naturkatastrophe fertigwerden. Am 17. August 1999 wurde die Marmara-Region von einem
katastrophalen Erdbeben erschüttert. In den dicht bevölkerten Gebieten
rund um das Industriezentrum İzmit sowie um Adapazarı kamen
17 000 Menschen ums Leben, und Hunderttausende wurden obdachlos.
In der Folge schrumpfte das türkische Bruttoinlandsprodukt 1999 um
9 Prozent. Das desaströse Naturereignis führte dazu, dass die türkische
Gesellschaft von einer Solidaritätswelle erfasst wurde, als sich Bürger-
rechtsaktivisten, Nichtregierungsorganisationen und informelle Gruppierungen mobilisierten, um den Opfern zu helfen.

Drittens ging die Dekade mit den historischen Beschlüssen des Europäischen Rates in Helsinki im Dezember 1999 zu Ende. Die Türkei nor-
malisierte ihre Beziehungen zu Griechenland und erlangte endlich den
offiziellen Kandidatenstatus. Das wiederum löste eine ganze Reihe von
entscheidenden politischen Reformen aus, die von einer großen Bandbreite des politischen Spektrums mitgetragen wurden, wenngleich mit
gewissen Vorbehalten seitens des militärischen Establishments (mehr
dazu in Kapitel 2).

Nicht zuletzt ist zu erwähnen, dass das BIP-Wachstum – trotz aller strukturellen Schwächen, der makroökonomischen Instabilität und den heftigen Boom-Bust-Zyklen – in den 1990er-Jahren im Durchschnitt 2,4 Prozent betrug. Damit lag es zwar unter den Werten der Periode 1950–1980, war aber ein Hinweis auf eine allmähliche Expansion der Wirtschaft.

Letztendlich jedoch waren es zwei aufeinanderfolgende Krisen, die 2000 und insbesondere 2001 eintraten und die gesamte Ära prägten. Während der 1990er-Jahre hatten sich die Defizite des öffentlichen Sektors angehäuft. Als sich zu diesem Schuldenberg nun auch noch die kurzfristigen Fremdwährungskredite der Geschäftsbanken summierten, war die Katastrophe praktisch vorprogrammiert. Im Jahr 2000 erreichte die öffentliche und private Auslandsverschuldung der Türkei 60 Prozent des Bruttoinlandsprodukts. In der Folge zogen sich immer mehr Auslandsinvestoren aus türkischen Anlagen zurück, was nicht nur zu einer Abwertung der Lira führte, sondern auch höhere Inflation, einen starken Rückgang der Inlandsnachfrage, steigende Arbeitslosigkeit und sinkende Löhne und Gehälter verursachte – und schließlich in einen massiven wirtschaftlichen Crash mündete. Auf dem Höhepunkt der Krise gegen Ende Februar 2001 stieg der Wechselkurs für einen US-Dollar von 688 000 auf 950 000 Lira. Bis zum Jahresende kletterte die Staatsverschuldung weiter auf 74,1 Prozent des BIP, nachdem die Regierung die ums Überleben kämpfenden Banken hatte rekapitalisieren müssen. Um es auch für Laien verständlich auszudrücken: Die Normalbürger mussten die Rechnung für die Verschwendungssucht der öffentlichen Hände und für die Rücksichtslosigkeit der Marktakteure bezahlen. Das war das Erbe der halbherzigen Reformen der 1980er-Jahre. Denn die Liberalisierung des Kapitalverkehrs war nicht Hand in Hand mit dem Aufbau eines robusten Finanzsektors einhergegangen; auch hatte der Staat versäumt, für eine funktionierende Regulierung und Kontrolle und andere langfristig wirksame finanzpolitische Stabilisierungsmaßnahmen zu sorgen.[30]

Die Krise beschleunigte das Ende der langen und herausragenden politischen Laufbahn Ecevits. Die von ihm geführte Koalition konnte sich nicht nur die Wiederbelebung der Beziehungen zur EU zugutehalten,

sondern auch politische Reformen, den Abschluss eines Abkommens mit
dem Weltwährungsfonds Ende 1999 und letztendlich auch die Neuordnung des Finanzsektors sowie die Umsetzung der Haushaltskonsolidie-
rung unter Führung des Wirtschaftsministers Kemal Derviş.[31] Gegen
Ende der Regierungszeit Ecevits verfestigte sich nun auch die makroöko-
nomische Stabilisierung, und das BIP legte 2002 um 6,4 Prozent zu.
Doch die Wähler waren entschlossen, alle führenden Parteien abzustra-
fen, die sich seit Mitte der 1990er-Jahre immer wieder an der Macht abgelöst hatten. Als größter Nutznießer dieser Entwicklung erwies sich die
AKP, die mit dem Versprechen auftrat, die Europäisierung und ökonomische Reformen weiter voranzutreiben und gleichzeitig die alte Elite zu
verjagen, der die Schuld für alles, was schlecht gelaufen war, angelastet
wurde. Diese populistische Botschaft kam gut an und bescherte der Partei bei der Wahl im November 2002 den Sieg, der durch die 10-Prozent-
Hürde noch verstärkt wurde, aufgrund derer sowohl die ANAP als auch
die DYP aus der Großen Nationalversammlung katapultiert wurden.

Doch in den Startlöchern stand bereits eine neue Truppe, die versprach,
die Türkei wieder auf Kurs zu bringen: Recep Tayyip Erdoğan und seine
Mitstreiter.

DIE TÜRKEI IN DER WELT NACH DEM KALTEN KRIEG

Als die AKP – die Partei für Gerechtigkeit und Aufschwung – an die Macht kam, richtete sie ihre Aufmerksamkeit auf den Beitritt zur EU und auf die Verbesserung der wirtschaftlichen und diplomatischen Beziehungen zu den Nachbarländern. Die Türkei könne durchaus Teil des Westens sein, gleichzeitig aber auch ihre Tore weit für die angrenzenden Länder öffnen – eine Vision, die allerdings im Gegensatz zu der Sichtweise stand, die beim Militär und in Teilen des säkularen Establishments vorherrschte. In ihren Augen bedeutete das Ende des Kalten Krieges nichts als Probleme. Die Instabilität direkt an den türkischen Grenzen, ganz besonders jedoch im Nahen Osten, drohte in das Land überzuschwappen, eine Furcht, die durch den Aufstand der PKK noch verstärkt wurde. Die Vereinigten Staaten, die bisher die Sicherheit der Türkei gegenüber der Sowjetunion gewährleistet hatten, achteten nun offenbar nicht mehr sonderlich auf die Bedürfnisse ihres Verbündeten. Europa wiederum hielt Ankara nach wie vor auf Distanz, und führende Politiker in der EU sahen in den Türken die »muslimischen Anderen«, die für eine Mitgliedschaft in ihrem christlichen Staatenklub nicht in Frage kamen. Gleichzeitig boten EU-Mitgliedsländer kurdischen Separatisten eine sichere Zuflucht.

Diese Spannung zwischen zwei grundsätzlich unterschiedlichen außenpolitischen Sichtweisen war jedoch nichts Neues; sie hatte die Debatte auch schon unter Özal und unter seinen Nachfolgeregierungen geprägt. In den 1980er- und frühen 1990er-Jahren betrieb die Türkei die

Integration in die damalige Europäische Gemeinschaft parallel zur Öffnung gegenüber dem Nahen Osten und später auch gegenüber der post-
kommunistischen Welt. Aber ungefähr in der Mitte der 1990er-Jahre
vollzog Ankara einen harten außenpolitischen Kurswechsel. Anfang
1996 wurden ein paar kahle Felsen in der Ägäis beinahe zum Auslöser
einer direkten militärischen Konfrontation mit Griechenland, obwohl
beide Länder formell NATO-Partner und somit Verbündete waren. Die
türkischen Streitkräfte drangen wiederholt in den Irak ein, um die PKK
zu bekämpfen, und drohten im Herbst 1998 auch mit einer Invasion Syriens. Wegen des Tschetschenienkrieges hatte sich die Türkei auch mit
Russland überworfen, und die Zypernfrage sowie die Erweiterung der
NATO waren weitere Streitpunkte mit Moskau.

Trotz alledem versäumte es die Türkei nicht, die geopolitischen Chancen zu nutzen, die sich ihr nach dem Ende des Kalten Krieges boten.
Erdoğan trat ein außenpolitisch positives Erbe an, zu dem nicht nur der
EU-Kandidatenstatus gehörte, sondern auch die Anerkennung der großen Bedeutung seines Landes in der NATO und verbesserte Beziehungen
zu ehemaligen Widersachern wie Griechenland, Syrien und Russland.
Zusammen mit Özal konnte Außenminister İsmail Cem (der von 1997
bis 2002 amtierte) das Verdienst zugeschrieben werden, intellektuelle
Väter der »Null-Probleme-mit-Nachbarn«-Doktrin zu sein.[1] Sowohl
gegenüber Europa als auch gegenüber der Nachbarschaft folgte die AKP
den Fußspuren früherer Regierungen.

ÖZAL UND SEINE WELT

Die Globalisierung umarmen

Turgut Özal betrachtete die auswärtigen Prioritäten der Türkei stets
durch die ökonomische Brille. Seine Reformen zielten unter anderem darauf ab, die Stellung des Landes auf den Weltmärkten zu verbessern. Aber
das geschah auch in umgekehrter Richtung: Die globale Situation be-

günstigte seine inländische Agenda. Um die Mitte der 1980er-Jahre hatte
sich die Weltwirtschaft von der Rezession wieder erholt, die am Beginn
des Jahrzehnts aufgetreten war. Die Europäische Gemeinschaft, der wichtigste Handelspartner der Türkei, erhielt Auftrieb durch den neuen Gemeinsamen Markt. Westdeutschlands BIP wuchs zwischen 1983 und
1990 im Schnitt um 2,9 Prozent jährlich und stieg gegen Ende dieser
Periode sogar auf 4 bis 5 Prozent. Insgesamt blieb Europa zwar hinter den
Vereinigten Staaten zurück, die unter Präsident Reagan einen Boom erlebten, ganz zu schweigen von den Schwellenländern, bot aber dennoch
eine stabile Nachfrage nach türkischen Exportwaren. Der ökonomische
Wandel im Inland ging mit einer sich beschleunigenden Globalisierung
einher. Özal folgte treu dem Drehbuch, das ihm die Internationalen Fi-
nanzinstitutionen (IFIs) geschrieben hatten, indem er den Außenhandel
durch die Reduzierung der Zölle liberalisierte, Importquoten abschaffte
und die Türkei für ausländische Direktinvestitionen (Foreign Direct In-
vestments, FDIs) öffnete, gleichzeitig aber auch »strukturelle Anpassun-
gen« im Inland durchführte. Die internationalen Organisationen stärkten wiederum die Legitimität des Ministerpräsidenten. 1986 übernahm
Özal sogar den Vorsitz der Ministerkonferenzen der Organisation für
Wirtschaftliche Zusammenarbeit und Entwicklung (OECD), des Clubs
der reichen Nationen.[2]

Auch die globalen Umwälzungen wirkten sich zugunsten der Türkei
aus. Das Tauwetter in den Ost-West-Beziehungen gegen Ende der
1980er-Jahre, das Gorbatschow mit seinem »Neuen Denken« ausgelöst
hatte, der Fall der Berliner Mauer und letztendlich die Auflösung der
Sowjetunion eröffneten der Türkei neue, bislang undenkbare Chancen in
Handel und Diplomatie. Dabei reagierte die Türkei zunächst sehr zurückhaltend auf den von Gorbatschow eingeleiteten Prozess zum Umbau
und zur Modernisierung des gesellschaftlichen, politischen und wirtschaftlichen Systems der Sowjetunion (*perestroika*) und seine Bemühungen zu einer Verbesserung der Beziehungen zur westlichen Allianz. Doch
Özal selbst war auch dieses Mal wieder seiner Zeit voraus. Schon 1984,
lange bevor der Kurswechsel in Moskau eingeleitet wurde, betrieb er den

Abschluss des ersten Vertrags mit der Sowjetunion zur Lieferung von Erdgas an die Türkei.[3] Vier Jahre später floss zum ersten Mal Gas durch die sogenannte Trans-Balkan-Pipeline, die durch Rumänien und Bulgarien führte, und begründete damit den späteren Boom der türkischen Energieverbindungen zur 1992 gegründeten Russischen Föderation.

Im Rückblick war vermutlich der im April 1987 gestellte Beitrittsantrag der Türkei zur Europäischen Gemeinschaft der prägende historische Augenblick der Regierungszeit Özals. Noch Anfang der 1980er-Jahre waren die Beziehungen aufgrund des Militärputsches heruntergefahren worden: Die Finanzhilfen wurden ausgesetzt, ebenso die Arbeit des gemeinsamen Assoziierungskomitees und die parlamentarische Zusammenarbeit. Auch der katastrophale Umgang der Türkei mit den Menschenrechten und mit der kurdischen Frage erwiesen sich als Hindernisse in den Beziehungen.[4] Erst die Rückkehr zu einer zivilen Regierung (1983) injizierte neue Dynamik in die Beziehungen. Die Entscheidung der Regierung, den Bürgerinnen und Bürgern der Türkei zu erlauben, sich mit individuellen Beschwerden an den Europäischen Gerichtshof für Menschenrechte (eine Institution, die nicht der Europäischen Gemeinschaft beziehungsweise der Europäischen Union, sondern dem Europarat unterstellt ist) zu wenden, signalisierte ebenfalls die Bereitschaft, sich den von multilateralen Organisationen vorgegebenen politischen Bedingungen anzupassen.[5] Auch Özals liberale Wirtschaftspolitik wirkte sich positiv aus. Wie er es 1987 ausdrückte: »... das Ziel (...) unserer Reformen ist es, unsere Integration als Vollmitglied in die Europäische Gemeinschaft zu erleichtern«.[6] Europäische Politiker, von ihrer Wählerschaft ganz zu schweigen, waren alles andere als erfreut über die Aussicht eines türkischen Beitritts zur Gemeinschaft, aber ein direktes »Nein« war ebenfalls keine realistische Option. Noch im selben Jahr lehnten der Europäische Rat und der Ministerrat den Beitrittsantrag Marokkos mit der Begründung ab, dass Marokko kein europäisches Land sei. Eine solche Antwort wurde der Türkei nicht erteilt. Der Grund dafür liegt weniger darin, dass 3 Prozent des türkischen Territoriums geografisch in Europa liegen (der größere Teil Istanbuls sowie das thrakische Hinterland), sondern eher im

Geist des Assoziierungsabkommens der Türkei mit der damaligen Europäischen Wirtschaftsgemeinschaft von 1963, auch Ankara-Abkommen
genannt, in dem das Bestreben der Türkei nach dem Beitritt anerkannt
worden war. Außerdem hatten auch einige Mitgliedstaaten ein ausge-
prägtes strategisches und handelspolitisches Interesse daran, die Beziehungen zur Türkei intakt zu halten. Ihre Reaktion auf den Beitrittsantrag
kam daher, wenn auch nicht explizit, einem »Vielleicht« gleich. In der
Stellungnahme der Europäischen Kommission vom Dezember 1989
wurde die Türkei »als natürliche Kandidatin für den vollen Mitgliedsta-
tus« bezeichnet; gleichzeitig wurde aber klargestellt, dass vor 1993 keine
Verhandlungen aufgenommen würden.[7]

Diese Einschätzung war durchaus gerechtfertigt. Die Europäische
Gemeinschaft, die mit dem 1993 in Kraft getretenen Maastricht-Vertrag
zur Europäischen Union aufgewertet worden war, konzentrierte sich nun
auf die Erweiterung in Mittelost- und Osteuropa. Während der nächsten
paar Jahre beschränkten sich die Beziehungen zur Türkei auf die Verhandlungen über eine Zollunion, eines der Ziele, die im Ankara-Abkommen enthalten waren. Der Zollunionsvertrag wurde 1995 unterzeichnet
und konnte in beiden Richtungen interpretiert werden – als Ablenkung
vom eigentlichen Ziel der Vollmitgliedschaft oder als ein Schritt in diese
Richtung. Die Abschaffung aller Zollbarrieren für den Handel mit Industriegütern stellte für Unternehmen aus der EU eine beispiellose Gelegenheit dar, in der Türkei zu investieren und ihre dort hergestellten oder be-
arbeiteten Produkte zurück in ihre Heimatmärkte zu exportieren. Die
ökonomische Integration vertiefte sich, förderte die ausländischen
Direktinvestitionen und trieb Wachstum und Entwicklung im Land voran. Özal stand der Zollunion anfangs skeptisch gegenüber, änderte aber
später seine Haltung, vor allem als Folge der erwähnten Stellungnahme
der Europäischen Kommission im Dezember 1989. Nun betrieb der
Ministerpräsident sogar Lobbyarbeit bei skeptischen Wirtschaftsverbän-
den, die darauf drängten, dass die Einfuhrzölle erst nach dem Beitritt der
Türkei zur Europäischen Gemeinschaft abgeschafft werden sollten. Özals
Kehrtwende beruhte auf der Einschätzung, dass sich der Wert der Türkei

sowohl für Westeuropa als auch für die Vereinigten Staaten durch das Ende des Kalten Krieges verringern könnte.[8] Die Vertiefung der institutionellen Verbindungen zur Gemeinschaft beziehungsweise zur EU war daher nicht nur ein Trostpreis, sondern auch eine Art Versicherung – und eine potenzielle Grundlage für eine noch engere Integration. In diesem Sinne ist die Zollunion Özals posthume Errungenschaft. Sie legte den Grundstein für die Reformen der späten 1990er- und der 2000er-Jahre und für die Aufnahme der Beitrittsverhandlungen im Jahr 2005, und sie bleibt bis heute das institutionelle Rückgrat der Beziehungen zwischen der EU und der Türkei.

Nachbarschaftskonflikte

Fortschritte in den Beziehungen zu Europa hingen von Özals Fähigkeit ab, den Konflikt mit Griechenland über die Herrschaftsansprüche in der Ägäis und auf der geteilten Insel Zypern unter Kontrolle zu halten. Die Hellenische Republik war schon 1981 der damaligen Europäischen Gemeinschaft beigetreten und hatte sich eine starke Stellung gegenüber dem Nachbarn und respekteinflößenden Rivalen verschafft, ungeachtet der gemeinsamen NATO-Mitgliedschaft. Doch im März 1987 kochten die Spannungen über, als die Türkei ankündigte, ein Forschungsschiff, von einem Marineschiff begleitet, zu entsenden, als Erwiderung auf die griechischen Offshore-Ölbohrungen vor der Insel Thassos. (Parallelen zu den jüngsten Konfrontationen mit Athen in den umstrittenen Gewässern des östlichen Mittelmeers sind unübersehbar.)[9] Damals jedoch konnte die Krise durch Özal und den griechischen Ministerpräsidenten Andreas Papandreou beigelegt werden. Die Begegnung der beiden Politiker im Januar 1988 in Davos brachte ein gemeinsames Kommuniqué hervor, das »hastig in unbeholfenem Englisch« verfasst worden sei, wie es ein wissenschaftlicher Experte für die griechisch-türkischen Beziehungen ausdrückte. Darin wurde ein Fahrplan für eine Konfliktlösung durch diplomatischen Dialog und engere Handelsbeziehungen entworfen.[10] Aber der »Geist von Davos« erwies sich als recht kurzlebig. Die Zukunft hielt noch weitere Turbulenzen bereit, und nicht einmal ein Jahrzehnt später kamen Griechenland und die Türkei einem Kriegsausbruch gefährlich nahe.

Auch der Umgang der Türkei mit ihrem anderen direkten Nachbarn im Westen, Bulgarien, war von Problemen belastet. Die Assimilierungskampagne, die von den kommunistischen Behörden Bulgariens gegen die türkische Minderheit im Land betrieben wurde, gipfelte im Sommer 1989 im Exodus von ungefähr 300 000 Menschen, die ihre Heimat verlassen und in die Türkei ausreisen mussten, und war eine humanitäre Tragödie sondergleichen. Die Hilfsbereitschaft, die der ethnischen Verwandtschaft entgegengebracht wurde, begünstigte nicht nur starke Solidaritätsgefühle in der gesamten türkischen Gesellschaft, sondern festigte auch Özals patriotische Glaubwürdigkeit. Er war nie großen Auftritten abgeneigt und hüllte sich auch gern in die türkische Flagge. Auch verstärkten bestimmte internationale Ereignisse den von unten kommenden Druck, politisch selbstbewusster aufzutreten. Konkret ging es damals um den Zorn, den Griechenland im Umgang mit der türkischstämmigen Minderheit in der griechischen Provinz West-Thrakien ausgelöst hatte. Dort hatten die Griechen den gewählten Parlamentsabgeordneten Sadık Ahmet im Januar 1990 vor Gericht gestellt, weil er die türkische Minderheit der Region als Türken statt als muslimische Einwohner bezeichnet hatte. In Bulgarien war inzwischen der langjährige Diktator Bulgariens, Todor Schiwkow, zum Rücktritt gezwungen worden; auch hatte man das Verbot türkisch-muslimischer Namen, der türkischen Sprache und der Ausübung des Islam aufgehoben, was zu einer schnellen Normalisierung der Beziehungen zwischen Ankara und Sofia geführt hatte. In den 1990er-Jahren wurde Bulgarien, wo die von Türken dominierte Partei Bewegung für Rechte und Freiheiten zu einem wesentlichen politischen Akteur geworden war, zu einem wichtigen diplomatischen und wirtschaftlichen Partner der Türkei.[11]

Das türkische Modell

Die Verbesserung der türkisch-bulgarischen Beziehungen war ein erstes Beispiel für die Chancen, die das Ende des Kalten Krieges eröffnete. In der Türkei rief der Zerfall der Sowjetunion Ende 1991 beispiellosen Optimismus hervor, da er mit dem Auftreten neu unabhängig gewordener Staaten in Osteuropa, im Kaukasus und in Zentralasien einherging, von denen viele von turkischen und muslimischen Mehrheiten bewohnt waren. Von den Fesseln des Kommunismus befreit, besannen sie sich wieder auf ihre kulturellen Wurzeln; Aserbaidschaner (auch Aseris genannt), Turkmenen, Usbeken, Kasachen blickten nun auf ihren »älteren Bruder« *(ağabey)*, von dem sie sich Führung und Inspiration erhofften.[12] Der Gedanke, dass die Türkei anderen Staaten mit einer muslimischen Bevölkerungsmehrheit als Modell für ökonomische und politische Entwicklung dienen könne, war in den 1920er-Jahren schon einmal aufgekommen;[13] jetzt trat diese Idee erneut in Erscheinung.

Özal hatte mit derartigen Argumenten Pionierarbeit geleistet, sogar schon vor dem Untergang der Sowjetunion. Während eines Besuchs in den USA im Jahr 1991 schilderte er die Vorzüge, die sein Land zu bieten habe: »In ökonomischer Hinsicht haben wir den freien Markt. Eine pluralistische Demokratie. Und einen säkularen Staat. Das alles ist ein gutes Beispiel für den Rest der islamischen Welt. Die Türkei spielt eine wichtige Rolle. Und wenn man das, was heute ist, mit dem vergleicht, was vor zehn Jahren war, wird man sofort zugeben, dass die Türkei ein westliches Land ist. Aber wir haben auch Traditionen ...« Und er fuhr fort:

[Die Türkei] wird auch für die osteuropäischen Länder ein gutes Beispiel sein: was sie zu befolgen haben, was sie tun müssen. Und wir werden auch eine wichtige Rolle in der Sowjetunion spielen müssen. Auch in der Sowjetunion leben türkischsprachige Menschen. Sogar eine ziemlich große Zahl, und die Bevölkerung wächst schnell, ungefähr sieben bis acht Millionen. Ich glaube, sie alle sehen in der Türkei ein gutes Beispiel. Ich habe kürzlich einige von ihnen besucht. Und ich denke, wir stimmen mit Mr. Gorbatschow überein, dass die Türkei eine stabilisierende Wirkung hat.[14]

Auch Özals Rivale Demirel, der ihm 1993 als Präsident nachfolgte, vertrat diese Auffassung. »Eine turkische Welt, von der Adria bis zur Großen Chinesischen Mauer« wurde zur Lieblingsphrase des *Elder States-
man*, obwohl dieser Satz offenbar von Henry Kissinger zuerst geprägt
worden war.[15] Aus der Perspektive der frühen 1990er-Jahre schien es, wie
auch westliche Beobachter meinten, dass die Türkei eine einmalige Gelegenheit hatte, starke Beziehungen sowohl zu Europa als auch zum sich
neu formierenden Zentralasien aufzubauen. Die Türkei könne so zu einer
Brücke werden, statt eine Barriere zu bleiben.[16]

Um den Worten Taten folgen zu lassen, ergriff die Türkei eine Reihe
von Initiativen. Im Juni 1992 fungierte Özal als Gastgeber des Gipfel-
treffens zur Gründung der Schwarzmeer-Wirtschaftskooperation (Organization of the Black Sea Economic Cooperation, BSEC), einer multilateralen Plattform der Anrainerstaaten einschließlich der Russischen
Föderation zur Förderung der Handelsbeziehungen, der Investitionen
und der infrastrukturellen Verbindungen. Im selben Jahr begannen auch
die regelmäßigen Gipfeltreffen der Regierungschefs der Turkstaaten.
Özal hieß diese Länder auch in der Organisation für Wirtschaftliche
Zusammenarbeit (Economic Cooperation Organization, ECO) willkommen, einer Handelsorganisation, die er aus dem 1979 aufgelösten
Bagdadpakt (Central Treaty Organization, CENTO) wiederbeleben
wollte. Türkische Baufirmen betätigten sich erfolgreich in den Regionen der ehemaligen Sowjetunion, und fliegende Händler wurden im
Aksaray-Bezirk von Istanbul oder in den Städten an der Schwarzmeer-
küste ein vertrauter Anblick. Durch Organisationen wie das Türkische
Präsidium für Internationale Kooperation und Koordination (Türk
İşbirliği ve Koordinasyon Ajansı Başkanlığı, TİKA), eine 1992 gegründete und direkt dem Ministerpräsidenten unterstellte Behörde, leistete
Ankara Entwicklungshilfe und investierte in die Kultur- und Bildungs-
beziehungen mit zentralasiatischen Ländern. Unter der AKP entwickelte sich TİKA allmählich zum Flaggschiff der »weichen Macht«
der Türkei auf dem Balkan, im Nahen Osten und sogar bis nach Subsahara-Afrika.

Ein Nebeneffekt dieser Initiativen war unter anderem, dass der Präsident der Republik nun stärker ins Rampenlicht der Öffentlichkeit trat. Das Präsidentenamt hatte bislang, etwa im Vergleich zum Außenministerium oder dem Nationalen Sicherheitsrat (Millî Güvenlik Kurulu, MGK) – der Mechanismus, durch den das Militär seine Wünsche und Prioritäten übermittelte –, keine wesentliche Rolle gespielt. Doch Özals Aktivismus und die informellen Beziehungen, die er zu anderen Staatsführern pflegte, bewirkten einen Wandel. Nach 1993 trug auch Demirel, der zuvor der Außenpolitik wenig Aufmerksamkeit gewidmet hatte, die Fackel weiter.[17]

Doch die aufgeblähten Erwartungen hinsichtlich der Führungsrolle der Türkei wurden mit der harten Realität konfrontiert. Erstens wollten die Führer der gerade unabhängig gewordenen zentralasiatischen Staaten den großen russischen Bruder nicht gegen einen türkischen eintauschen. Vielmehr entschieden sie sich für eine multivektorale Politik, die darauf gerichtet war, die eigene Autonomie gegenüber Einflüssen von außen zu festigen und ihre jeweiligen Regimes zu stabilisieren. Die Freunde der Türkei, wie etwa der aserbaidschanische Präsident Abulfas Eltschibej, mussten feststellen, dass sie von anderen Staatsführern ausmanövriert wurden, beispielsweise von Heidar Alijew, einem ehemals hochrangigen Mitglied der sowjetischen Nomenklatura und einstigen Chef des berüchtigten sowjetischen Geheimdienstes KGB in Aserbaidschan. Zweitens hatte die Türkei nur sehr begrenzten Einfluss auf die regionalen Sicherheitsfragen. »Eine Nation, zwei Staaten« (*Tek Millet, Iki Devlet*) erfreute die Nationalisten sowohl in der Türkei als auch in Aserbaidschan, aber die politische Relevanz des Slogans sollte sich als fragwürdig erweisen. Beispielsweise bot Ankara den Aseris im Bergkarabach-Krieg (1992–1994)[18] militärische Unterstützung an und schloss die Grenzen zu Armenien, um Druck auf Jerewan auszuüben, schreckte aber vor einer direkten Intervention zurück.[19] So blieb es Russland überlassen, so geschwächt es auch sein mochte, in den folgenden zwei Jahrzehnten als Schlichter und Vermittler aufzutreten. Das blieb so bis zum Herbst 2020, als sich die Türkei in den neu aufgeflammten Konflikt einmischte und

Aserbaidschan half, die meisten der sieben Bezirke um Karabach wieder unter Kontrolle zu bringen, die bisher von Armenien besetzt gewesen waren. Damals in den 1990er-Jahren jedoch hatte Moskau allen Grund, die türkischen Avancen im postsowjetischen Raum mit Argwohn zu beobachten und sie gegebenenfalls zurückzudrängen, nicht zuletzt aus Furcht vor den Verbindungen zwischen muslimischen und turkischen Gruppen innerhalb der Russischen Föderation, vor allem in Bezug auf die ruhelosen Tschetschenen, aber auch im ölreichen Tatarstan und Baschkortostan in der Wolga-Region.

Der Balkan

Auf dem Balkan verlief der Schmusekurs der Türkei erfolgreicher. Das Ende des Kommunismus und der Zusammenbruch des früheren Vielvölkerstaates Jugoslawien ermöglichten es Ankara, seine Beziehungen zu einer ganzen Reihe von Ländern in der Region zu verbessern. Die Spannungen mit Bulgarien wurden durch die Kooperation im Rahmen eines im Mai 1992 unterzeichneten Freundschaftsabkommens überwunden. Gleichzeitig verringerten die beiden Nachbarländer ihre militärische Präsenz an den gemeinsamen Grenzen. Ankara setzte sich für die Aufnahme Rumäniens und Bulgariens in die NATO ein. Außerdem bot die Türkei auch Albanien und der Republik Mazedonien (seit 2019 Nordmazedonien) eine helfende Hand, wozu auch Abkommen über Verteidigung und Militärausbildung gehörten, zwei Länder also, in denen man potenzielle Verbündete gegen Griechenland sah. Kein Wunder, dass in den politischen Debatten der 1990er-Jahre in Griechenland Befürchtungen überhandnahmen, man werde von einer »islamischen Achse« eingekreist. Der Krieg im ehemaligen Jugoslawien heizte diese Ängste weiter an, da die Türkei von den muslimischen Bosniaken als eine Art Bruderstaat angesehen wurde. Doch Ankara zog es vor, mit der NATO zusammenzuarbeiten, statt einseitig zu intervenieren. Hikmet Çetin, von 1991 bis 1994 Außenminister der Türkei, bezeichnete den Konflikt ausdrücklich als einen, bei dem universal geltende Grundsätze auf dem Spiel stünden und es nicht um einen Zusammenstoß zweier religiöser Gemeinschaften gehe.[20] Die Türkei beteiligte sich an den NATO-Interventionen in Bosnien (1995) und im Kosovo (1999) und auch an den folgenden Missionen zur Friedenssicherung. Im Unterschied zur späteren AKP-Periode vermied es die Türkei in den 1990er-Jahren sorgfältig, die eigene muslimische Identität zur Schau zu stellen oder sich auf die osmanische Vergangenheit zu berufen, da ihr bewusst war, wie nachteilig sich dies auswirken würde. Das galt ganz besonders in einer Zeit, in der sich die Konservativen in Europa lautstark gegen einen türkischen EU-Beitritt aussprachen, da sie die EU fest im Christentum verwurzelt sahen.[21]

Der Nahe Osten

Trotz der neuen Möglichkeiten, die sich in Osteuropa und Zentralasien boten, mussten die politischen Entscheidungsträger der Türkei, sowohl in den Streitkräften als auch im Außenministerium, in den 1990er-Jahren auch den gesamten Nahen Osten sehr aufmerksam beobachten. Bedrohungen – ob real oder vermutet – gab es zuhauf. Hafiz al-Assads Syrien bot der PKK eine Zuflucht, und direkt hinter der türkischen Grenze bekriegten sich der Irak und der Iran. Kurdische Flüchtlinge aus dem Nordirak flohen über die Grenze, und Teheran betrieb ideologische Subversion. Das türkische Establishment betrachtete die arabischen Länder und, wenngleich weniger ausgeprägt, auch den Iran mit einer Mischung aus Furcht und Herablassung.[22]

Özals Sichtweise war eine andere; er scheute nicht davor zurück, sie öffentlich darzulegen, vor allem während seiner Präsidentschaftsjahre. Schon frühzeitig drängte er auf stärkeres Engagement im Nahen Osten. Aus seiner Sicht boten sich in der Region wirtschaftliche Chancen und strategische Möglichkeiten. Özal betrachtete den Islam als integralen Teil der türkischen Identität, als Vorteil und nicht als Bürde, ein Thema, das die AKP dann in den 2000er-Jahren wieder aufgriff. Allein zwischen 1980 und 1985 verfünffachten sich die türkischen Exporte in den Nahen Osten und lagen damit auf einer Höhe mit den Exporten in die Europäische Gemeinschaft.[23] Die Nachbarländer Iran und Irak machten mit jeweils einem Drittel der Gesamtexporte den Löwenanteil aus, gefolgt von Saudi-Arabien. Der Persische Golf galt als attraktive Zielregion für Investitionen, vor allem, nachdem die Türkei ihren Kapitalverkehr liberalisiert hatte.

Der Zweite Golfkrieg erwies sich als entscheidender Prüfstein der türkischen Politik. Özal zögerte nicht, Saddam Husseins Invasion Kuwaits zu verurteilen, und bemühte sich nach Kräften, die Türkei in die von den USA geführte Koalition einzubinden. Doch die Führung des Militärs war alles andere als begeistert. Auch im Parlament und in der Gesellschaft gab es starke Widerstände. Erst am 17. Januar 1991, dem Tag, an dem die Operation *Desert Storm* anlief, stimmte die Große Nationalversammlung der Nutzung des İncirlik-Luftwaffenstützpunkts in der Nähe von Adana durch die Anti-Saddam-Koalition zu.[24] Aber im Vorfeld dieser Entscheidung, als Özal und Ministerpräsident Yıldırım Akbulut auf eine parlamentarische Resolution drängten, hatte es große Spannungen gegeben. Am 3. Dezember 1990 reichte General Necip Torumtay, der Stabschef der türkischen Streitkräfte, seinen Rücktritt ein. Es war das erste Mal, dass ein Stabschef vor Ablauf seiner Amtszeit zurücktrat.[25] Um die Generäle und die öffentliche Meinung zu beruhigen, versicherte der Präsident, dass sich die Türkei aus den eigentlichen Kampfhandlungen heraushalten werde. Doch indem er Torumtays Rücktritt erzwang, hatte er einen Sieg über das scheinbar allmächtige Militär errungen, gerade mal zehn Jahre nach dem Militärputsch von 1980. Es war ein Präzedenzfall, der sich in der Erinnerung festsetzte und den Status Özals als Gegner des sogenannten »Vormundschaftsregimes« nährte. Obwohl die AKP letztendlich den Dritten Golfkrieg 2003 ablehnte und sich im Wesentlichen auf die Seite der risikoscheuen Generäle stellte, zollte sie dennoch der harten Haltung ihrer Vorgängerregierung Respekt, die auf der außenpolitischen Leitfunktion der zivilen Politik beharrt hatte.[26]

Für die Türkei erwies sich die Operation *Desert Storm* als gemischter Segen. Zum einen machte sie den strategischen Wert des Landes für die USA deutlich sichtbar, zumal nun der Kalte Krieg zu Ende war. Im

Gefolge des Golfkriegs schien nun Amerika daran interessiert zu sein, die Sicherheitsbindungen mit Ankara zu erneuern.[27] Im Gegensatz zu den Europäern, die Ankara die kalte Schulter zeigten, behandelte die Bush-Administration den Freund und Verbündeten mit Respekt. Zum anderen erwiesen sich die längerfristigen Folgen des Golfkriegs als weniger günstig, jedenfalls aus der Perspektive des türkischen sicherheitspolitischen Establishments. Unmittelbar nach dem Krieg strömten über 500 000 Kurden an die Grenze und verlangten, ins Land gelassen zu werden. Saddams Niederlage und die Verhängung eines Flugverbots nördlich des 36. Breitengrades durch die USA und ihre Verbündeten führten dazu, dass die irakischen Kurden eine *de facto*-Autonomie erlangten. Die PKK verschanzte sich in den Kandil-Bergen; von dort führte sie Angriffe auf die türkischen Sicherheitskräfte jenseits der Grenze durch. Özal reagierte mit dem Aufbau von Beziehungen zu den lokalen Kurdenführern im Nordirak, Masud Barzani und Dschalal Talabani, wobei er versuchte, deren wirtschaftliche Abhängigkeit zu einer Sicherheitspartnerschaft auszuweiten. Für viele Türken stellte jedoch die Übereinstimmung mit den Vereinigten Staaten einen Irrweg dar. Die nationalen Interessen waren im Namen der Allianz mit den Amerikanern geopfert worden. Dass Özal die kurdische Autonomie im Nordirak oder gar die Entstehung eines Gliedstaats innerhalb des Irak implizit hingenommen hatte, sahen viele als einen gefährlichen Präzedenzfall an. Türkische Politiker, darunter auch Demirel, sprachen bereits von einem »neuen Sèvres«, womit sie sich auf den Friedensvertrag vom August 1920 zwischen den Siegermächten des Ersten Weltkriegs und der Türkei bezogen, ein Diktatfrieden, durch den das damalige Osmanische Reich einen Teil seines Gebietes verlor. Der Golfkrieg sollte die Beziehungen der Türkei zu Washington noch für lange Zeit belasten.

EINE SCHARFE KEHRTWENDE

Die inneren Unruhen nach dem Tod Özals beeinträchtigten unvermeidlich den außenpolitischen Elan der Türkei. Nunmehr prägten Ängste statt Ambitionen die Haltung des Landes und sein außenpolitisches Agieren. Die von der Sicherheitsproblematik besessenen Generäle entrangen den zivilen Politikern die Macht, während instabile Koalitionen den Einfluss der Diplomaten untergruben. Zwischen Juli 1994 und Juni 1997 lösten sieben Außenminister einander ab. Das Militär und der Nationale Sicherheitsrat, auch er kontrolliert von höchstrangigen Offizieren, festigten ihre Positionen als Entscheidungsträger. Die traditionell defensive Mentalität der Türkei, von Malik Mufti als »Republikanisches Paradigma« gekennzeichnet, wurde nach dem Zwischenspiel Özals wieder aktuell.[28] Zu den obersten Prioritäten gehörte es nun, den kurdischen Aufstand zu unterdrücken und den politischen Islam einzuhegen, genauso wie die Versuche ausländischer Mächte abzuwehren, diese beiden Bewegungen gegen die Türkei zu instrumentalisieren. Abschreckung und selektive Machtbehauptung rückten ins Zentrum des außenpolitischen Denkens. Um seine Interessen abzusichern, war Ankara nun auch zu Alleingängen außerhalb der NATO oder der Allianz mit den USA bereit.

Bis zum Äußersten

Die türkische Führung war vollauf mit dem Kurdenproblem, den Streitigkeiten mit Griechenland über die Ägäis und der Zypernfrage beschäftigt. Sie war zutiefst überzeugt, dass der beste Weg darin bestehe, nicht vor dem Einsatz militärischer Stärke zurückzuschrecken. Die Fähigkeit, rote Linien zu ziehen oder, wenn es denn sein musste, sich einem Gegner nach dem anderen entgegenzustellen, machte den Kern dieser Politik aus.

Im Nahen Osten war die einseitige Militäraktion nichts anderes als eine Fortführung der Anti-PKK-Kampagne, die seit Jahren innerhalb der eigenen Grenzen betrieben wurde. Im Frühjahr 1995 sowie zweimal im Jahr 1997 stießen türkische Streitkräfte in den Nordirak vor, um mili-

tante Kräfte zu jagen und Masud Barzanis Demokratische Partei Kurdistans (PDK) zu unterstützen. Im darauffolgenden Jahr mobilisierte die
Türkei ihre Streitkräfte und drohte, in Syrien einzumarschieren, das seit
Anfang der 1980er-Jahre der PKK-Führung Zuflucht geboten hatte und
offenbar auch mit Griechenland gemeinsame Sache machte.[29] Um den
Konflikt zu vermeiden, erklärte sich Hafiz al-Assad einverstanden, Abdullah Öcalan auszuweisen, die Stützpunkte der Organisation zu schließen und ihr keine Waffen oder logistische Unterstützung mehr zu gewähren; außerdem wolle man in Zukunft mit den Türken kooperieren. Dem
Adana-Protokoll vom Oktober 1998, durch das diese Vereinbarungen
verbindlich wurden, waren ähnliche Abkommen vorausgegangen, die
1987, 1992 und 1993 abgeschlossen, aber niemals umgesetzt worden waren. Das Adana-Abkommen räumte der Türkei das Recht ein, nach einem
Angriff kurdischer Milizen diese bis zu fünf Kilometer tief in das syrische
Territorium verfolgen zu dürfen. Dieses Mal hielt Assad seine Zusagen
tatsächlich ein, wies Öcalan aus und löste die PKK-Einrichtungen in der
Nähe von Damaskus auf.[30] Doch die Türken waren nie völlig überzeugt,
dass Assad seinen Teil der Abmachungen in vollem Umfang einhalten
würde. Nachdem aber die kurdischen Milizen nicht mehr da waren,
konnten die Türkei und Syrien ihre politischen, aber auch ihre Handelsbeziehungen ausbauen, das eigentliche Leitmotiv der Nachbarschaftspolitik der AKP in den 2000er-Jahren. Das Adana-Protokoll tauchte
dann 2019 wieder aus der Versenkung auf, als der russische Präsident
Putin vorschlug, dass es als Grundlage für die Einrichtung einer Sicherheitszone in den von Kurden besiedelten Gebieten im Nordosten Syriens
dienen könne. Mit anderen Worten: Der Türkei könnten damit die mit
der PKK verbündeten Milizen verjagen, die das Gebiet kontrollierten,
aber nur in Zusammenarbeit mit dem Regime in Damaskus.

Hafiz al-Assad beugte sich dem Druck, nicht zuletzt aus Angst, zwischen den türkischen Hammer und den israelischen Amboss zu geraten.
Denn die Türkei hatte ihr Bündnis mit Israel vertieft, dem Hauptgegner
Syriens, und mit Tel Aviv im Februar 1996 ein Abkommen über militärische Ausbildung und Zusammenarbeit geschlossen. Es sollte ursprüng-

lich geheim gehalten werden, wurde aber an die Medien geleakt. Zwei
weitere Abkommen folgten.[31] Diese Annäherung an Israel diente nicht
nur dem Zweck, Druck auf Syrien auszuüben, sondern stellte auch eine
Maßregelung der Wohlfahrtspartei durch das Militär dar. Erbakan, der
zeit seines Lebens für engere Beziehungen zur muslimischen Welt eingetreten war[32] und sowohl Israel als auch dem Westen äußerst kritisch ge-
genüberstand, reiste im August 1996 in den Iran, um einen Gasliefervertrag im Wert von 23 Milliarden Dollar zu unterzeichnen, einen der
größten Lieferverträge, die jemals mit der Islamischen Republik abge-
schlossen worden waren. Die neu gestärkte Allianz mit den Israelis wie
auch mit den Vereinigten Staaten bewirkte, dass nicht das RP-DYP-Ka-
binett (Refah-Yol), sondern das Militär die Sicherheitspolitik diktierte.
Indem die Türkei Druck auf Damaskus und dessen Verbündeten Teheran
ausübte, schlug sie gleich zwei Fliegen mit einer Klappe. Zum einen versetzte sie damit der PKK einen schweren Schlag und erreichte so letztlich
auch die Gefangennahme Öcalans, die in einer gemeinsamen Operation
mit den USA und Israel durchgeführt wurde, nachdem es Öcalan nicht
gelungen war, in Russland oder Griechenland Asyl zu erhalten. Zum anderen konnten so auch die Islamisten zurückgedrängt werden, was in der
Intervention vom 28. Februar 1997 (dem »postmodernen Putsch«) und
dem Sturz Erbakans gipfelte.

Die griechisch-türkische Rivalität

In der Ägäis griff die Türkei auf ähnliche Taktiken zurück. Im Juni 1995
verabschiedete die Große Nationalversammlung eine Resolution, wonach jede einseitige Ausweitung der Hoheitsgewässer Griechenlands auf
die im Seerechtsübereinkommen 1982 festgelegten 12 Seemeilen einen
casus belli darstellen würde. Die beiden Nachbarn stritten ständig über
die Hoheitsrechte auf dem Festlandsockel und im Luftraum, aber auch
über die Militarisierung der griechischen Inseln vor der türkischen Küste.
Während Athen darauf beharrte, dass all diese Fragen vom Internationalen Gerichtshof in Den Haag (ICJ), dem Hauptrechtsprechungsorgan

der Vereinten Nationen, entschieden werden müssten, bestand die Türkei auf einer Regelung durch diplomatische Verhandlungen.[33] Der brisanteste Streit brach über die Frage aus, wer die Hoheitsrechte über zwei kleine Inseln besitze, die zur Dodekanes-Inselgruppe gehörten. Am 25. Januar 1996 pflanzten Griechen von der nahe gelegenen Insel Kalymnos die Nationalflagge auf Imia (türkisch Kardak) auf, einem unbewohnten Felsen im Meer. Zwei Tage später gingen dort türkische Journalisten an Land, hissten vor laufenden Kameras die rote Halbmondflagge und übertrugen die Aktion live im Fernsehen. Die Griechen zogen ihre Kriegsschiffe zusammen, ebenso die Türkei. Türkische Streitkräfte in Nordzypern rückten mit gepanzerten Fahrzeugen auf die sogenannte »Grüne Linie« zu, die *de facto*-Grenze zwischen dem von der Türkei besetzten Nordzypern und der Republik Zypern. Ein griechischer Militärhubschrauber stürzte auf dem Inselchen ab, wobei die Crew ums Leben kam. Nur den Telefonanrufen des amerikanischen Präsidenten Bill Clinton (»... unvorstellbar, dass zwei großartige Länder, die um Zypern einen echten Streit hatten, wegen einer vier Hektar großen und nur von ein paar Dutzend Schafen bewohnten Felsinsel Krieg führen würden«) und seines Sondergesandten Richard Holbrooke war es zu verdanken, dass die Situation entschärft werden konnte.

Doch solange sich Griechenland und die Türkei gegenseitig an die Gurgel gingen, würden die Türken in der Frage der EU-Mitgliedschaft nicht vorankommen. Athen legte im Europäischen Rat sein Veto ein und blockierte nicht nur jede weitere Aufwertung der EU-Beziehungen zu Ankara, sondern auch die Auszahlung von Finanzhilfen.

Auch in der Zypernfrage gerieten Griechenland und die Türkei aneinander. In den Jahren 1997–1998 erwies sich das Abkommen Nikosias mit der Russischen Föderation über die Lieferung des S-300-Luftabwehrsystems als Zankapfel. Die Türkei reagierte verärgert. Die Boden-Luft-Raketen würden das militärische Gleichgewicht auf der geteilten Insel in Schieflage bringen und, was noch wichtiger war, angesichts ihrer Reichweite von 300 Kilometern auch die türkischen Sicherheitsinteressen gefährden. Im September 1997 gingen die türkische Marine und die

Küstenwache dazu über, ausländische Schiffe anzuhalten und zu durch-
suchen, einschließlich der unter russischer Flagge fahrenden Schiffe, um
die Lieferung des Raketensystems zu verhindern. Das Problem strapa-
zierte die Beziehungen zwischen Ankara und Moskau noch weiter, die
ohnehin schon durch eine Liste anderer Unstimmigkeiten belastet waren – von den türkischen Vorstößen im postsowjetischen Raum über die
geplanten Pipelines, durch die Öl und Gas aus dem Kaspischen Meer
durch die Türkei auf die regionalen und globalen Märkte transportiert
werden sollten, bis hin zur Osteuropa-Erweiterung der NATO, die von
der Türkei unterstützt wurde. Bei dieser Frage jedoch stellte sich Washington an die Seite der Türkei. Am Ende stimmte Griechenland unter
dem Druck Ankaras und Washingtons einem Kompromiss zu, wonach
die S-300-Raketen nicht auf Zypern, sondern auf Kreta stationiert wurden, während sich die griechischen Zyprer mit der TOR-M1 zufrieden-
gaben, einem weiteren Raketensystem aus russischer Produktion, aber
mit geringerer Reichweite.[34]

Diesen taktischen Streit hatte die Türkei zwar gewonnen, aber im Konflikt mit Griechenland befand sie sich langfristig im Nachteil. Bei der
Sitzung des Europäischen Rates (der Staats- und Regierungschefs der
EU) im Dezember 1997 in Luxemburg wurde die Eröffnung von Beitrittsverhandlungen mit der Republik Zypern beschlossen, faktisch also
nur mit der griechisch-zyprischen Führung. Für Griechenland war das
ein Sieg, da es in Brüssel als Lobbyist für Nikosia aufgetreten war, für die
Türkei dagegen ein Rückschlag, da Ankara stets darauf bestanden hatte,
dass dem Beitritt eine gerechte Einigung in der Zypernfrage vorausgehen
müsse, bei dem die Interessen der Türken im Norden der Insel berück-
sichtigt werden müssten.

NEUE UFER

Die türkische Regierung sah sich von den Beschlüssen des Europäischen Rates in Luxemburg tief enttäuscht, da sie auf ein positives Signal gehofft hatte. Nach Auffassung der Türken hatten osteuropäische Staaten mit viel kürzerer demokratischer Erfahrung und schwächeren Volkswirtschaften den Vortritt erhalten. Als Reaktion auf die Zurücksetzung drohte Ministerpräsident Mesut Yılmaz, die Türkei könne ihre Beziehungen zur EU einfrieren und sich anderswo nach Verbündeten und Freunden umsehen.[35] Er erwähnte auch die Turk-Republiken in Zentralasien. Das war jedoch wenig mehr als rhetorisches Gepolter. Die Wunschträume einer turkischen Einheit hatten sich nicht realisieren lassen. Die ökonomische, aber auch die politische Zugkraft der EU war gewachsen, nicht zuletzt aufgrund der Zollunion. Ankara verfolgte seine Beitrittsbestrebungen so nachdrücklich wie eh und je.

Gleichzeitig war das Land aber auch im Blick auf die Diversifizierung seiner Partnerschaften erfolgreich. Dazu gehörte auch die dreiseitige Kooperation mit Israel und den Vereinigten Staaten. Während die Europäer den Umgang der Türkei mit den Menschenrechten in Bezug auf die Kurden kritisierten und PKK-Netzwerke in den eigenen Ländern tolerierten, stellte sich Israel beim Kampf gegen die PKK auf die Seite der Türkei. Israel lieferte Waffen und wertvolle nachrichtendienstliche Informationen und unterstützte die Gefangennahme Abdullah Öcalans in Kenia. Die USA wiederum gaben der Türkei im Allgemeinen freie Hand, wobei Washington strategische Beziehungen offenbar wichtiger waren als menschenrechtliche Vorbehalte. Im Gegensatz dazu herrschten in Sicherheitsfragen starke Meinungsverschiedenheiten zwischen der Türkei und der EU. So behinderte Ankara die Bemühungen der EU, eine gemeinsame Verteidigungspolitik zu schmieden, weil es befürchtete, durch eine solche Politik in europäischen Angelegenheiten an den Rand gedrängt zu werden. Beim NATO-Gipfel 1999 in Washington, D.C., blockierte die Türkei die Vorschläge für eine Europäische Sicherheits- und Verteidigungsidentität (ESVI), ein EU-Konzept, das den europäischen Pfeiler innerhalb der NATO stärken sollte. Die ESVI umfasste auch den Plan zur Gründung einer Schnellen Eingreiftruppe, die bei regionalen Krisen wie den Jugoslawienkriegen auf NATO-Ressourcen zurückgreifen würde.[36]

Auch mit einem anderen Partner machte die Türkei Fortschritte, die so nicht zu erwarten gewesen waren: Russland. Im Dezember 1997, im selben Monat, in dem auch der Luxemburg-Gipfel des Europäischen Rates stattfand, unterzeichneten der russische Gasmonopolist Gazprom und die türkische Regierung ein Abkommen über den Bau einer Unterwasser-Pipeline durch das Schwarze Meer, durch die Gas zum Hafen von Samsun und weiter nach Ankara geleitet werden sollte. Die später Blue Stream genannte Pipeline ging 2005 in Betrieb und machte die Türkei zu einem der Hauptabnehmer für russisches Erdgas. Außerdem sträubte sich Moskau auch nicht allzu sehr gegen die Bemühungen Ankaras (und Washingtons), die kaspischen Öl- und Gasreserven anzuzapfen, so dass 1999 ein neues Pipeline-Abkommen mit Aserbaidschan und Georgien geschlossen werden konnte. Sechs Jahre danach wurde die Transkaukasus-Pipeline von Baku nach Ceyhan in Betrieb genommen. Die Energiekooperation beruhte auf Entscheidungen, die Özal schon vor fast einem Jahrzehnt getroffen hatte.

Die Kooperation dehnte sich schließlich auch auf den Bereich der Sicherheit aus. Anfang 1999 setzten sich Präsident Boris Jelzin und Ministerpräsident Jewgeni Primakow über ein Votum der Duma, des direkt gewählten Unterhauses des Parlaments, hinweg und lehnten es ab, Abdullah Öcalan Asyl zu gewähren, den die Syrer in ein Flugzeug nach Moskau gesetzt hatten (angeblich hatte der israelische Auslandsgeheimdienst Mossad die Türken darüber informiert). Zum Dank dafür verzichtete die türkische Regierung darauf, Russland wegen des zweiten Tschetschenienkriegs an den Pranger zu stellen. Bei einem Besuch in Moskau im November 1999, bei dem er Jelzins gerade erst ernannten Nachfolger, Ministerpräsident Putin, kennenlernte, erklärte Bülent Ecevit (der damals an der Spitze der Koalitionsregierung stand), dass die vom russischen Militär geführte Kampagne der verbrannten Erde eine »interne Angelegenheit« Moskaus sei. Die Türkei werde »Terrorismus« nicht tolerieren[37] (obwohl sie eine recht große nordkaukasische Diaspora beherbergte). Diese Haltung stand in scharfem Gegensatz zu Çillers ausgeprägt protschetschenischer Einstellung während des ersten Tschetschenienkriegs 1994–1996, aber auch zu den Aufrufen für muslimische Solidarität, die von den Islamisten vorgetragen wurden. Die russisch-türkische Partnerschaft, die sich auf immer intensiver werdende wirtschaftliche Beziehungen und einen festen Glauben an die staatliche Souveränität gründete, wurde durch eine gemeinsame Erklärung formalisiert, die die Außenminister Cem und Igor Iwanow 2001 unterzeichneten.[38] Mit anderen Worten: Das Fundament der russisch-türkischen Annäherung, die unter Putin und Erdoğan neu aufblühte, war bereits in den späten 1990er-Jahren gelegt worden.

DER GEIST VON HELSINKI

Die Zeiten der Koalitionsregierungen in den 1990er-Jahren mögen zwar vor allem für ihre Unruhen und Spannungen in Erinnerung geblieben sein, doch das Land brachte damals auch einen wichtigen Meilenstein auf dem Weg nach Europa hinter sich. Die Dreierkoalition von Bülent Ecevits Demokratischer Linkspartei (*Demokratik Sol Parti*, DSP), der Partei der Nationalistischen Bewegung (*Milliyetçi Hareket Partisi*, MHP) und Yılmaz' Mutterlandspartei ANAP (1999–2002) erreichte in den Beziehungen zur EU einen Durchbruch. Beim Gipfel des Europäischen Rats in Helsinki vom 10. bis 11. Dezember 1999 einigten sich die damals 15 Mitgliedstaaten der Union darauf, die Türkei in den Status einer Beitrittskandidatin zu erheben. Der Beschluss hatte zwar keine rechtliche Bedeutung, dafür aber enorme symbolische Signifikanz. Genau ein Jahrzehnt, nachdem es Özal nicht gelungen war, der damaligen Europäischen Gemeinschaft politisch verbindliche Zusagen abzuringen, und zwei Jahre nach dem Debakel von Luxemburg bestätigten nun die Staats- und Regierungschefs ihre Bereitschaft zur Aufnahme von Beitrittsverhandlungen mit der Türkei, die nunmehr denselben Weg einschlagen konnte wie beispielsweise Polen, die Tschechische Republik oder Estland. »Die Türkei ist ein beitrittswilliges Land, das auf der Grundlage derselben Kriterien, die auch für die übrigen beitrittswilligen Länder gelten, Mitglied der Union werden soll«, hieß es in der Abschlusserklärung des Gipfels.[39] Mesut Yılmaz, der zu diesem Zeitpunkt als Stellvertretender Ministerpräsident für die EU-Integration zuständig war, hatte allen Grund zu jubeln.

Der Durchbruch war das Ergebnis zweier Faktoren. Erstens wurden damit die Reformbemühungen der Türkei anerkannt. Zweitens fühlte sich die EU durch die Verbesserung der griechisch-türkischen Beziehungen ermutigt, die der »Erdbeben-Diplomatie« zu verdanken waren. Denn nach dem verheerenden Erdbeben von Gölcük am 17. August 1999 hatte die griechische Regierung humanitäre Hilfe geleistet, wie auch größere Städte und das griechische Rote Kreuz. Im September erhielt die Türkei die Gelegenheit, die Geste zu erwidern, als ein weiteres, jedoch schwächeres Erdbeben Athen erschütterte. Die beiden Außenminister Giorgos Papandreou und İsmail Cem nutzten die Gunst der Stunde und stießen einen Dialog über Fragen von gemeinsamem Interesse an.[40] Nach der verfahrenen Situation im Streit um die Felseninsel Imia/Kardak, nach den Spannungen in Zypern und wegen der Öcalan-Affäre war Athen zu dem Schluss gekommen, dass eine Annäherung die bessere Strategie für den Umgang mit den Türken sein würde. Papandreou löste im Februar 1999 Kostas Karamanlis als Ministerpräsident ab. Er war der Sohn des früheren Ministerpräsidenten Andreas Papandreou, der gemeinsam mit Özal Ende der 1980er-Jahre eine Entspannungsphase in den Beziehungen der beiden Länder eingeleitet hatte. Giorgos Papandreou hielt die Integration der Türkei in die EU und die durch die Aussicht auf die Mitgliedschaft angetriebenen Reformen zur Demokratisierung des Landes für die beste verfügbare Option. Praktisch über Nacht wandelte sich Griechenland vom notorischen Neinsager zu einem entschiedenen Befürworter des türkischen Beitrittsantrags.

Die Erwartungen im Hinblick auf die demokratische Konsolidierung der Türkei waren keineswegs abwegig. Sowohl für Ecevits Koalitionsregierung als auch für das Militär hatte die Mitgliedschaft in der EU Priorität. Das traf aber auch für andere wichtige Akteure zu, die ansonsten mit dem Staat nicht übereinstimmten, so beispielsweise die nationalistischen Kurden und, was noch wichtiger war, ein Teil von Erbakans Islamisten, die sich im August 2001 abspalteten und sich als Partei für Gerechtigkeit und Aufschwung (AKP) neu formierten. Aber diese Einigkeit konnte nicht über die fundamentalen Differenzen in der Frage hinwegtäuschen, wie weit die Türkei den von der EU diktierten Bedingungen entgegenkommen solle, die heikle Probleme wie Minderheitenrechte und die Lösung des Zypernproblems betrafen. Der von der linken Seite kommende Bülent Ecevit war bereit, in der Kurdenfrage wieder voranzukommen – im Gegensatz zur Partei der Nationalistischen Bewegung (MHP) wie auch zu den Generälen, die einen ethnischen Separatismus genauso sehr fürchteten wie das, was sie als reaktionären Islam *(irtica)* bezeichneten. Doch in der Zypernfrage blieb Ecevit fest, zumal er während der Invasion der Insel im Jahr 1974 Ministerpräsident gewesen war. Auf kurze Sicht jedoch bewirkte der Wunsch, der EU beizutreten, gewisse Veränderungen. Die prokurdische HADEP erzielte bei den Kommunalwahlen von 1999 sehr gute Ergebnisse. Im Oktober 2001 verabschiedete das Parlament 34 Verfassungsänderungen zu Fragen wie die nach der Gleichberechtigung der Geschlechter, die in den Fortschrittsberichten der Europäischen Kommission besonders hervorgehoben worden waren. Ein neues türkisches Zivilgesetzbuch sicherte die Eigentumsrechte von Frauen auch im Falle einer Scheidung. Durch drei weitere Gesetzespakete, die 2002 verabschiedet wurden, wurde die Todesstrafe in Friedenszeiten abgeschafft, das Rundfunkrecht auch für nichttürkischsprachige Sendungen geöffnet (womit einer alten Forderung der Kurden entsprochen wurde) und die Neuverhandlung von Fällen zugelassen, die der Europäische Gerichtshof für Menschenrechte als Verletzung der Europäischen Menschenrechtskonvention beurteilt hatte.[41]

Die Europäisierung gab den Anstoß zum Wandel und eröffnete praktisch ein neues Kapitel in der politischen Geschichte des Landes. Im November 2002 stimmte eine Mehrheit der türkischen Wähler für die AKP, die, im Gegensatz zu ihrer Vorläuferin Refah, das Ziel der EU-Mitgliedschaft verfolgte. Doch Europa war nicht das einzige Erbe, das Erdoğan und seine Anhänger übernahmen. In den späten 1990er-Jahren öffnete sich die Türkei gegenüber dem Nahen Osten und Eurasien, klopfte aber gleichzeitig auch an die Tür der EU – und wurde so zu einem »Staat mit doppelter Schwerkraft«, wie es Philip Robins treffend formulierte.[42] Diese Janusköpfigkeit kennzeichnete die türkische Außenpolitik während der gesamten Periode: Sie richtete sich gleichzeitig nach Westen und nach Osten, oszillierte zwischen harter Macht und diplomatischem Druck einerseits und Wirtschaftskooperation und multilateralem Engagement andererseits.

3

GOLDENE JAHRE

»Wir haben eine Übereinkunft erzielt. Inshallah – wir reisen nach Luxemburg«, verkündete Außenminister Abdullah Gül frohgemut nach einem Gespräch mit seinem langjährigen Kameraden, Ministerpräsident Recep Tayyip Erdoğan.[1] An diesem 3. Oktober 2005, einem Montag, sollte Gül mit seinen Amtsbrüdern aus den (damals) 25 Mitgliedstaaten der EU zusammentreffen. Im Dezember 2004, zehn Monate zuvor, hatten die Staats- und Regierungschefs der EU der Türkei unter gewissen Auflagen grünes Licht für die Aufnahme der Beitrittsverhandlungen gegeben. Bei dem bevorstehenden Treffen wollten sie ihr Versprechen einlösen. Der Tagungsort barg eine besondere Symbolik. Schließlich war es in Luxemburg gewesen, wo die europäischen Führer Ministerpräsident Mesut Yılmaz 1997 ihr »Noch nicht« mitgeteilt hatten. Doch jetzt war Yılmaz Vergangenheit, und Gül und Erdoğan standen für die Zukunft der Türkei. Das Politiker-Duo hatte seine Wurzeln im politischen Islam; für beide war Necmettin Erbakan der politische Ziehvater gewesen, der sich leidenschaftlich für eine islamische NATO und einen gemeinsamen Markt eingesetzt hatte. Gül und Erdoğan standen somit vor einem Erfolg, der ihren säkularen Vorgängern versagt geblieben war. Nach drei Jahren Reformen, die von der EU inspiriert worden waren, und stabilem Wirtschaftswachstum konnte die AKP als Regierungspartei jede Menge Erfolge vermelden.

Die Aufnahme der Beitrittsverhandlungen bedeutete die Anerkennung seitens der EU, dass dieses riesige, mehrheitlich muslimische Land, dessen Territorium zum größten Teil in Anatolien (beziehungsweise Kleinasien) lag, seinen Platz in Europa hatte. Alles, was die Türkei jetzt noch zu tun hatte, um sich beitrittsbereit zu erweisen, war die Erfüllung der formalen Kriterien der Mitgliedschaft: funktionsfähige demokratische Institutionen, die Verpflichtung auf Rechtsstaatlichkeit und Menschenrechte sowie die Fähigkeit, sich dem Wettbewerbsdruck der EU-Wirtschaft zu stellen; außerdem musste sie das gesamte umfangreiche EU-Recht übernehmen. Es wurde einer dieser höchst angespannten Augenblicke. Österreich, dessen Bevölkerung zu mehr als drei Vierteln gegen den türkischen Beitritt war, hatte bis zuletzt darauf gedrängt, dass statt der vollen Mitgliedschaft nur eine Form von Assoziierung in Frage komme. Aber in der letzten Verhandlungsrunde hatte die Wiener Chefdiplomatin Ursula Plassnik endlich dem Druck ihrer Amtskollegen nachgegeben, für die es jetzt um alles oder nichts ging. Die EU bekam hier die Chance, die Türkei bei ihrer Demokratisierung zu unterstützen und ein noch stärkeres Band zu einem strategisch wichtigen Nachbarn zu schmieden. Inshallah – das war wirklich eine gute Vereinbarung.

Im Rückblick zeigte sich, dass dieser Optimismus zum großen Teil verfrüht war. Das Tauwetter in den EU-Türkei-Beziehungen erwies sich als kurzlebig. Schon bald nach ihrem Beginn fielen die Beitrittsverhandlungen der ungelösten Zypernfrage zum Opfer, noch weiter verschlimmert wurde die Situation durch die oppositionelle Haltung wichtiger EU-Staaten wie Frankreich gegen die türkische Mitgliedschaft. Mittlerweile hatte allerdings auch die AKP einen Großteil ihres Reformeifers verloren und sich auf eine dringlichere Aufgabe konzentriert: im Sumpf der türkischen Innenpolitik zu überleben und letztendlich auch ihre Gegner und Feinde nacheinander zu neutralisieren. Dennoch war die Öffnung des Landes in der ersten Hälfte der 2000er-Jahre alles andere als eine verpasste Gelegenheit. Der demokratische Schwung, verbunden mit einem steigenden Wohlstandsniveau, veränderte die gesellschaftlichen Erwartungen und bewirkte eine Neugestaltung der politischen Szenerie. Der türkische Versuch, der EU formell beizutreten, mochte gescheitert sein, aber die Verbindungen zu Europa verfestigten sich offenbar immer mehr.

MUSLIMISCHE DEMOKRATEN

Wie soll man die frühe AKP beschreiben: als prodemokratische Kraft oder als Wolf im Schafspelz? Die Antwort hängt sehr stark davon ab, welche Perspektive man selbst einnimmt.

In den Augen ihrer Kritiker, die hauptsächlich aus dem Lager der Hardliner-Säkularisten kamen, ging es Erdoğan und seinen Anhängern darum, die etablierte Ordnung zu untergraben. Wie Erbakan und der gesamten Reihe von Parteien, die der Milî-Görüş-Bewegung entsprungen waren,[2] ging es auch der AKP letztlich darum, die politischen Institutionen und die Gesellschaft zu islamisieren. Die AKP redete zwar ständig von Demokratie, Menschenrechten und Europa, doch lief ihre wahre Mission darauf hinaus, die verfassungsmäßige Ordnung zu zersetzen und die geheiligten Prinzipien mit Füßen zu treten, die Atatürk vor sieben oder acht Jahrzehnten hinterlassen hatte. Zu keinem Zeitpunkt wurde der Gedanke, eine islamistische Partei könne die Türkei führen, derart scharf abgelehnt, wie es Mitte Mai 2007 der Fall war: Hunderttausende versammelten sich in Ankara, Istanbul, Çanakkale, Manisa und Izmir, um gegen die bevorstehende Wahl Abdullah Güls zum Staatspräsidenten zu protestieren. » *Türkiye laiktir laik kalacak* « (»Die Türkei ist weltlich und wird es bleiben«) skandierten die Demonstranten in Sprechchören bei diesen sogenannten Protesten für die Republik. Hayrünnisa Gül, die kopftuchtragende Ehefrau des AKP-Präsidentschaftskandidaten, die erst 15 Jahre alt gewesen war, als er sie heiratete, habe im Çankaya-Präsidentenpalast schlicht und einfach nichts zu suchen. Unter den Volksmassen, die sich vor Atatürks Mausoleum in Anıtkabir, Ankara, versammelt hatten, war auch Deniz Baykal, der Führer der Republikanischen Volkspartei (Cumhurriyet Halk Partisi, CHP), der wichtigsten Oppositionspartei. Wären sie nicht durch ihre Ämter daran gehindert worden, hätten zweifellos auch der noch amtierende Präsident Ahmet Necdet Sezer, ein ehemaliger Richter und Vorsitzender des türkischen Verfassungsgerichts, sowie der Chef des Generalstabs, Mehmet Yaşar Büyükanıt, daran teilgenommen.

Ihren Bewunderern im In- und Ausland kam die AKP wie eine frische Brise vor. Die konservativen Türken sahen Erdoğan und sein Team als Gleichgesinnte. Mit Sprüchen wie »In diesem Land gibt es Weiße Türken und Schwarze Türken. Euer Bruder Tayyip gehört zu den Schwarzen Türken« machte sich Erdoğan die (vermeintliche) Spaltung der Türkei in das Establishment und die anatolischen Massen zunutze, wobei Letztere nach seiner Vorstellung immer die Benachteiligten gewesen waren.[3] Allerdings war diese Art Populismus, diese Wir-gegen-sie-Mentalität, in der türkischen Politik alles andere als neuartig. Süleyman Demirel, der aus İslamköy in der Nähe von Isparta im westlichen Anatolien stammte, hatte schon in den 1960er- und 1970er-Jahren auf solche Taktiken zurückgegriffen. Aber von seiner bescheidenen Herkunft und seiner Frömmigkeit abgesehen, konnte sich Erdoğan nicht nur auf seine Amtszeit als Bürgermeister von Istanbul berufen, sondern auch auf seine Gefängnisstrafe, die er nach dem »postmodernen Putsch« im Februar 1997 hatte absitzen müssen, weil er ein Gedicht des nationalistischen Poeten Ziya Gökalp zitiert hatte.

Die AKP war in der konservativen Basis tiefer verwurzelt als die Gefolgschaft der unerschütterlichen Mitte-rechts-Parteien ANAP und DYP, die von den Wählern mit den Korruptionsskandalen der 1990er-Jahre in Verbindung gebracht wurde. Und die neuen Gesichter der türkischen Politik schienen sich intensiver um den gemeinen Bürger (und vielleicht auch um die Bürgerin) zu kümmern: Sie sorgten für eine bessere Gesundheitsvorsorge, verbesserten die Wohnungssituation und die Infrastruktur und erweiterten den Zugang zur Bildung. Tatsächlich erlebte das Land unter der AKP eine Periode stabilen Wachstums: Von 2002 bis 2007 wuchs das Bruttoinlandsprodukt im Durchschnitt um 7,2 Prozent jährlich, verglichen mit 2,4 Prozent in den 1990er-Jahren. Wirtschaftsminister Ali Babacan konnte dafür viel Beifall einheimsen. (Kein Wunder, dass er in den späten 2010er-Jahren, mitten in einem Wirtschaftsabschwung, mit seinen Erfolgen als Wirtschaftsminister werben wollte, als er und Abdullah Gül eine Splitterpartei gründeten, mit der sie einen Teil der Wählerschaft Erdoğans für sich gewinnen wollten.)

Aber in ihrer Anfangszeit konnte die AKP auch Wähler weit über den harten Kern des islamistisch-konservativen Wählerblocks hinaus ansprechen. Zum Ärger ihrer säkularen Kritiker genoss die Partei auch seitens der EU und der USA große Sympathien. Die von Erdoğan, Gül und ihren Bundesgenossen vorangetriebenen politischen Reformen machten sie bei den liberalen Demokraten sowohl in der Türkei als auch im Westen beliebt. Mit ihrer marktfreundlichen Politik folgten Babacan und seine Mitstreiter im Wesentlichen den Grundlinien, die durch Kemal Derviş' Programm zur Konsolidierung des Finanzsektors vorgegeben und im Ziel der EU-Mitgliedschaft verankert waren und die ihnen die Unterstützung von Investoren und der Wirtschaftslobby sicherten, darunter auch des Türkischen Unternehmerverbandes TÜSİAD. Dass es einer politischen Partei gelang, offenbar bruchlos den Islam mit dem Bekenntnis zu demokratischen Normen in Einklang zu bringen, veranlasste die Experten und politischen Entscheidungsträger in Washington, D.C., die Türkei wieder einmal als Modell für die muslimische Welt anzupreisen. Turgut Özals Plädoyer aus den frühen 1990er-Jahren kam in der Ära nach den Terroranschlägen vom 11. September 2001 wieder in Mode. Statt eines »Kampfs der Kulturen« sollte es eine »Allianz der Zivilisationen« geben, eine Initiative, die Erdoğan und der linke spanische Ministerpräsident José Luis Rodríguez Zapatero gemeinsam den Vereinten Nationen vorschlugen. Und natürlich trat die Türkei damit als Repräsentant »der muslimischen Welt« auf, ein Anspruch, der bei den damaligen Erdoğan-Skeptikern nicht gut ankam.

Der Geist der Zeit wurde in einer weithin gelesenen und vielzitierten Studie des Thinktanks European Stability Initiative (ESI) eingefangen. Unter Bezug auf die Erfahrungen der mittelanatolischen Stadt Kayseri beschrieben die ESI-Analysten eine neue Spezies: die »Islamischen Kalvinisten«.[4] Religion, Gewerbsfleiß und Einbindung in die globalen Märkte brachten eine neue Klasse von Kapitalisten und Unternehmern hervor, die tief in den Traditionen verwurzelt, aber gleichzeitig auch nach Europa ausgerichtet war. Diese Anatolischen Tiger waren Özals Reformen der 1980er-Jahre entsprungen und transformierten nun die Türkei, gleichgültig, was die Sezers, Baykals oder Büyükanıts dieser Welt dachten, sagten oder taten. Und der AKP-Kader verliebte sich in diese These. Seine Angehörigen vermarkteten sich damals als »Muslimische Demokraten«, eine Analogie zu den »Christlichen Demokraten« in Westeuropa.[5] Schon 1997 hatte Erdoğan eine Parallele zu den Vereinigten Staaten gezogen: »Mein individueller Bezugspunkt ist der Islam – so wie es das Christentum für Präsident Clinton ist.«[6] Yalçın Akdoğan, ein bekannter Kolumnist und in den 2000er-Jahren Berater des Ministerpräsidenten, prägte den Ausdruck »konservative Demokratie« (*muhafazakâr demokrasi*).[7] Ob Ironie oder nicht, verwandelte sich seine Zeitung *Yeni Şafak* in ein antiwestliches Sprachrohr, das wilde Theorien über Amerika, den Investor und Devisenspekulanten George Soros oder die »Interessenlobby« verbreitete, die sich gegen die Türkei verschworen hätten.

In den 2000er-Jahren gelang es der AKP mit einigem Erfolg, ihr Narrativ im Westen zu verkaufen: zum einen deshalb, weil die von ihr eingeleiteten Reformen tatsächlich Hand und Fuß hatten, und zum anderen, weil sie die richtigen Wortführer hatte. Zu ihnen zählte auch der sanftmütig auftretende Abdullah Gül, der von März 2003 bis zu seiner Wahl zum Staatspräsidenten das Außenministerium leitete. Gül sprach fließend Englisch und brachte dank seiner Tätigkeit in den 1980er- und 1990er-Jahren bei der Islamic Development Bank in Dschidda, Saudi-Arabien, internationale Erfahrung mit. Er war somit ideal geeignet, muslimische Demokratie populär zu machen.[8] Zu diesem Zeitpunkt stellte sich die türkische liberale Intelligenzia, die westliche Sprachen beherrschte, oft im Ausland studiert hatte und internationalen Netzwerken angehörte, voll hinter die AKP, vor allem um 2007–2008 bei ihrem Konflikt mit dem Militär und dem kemalistischen Establishment.[9] Sie sah in der Partei ein Vehikel für die Liberalisierung der Türkei, ihre Integration in Europa und für eine Versöhnung mit der traumatischen Vergangenheit des Landes. Auch der einflussreiche Unternehmerverband TÜSİAD bot seine Unterstützung an, vor allem bezogen auf die Pro-EU-Agenda der Regierung.[10] Die Allianz der AKP mit Fethullah Gülens Bewegung, die unter dem Namen Hizmet (Dienst) bekannt war, trug ebenfalls beträchtlich dazu bei. Von wilden Verschwörungstheorien über angebliche Verbindungen zur CIA und anderen ausländischen Geheimdiensten abgesehen, waren die prowestlichen Sympathien der Gülenisten kein Geheimnis. Die Vermögenswerte und Netzwerke, über die die Bewegung in den Vereinigten Staaten verfügte, halfen der AKP auch, ihr eigenes Image aufzupolieren. *Today's Zaman,* eine von Hizmet 2007 gegründete englischsprachige Tageszeitung, bot eine Plattform für liberale und prowestliche türkische Kommentatoren und ausländische Experten, die die EU-Ambitionen Ankaras unterstützten.

Was also war die frühe, EU-freundliche AKP: eine positive politische Kraft oder ein Trojanisches Pferd, das die Übernahme des türkischen Staates ermöglichen sollte, um ihn dann Erdoğan auszuliefern? Die Wahrheit liegt irgendwo dazwischen.

Zunächst einmal darf stark bezweifelt werden, ob zumindest anfänglich die AKP zu Recht beanspruchen konnte, für die Mehrheit der Türkinnen und Türken zu sprechen. Bei den richtungsentscheidenden Wahlen im November 2002 konnte die Partei 34,42 Prozent der Stimmen gewinnen. Die zweitplatzierte CHP kam auf 19,39 Prozent. Keine einzige andere Partei konnte die 10-Prozent-Hürde überwinden, weshalb die AKP in der Großen Nationalversammlung eine komfortable Mehrheit (363 von 550 Sitzen) erlangte. Anders ausgedrückt: Das Ergebnis wurde durch die verlorenen 46 Prozent der Stimmen bestimmt, die für Parteien abgegeben worden waren, die nicht ins Parlament gelangten. Bei den Wahlen 2007 kam die AKP viel näher an die 50-Prozent-Marke, musste aber ironischerweise dennoch zehn Sitze abgeben. Die hohe Wahlhürde von 10 Prozent war eingeführt worden, um die demokratische Partizipation einzuschränken (soll heißen, die Kurden aus dem Parlament fernzuhalten); ursprünglich hatte sie die AKP begünstigt, wirkte sich aber längerfristig nachteilig für sie aus. Dennoch war das ein Erfolg, den keine andere islamistische Partei in der politischen Geschichte des Landes jemals auch nur annähernd erreicht hatte.

Das Bekenntnis der AKP zur Demokratie musste jedoch auch mit einer gewissen Vorsicht betrachtet werden. Die Partei benutzte die pas-

senden Sprachhülsen, wonach sie den Pluralismus voranbringen und die
vom republikanischen Regime marginalisierten Gruppen fördern wolle –
womit die religiösen Konservativen, aber auch die Kurden, Aleviten und
nichtmuslimischen Minderheiten gemeint waren. In seiner ersten Amts-
periode als Ministerpräsident leitete Erdoğan entsprechende Reformen
ein, etwa die Aufhebung des Verbots der kurdischen Sprache im Bildungswesen und in Funk und Fernsehen. Im September 2005, eine Woche, bevor die Außenminister der EU den Beginn der Beitrittsverhandlungen mit der Türkei billigten, luden drei Istanbuler Universitäten – Bilgi,
Sabancı und Boğaziçi (Bosporus-Universität) – zu einer bisher einzigartigen Konferenz zum Armenischen Genozid von 1915 ein. Obwohl
Erdoğan die Einschätzung nicht teilte, dass die Ausrottung und Vertreibung der osmanischen Armenier den Tatbestand eines Völkermords er-
füllte, begrüßte er die Veranstaltung. Seine Gefolgschaft war noch viel
weniger begeistert. »Sie trieben uns den Dolch in den Rücken«, murrte
Justizminister Cemil Çiçek.[11] Aber es war dann der Justizapparat, der sich
dagegen wehrte und versuchte, die Durchführung der Konferenz zu un-
tersagen – die dann nach Drohungen gegen die Organisatoren mehrfach
verschoben werden musste. Anders ausgedrückt: Es ist zu bezweifeln, ob
die türkische Regierung – welcher Couleur auch immer – derart kühne
Schritte unternommen hätte, wäre sie nicht von der EU gedrängt worden.
Während ein signifikanter Teil der Mitglieder und Mitläufer[12] der frühen
AKP einer pluralistischen Vision von Demokratie anhing, gingen die
Partei und auch Erdoğan selbst im Laufe der Zeit zu einem mehrheits-
basierten Konzept über. Demokratie wurde auf den nationalen Willen
(millî irade) eingegrenzt, der sich an der Wahlurne ausdrücke und nicht
durch ein konstitutionelles System der Gewaltenteilung, das individuelle
und Minderheitenrechte schützte. Je länger die AKP die Regierung bildete und je mehr Macht Erdoğan an sich ziehen konnte, desto lauter
wurde die auf Mehrheitsverhältnissen basierende Rhetorik.[13]

    Den ersten Schritt zur Konsolidierung der Macht stellten Verfassungs-
änderungen dar, die eine Direktwahl des Präsidenten vorsahen. Die Änderungen wurden von der AKP im Mai 2007 verabschiedet und im

Oktober durch einen Volksentscheid bestätigt. Sie waren die Reaktion auf die Tatsache, dass das Parlament unfähig gewesen war, den Staatspräsidenten zu wählen. Der Grund hierfür lag in der Obstruktionstaktik der oppositionellen CHP und des scheidenden Präsidenten Sezer, die versucht hatten, durch extreme Maßnahmen die Kandidatur Güls zu verhindern. Beim Plebiszit errang jedoch die Regierungspartei mit 68 Prozent der Stimmen einen überwältigenden Sieg. Die Änderungen traten allerdings erst 2014 in Kraft, nach dem Ende der siebenjährigen Amtszeit Güls, der noch nach den alten Regeln gewählt worden war. Aber mit der Kandidatur Erdoğans für das Präsidentenamt – der inzwischen zum unumstrittenen Herrn des türkischen politischen Systems geworden war – wurde immer klarer erkennbar, dass die Direktwahl letzten Endes eine Verschiebung zu einer exekutiven Präsidentschaft bedeutete. Mit anderen Worten: Die Verfassungsänderungen von 2007 machten das sich herausbildende mehrheitsbasierte, semipräsidentielle Modell zu einer fast sicheren Sache. Damit schwenkte die Türkei von einem Extrem – den Wackelkoalitionen, die zwischen 1991 und 2002 an der Macht waren – zum anderen Extrem um.

Ein großer Teil der Verantwortung hierfür war der oppositionellen CHP anzulasten. Ob die AKP aufrichtig an die Demokratie glaubte oder aus reinem Opportunismus agierte, sie führte damit jedenfalls Veränderungen ein, die den Demokratiebedingungen der EU entsprachen. Im Unterschied zur AKP trieb die CHP unter der Führung von Deniz Baykal in eine nationalistische Richtung ab. So sprach sich die Partei beispielsweise vehement gegen den Plan des UN-Generalsekretärs Kofi Annan aus, durch den die Teilung Zyperns beendet werden sollte.[14] Statt den frühen Erdoğan in seiner Wirtschafts- und Sozialpolitik herauszufordern oder dem Wahlvolk zu versprechen, im Falle der Machtübernahme auf eine deutliche Verringerung der Kluft zwischen der Türkei und der EU hinzuarbeiten, entschieden sich die säkularistischen Hardliner, lieber den Weg der Identitätspolitik einzuschlagen. Ihre Botschaft lautete, Atatürks Republik, die Einheit der Türkei und ihr säkularer Charakter seien in großer Gefahr.

Kopftücher in Behörden und Universitäten, die kurdische Sprache, die
Rückgabe von Besitztümern an christliche Minderheiten – all das war der
CHP damals ein Gräuel. Die Krisen erforderten vielmehr radikale, not-
falls auch antidemokratische Maßnahmen. »Die Partei Atatürks« flir-
tete offen mit dem Gedanken einer militärischen Intervention, um
Erdoğan zu stürzen, wie sie schon ein Jahrzehnt zuvor Erbakan ausge-
schaltet hatte. Daher reagierte die CHP höchst erfreut, als das Militär am
Abend des 27. April 2007 auf seiner Website ein Memorandum veröffentlichte, das Aussagen wie diese enthielt: »Das Problem, das sich beim Verfahren der Präsidentenwahl ergibt, richtet sich vor allem auf Argumente,
welche den Säkularismus betreffen« und »Vom Großen Führer Mustafa
Kemal Atatürk stammt das Bekenntnis, ›Wie glücklich ist der, der sagt,
Ich bin ein Türke‹. Wer es ablehnt, ist ein Feind der Republik Türkei und
wird es bleiben.«[15] Die CHP, die nach dem Putsch vom September 1980
verboten worden war, hatte sich zum Bannerträger von etwas entwickelt,
das sowohl von den Islamisten als auch von den Liberalen als »Vormundschaftssystem« verurteilt wurde. Onur Öymen, der Stellvertretende Parteivorsitzende, betonte nachdrücklich, »die Position des Generalstabs
unterscheidet sich nicht von unserer Position. Wir haben [das Memoran-
dum] unterzeichnet.«[16]

Sicherlich nicht zufällig wurde das Memorandum am selben Tag auf
der Website veröffentlicht, an dem die CHP beim Verfassungsgericht den
Antrag einreichte, die Abstimmung über die Wahl Güls in der Großen
Nationalversammlung aufgrund von Verfahrensfehlern für ungültig zu
erklären. Das Urteil des Gerichts im sogenannten 367-Fall führte zu vorgezogenen Neuwahlen, welche die AKP offen und ehrlich gewann.[17]
Und nicht nur das: Sie konnte ihren Stimmenanteil auch um 10 Prozent
steigern. Die Geschichte wiederholte sich im folgenden Jahr, als die
größte Oppositionspartei im März 2008 den Antrag des Generalstaatsanwalts Abdurrahman Yalçınkaya guthieß, die AKP zu verbieten und
ihren Führern einschließlich Erdoğan jede politische Betätigung zu un-
tersagen, mit der Begründung, die AKP habe gegen das Prinzip des Säkularismus verstoßen. Zwar fand der Antrag im Verfassungsgericht nicht

die erforderliche Mehrheit, doch hätten die ins Hintertreffen geratenen Islamisten wohl keine bessere Bestätigung für ihr Narrativ finden können, dass die CHP die Versuche des Militärs und der Justiz in vollem Umfang unterstützte, die Ergebnisse demokratischer Wahlen aufzuheben.

Kurz gesagt, gab es aus der damaligen Sicht eine klare Wahl zwischen einer rückwärtsgewandten und zuweilen fremdenfeindlichen Republikanischen Volkspartei und der AKP, die eine demokratische und Pro-EU-Agenda verfolgte. Während Baykal und seine Gefolgsleute für das *ancien régime* eintraten, beherrschten Erdoğan und Gül die Sprache politischer Freiheiten, demokratischer Partizipation und Europäisierung. Es dürfte daher kaum überraschen, dass westliche Regierungen und viele individuelle Beobachter, die das Geschehen in der Türkei von außen verfolgten, dem AKP-Narrativ verfielen. Etwas anderes war ganz einfach nicht zu haben.

Aber noch wichtiger war, dass dies auch die türkischen Wähler so sahen – indem sie zuerst am 22. Juli 2007 die AKP erneut wählten und damit die politische Krise lösten, die durch Güls Kandidatur verursacht worden war, und dann die AKP auch beim Verfassungsreferendum am 21. Oktober unterstützten.[18] Zu diesem Zeitpunkt hatte die AKP ihre Wählerschaft fast verdoppelt: von 10,81 Millionen, die bei der Wahl 2002 für die Partei gestimmt hatten, auf erstaunliche 19,42 Millionen (knapp unter 69 Prozent) beim Plebiszit von 2007.[19] Wer wollte da noch bestreiten, dass die AKP die wahre Repräsentantin des »demos« sei? Als Folge dieser Entwicklungen wählte die neue Große Nationalversammlung am 24. August 2007 Gül zum Präsidenten.[20]

Mit einem starken Mandat der Bevölkerung im Rücken konnte sich Erdoğan an die Überarbeitung der Verfahren zur Änderung der Verfassung machen. Bis 2007 erfolgten Verfassungsänderungen auf der Grundlage eines parteiübergreifenden Konsenses in der Großen Nationalversammlung und typischerweise als Reaktion auf von der EU gestellte Bedingungen. Ein Beispiel hierfür war die Abschaffung der Todesstrafe im Jahr 2002. Die Direktwahl des Präsidenten – eine Änderung, der die CHP durch ihre verbissene Ablehnung von Güls Kandidatur unwillent-

lich Vorschub leistete – lenkte nun das Verfahren der Verfassungsänderung in eine neue Richtung. Jetzt konnten sogar grundlegende Verfassungsänderungen mit einer kleineren Mehrheit durchgesetzt werden, in
den Jahren 2007–2011 sogar durch die AKP allein, und danach durch
ein Referendum. Das war nach der Verfassung von 1982 vollkommen
legal. Doch politisch stach man mit der Möglichkeit zu einseitigen Veränderungen und der Berufung auf »den nationalen Willen« in ein Wes-
pennest. Die Folgen traten dann in den 2010er-Jahren offen zutage.

ALLES LÄUFT SUPER!

Wie konnte die AKP eine derart dominante Stellung erringen und sie
durch die gesamten 2000er-Jahre verteidigen? Die Antwort ist ebenso
sehr in der Türkei selbst zu finden wie auch in dem, was außerhalb ihrer
Grenzen vor sich ging. Die neuen Machthaber konnten ein günstiges
äußeres Umfeld für sich nutzen. Bis zur Finanzkrise 2008 durchlief die
Weltwirtschaft eine Boomphase. Auch die EU erlebte damals ihre besten
Tage; Erweiterung und Vertiefung schritten mit Volldampf voran, und
die Türkei war ebenfalls auf den Zug aufgesprungen, trotz aller Widerstände gegen ihren Beitritt.

In den besten Jahren, zwischen 2004 und 2007, erhöhte sich das globale Bruttoinlandsprodukt um 4,2 Prozent, und das der Türkei schoss
sogar noch um 3 Prozent darüber hinaus. Technokraten wie der türkische
Wirtschaftsminister Ali Babacan und sein Nachfolger Mehmet Şimşek,
die sich zweifellos auch in Özals Kabinetten in den 1980er-Jahren wohl-
gefühlt hätten, beanspruchten den Erfolg für sich. Die Türkei trat in eine
Phase der Stabilität ein, die in einer seit 1999 ausgehandelten Reihe von
Bereitschaftsvereinbarungen mit dem IWF verankert war. Jetzt zahlten
sich Maßnahmen wie Haushaltsdisziplin, die Wahrung der Unabhängigkeit der Zentralbank (im Gegensatz zu Erdoğans späteren Einmischungen in den 2010er-Jahren) und die Privatisierung von staatlichen Vermö-

genswerten aus. Bis 2007, dem Ende der ersten Regierungsperiode der
AKP, waren die Zinssätze und das Haushaltsdefizit drastisch gesunken.
Die Staatsverschuldung lag nun bei 50 bis 60 Prozent des BIP. Eine his-
torisch niedrige Inflationsrate und eine aufgewertete türkische Lira stei-
gerten das Vertrauen der Privathaushalte und der Wirtschaft. Als Folge
schossen sowohl Ausgaben und Verbrauch als auch die Importe in die
Höhe. Natürlich hatte das auch einen Preis. Da die Exporte nicht im gleichen Maße mitzogen, verschlechterte sich die Leistungsbilanz. Um den
Ausgleich herzustellen, gleichzeitig aber auch den Wachstumskurs beizu-
behalten, war die Türkei auf den Zufluss von ausländischem Finanzkapi-
tal und den Aufkauf von Anleihen und Aktien, Kredite an inländische
Banken und Erlöse aus Privatisierungen angewiesen. Die Investoren er-
warben Vermögenswerte im Bankwesen (Unicredit, BNP Paribas, Fortis-
bank, Dexia), in der Telekommunikation (Türk Telekom wurde im November 2005 von einer libanesischen Gesellschaft mit Verbindungen zu
der mächtigen Hariri-Familie übernommen, der größte Privatisierungs-
deal in der Geschichte des Landes) und in anderen Bereichen wie Energie, Groß- und Einzelhandel, Industrieproduktion und Immobilien. Die
kumulierte Größenordnung der Portfolio-Investitionen stieg in den Jahren 2003 bis 2007 von nur 10 Milliarden Dollar auf 100 Milliarden Dollar. Der Gesamtbestand der Ausländischen Direktinvestitionen (FDI)
nahm unaufhörlich zu, von 103 Milliarden Dollar im Jahr 2005 auf
152 Milliarden Dollar zwei Jahre später. 2007 erreichten die FDI mit
22 Milliarden Dollar einen noch nie verzeichneten Jahresrekord (der ungefähr der Größe des Leistungsbilanzdefizits entsprach). Offensichtlich
spielten dabei die billige Liquidität, die vor der Kreditkrise von 2008 auf
dem globalen Markt herrschte, sowie die sinkenden Fremdkapitalkosten
der Türkei eine Schlüsselrolle.[21]

Das goldene Zeitalter war eine Zeit der schnellen Expansion des Handels. Die globalen Handelsströme nahmen 2007 um 6 Prozent zu und
übertrafen damit das Wachstum des Welt-BIP um zwei Prozentpunkte.
Auch die Türkei war wie alle Schwellenländer an diesem Trend beteiligt.
Zwischen 2000 und 2008 vervierfachten sich ihre Exporte auf 132 Milli-

arden Dollar. Günstig wirkte sich dabei auch das Wachstum in wichtigen ökonomischen Partnerregionen wie der EU aus, die allein rund die Hälfte des türkischen Handels ausmachten, aber auch in Russland und in der Golfregion, die von hohen Ölpreisen profitierten. Aber die schnell wachsende Türkei führte mehr Güter ein, als sie hinausschickte. 2008 beliefen sich die Importe auf 201 Milliarden Dollar. Neben der EU und dem Öl- und Erdgaslieferanten Russland wuchs nun auch China zu einem wichtigen Mitspieler auf dem türkischen Markt heran. Nach der Aufnahme Chinas in die Welthandelsorganisation WTO im Jahre 2001 wurden die Zölle gesenkt und viele Handelsbarrieren für chinesische Exporte abgebaut.

Die Türkei schien eine echte Gewinnerin der Globalisierung zu sein. Der Turnaround von den Boom- und Bust-Zyklen Ende der 1980er- und der 1990er-Jahre und dem Zusammenbruch von 2000–2001 vervollständigten das Bild. Das Wirtschaftswachstum steigerte die Popularität der AKP. Wie Yeşim Arat und Şevket Pamuk anmerken, »war die Regierung nun in der Lage, öffentliche Dienstleistungen wie Gesundheitsvorsorge, große öffentliche Arbeiten (wie Straßen und Dämme), Wohnungsbau und direkte Hilfszahlungen an die Armen bereitzustellen«.[22] Doch wie schon unter Özal war auch dieses Mal die Situation komplizierter. Eine Reihe struktureller Schwächen war noch immer nicht beseitigt worden: das hohe Leistungsbilanzdefizit, die unzureichende inländische Sparquote und die Abhängigkeit von Auslandskrediten; außerdem bestanden weiterhin große Ungleichheiten in der Einkommensverteilung, hohe Arbeitslosigkeit und eine niedrige Erwerbsbeteiligung der Frauen. Diese Schwächen sollten der Türkei in den 2010er-Jahren noch schwer zu schaffen machen.

Der wirtschaftliche Aufschwung war der Schlüssel zur EU-Erweiterung, die wiederum als externer Antriebsfaktor für Reformen in der Türkei wirkte. Die Erweiterungsprozesse der Gemeinschaft nach Mittelost- und Osteuropa im Jahr 2004 und dann erneut 2007 mit der Aufnahme der beiden Nachbarländer der Türkei, Bulgarien und Rumänien, waren von einer starken Zunahme des Wirtschaftswachstums, des grenzüber-

schreitenden Handels und der von West nach Ost fließenden Auslands-
investitionen begleitet. Als die Autohersteller und andere Industrie-
zweige ihre Fertigungsanlagen nach Osteuropa verlegten, gefolgt von den
großen Einzelhändlern, den Banken und den Telekommunikationsfir-
men, wurde das Schlagwort vom »China von nebenan« zum Gemeinplatz. Die europäische Integration brachte nun auch dem postkommunis-
tischen Europa neuen Wohlstand.[23] Die »weiche Macht« der EU wurde
damals durch das Narrativ unterstützt und gefördert, dass aufgrund der
für die Mitgliedschaft geltenden Bedingungen sogar frühere autoritäre
Länder in blühende Demokratien verwandelt worden seien. Weder die
wiederholt aufgedeckten Korruptionsskandale noch die Zugewinne po-
pulistischer und fremdenfeindlicher Parteien von Warschau bis Sofia
konnten dieses Bild trüben. Der proeuropäische Konsens schien so dau-
erhaft und stabil zu sein wie die demokratischen Institutionen.

Der Erfolg der osteuropäischen Erweiterung nährte denn auch Forderungen nach einem Ausbau der EU-Institutionen und der Marktord-
nung. Das ehemalige Jugoslawien, das nun Schritt für Schritt von der
EU vereinnahmt wurde, bildete die neue Grenze, und die Mitte der
2000er-Jahre eingeleitete Europäische Nachbarschaftspolitik war explizit darauf gerichtet, rund um die EU einen »Ring gut regierter Länder«
im postsowjetischen Raum und nach Möglichkeit auch im Maghreb zu
errichten.

Das jedoch brachte die Türkei in eine schwierige Lage. Einerseits hatte
das Land nun schon länger als jedes andere vor der Haustür der EU aus-
geharrt. Es hatte seinen Beitrittsantrag bereits 1987 eingereicht und war
seit vielen Jahren ein loyales Mitglied der NATO gewesen. Jetzt jedoch
musste das Land mitansehen, dass postkommunistische Länder an ihm
vorbeizogen, die sehr viel weniger und kürzere Erfahrungen mit Mehr-
parteiensystemen und Marktwirtschaft hatten und in mehreren Fällen
auch ein deutlich geringeres Wohlstandsniveau aufwiesen.[24] Und noch
schockierender war, dass das griechische Zypern aufgenommen wurde,
während man den türkischen Norden der Insel im Ungewissen ließ. Das
erhärtete den Verdacht, die Entscheidungen der EU würden vor allem

durch religiöse und kulturelle Vorurteile beeinflusst. Diese Folgerung
wurde auch durch die starre Ablehnung des türkischen Beitritts durch
die christdemokratischen Parteien und die definitorische Verwurzelung
Europas in der »jüdisch-christlichen Zivilisation« genährt, ein Bezug,
über den im Europäischen Konvent zur Erarbeitung eines Verfassungs-
vertrags für die EU (2004) lange gestritten wurde, der aber letztlich keinen Eingang in die Präambel fand.[25] Die Türkei verdiene eine privilegierte Partnerschaft, aber keine Vollmitgliedschaft, lautete die Ansicht,
die bei den Wählern in den wichtigsten EU-Ländern großen Anklang
fand.

Doch war die Erweiterungsfrage wirklich eine Art Verschwörung, um
die Türkei von der EU fernzuhalten? Nicht nach Ansicht der Europäischen Kommission, die eindeutig die Auffassung vertrat, dass auch im
Falle der Türkei dieselben Regeln wie beim Beitritt der mittelost- und
osteuropäischen Staaten anzuwenden seien. Brüssel zufolge setzte der
Beitritt die Erfüllung und Einhaltung der demokratischen und institutionellen Kriterien voraus, die durch den Europäischen Rat 1993 beim
Gipfeltreffen in Kopenhagen festgelegt worden waren. Die »neuen Mitgliedstaaten« hatten den Präzedenzfall geschaffen und den Pfad zur Mitgliedschaft begehbar gemacht, dem auch die Türkei folgen könne. Die
Ansicht, dass die EU-Perspektive entscheidend sei, um die Kooperation
mit Ankara und die inneren Reformen in der Türkei aufrechtzuerhalten,
wurde von einer ganzen Reihe der anderen Mitglieder geteilt, vom Vereinigten Königreich bis Italien und von Griechenland bis Polen. Kurz gesagt, hatte der Beitritt der Osteuropäer die Tür zur EU nicht etwa zuge-
stoßen, sondern sie weit geöffnet gelassen. Im Dezember 2002 kündigten
die Staats- und Regierungschefs der EU – erneut in Kopenhagen – an,
dass die Türkei in zwei Jahren mit der Aufnahme der Beitrittsverhandlungen rechnen dürfe, vorausgesetzt, die Europäische Kommission
komme bis dahin zu einer positiven Einschätzung der erzielten Reform-
fortschritte.[26]

ÄRA DER REFORMEN

Vor dem Hintergrund der Tatsache, dass die EU und die Türkei in den 2010er-Jahren allmählich auseinanderdrifteten, wird allzu leicht übersehen, wie tiefgreifend und weitreichend Europa während der ersten Regierungsperiode der AKP auf die türkische Innenpolitik und ihre Institutionen einwirkte. Um Beitrittsverhandlungen überhaupt eröffnen zu können – ein Ziel, das von Ankara seit den 1990er-Jahren intensiv angestrebt worden war –, hatte Brüssel dem Land abverlangt, die sogenannten politischen Kriterien in hinreichendem Maße zu erfüllen: eine funktionierende Demokratie, Rechtsstaatlichkeit, Menschenrechte und Schutz der Rechte von Minderheiten. Die Ecevit-Regierung brachte 2001–2002 zwei Harmonisierungspakete durch den Gesetzgebungsprozess, gefolgt von weiteren sechs Maßnahmen unter den Regierungen Güls und Erdoğans im Zeitraum 2003–2004. Insgesamt wurden dabei 218 Änderungen in 53 Gesetzen vorgenommen.[27] Und im Jahr 2004 änderten die Gesetzgeber auch die Verfassung: Der Bezug auf »die Todesstrafe« wurde gestrichen, die Staatssicherheitsgerichte wurden abgeschafft und es wurde der Vorrang internationaler Rechtsverpflichtungen gegenüber dem nationalen Recht verankert. All das waren Bedingungen, die von der EU gefordert worden waren. Der Druck Brüssels trug auch dazu bei, gewisse konservative Auswüchse in der AKP einzudämmen. So zog die AKP im September 2004 Änderungsvorlagen zum Strafrecht zurück, die darauf zielten, Ehebruch zu kriminalisieren, und die als diskriminierend für Frauen eingeschätzt worden waren.[28]

Als die beiden wichtigsten Bereiche galten jedoch die zivil-militärischen Beziehungen und die kurdische Frage. In beiden Fällen musste die AKP heikle Balanceakte vollführen, allerdings unterschiedlicher Art. Das Militär aus der türkischen Innenpolitik zu verdrängen, könnte sich für die Partei als vorteilhaft erweisen, da manche ihrer Vorläuferorganisationen auf Betreiben des Militärs verboten worden waren und sich daher auch die AKP ständig bedroht fühlte. Außerdem war die zivile Kontrolle über die Politik auch eine zentrale Bedingung der EU. Aber ein entschlossenes Vorgehen gegen die Streitkräfte könnte auch ins Auge gehen und die AKP teuer zu stehen kommen. Noch riskanter erschien es, sich mit den Kurden zu arrangieren. Eine Lösung dieses alten Konflikts würde zwar eine wichtige Hürde auf dem Weg in die EU beseitigen und der Partei womöglich Wählerstimmen verschaffen, barg aber das Risiko, nationalistisch gesinnte Wählergruppen zu verprellen. Bei der Parlamentswahl 2007 konnte die MHP (Partei der Nationalistischen Bewegung) ihren Stimmenanteil verdoppeln und kehrte somit ins Parlament zurück, was zweifellos eine Gegenreaktion der Wählerschaft auf die minderheitenfreundliche Politik der Regierung war.

Die AKP bewegte sich zwar vorsichtig, unternahm aber dennoch einen wichtigen Schritt kein Jahr nach ihrem Machtantritt. Im Oktober 2004 stimmte die Große Nationalversammlung für eine Änderung der Regeln für den Nationalen Sicherheitsrat (MGK). Der MGK war das Gremium, durch das das Militär der Regierung seine Entscheidungen und politischen Maßnahmen diktierte. In Zukunft würde der Sicherheitsrat nicht mehr von einem General geleitet, der vom Generalstabschef in seiner Funktion als Generalsekretär des Rates vorgeschlagen wurde, sondern von einem Zivilisten, der vom Ministerpräsidenten selbst ausgewählt und berufen würde. Auch aus anderen Gremien sollten die Vertreter des Militärs entfernt werden, so etwa aus der Regulierungsbehörde für den privaten Rundfunk in der Türkei (Radyo ve Televizyon Üst Kurulu, RTÜK) und aus dem Hochschulrat (Yükseköğretim Kurulu, YÖK), dem zentralen staatlichen Kontrollgremium für die türkischen Hochschulen. Zivilisten durften nicht mehr vor Militärgerichten angeklagt werden, ausgenommen in Fällen, in die militärisches Personal verwickelt war.[29]

Obwohl diese Gesetzesänderungen wichtig waren, lösten sie keine großen Kontroversen aus, da sie mit dem Ziel gerechtfertigt schienen, die Beitrittsverhandlungen mit der EU zu eröffnen. Der proeuropäische Konsens, der auch von führenden Militärs und den kemalistischen Gegnern Erdoğans übernommen worden war, bot hinreichende Rechtfertigung für die Maßnahmen. Ebenfalls wichtig war, dass auch Generalstabschef Hilmi Özkök (2002–2006) Einmischungen der Streitkräfte in das politische Tagesgeschäft ablehnte. Damit zog er allerdings den Zorn seiner Kollegen auf sich, die eine härtere Haltung vertraten, darunter auch Yaşar Büyükanıt, der 2006 die Nachfolge Özköks antrat und seine Position im April 2007 mit dem E-Memorandum unmissverständlich klarstellte.[30] Außerdem gab es auch andere politische Maßnahmen der AKP, die größere Besorgnis auslösten und die mit Kultur und Identität statt nur mit institutionellem Kleinkram zu tun hatten, wie etwa die Aufhebung des Kopftuchverbots in öffentlichen Einrichtungen[31] oder die Zulassung von Absolventen der İmam-Hatip-Schulen an den Universitäten. Während der Kulturstreit tobte, gewann die AKP langsam, aber stetig an Boden, auch gegenüber dem Militär.

Obwohl sich die Streitkräfte und die AKP-Regierung unversöhnlich gegenüberstanden, achteten doch beide Seiten darauf, eine direkte Konfrontation zu vermeiden. Die Reaktion auf das E-Memorandum der Armee zeigte, dass die Öffentlichkeit, von einigen eingefleischten Säkularisten abgesehen, kein großes Interesse daran hatte, dass die Generäle die Zügel übernehmen sollten. Die Distanzierung vom »postmodernen Putsch« von 1997 war unverkennbar. Auch Erdoğan und seine Gefolgschaft vermieden drastischere Schritte. Die gesetzgeberischen Reformen, wie beispielsweise die Veränderungen im Nationalen Sicherheitsrat (MGK), waren mit Unterstützung der Opposition umgesetzt worden. Die Kooperation des Militärs war wesentlich, um in der Kurdenfrage Fortschritte zu erzielen. Aber erst nach den Ergenekon-Prozessen, die Mitte 2008 begannen und in der Verhaftung von General Mehmet İlker Başbuğ (Generalstabschef 2008–2010) gipfelten, konnte die AKP ihre politische Schlacht gegen das Militär »gewinnen«.

Die Lösung der Kurdenfrage erwies sich als ein viel komplizierteres und schwierigeres Unterfangen, als dafür zu sorgen, dass die Streitkräfte in ihren Kasernen blieben. Sie erforderte einen delikaten Balanceakt auf Seiten der Regierung. Die AKP musste mindestens einigen Forderungen der Kurden nachkommen, um die Bedingungen der EU erfüllen zu

Politische Reformen in der Türkei, 2001–2004

Datum	Art der Maßnahme	Wichtigste Änderungen
3. Oktober 2001	1. Verfassungspaket	34 Änderungen der Verfassung von 1982
November 2001	Neues Strafrecht	Geschlechtergleichheit in der Ehe
Februar/März 2001	2. Verfassungspaket	Weitere Verfassungsänderungen
2. August 2002	3. Verfassungspaket	Abschaffung d. Todesstrafe/ Veränderung des Antiterror-gesetzes/Zulassung nichttürki-scher Sprachen in Rundfunk und Fernsehen
3. Dezember 2002	4. Verfassungspaket	Operationalisierung bisheriger Reformen/überarbeitetes Strafrecht für Folter
4. Dezember 2002	5. Verfassungspaket	Überprüfung aller von Staatssicherheitsgerichten entschiedenen Fälle
Mai 2003	6. Verfassungspaket	Annahme des Protokolls 6 des ECHR, Umwandlung aller Todesstrafen in lebenslängliche Gefängnisstrafen/Widerrufung Artikel 8 des Antiterrorgesetzes vom April
Juli 2003	7. Verfassungspaket	Änderung der Zusammenset-zung und Zuständigkeiten des Nationalen Sicherheitsrates
7. Mai 2004	8. Verfassungspaket	Zehn Verfassungsänderungen, Pressefreiheit, Vorrang supranationaler Verträge vor nationalem Recht, Abschaffung der Staatssicherheitsgerichte

Datum	Art der Maßnahme	Wichtigste Änderungen
24. Juni 2004	9. Verfassungspaket	Änderung Artikel 46 des Strafrechts, Änderungen der Zusammensetzung des Hochschulrates und des Zensurrates
25.–26. September 2004	Neues türkisches Strafgesetzbuch	Änderungen der Gesetze über Gewalt gegen Frauen und Kinder/Änderung des Strafmaßes für verschiedene Straftaten und Neubestimmung von Straftatbeständen

Quelle: Meltem Müftüler-Baç, »Turkey's Political Reforms«.[32]

können, und sie musste um Unterstützung in den südöstlichen Provinzen mit ihren mehrheitlich konservativen Wählern werben. Erdoğan schlug einen versöhnlichen Ton an, hob besonders die religiösen Bande zwischen Türken und Kurden hervor und sprach sogar von Unrecht, das der Staat begangen habe. Am 30. November 2002 hob das AKP-Kabinett den seit 1987 bestehenden Sonderstatus OHAL oder »Hochsicherheitszone« (Olağanüstü Hâl Bölge Valiliği) in den südöstlichen Gebieten auf und schaffte das Amt des Regionalgouverneurs (auch Supergouverneur genannt) ab.[33] Die Maßnahme zahlte sich aus. Bei den Kommunalwahlen 2004 und bei der Parlamentswahl drei Jahre danach schnitt die AKP im Vergleich zu den kurdischen nationalistischen Kandidaten im Osten und Südosten sehr gut ab. Gleichzeitig durften derartige Zugeständnisse nicht so weit gehen, die nationalistischen Türken zu verprellen und der CHP oder gar der MHP neuen Zulauf zu bescheren. Jede zu kühne Maßnahme würde das Risiko einer Gegenreaktion seitens der Streitkräfte und des kemalistischen Establishments erhöhen. Die Armee fühlte sich düpiert, weil ihr von AKP und EU die Hände gebunden worden waren und sie nicht in der Lage war, gegen den Separatismus vorzugehen. Auch die PKK gehörte zu den Schlüsselfaktoren. Als Gegenleistung für ihre

Reformbemühungen erwartete die Regierung Zugeständnisse von den Militanten, beispielsweise einen Waffenstillstand wie im August 2005, den die AKP dann als Erfolg für sich verbuchen könnte. Ob jedoch die PKK dazu bereit war, hing wiederum von ihrem Vertrauen in die Regierung und der Einhaltung ihrer Zusagen ab. Noch komplizierter wurde die Angelegenheit durch die notorisch undurchsichtigen Entscheidungsprozesse innerhalb der Guerilla-Organisation, zumal sich ihr militärischer Oberbefehl in den Kandil-Bergen im Irak befand, während der unbestrittene Führer der Bewegung, Öcalan, in einem türkischen Gefängnis saß.[34]

Die zahlreichen Akteure und Interessen sind auch die Erklärung dafür, warum politische Reformen, die den Kurden hätten nutzen können, und die Bemühungen um eine Beilegung des Konflikts in den 2000er-Jahren immer nur Stückwerk blieben. So strahlte der öffentliche Fernsehsender TRT im Juni 2004 zum ersten Mal ein Programm in kurdischer Sprache aus. Die kommerziellen Sender schlossen sich 2006 an, und drei Jahre später startete TRT einen Kanal in der Minderheitensprache. Das war im Grunde nur ein Zeichen des guten Willens, aber kein rechtlich wirksamer Durchbruch. Das sogenannte Dritte Paket zur Harmonisierung mit dem *acquis communautaire* (der Gesamtheit des gültigen Rechts) der EU wurde vom Parlament im August 2002 verabschiedet, Monate bevor die AKP an die Macht kam. Es änderte den Artikel 14 des Radio- und Fernsehgesetzes (Gesetz Nr. 3954), so dass nun Ausstrahlungen in »lokalen Sprachen« zulässig waren.[35] Obwohl auch die Beschränkungen für andere Fremdsprachen im Bildungswesen 2002 aufgehoben wurden, blieb Kurdisch (womit das in der Türkei gesprochene Kurmandschi gemeint war) bis 2012 an den Schulen verboten, wurde dann jedoch als Wahlfach zugelassen.

Zumindest theoretisch hätten auch kurdische Aktivisten von den Veränderungen profitieren sollen, die in erster Linie der AKP nützen sollten. Mit dem Dritten Harmonisierungspaket vom Januar 2003 änderte die Große Nationalversammlung das Gesetz und legte die Hürde für das Verbot politischer Parteien höher. Von nun an war im Verfassungsgericht eine Drei-Fünftel-Mehrheit erforderlich, um zu entscheiden, ob eine Partei gegen die Verfassung verstoße. Nur dieser Änderung war es zu verdanken, dass die AKP 2008 mit einer Stimme Mehrheit ein Verbot vermeiden konnte. Die DTP (Partei für eine demokratische Gesellschaft, Demokratik Toplum Partisi), die jüngste einer ganzen Reihe kurdischer politischer Gruppierungen, hatte nicht so viel Glück. Im Dezember 2009 wurde sie vom Verfassungsgericht verboten, mit der pauschalen Begründung, aufgrund ihrer organischen Beziehung zur PKK stelle die Partei eine Gefahr für die staatliche Einheit dar. Außerdem schloss das Gericht den Vorsitzenden der DTP, Ahmet Türk, vom Parlament aus, ebenso Aysel Tuğluk, ein weiteres prominentes Mitglied der Partei.[36] Allerdings machte das Verbot der DTP keinen großen Unterschied mehr: Die Kurden hatten schon im Jahr zuvor mit der Partei des Friedens und der Demokratie (Barış ve Demokrasi Partisi, BDP) eine neue politische Plattform gegründet.

Das Gerangel um die DTP spielte sich vor dem Hintergrund der Bemühungen ab, in den kurdisch bewohnten Gebieten Frieden herbeizuführen. Doch im Juni 2004 nahm die PKK ihren Krieg gegen die türkische Regierung wieder auf, womit die fünfjährige Ruheperiode beendet wurde, die seit Öcalans im Sommer 1999 einseitig ausgerufenem Waffenstillstand geherrscht hatte. Doch dieses Mal war die Strategie der Kurden nicht auf einen Sieg ausgerichtet, sondern, wie Gareth Jenkins anmerkt, darauf angelegt, die staatlichen Behörden wieder an den Verhandlungstisch zu bringen.[37] Die PKK ließ ihre Forderung nach einem unabhängigen Kurdenstaat offiziell fallen und fokussierte ihre Politik vielmehr auf eine »demokratische Autonomie«, ein Konzept, das sie von dem US-amerikanischen (anarchistisch-ökologischen) Aktivisten Murray Bookchin geborgt hatte, dessen Schriften Öcalan im Gefängnis gelesen hatte. Demnach sollten die Mitwirkungsrechte der Kurden durch die Dezentralisierung der Macht sowohl in der Türkei als auch in ihren nahöstlichen Nachbarländern sichergestellt werden.

Die AKP reagierte darauf insgesamt positiv. Die Verhandlungen begannen 2008 in Oslo, aber Sondierungskontakte hatten schon seit 2005

stattgefunden. Das erste direkte Treffen fand am 1. November 2007 in
Brüssel statt. Daran nahm Emre Taner, der Chef des Geheimdienstes
MİT (Millî İstihbarat Teşkilâtı), teil, der aus Diyarbakır stammte und
sich innerhalb des staatlichen Apparats den Ruf einer führenden Autorität in Kurdenfragen erworben hatte.[38] Die Delegation der PKK wurde
von Mustafa Karasu geleitet, einem in den Kandil-Bergen ansässigen Befehlshaber und Mitbegründer der Organisation. Anfänglich sorgte die
DTP zusammen mit Dschalal Talabani für einen Kommunikationskanal
in die Kandil-Berge, während türkische Sicherheitsbeamte den Kontakt
zu Öcalan herstellten.[39] Die Verhandlungen wurden geheim gehalten.
Erst 2011 wurde die Öffentlichkeit darauf aufmerksam, was Berichten zu
verdanken war, die an die Medien geleakt worden waren, wahrscheinlich
durch die Gülenisten.

Aber es gab große Meinungsverschiedenheiten. Die Kurden trugen
weitreichende Forderungen vor: eine Anerkennung der Identität der Kurden (sowie anderer Minderheiten) in der Verfassung, Schulunterricht in
der Muttersprache, Dezentralisierung und sogar Autonomie. Auch das
Schicksal Öcalans stand auf der Liste. Nationalistische Kurden verlangten, er solle aus dem Hochsicherheitsgefängnis in Hausarrest überführt
werden. Für den türkischen Normalbürger ging das zu weit. Die AKP
achtete genauestens auf die Meinung der breiten Öffentlichkeit, die allem
zutiefst abgeneigt war, was auch nur entfernt nach Föderalisierung roch.
Jedes derartige Zugeständnis würde den kurdischen Separatismus legitimieren und die Türkei in eine heikle Situation manövrieren. Der Regierung saß die kämpferische CHP – und nach 2007 auch die MHP – im
Nacken; sie konnte sich daher bestenfalls auf ein schrittweises Heran-
gehen einlassen.

In der zweiten Hälfte der 2000er-Jahre betrieb Erdoğan eine zweigleisige Politik. Bei den Oslo-Gesprächen hatte er sich zweifellos in gutem
Glauben auf die PKK eingelassen, aber diese Gespräche wurden ergebnis-
offen geführt, und man wollte offenbar die heikelsten Aspekte einer möglichen Übereinkunft nicht anrühren. Ausländische Regierungen, darunter Norwegen in der Rolle des Vermittlers, die Vereinigten Staaten, das

Vereinigte Königreich und auch die EU unterstützten die Gespräche. Die Schikanen gegen prokurdische Parteien waren dem konservativen Rechtssystem der Türkei zuzuschreiben, auf das die AKP wohl keinen direkten Einfluss hatte. Erdoğan pflegte eine versöhnliche Rhetorik. Gleichzeitig jedoch bewies die Regierung ihre Entschlossenheit, weiterhin repressiv zu agieren, um die PKK und ihre Unterorganisationen in Schach zu halten. Durch die 2006 eingeführten Änderungen des Gesetzes zur Bekämpfung des Terrorismus von 1991 wurde die freie Meinungsäußerung eingeschränkt; Journalisten und Herausgeber und sogar Verlage und Druckereien wurden damit dem Risiko ausgesetzt, strafrechtlich verfolgt zu werden, wenn sie Material zur »Verbreitung von Propaganda terroristischer Organisationen« publizierten. Der Oberste Gerichtshof entschied, dass die Vorkehrungen laut Artikel 7 auch auf 15–18-Jährige angewendet werden könnten, also auch auf kurdische Jugendliche, die an den jährlich stattfindenden Demonstrationen zum Nevroz-Fest teilnahmen. Wer immer Symbole trug, die mit einer terroristischen Gruppierung (gemeint war die PKK) in Verbindung gebracht werden konnten, würde als Mitglied dieser Organisation behandelt werden.[40]

Die Politik der AKP war auch durch ein ständiges Tauziehen mit der Armee geprägt. Der Chef des Generalstabs, Yaşar Büyükanıt, wies auf das erneute Aufflammen der PKK-Angriffe hin und sprach sich nachdrücklich für eine Operation im Irak aus. Über 100 000 Soldaten wurden in den drei Grenzregionen zusammengezogen, die das Militär – offenbar ohne die Regierung in Kenntnis gesetzt zu haben – zu einer Sicherheitszone erklärt hatte. Um den Druck auf Erdoğan zu erhöhen, der im Sommer 2007 um seine Wiederwahl kämpfte, bestand das Militär auf einer Ermächtigung durch das Parlament. Dennoch bemühten sich beide Seiten, ihre unterschiedlichen Auffassungen in Grenzen zu halten. Nach den Parlamentswahlen gab die AKP mit einer reduzierten Mehrheit und mit der MHP zurück im Parlament den Forderungen des Militärs nach. Im Februar 2008 erfolgte ein Angriff auf PKK-Stellungen im Nordirak (Operation Sun, *Güneş Harekatı*), die erste derartige Maßnahme seit der US-Invasion.

Auch die PKK verhielt sich schwer durchschaubar. Im Juni 2004 erklärte sie den Waffenstillstand von 1999 für beendet und nahm ihre Angriffe aus dem Nordirak wieder auf – genau die Bedrohung, auf die
Büyükanıt hingewiesen hatte. In den Monaten vor dem Beginn der Geheimverhandlungen mit dem MİT am 1. November 2007 kamen bei
PKK-Angriffen 40 türkische Soldaten ums Leben. Die Organisation ging
zu einer neuen Taktik über und schickte nun größere Einheiten von
200 Kämpfern los statt der normalen Kleintrupps von 6 bis 8 Mann.
Gleichzeitig werteten Analysten die neue PKK-Offensive als Zeichen
eines Zerwürfnisses zwischen dem eher auf Versöhnung bedachten Öcalan und dem Zentralkommando in den Kandil-Bergen, das von Murat
Karayılan beherrscht wurde. Im Rückblick könnte es auch eine koordi-
nierte Strategie gewesen sein.[41]

Die Beziehung zwischen Erdoğan und den Kurden blieb weiterhin
zwiespältig, obwohl sie im staatlichen Establishment einen gemeinsamen
Gegner hatten. Beide Seiten erkannten die Vorteile einer Zusammenarbeit, konnten aber einander niemals völlig vertrauen, nicht zuletzt deshalb, weil sie auf lokaler Ebene um die Macht rangelten. Die sogenannte
»kurdische Öffnung« (Kürt açılımı) im Jahr 2009 sollte Licht auf die
widersprüchlichen Dynamiken werfen, die dabei im Spiel waren. Wie ein
erfahrener Türkeibeobachter anmerkte, war die AKP zwar an der Lösung
des Konflikts mit der PKK interessiert, »schien aber niemals eine ›kurdische Öffnung‹ im Blick gehabt zu haben, die über ›kulturelle Rechte‹
hinausging«.[42]

DIE HÄNGEPARTIE MIT DER EU

Ohne das Ziel und die Bedingungen der EU-Mitgliedschaft wäre es vermutlich nicht gelungen, das Militär aus der Politik zu verdrängen, und
auch die verfassungsrechtlichen und gesetzgeberischen Veränderungen
zur Stärkung der Rechte von Minderheiten wären nicht zustande gekom-

men. Obwohl all dies den tief empfundenen Bedürfnissen der türkischen Gesellschaft und, was noch wichtiger war, dem Eigeninteresse der AKP entsprach, bot die EU als externer Fixpunkt Erdoğan die nötigen Mittel und Anreize, um voranzukommen und an Legitimität zu gewinnen. Umgekehrt verloren die demokratischen Reformen an Schwung und kamen letztendlich zum Stillstand, als die Anziehungskraft der EU nachließ. Das wurde in der Kurdenfrage besonders deutlich, als der Friedensprozess Mitte der 2010er-Jahre abbrach, den PKK und AKP gegen den Widerstand aller anderen türkischen Parteien zustande gebracht hatten.

Warum endeten die Verhandlungen zwischen der Türkei und der EU schon wenige Jahre nach ihrem Beginn in einer Sackgasse? Die Schuld dafür lag auf beiden Seiten.

Die EU trat ohne eine gemeinsame Vision vom Ergebnis in die Verhandlungen ein. Das Vertrauen auf die diplomatischen Verfahrensweisen triumphierte über den Kern des Problems. Die Mitgliedstaaten waren sich weiterhin nicht einig in der Frage, ob am Ende der Straße die Vollmitgliedschaft der Türkei oder irgendeine nicht genauer spezifizierte privilegierte Partnerschaft stehen solle. Auch innerhalb der verschiedenen Regierungen gab es Streit. Im ersten Kabinett Angela Merkels (2005–2010), einer Großen Koalition von Christdemokraten und Sozialdemokraten, standen Merkels Christdemokraten der türkischen Mitgliedschaft skeptisch gegenüber, während die Sozialdemokraten sie begrüßten. Auch in Merkels zweitem Kabinett (2010–2013) mit den Freien Demokraten als kleinerem Koalitionspartner blieb diese Meinungsverschiedenheit bestehen. In Frankreich hielt Präsident Jacques Chirac den Beitritt der Türkei für »wünschenswert«, auch wenn der Weg dorthin seiner Einschätzung nach »lang und schwierig« werden würde. Doch dann kam Nicolas Sarkozy 2007 an die Macht und verkündete unverblümt, »Die Türkei ist nicht europäisch«. Nach seiner Auffassung war die Mittelmeer-Union (Union für den Mittelmeerraum) für ein mehrheitlich muslimisches Land wie die Türkei besser geeignet, ein Projekt, das er selbst mit dem ägyptischen Präsidenten Hosni Mubarak angestoßen hatte. Damit stand Sarkozy ganz gewiss nicht allein. Auch in

anderen EU-Ländern war diese Auffassung populär, beispielsweise in
Österreich, wo sowohl die wichtigsten Parteien als auch die rechtspopu-
listische Freiheitliche Partei Österreichs (FPÖ) den Beitritt Ankaras
entschieden ablehnten. Der schwedische Außenminister Carl Bildt war
anderer Auffassung: »Der Beitritt der Türkei würde der EU eine entscheidende Rolle für die Stabilität im östlichen Teil des Mittelmeers und
am Schwarzen Meer verschaffen, was eindeutig im strategischen Interesse Europas läge.« Der eifrigste Befürworter jedoch war der britische
Premierminister Tony Blair. Kurz nach der teilweisen Suspendierung der
EU-Türkei-Verhandlungen erklärte er im Januar 2007 bei einem Besuch
in Ankara: »Der türkische Beitritt ... ist nicht nur wichtig für die Türkei
selbst, sondern auch von grundlegender Bedeutung für die Zukunft
Europas.«[43]

Die Meinungsverschiedenheiten prägten den gesamten Verhandlungs-
rahmen, ein Mandat, das der Europäischen Kommission von den Mitgliedstaaten erteilt worden war. Um die Neinsager zufriedenzustellen,
erging man sich in juristischer Haarspalterei: »Das gemeinsame Ziel der
Verhandlungen ist der Beitritt. Die Verhandlungen sind ein ergebnisoffe-
ner Prozess, das Ergebnis kann nicht von vornherein zugesichert werden.« Mit anderen Worten: Auch ein anderes Ergebnis als die volle Mitgliedschaft wurde nicht ausgeschlossen, denn sollte die Türkei nicht in
der Lage sein, den Verpflichtungen der Mitgliedschaft in vollem Umfang
nachzukommen, müsse »durch die Beziehungen zwischen der Europäischen Union und der Türkei gewährleistet sein (...), dass die Türkei fest
in den europäischen Strukturen verankert bleibt«.[44]

Damals war diese sogenannte Einbeziehungsklausel für die türkische
Regierung akzeptabel, da sie das Wesentliche enthielt. Die AKP sicherte
sich die Verhandlungen mit der EU und eine Chance auf Mitgliedschaft,
wodurch sie ihre Position in der Türkei zementierte. Außerdem begann
der entsprechende Absatz des Verhandlungsrahmens mit der Vorkeh-
rung, dass die Gespräche auf Artikel 49 des EU-Vertrags beruhten, der
zusichert, dass die Mitgliedschaft jedem europäischen Staat offenstehe,
der die Werte der EU achte. In verfahrenstechnischer Hinsicht konnte

man darin zwar einen Haken sehen, aber im Hinblick auf den Symbolis-
mus erlangte die Türkei damit die institutionelle Anerkennung als ein
bona fide europäisches Land.

Doch schon kurz nach dem Beginn der Verhandlungen wurde klar,
dass sie letztendlich in einer Hängepartie enden würden. Als Spielverder-
ber erwies sich Zypern. Bei einem Referendum am 24. April 2004 lehnten die griechischen Zyprer mit einer Mehrheit von 75,83 Prozent den
vom damaligen UN-Generalsekretär Kofi Annan vorangetriebenen Plan
für die Wiedervereinigung ab. Dagegen stimmten fast zwei Drittel der
türkischen Zyprer dem Annan-Plan zu. Trotz der ungelösten Teilung
wurde die Republik Zypern (faktisch nur der griechische Süden der Insel)
am 1. Mai 2004 als Mitglied in die EU aufgenommen. Damit verschaffte
sich Nikosia in den Brüsseler Institutionen das Vetorecht, das das neue
EU-Mitglied nun fortan als Hebel gegenüber der Türkei benutzen konnte.
Die Türkei wiederum lehnte es ab – und tut es bis zum heutigen Tag –,
die von den griechischen Zyprern geführte Regierung in Nikosia als Repräsentantin der gesamten Insel beziehungsweise der 1960 gegründeten
Republik Zypern anzuerkennen.[45] Ankara hatte seine Häfen und Air-
ports für jeglichen Verkehr aus dem Süden Zyperns (dem »Griechisch
verwalteten Süd-Zypern«) geschlossen.[46] Nach dem EU-Beitritt der Republik Zypern erhob die Türkei auch Einspruch gegen die EU-NATO-
Kooperation. Als kleinliche Retourkutsche blockierte Nikosia daraufhin
die Aufnahme der Türkei in die Europäische Verteidigungsagentur, dem
Flaggschiff der Europäischen Sicherheits- und Verteidigungspolitik
(ESDP).[47]

Der Knackpunkt war das Zusatzprotokoll zum Assoziierungsabkom-
men der Türkei mit der EU. Das betreffende Rechtsinstrument erweiterte die 1995 gegründete Zollunion auf *alle* neuen Mitgliedstaaten, darunter auch Zypern. Um sicherzustellen, dass es keine Anerkennung der
Republik Zypern implizierte, zögerte die Türkei ihre Entscheidung hinaus, bis der Ständige Repräsentant der Türkei in Brüssel, Oğuz Demi-
ralp, das Protokoll im Juni 2005 schließlich doch noch unterzeichnete.
Um die Eröffnung der Beitrittsverhandlungen nicht zu gefährden,

stimmte die türkische Regierung im Oktober 2005 dem Zusatzprotokoll zu. Doch danach weigerte sich Ankara, den Deal umzusetzen und die türkischen Seehäfen und den Luftraum wieder für den Verkehr aus dem Süden Zyperns zu öffnen. Das wiederum löste im Dezember 2006 einen einstimmigen Beschluss aller 25 Mitgliedstaaten aus, die Befolgung des Zusatzprotokolls durch die Türkei zur Bedingung für den Beginn der Verhandlungen über die ersten acht Kapitel zu machen.[48] Von diesem Moment an gerieten die Verhandlungen auf eine abschüssige Bahn, und auch die allgemeinen Beziehungen zwischen der Türkei und der EU verschlechterten sich. Im Dezember 2009 blockierten die griechischen Zyprer sechs weitere Dossiers, darunter auch die Kapitel über Justiz und Grundrechte sowie über Energie, und forderten, dass die Türkei zuerst einmal ihre Beziehungen zu ihrem Nachbarstaat normalisieren solle. Die europäische Integration verwandelte sich durch diese sich lange hinziehenden Streitigkeiten von einem Katalysator für Konfliktschlichtung zu einem alles noch weiter verkomplizierenden Faktor.

Der Fairness halber sei angemerkt, dass Zypern nur die Spitze des Eisbergs bildete, so unpassend die Metapher im Zusammenhang mit dem östlichen Mittelmeer auch sein mag. Dass Erdoğan nur widerwillig nachgab, vor allem im Hinblick auf die Umsetzung des Zusatzprotokolls, hatte mit seinem innenpolitischen Kampf gegen seine nationalistischen und streng säkularen Gegner zu tun. Ein Nachgeben in der Zypernfrage, die für einen großen Teil der türkischen Bevölkerung ein entscheidendes Kriterium darstellte, hätte zum politischen Selbstmord werden können, zumal sich auch die kurdische Frage erneut entzündete, bei der Kopftuchfrage eine neue Polarisierung auftrat und sich 2007 in Bezug auf die Wahl Güls zum Präsidenten ein neuer Schlagabtausch abzeichnete.

Noch wichtiger war jedoch, dass Erdoğan wenig Grund hatte anzunehmen, dass ihn die EU für irgendeinen mutigen Schritt belohnen würde. Sicherlich hätte die Blockade der acht Kapitel vom Dezember 2006 aufgehoben werden können. Aber die griechischen Zyprer unter der Führung von Präsident Tassos Papadopoulos, die hauptverantwortlich für das Scheitern des Annan-Plans im Jahr 2004 gewesen waren, könnten sich dann ermutigt fühlen, noch weiter reichende Forderungen vorzutragen. Außerdem wurden die Spielregeln auch durch die Schwergewichte in der EU verändert. Im Mai 2007 zog Nicolas Sarkozy, der führende Türkei-Skeptiker in der EU, als neuer französischer Präsident in den Elysée-Palast ein. Schon wenige Wochen nach Beginn seiner Präsidentschaft blockierte er quasi im Alleingang vier der Verhandlungskapitel. Sarkozy argumentierte, dass die Verhandlungen über wichtige Fragen wie Wirtschafts- und Währungsunion, Landwirtschaft und Regionalpolitik der Frage des türkischen Beitritts praktisch vorgreifen würde. Damit veränderte sich jedoch die gesamte Logik der Gespräche. Zu Beginn der Verhandlungen hatten die Mitgliedstaaten einem ergebnisoffenen Prozess zugestimmt, der entweder zur Vollmitgliedschaft oder zu einem alternativen Arrangement führen könne. Jetzt jedoch schloss Sarkozy einen Beitritt der Türkei im Wesentlichen aus.

Das Timing der französischen Zurückweisung hätte nicht schlechter sein können. Die AKP befand sich mitten im Wahlkampf für die ausschlaggebenden Parlamentswahlen von 2007. Europa galt nun nicht mehr als die Verbündete, die es in der bisherigen Regierungsperiode der Partei gewesen war. Die türkischen Entscheidungsträger mussten allmählich einsehen, dass Sarkozys ablehnende Haltung nicht nur bei den Wählern in Frankreich, sondern auch in anderen wichtigen Ländern gut ankam. Im Jahr 2005 hatten die Bürgerinnen und Bürger Frankreichs und der Niederlande bei Volksabstimmungen den Vertrag über eine Verfassung für Europa mehrheitlich abgelehnt, was in nicht geringem Maße den Befürchtungen bezüglich der Erweiterungen der EU und insbesondere der Gegnerschaft zum Beitritt der Türkei zuzuschreiben war. Noch im selben Jahr führte Frankreich einen Verfassungszusatz ein, der den damaligen Präsidenten Jacques Chirac, Sarkozys Vorgänger, verpflichtete, den Beitritt neuer Mitglieder zur EU durch Referenden absegnen zu lassen. Damit wollte Chirac die öffentliche Meinung besänftigen. Würde man den EU-Beitritt der Türkei dem französischen Volk zur Abstimmung vorlegen, würde das Ergebnis ein überwältigendes »*non*« sein. Und um die beleidigende Zurücksetzung noch schlimmer zu machen, war Artikel 88.5 so formuliert, dass Kroatien, das ebenfalls über seinen Beitritt verhandelte, vom Erfordernis des Plebiszits ausgenommen wurde. Sarkozys Verfassungsreform vom Juli 2008 führte als Alternative zum Referendum eine Drei-Fünftel-Mehrheit in beiden Kammern der Nationalversammlung ein.[49] Aber da die Verhandlungen zu diesem Zeitpunkt bereits ins Stocken geraten waren, machte diese an sich positive Verfassungsänderung keinen großen Unterschied mehr.

Deutschland, der größte Handelspartner der Türkei mit einer großen Diaspora von 2,7 Millionen Türkinnen und Türken, nahm eine besondere Stellung ein. Einerseits verfolgten deutsche Politiker, Kommentatoren, Experten und zivilgesellschaftliche Führungspersonen (von denen einige, wie der Grünenpolitiker Cem Özdemir, türkischer Abstammung waren) die türkische Politik mit erhöhter Aufmerksamkeit. Andererseits herrschte in Deutschland eine auf den Ausschluss der Türkei fokussierte Rhetorik vor, die von einer großen Mehrheit der regierenden Christlich-Demokratischen Union (CDU) und CDU-Kanzlerin Angela Merkel geteilt und auch von dem Bestseller *Deutschland schafft sich ab. Wie wir unser Land aufs Spiel setzen* befeuert wurde, den der damalige Sozialdemokrat Thilo Sarrazin 2010 veröffentlicht hatte. Sarrazin warnte darin vor dem drohenden Zuwanderungsstrom von Migranten aus der Türkei und dem Nahen Osten, die Parallelleben führen und die deutsche Gesellschaft untergraben würden. Derartige Auffassungen standen zwar im Gegensatz zur soziologischen Realität, die durch die Integration vieler Türken und Kurden geprägt war, vor allem im Vergleich zu vielen Gemeinschaften mit Migrationshintergrund in anderen Ländern Westeuropas. Doch in der Türkei selbst beeinflussten diese Ansichten die negative Wahrnehmung Deutschlands als ein Land, das durch Fremdenfeindlichkeit und unverhohlenen Rassismus geprägt sei. In den Augen der konservativen AKP-Anhänger passte derartiges antimuslimisches Gerede zum Versagen Europas, sich auch mit Fragen zu befassen, an denen den Türken besonders viel lag, etwa das Kopftuchverbot.[50] Ein weiterer Vorfall, der die öffentliche Meinung beeinflusste, war eine Vorlesung, die der deutsche Papst Benedikt XVI. (Joseph Ratzinger) 2006 an der Universität Regensburg gehalten hatte. Er zitierte darin Manuel II. Palaiologos, einen der letzten byzantinischen Kaiser vor der osmanischen Eroberung: »Zeig mir doch, was Mohammed Neues gebracht hat, und da wirst du nur Schlechtes und Inhumanes finden wie dies, dass er vorgeschrieben hat, den Glauben, den er predigte, durch das Schwert zu verbreiten.«[51] Für Papst Benedikt war Europa Erbe des alten Christentums. Und sollte es auch bleiben. Allerdings ließ auch der Umgang der türkischen Regierung im Hinblick auf die Beziehungen zu Deutschland viel zu wünschen übrig. Anlässlich seines Besuchs in Köln im Februar 2008 erklärte Erdoğan bei einer Kundgebung vor 20 000 Türkinnen und Türken, es sei zwar gut, Deutsch zu lernen, bezeichnete aber zugleich die Assimilation als »Verbrechen gegen die Menschlichkeit«. Türkeifeindlichen Gruppen in Deutschland und anderswo mussten seine Worte wie ein Geschenk des Himmels erscheinen.

Noch Mitte der 2000er-Jahre wiederholte Erdoğan immer wieder gerne, sollte die EU die Tür zuwerfen, würde die Türkei dann eben die Ankara-Kriterien anstelle der Kopenhagener Kriterien anwenden. Er meinte damit, sein Land könne sich auch ohne Unterstützung durch Europa demokratisieren und zu Wohlstand gelangen. Doch wie sich herausstellte, war die EU eine notwendige und nicht etwa eine ergänzende Bedingung. Die allmähliche Schwächung der Anziehungskraft Europas gegen Ende der 2000er-Jahre ließ auch die Reformenergie der AKP erlahmen. Die zweite Regierungszeit der Partei (2007–2011) war von ihren ständigen Bemühungen geprägt, ihre Macht zu konsolidieren. Die Wende nach innen erfolgte Hand in Hand mit einer zunehmenden Aufmerksamkeit für die Nachbarländer im Nahen Osten, auf dem Balkan und im ehemals sowjetischen Zentralasien. Zurückgewiesen durch Brüssel, oder vielmehr durch Paris und Berlin, entwarf die Türkei für sich ein neues Konzept als regionaler Knotenpunkt und als eigenständige Akteurin, statt weiterhin als ewige Bittstellerin vor den Toren der EU auszuharren. Mit diesem neuen Konzept befasst sich das folgende Kapitel.

4

NULL PROBLEME MIT DEN NACHBARN

»Die Türkei ist ein europäisches Land, ein asiatisches Land, ein Nahostland, ein Balkanland, ein kaukasisches Land, ein Nachbar Afrikas, ein Anrainer des Schwarzen Meeres und des Kaspischen Meeres, all das ist sie.«[1]
Ahmet Davutoğlu, ehemaliger Ministerpräsident

Blickt die Türkei nach Westen oder nach Osten? Über wenige Fragen wurde so ausführlich und so leidenschaftlich diskutiert wie über diese. Sie war ein wichtiges Thema in den Kulturkriegen, die in den 1990er- und 2000er-Jahren wüteten. Die Säkularen unterstellten den religiösen Konservativen den Plan, die Türkei fest an die muslimische Welt binden zu wollen, in der aus ihrer Sicht nichts als Rückständigkeit und Streit herrschte, und damit in der Türkei selbst Atatürks Erbe auszuhöhlen. Berichte vom Besuch des Ministerpräsidenten Necmettin Erbakan in Teheran 1996 jagten vielen Türkinnen und Türken Angstschauder über den Rücken, die in der Islamischen Republik ein Beispiel dafür sahen, welche Zukunft der Türkei drohen könnte. Die Konservativen wiederum beklagten die Entfremdung der Türkei vom Nahen Osten, wodurch ihre osmanische Vergangenheit und ihr reiches kulturelles Erbe verleugnet werden. Als die AKP 2002 auf der politischen Bühne erschien, bot sich mit dieser Partei die perfekte Lösung: Die Türkei musste sich eigentlich gar nicht entscheiden. Sie konnte sowohl die Mitgliedschaft in der EU anstreben

als auch mit ihren arabischen, persischen und kurdischen Nachbarn Geschäfte machen und politische Beziehungen pflegen. Die imperiale Vergangenheit des Landes war keine historische Last, sondern ein einzigarti-
ger Vorteil. »Die Türkei erfreut sich vielfacher regionaler Identitäten«,
erklärte Ahmet Davutoğlu, »[d]ie einzigartige Kombination unserer
Geschichte und unserer Geographie bringt ein Verantwortungsgefühl
mit sich. Wir müssen aktiv zur Lösung von Konflikten, zum internationalen Frieden und zur Sicherheit beitragen.«[2] Der ehemalige Politikwissenschaftler trat im Jahr 2009 mit seinen Lobgesängen auf das Goldene
Zeitalter des Osmanischen Reiches in das Rampenlicht der Öffentlichkeit. Schon bald verschaffte er sich den Job des Außenministers, nachdem
er zuvor Erdoğan in internationalen Fragen beraten hatte. Davutoğlu
vertrat eine Politik, die mit einem von ihm selbst geprägten griffigen Eti-
kett verbunden war: null Probleme mit Nachbarn *(Komşularla Sıfır
Sorun Politikası)*.

Hier war sie, eine selbstbewusste, neuerdings wohlhabende und politisch dynamische Türkei. Ihrer historischen Verantwortung bewusst,
war sie bereit, jetzt richtig aufzutrumpfen: Sie kollidierte mit dem früheren Verbündeten Israel wegen der Gaza-Frage, nutzte ihren nichtständigen Sitz im Sicherheitsrat der Vereinten Nationen voll aus, um einen
Deal über das iranische Atomprogramm zu vermitteln, förderte Handel
und Investitionen im gesamten Nahen Osten und in Nordafrika, forderte die USA heraus, verbündete sich aber zugleich mit ihnen in Fragen von gemeinsamem Interesse, wetteiferte mit der EU im Machtspiel
in Bosnien und Herzegowina und handelte milliardenschwere Energie-
projekte mit Russland aus. Wie die gesamte AKP-Führung spürte auch
Davutoğlu, dass ihre Zeit gekommen war. Während Europa und Amerika noch unter den Nachwehen der Finanzkrise von 2008 litten, wuchs
die türkische Wirtschaft 2010 um 8 Prozent und legte im Jahr darauf
sogar um 11 Prozent zu. Handel und Investitionen boomten, ebenso
die populären kulturellen Exporte, und die Marke Erdoğan eroberte die
sprichwörtliche »Arabische Straße«. All das trug zur »weichen Macht«
der Türkei bei.[3]

Allerdings war die Annäherung der Türkei an das »nahe Ausland« nichts grundsätzlich Neues. Die AKP konnte dabei auf dem Erbe der späten 1990er- und frühen 2000er-Jahre aufbauen, etwa auf der Erdbeben-Diplomatie mit Griechenland und auf der Öffnung gegenüber Russland im Rahmen des Gemeinsamen Aktionsplans für die Zusammenarbeit im eurasischen Raum. Der Aktionsplan enthielt auch einen Appell zur »multidimensionalen Partnerschaft«, wie sie die Außenminister İsmail Cem und Igor Ivanov 2001 in New York vertraglich vereinbart hatten, aber auch zu besseren Beziehungen mit Syrien nach der Krise von 1998 sowie einer Vertiefung der Handelsbeziehungen zum Iran. Die Vision, die ursprünglich schon von Turgut Özal vorgetragen worden war, nahm jetzt Realität an. Der Beitrag der AKP bestand jedoch darin, dieses Erbe in ein neues geopolitisches Narrativ zu packen. Es sah vor, die Türkei als unabhängige Macht zu präsentieren, getrieben von einer historischen Mission, einem *droit de regard* – einem Mitsprache- oder gar Kontrollrecht – gegenüber den Nachbarn. Ende der 2000er-Jahre befand sich das Land bereits auf der Suche nach Möglichkeiten, seine Führungsrolle im Nahen Osten und darüber hinaus zu sichern.

BEZIEHUNGEN VERBESSERN

Das stärkere Engagement der türkischen Politik hatte wirtschaftliche Hintergründe: »Die Flagge folgt dem Handel.« Schon zwischen 1999 und 2008 erweiterte sich der Handel mit dem Nahen Osten um den Faktor 9,3, von 4,25 Milliarden auf 39,33 Milliarden Dollar. Allein mit dem Iran wuchs der Handel um das 13-Fache, von 792 Millionen auf 10,228 Milliarden Dollar, mit Russland um das 12-Fache, von 2,962 auf 37,847 Milliarden Dollar. Im Vergleich dazu nahm der Handel mit der EU »nur« um das 3,6-Fache zu (von 37,949 Milliarden auf 138,197 Milliarden Dollar).[4] Der Anteil des EU-Handels ging 2008 auf 37 Prozent der türkischen Importe und 48 Prozent der Exporte zurück, obwohl der Exportanteil am Beginn des Jahrzehnts noch bei rund 55 Prozent gelegen hatte. Im selben Jahr nahmen die Vereinigten Arabischen Emirate (VAE) den dritten Platz unter den türkischen Exportmärkten ein, hinter Deutschland und dem Vereinigten Königreich, aber noch vor Italien und Frankreich.[5] Auch der Irak schaffte es auf einen der zehn vordersten Plätze. Im Unterschied zum Handel mit der EU, Russland, China und den USA, der für die Türkei defizitär war, übertrafen die Exporte der Türkei in den Nahen Osten[6] und in die Balkanländer ihre Importe. Wenn es noch Raum für eine weitere Expansion gab, die auf engeren politischen Beziehungen beruhte, so lag er in den Regionalmärkten, auf denen eine schärfere Konkurrenz zur EU herrschte. Der Handel ging Hand in Hand mit Investitionen einher. Nach Berechnungen der Zentralbank legte der türkische Index für Ausländische Direktinvestitionen in den Nachbarländern von 890 Millionen (2001) auf 5,318 Milliarden (2009) zu.[7]

Als Folge des wirtschaftlichen Aufschwungs wurde die Türkei als Ziel für Unternehmen, Freizeit, Arbeit und Bildung immer attraktiver. Der Politikwissenschaftler Kemal Kirişci stellte eine starke Zunahme der Besucher aus Nachbarländern fest – »von 1980 bis 2010 von 168 000 auf fast 10,9 Millionen, was einem Anstieg von 15 auf 38 Prozent der Gesamteinreisen in die Türkei entspricht«.[8] Die belebten, geschäftigen Straßen, die Bazare und historischen Stätten Istanbuls, die Strandhotels der Ägäis und die Mittelmeer-Küstenorte, die Einkaufszentren in den Außenbezirken von Grenzstädten wie Gaziantep zogen einen steten Strom von Besuchern aus einem riesigen Umfeld an, das sich von Russland bis Syrien und von Bosnien-Herzegowina bis zum Iran erstreckte.

Obwohl sich letztlich die Hinwendung zur Nachbarschaft als Alternative zur EU-Mitgliedschaft herauskristallisierte, machte die türkische Politik große Anleihen bei der EU. Ankara schloss ein Netzwerk von bilateralen Freihandelsverträgen mit Nachbarländern im Nahen Osten und auf dem westlichen Balkan ab. Die Visumsanforderungen für eine ganze Reihe von Ländern wurden aufgehoben, darunter Syrien (2007), Jordanien (2009) und Libanon (2010). Manche Politiker warben auch für eine Art Zollunion, die »Shamgen Quartet« genannt wurde und eine regionale Antwort auf das Schengener Abkommen der EU sein sollte, von dem sowohl die Türkei als auch ihre Partner durch eine Visumsmauer ausgeschlossen geblieben waren.[9] Eine weitere Innovation waren die sogenannten Hochrangigen Kooperationsräte – gemeinsame Sitzungen von türkischen Ministern mit ihren Fachkollegen aus einem der Nachbarländer, von Griechenland bis zum Irak, und von den vier Schamgen-Ländern bis zu Russland und der Ukraine.

Doch es ging nicht nur um den wirtschaftlichen Gewinn: Die Nachbarschaftspolitik der Türkei war auch auf sicherheitspolitische Ziele gerichtet. Als die PKK 2004 ihre Feindseligkeiten wieder aufnahm, versuchte Ankara andere regionale Akteure in den Kampf gegen die militante Organisation einzubinden. Einer der wichtigsten Erfolge der 2000er-Jahre war die Annäherung an die Autonome Kurdische Regionalregierung im Nordirak. Parallel dazu schmiedete Ankara Verbindungen zur Zentralregierung in Bagdad, mit dem Ergebnis, dass der irakische Ministerpräsident Nouri al-Maliki im August 2007 die PKK zur terroristischen Organisation erklärte. Maliki folgte dabei dem Beispiel des iranischen Präsidenten Mohammad Chātami, der im Juli 2004 mit Erdoğan einen ähnlichen Deal vereinbart hatte. Die Implosion des Irak, die sich als Folge der US-amerikanischen Invasion von 2003 ereignete, stellte für die Türkei eine Herausforderung dar, da sie den Status des Rivalen Iran aufwertete und dem kurdischen Separatismus neuen Auftrieb verlieh. Doch letztendlich setzte die Türkei alles daran, die Neugestaltung der regionalen Ordnung, die auf den Krieg folgte, zum eigenen Vorteil zu nutzen.

DIE SCHLÜSSELROLLE DER TÜRKEI

Von Sicherheitsfragen und Wirtschaftsinteressen abgesehen, brachte die AKP auch ihre eigene ideologische Auffassung in die Debatte ein. Schon durch ihre Rhetorik unterschieden sich Erdoğan, Davutoğlu und die übrigen Politiker von ihren Amtsvorgängern. Aus ihrer Sicht verbanden das osmanische Erbe und die gemeinsame religiöse Identität die (sunnitischen) Muslime im ganzen Nahen Osten, in Nordafrika und auf dem Balkan zu einer einzigen großen Schicksalsgemeinschaft. Erdoğans »Balkonrede«, die er am Abend seiner zweiten Wiederwahl im Juni 2011 auf dem Balkon der AKP-Zentrale in Ankara hielt, illustriert die Denkweise, die dieser Politik zugrunde lag:

> Glaubt mir, heute hat Sarajewo genauso gesiegt wie Istanbul, Beirut ebenso wie Izmir, und Damaskus siegte genauso wie Ankara, Ramallah, Nablus, Jeniri, die Westbank, und Jerusalem ebenso wie Diyarbakır.[10]

Damit scharte er nicht nur die AKP-Basis hinter sich, sondern propagierte auch die Auffassung, dass das osmanische Erbe der Türkei auf der internationalen Bühne einen einzigartigen Vorteil verschaffe. Ibrahim Kalın, Erdoğans Chefberater, drückte das wortgewandt so aus: »Die weiche Macht der Türkei unterscheidet sich von der anderer Länder«, schrieb er. »In der größeren eurasischen Landmasse ist die osmanische Erfahrung der gemeinsame Nenner für Türken, Kurden, Bosnier, Albaner, Tscherkessen, Abchasen, Araber, Aseris, Kasachen, Kirgisen, Usbeken, Turkmenen und andere ethnische Gruppen, aber auch für armenische, griechische, jüdische und assyrische Gemeinschaften, die sie teilen und auf der sie gemeinsam weiter aufbauen.« Kalın bezeichnete die Vergangenheit (»historische Tiefe«) als Schlüssel zum »neuen geografischen Erscheinungsbild der Türkei und zu den neuen Möglichkeiten im globalen politischen System«.[11] Außenpolitik sei nicht einfach nur der Ausdruck nationaler Interessen, sondern beruhe auf Identität. Deshalb, so Kalın, spielten neben Regierungsvertretern und Diplomaten auch gesellschaftliche Gruppen und jeder Einzelne eine Rolle bei der Pflege der Beziehungen zu den Nachbarn.[12]

Nirgendwo ging der Ehrgeiz der Türkei so weit wie im Nahen Osten, eine Region, mit der sich die AKP von Natur aus verbunden fühlte. In den Worten von Philip Robins, einem der aufmerksamsten Beobachter der türkischen Außenpolitik, »projizierte sie sich als ein ›zentrales‹ Land in einem neuen internationalen Subsystem, das grob den Raum des östlichen Mittelmeers umfasst«.[13] Indem die Türkei ihre grenzüberschreitende Integration vorantrieb, zielte sie darauf ab, ihren Status als »zentrales Land« *(merkez ülke)* und regionale Führungsnation zu festigen. Davutoğlu selbst sprach von der Berufung des Landes, eine »ordnungsschaffende Kraft« *(düzen kurucu)* im Nahen Osten und in Nordafrika zu sein. Ihr Anliegen *(dava)* sei eine »Große Restauration« *(Büyük restorasyon)*.[14] Insbesondere sollten die Grenzen zum Irak und zu Syrien, die ein Ergebnis der Grenzziehungen durch die Kolonialmächte nach 1918 waren, durch Handel, Investitionen und zwischenmenschliche Begegnungen allmählich immer durchlässiger und letztendlich obsolet gemacht werden – genau wie es die EU in Europa getan hatte. Südlich gelegene Länder mit arabischen Mehrheiten wurden nicht mehr als Bedrohung oder gar als »Gegenstück« zur Türkei wahrgenommen, wie das die Säkularisten seit Generationen getan hatten, sondern als ein Weg zu größerem Einfluss und mehr Prestige in der Weltpolitik.

WIDERSPENSTIGE VERBÜNDETE

Die Ambitionen der Türkei brachten das Land in Konflikt mit den USA. In den frühen 1990er-Jahren, als Özal noch den Ton angegeben hatte, war die türkische Innenpolitik praktisch eine Erweiterung des westlichen Einflusses gewesen. Zwei Jahrzehnte später hatte sich die Türkei in ein Problem verwandelt. Die Bush-Administration sah sich einem Land gegenüber, das zunehmend geneigt schien, im Nahen Osten und in Zentralasien mit den Gegnern der USA zusammenzuarbeiten. Was war geschehen?

In den frühen Tagen der AKP war die Divergenz zwischen den USA und der Türkei keineswegs vorprogrammiert gewesen. Die Partei kam auf dem Höhepunkt des von den USA angeführten Kriegs gegen den Terror an die Macht. Die Bush-Administration begrüßte die moderate islamistische Partei, die in Ankara die Regierung übernommen hatte und dem Westen freundlich gesinnt schien. Im Gegensatz zu Erbakans Schmusekurs mit »Schurkenstaaten« wie Iran oder Libyen in den Jahren 1996–1997 glaubten die USA dieses Mal, sie könnten sich auf die Türkei als Partner verlassen. Ende 2002 hatte die Türkei bereits 1300 Soldaten in Afghanistan im Einsatz, und die ISAF (Internationale Sicherheitsunterstützungstruppe), die Mission der NATO in Afghanistan, stand unter dem Kommando eines Türken, Generalmajor Hilmi Zorlu. Und auch die Türkei geriet ins Fadenkreuz des dschihadistischen Terrorismus. Am 15. November 2003 fuhren zwei mit Sprengstoff beladene LKWs in zwei Synagogen in Istanbul. Fünf Tage danach sprengten sich Selbstmordattentäter vor dem britischen Konsulat und vor einer Zweigstelle der internationalen Bank HSBC in die Luft. Bei den Anschlägen, die Al-Qaida zugeschrieben wurden, kamen 57 Menschen ums Leben, und 300 wurden verwundet.

Vor dem Hintergrund der Anschläge vom 11. September 2001 und dem Krieg gegen den Terror griffen die Vereinigten Staaten die Vorstellung nur zu gern auf, dass die Türkei als Modell dienen könne, eben jene Idee, die schon Özal ein Jahrzehnt zuvor propagiert hatte. »[Die Bush-Administration] hat viel in den Erfolg der neuen türkischen Regierung investiert«, berichtete die *Financial Times* unter Berufung auf Quellen in Washington, D.C., »die sich anderen Ländern in der muslimischen Welt als Modell einer islamischen Regierung in einer säkularen Demokratie präsentiert.«[15] Auch Präsident Bush selbst stimmte mit dieser Sichtweise überein. Bei einem Vortrag in der Galatasaray-Universität anlässlich des NATO-Gipfels am 29. Juni 2004 erklärte er den Zuhörern: »Ihr Land mit seinen 150 Jahren demokratischer und sozialer Reformen stellt für andere ein Modell dar und dient Europa als Brücke zu einer größeren Welt.«[16]

Ungeachtet dieser Rhetorik erwiesen sich die Beziehungen zwischen Ankara und Washington auf der politischen Ebene als schwierig. Die Bush-Administration hoffte, die Türkei als Alliierten bei der Invasion des

Irak zu gewinnen. Wie schon 1991 konnte die amerikanische Air Force vom Stützpunkt İncirlik Einsätze und Luftangriffe fliegen und sogar eine Bodeninvasion von der Türkei aus einleiten. Die AKP stand dem im Großen und Ganzen wohlwollend gegenüber und war sogar bereit, sich damit gegen die öffentliche Meinung zu stellen. Für Gül, der damals Ministerpräsident war, und Erdoğan bot sich mit George W. Bushs Entschlossenheit, das Regime im Irak zu stürzen, eine Gelegenheit, die Beziehungen zu Amerika zu stärken und potenziell einen Punktgewinn im Kampf gegen das eigene Militär zu erzielen, das sich gegen die Intervention positioniert hatte und keineswegs begeistert davon war, die Türkei als muslimische Modellnation vorführen zu lassen. Am 1. März 2003 stimmte die Große Nationalversammlung nach fünfstündiger Debatte gegen eine Gesetzesvorlage der Regierung, die die Stationierung von 62 000 amerikanischen Soldaten in der Türkei vorgesehen hatte.[17] 72 Abgeordnete der AKP stimmten mit der Opposition gegen die Vorlage und 19 weitere enthielten sich. »Die AK-Regierung ist schwer erschüttert, AKP-Chef Erdoğan und Ministerpräsident Gül sind gedemütigt und die US-Türkei-Beziehungen sind schwer belastet«, meldete der amerikanische Botschafter Robert Pearson nach Washington.[18]

Später sollte Erdoğan die Rebellion bei der Abstimmung für sich reklamieren, um damit bei der antiamerikanischen Mehrheit in der Türkei und auch im Nahen Osten zu punkten.[19] Zur Zeit der Abstimmung befand er sich allerdings in einer recht komfortablen Lage. Formell war Erdoğan zwar Parteiführer, besaß aber kein Parlamentsmandat und war daher nicht berechtigt, das Amt das Ministerpräsidenten zu übernehmen, bis er schließlich am 9. März 2003 eine Nachwahl für sich entscheiden konnte. Das Verbot seiner politischen Betätigung, das 1998 verhängt worden war, kam ihm dabei zugute. Doch die Rebellion in den Rängen der AKP, die vom Sprecher der Partei, Bülent Arınç, und Ministerpräsident Gül angeführt wurde, wirkte damals wie eine Zurechtweisung Erdoğans. Er sei »gedemütigt« worden, wie es Botschafter Pearson ausgedrückt hatte.[20] Ex-Präsident Süleyman Demirel hielt es für reine Inkompetenz, den Antrag überhaupt im Parlament eingebracht zu haben,

wie er dem US-Botschafter erklärte: »Die Öffentlichkeit war zu neunzig
Prozent gegen den Krieg. Sie [die türkische Regierung] hätte Ihnen [den
USA] erklären müssen, dass sie keine Nordfront aufmachen könne, Sie
aber auf andere Weise unterstützen werde. Dann hätte sie den (gescheiterten) Antrag vom 1. März gar nicht erst im Parlament einbringen
müssen.«[21]

Die Invasion selbst, durch die der Staat Irak praktisch zerschlagen und
die Kurden gestärkt wurden, belastete die Beziehungen noch mehr. Der
türkische Generalstabschef Hilmi Özkök bezeichnete die Situation sogar
als »größte Vertrauenskrise zwischen den beiden Streitkräften«. Sein
Kommentar bezog sich auf einen Zwischenfall am 4. Juli 2003, als US-
Truppen türkische Soldaten in Sulaimaniyyah in der Autonomen Region
Kurdistan, also im Irak, gefangen nahmen und sie in Handschellen und
mit Kapuzen über den Köpfen zum Verhör nach Bagdad schafften. Bei
diesem Streit ging es im Grunde um den Status der türkischen Militäran-
gehörigen in dem Gebiet. Die Amerikaner verlangten, dass sie ihrem
Kommando unterstellt würden, während die Kurdenführer Masoud
Barzani und Dschalal Talabani eher den Abzug der Türken forderten. In
der Türkei befürchteten sowohl die Regierung als auch die Öffentlichkeit,
dass die Amerikaner gar keine Ahnung hätten, welche Gefahr von der
PKK ausging, und erhoben den Vorwurf, die Turkmenen im Nordirak
würden diskriminiert. In den Augen der Türken hatte die amerikanische
Politik versagt – nicht nur im Blick auf den inneren Zusammenhalt des
Irak, sondern auch hinsichtlich des Drucks auf den Iran – und regionale
Verwerfungen verursacht, die letztendlich dem türkischen Nationalinteresse schadeten. Ironischerweise sorgte dies für eine Aufwertung der
Islamischen Republik Iran. Die damalige Stimmung fasste der Türkei-
experte Soner Çağaptay in seiner Aussage vor dem US-Kongress wie folgt
zusammen:

Es ist eine Ironie, dass die Iraner immer dann die PKK-Lager bombardieren,
wenn das amerikanische Außenministerium die richtigen Dinge sagt und verspricht, dass wir gemeinsam mit den Türken die PKK bekämpfen und die Sicher-

heit wiederherstellen wollen. Und so liest man dann die Nachrichten in der türkischen Presse: Erste Seite, fette Schlagzeile, »Iran bombardiert PKK-Lager«; zwölfte Seite, einspaltig, »USA versprechen Unterstützung gegen die PKK«. In dieser Hinsicht geben die Iraner den Ton an und sorgen dafür, dass die Amerikaner wie reine Maulhelden dastehen. Und das ist ein riesiges Problem.[22]

Damit hatte Çağaptay nicht ganz unrecht. Laut einer 2006 durchgeführten Umfrage des Pew Research Center sahen nur 12 Prozent der Türken die USA in einem positiven Licht.[23] Diese Sichtweise wurde durch die bitteren Erinnerungen an den Zweiten Golfkrieg und vor allem an seine Folgen genährt, aber auch durch die fast allgemeine Ablehnung des Interventionismus der Bush-Regierung quer durch alle Bevölkerungsschichten der Türkei, von den islamistischen Konservativen über die eingefleischten Säkularisten bis hin zur liberalen Linken.

Doch Mitte der 2000er-Jahre trat nicht Erdoğan als heftigster Kritiker Amerikas auf, sondern seine innenpolitischen Rivalen. So traf sich beispielsweise Präsident Ahmet Necdet Sezer im April 2005 in Damaskus mit dem syrischen Präsidenten Baschar al-Assad. Und Eric Edelman, der amerikanische Botschafter in Ankara, rief die Türken auf, sich hinter die Forderung des Westens nach einem Rückzug Syriens aus dem Libanon zu stellen.[24] Doch Sezer ignorierte die ablehnende Haltung der Amerikaner. In den Streitkräften und bei der nationalistischen *(ulusalcı)* Linken blühte der Antiamerikanismus wieder auf. Im März 2002, als sich Bülent Ecevit noch immer an der Macht befand, sprach sich der Generalsekretär des Nationalen Sicherheitsrates, Tuncay Kılınc, dafür aus, dass die Türkei Bündnisse mit Russland und dem Iran anstreben solle.[25] Das forderte er vor einem Symposium, das von den (damaligen) Türkischen Kriegsakademien veranstaltet wurde und bei dem auch die ehemaligen Präsidenten Kenan Evren und Süleyman Demirel anwesend waren. »Die EU wird uns nicht als Mitglied aufnehmen«, behauptete Kılınc. Derartige Ansichten kamen auch bei den führenden Militärs gut an.[26] Fünf Jahre später rief der Ex-General bei einer Versammlung der Atatürkistischen Gedankenvereinigung ADD *(Atatürkçü Düşünce Derneği)* sogar dazu auf, die Türkei solle aus der NATO austreten, eine Auffassung, die bei pensionierten Offizieren wie ihm sehr populär war.[27] Zu diesem Zeitpunkt galt er als eines der bekanntesten Gesichter des türkischen Eurasianismus. Diese Doktrin, die in der Zwischenkriegszeit von russischen Emigranten entwickelt und in den 1990er-Jahren von dem ultranationalistischen russischen Politiker Alexander Dugin populär gemacht worden war, postulierte, dass Russland und seine Brudernationen in Eurasien (gemeint ist Zentralasien) eine einzigartige Zivilisation bildeten, deren Mission es sei, der »mondialistischen« Botschaft des Westens die Stirn zu bieten. Der von Doğu Perinçek geführten Arbeiterpartei war es zuzuschreiben, dass sich Dugins Gedanken auch in der Türkei ausbreiteten. Der Ex-Maoist[28] Perinçek trat damals als einer der Hauptverfechter eines kompromisslosen Säkularismus auf.[29] Obwohl er und Erdoğan in den 2000er-Jahren erbitterte Gegner waren, fanden sie sich schließlich doch im selben Lager wieder.

Die AKP-Regierung empfand zwar keine große Nähe zu Russland, verfolgte aber mit Skepsis die Maßnahmen der Bush-Administration im Schwarzen Meer, die den Kreml herausforderten. Nachdem sich die NATO auf Bulgarien und Rumänien erweitert hatte (eine Entscheidung, die von Ankara begrüßt wurde), war die Allianz nun mit Forderungen konfrontiert, auch andere von prowestlichen Regierungen geführte Länder wie die Ukraine und Georgien aufzunehmen, in denen gerade erst sogenannte »Farbrevolutionen« (2003 beziehungsweise 2004–2005) stattgefunden hatten. Andererseits stand die türkische Regierung einer Aufwertung der Rolle der NATO in der maritimen Sicherheitsstrategie im Schwarzen Meer ablehnend gegenüber und setzte sich stattdessen für eine strikte Einhaltung der Montreux-Konvention von 1936 ein, die der Türkei die volle Souveränität über den Bosporus zurückgegeben hatte und unter anderem auch den Verkehr von Kriegsschiffen aus Ländern regelte, die nicht Anrainerstaaten waren. Auf diese Weise versuchte man, Streitigkeiten mit Russland zu vermeiden und gleichzeitig das russisch-türkische Kondominium im Schwarzen Meer aufrechtzuerhalten. Zu diesem Zweck investierte Ankara in regionale Initiativen wie BLACKSEAFOR, die darauf ausgelegt waren, die Vereinigten Staaten auf Distanz zu halten.[30] Zu den Albtraumszenarien der Türkei gehörte ein von der Bush-Administration provozierter direkter Konflikt mit den Russen, in dem dann die Türkei alleingelassen würde und sich selbst verteidigen müsste.[31]

Der Entscheidung Ankaras, sich von den USA zu distanzieren und sich stärker Russland und dem Iran zuzuwenden, lag daher ein ordentliches Maß an Realpolitik zugrunde. Obwohl beide Staaten den Westen herausforderten, stellten sie für die Türkei keine wesentliche Bedrohung dar. An dieser Einschätzung änderte auch das iranische Atomprogramm nichts, das 2002 ins Rampenlicht der Öffentlichkeit gerückt wurde. Wie ein amerikanischer außenpolitischer Beobachter erklärte, »gibt es angesichts des zwischen ihnen herrschenden Niveaus an Kooperation nur wenige Gründe, warum der Iran die Türkei angreifen sollte. Ein Risiko für die Türkei würde sich wahrscheinlich eher ergeben, wenn es zu einer Konfrontation der USA und Israels mit dem Iran käme«.[32] In ähnlicher Weise wurde auch Moskau zu einem wichtigen Wirtschaftspartner, als die Blue-Stream-Pipeline 2005 in Betrieb ging und der Energiehandel boomte. Im Gegensatz zur Sowjetunion auf dem Höhepunkt des Kalten Krieges stellte Putins Russland keine existenzielle Bedrohung mehr dar.

DIE TÜRKEI IM NAHEN OSTEN

Der Nahe Osten wurde zur wichtigsten Bühne der neuen Außenpolitik der Türkei, die darauf abzielte, ihr die Position als regionale Führungsmacht zu sichern.

Israel-Palästina

Ungeachtet ihrer islamistischen Wurzeln hielt die AKP im Verhältnis zu Israel anfänglich an der konventionellen westlichen Politik fest. Die Türkei genoss ein positives Ansehen: Sie war der einzige Staat mit muslimischer Mehrheit, der bereits 1949 den Staat Israel anerkannt hatte;[33] aufgrund eines 1996 unterzeichneten Abkommens trat sie außerdem als Sicherheitspartner auf. Erdoğan nutzte diese Position, als er Israel im Mai 2005 einen Besuch abstattete und in der Holocaust-Gedenkstätte Yad Vashem in Jerusalem einen Kranz niederlegte. Und im November 2007 hielt der israelische Präsident Shimon Peres eine Ansprache in der Großen Nationalversammlung in Ankara. Und das tat dann auch Mahmud Abbas, der Präsident der Palästinensischen Autonomiebehörde, wodurch die Glaubwürdigkeit der Türkei als ehrlicher Makler bestärkt wurde. In der türkischen Hauptstadt unterzeichneten Peres und Abbas eine Übereinkunft für eine von der Türkei finanzierte Industrieanlage in Gaza. Zu diesem Zeitpunkt konnte Erdoğan auf Verbindungen zu allen Parteien in dem Konflikt verweisen: nicht nur zu Israel und zur Fatah-Bewegung, sondern auch zu deren erbittertem Rivalen, der Hamas.

Die Beziehungen der AKP zur radikal-islamistischen Hamas, einem Ableger der Muslimbruderschaft, lenkten die türkische Politik in eine neue Richtung. Der Besuch des Führers der palästinensischen Hamas, Chalid Maschal, im Februar 2006 rief einen Aufschrei der Empörung sowohl in Israel als auch in den Vereinigten Staaten hervor, die wie viele europäische Länder die Hamas als terroristische Organisation einstuften. Aber Erdoğan blieb seiner Linie treu und entgegnete, dass die Hamas einen Monat zuvor die palästinensische Parlamentswahl fair und korrekt gewonnen habe. Aber auch gegenüber Israel trug er überzeugende Argumente vor. Die Türkei könne als Vermittlerin zur Hamas dienen. So vermittelte die türkische Regierung bei den Verhandlungen über die Freilassung von Gilad Schalit, einem israelischen Soldaten, der im Juli 2006 von palästinensischen Militanten gefangen genommen worden war.[34] Israels Präsident Peres bedankte sich bei Erdoğan persönlich, als Schalit Ende 2011 freigelassen wurde, so dass für eine gewisse Zeit die Spannungen zu Ankara in den Hintergrund gedrängt wurden.[35]

Erdoğan wollte auch die Freundschaft der Türkei mit Damaskus für die Beziehungen zu Israel nutzen. Mitte der 2000er-Jahre vermittelte Ankara in syrisch-israelischen Geheimgesprächen, bei denen die Aussichten für einen (Teil-)Rückzug von den Golanhöhen, die Israel seit 1967 besetzt hielt, als Gegenleistung für einen formellen Friedensvertrag ausgelotet werden sollten. Ein solcher Deal würde etwa die gleiche Bedeutung haben wie das Camp-David-Abkommen zwischen Israel und Ägypten, bei dem die damalige Carter-Administration Geburtshilfe geleistet hatten. Die indirekten Gespräche wurden im Mai 2008 öffentlich bekannt, nachdem Delegationen aus beiden Ländern Istanbul besucht hatte.[36] Sowohl Israel als auch das syrische Regime begrüßten die Bemühungen der Türkei. Baschar al-Assad war daran interessiert, die internationale Isolation zu durchbrechen, die seit der Ermordung des libanesischen Ministerpräsidenten Rafik Hariri im Jahr 2005, die syrischen Agenten zugeschrieben wurde, gegen sein Regime wirksam war. Die Türken hatten praktisch bei allem ein Wort mitzureden. Als der französische Präsident Nicolas Sarkozy mit seinem Besuch in Damaskus im September 2008 einen entscheidenden Meilenstein setzte, eilte auch Erdoğan nach Damaskus, ebenso sein Verbündeter Hamad bin Khalifa Al Thani, der Emir von Katar. Die Türkei trat gegenüber dem Westen nicht nur als Advokat Syriens auf, sondern auch als Wirtschaftspartner, wobei sie von dem Freihandelsabkommen von 2007 profitierte. Im April 2009 führten die beiden Streitkräfte eine gemeinsame Militärübung durch, etwas, das sich noch vor einem Jahrzehnt kaum jemand hätte vorstellen können.[37]

Am 22. Dezember 2008 reiste der israelische Ministerpräsident Ehud Olmert nach Ankara in der Hoffnung, über die Golanhöhen ein Abkommen schließen zu können. Obwohl sich der syrische Außenminister Walid al-Muallim bei den direkten Verhandlungen nicht blicken ließ, lassen Berichte vermuten, dass die beiden Seiten dem Ziel sehr nahe gekommen waren.[38] Doch fünf Tage danach griff Israels Armee den Gaza-Streifen an (Operation »Cast Lead«), ohne die Türkei, türkischen Regierungsvertretern zufolge, vorab darüber in Kenntnis gesetzt zu haben.[39] Daraufhin kam es beim Weltwirtschaftsforum in Davos im Januar 2009 zu einem heftigen Streit zwischen Erdoğan und Präsident Schimon Peres. »Nicht einmal mit einem Stammesführer darf man so laut und vor der internationalen Gemeinschaft reden, geschweige denn mit dem Führer der Republik Türkei«, schimpfte Erdoğan und stürmte vom Podium, ein Verhalten, das ihn augenblicklich zum Helden der arabischen Welt machte. Die Rückkehr Benjamin Netanjahus von der Likud-Partei als Ministerpräsident im Frühjahr 2009 besiegelte das Schicksal des »Friedensprozesses« und machte Ankaras Vermittlungsrolle irrelevant. Die *Mavi Marmara*-Krise im Mai 2010, als israelische Kommandos ein türkisches Schiff enterten,[40] das zum blockierten Gaza-Streifen unterwegs war, und dabei neun der an Bord befindlichen Aktivisten töteten, versetzte der türkisch-israelischen Partnerschaft den finalen Schlag. Erdoğan warf Israel »Staatsterrorismus« vor, setzte die militärische Zusammenarbeit aus und verwies schließlich im September 2010 den israelischen Botschafter des Landes.[41]

Nach Davos und dem *Mavi Marmara*-Zwischenfall konnte sich Erdoğan im Glanz eines neu entdeckten Helden der einfachen Menschen auf der Straße sonnen. Die Bewunderung der Araber für den »Eroberer von Davos« war gepaart mit der Verachtung, die sie für ihre eigenen Politiker empfanden, die mit den Israelis gemeinsame Sache machten. Um alles noch schlimmer zu machen, mischte sich Israel nun auch noch in die inneren Querelen der Türkei ein. Die Gülen-Bewegung, die sich für einen interreligiösen Dialog einsetzte, hatte sich auch für gute Beziehungen zu Israel ausgesprochen. Die Säuberungen in der Gemeinschaft *(cemaat)* nach 2013 und der fehlgeschlagene Putsch von 2016 verschafften den regierungsnahen Medien die Lizenz, ihren Antisemitismus nun noch zu intensivieren. Das überschattete 2015 die Wiederaufnahme voller diplomatischer Beziehungen, für die sich die Obama-Administration sehr nachdrücklich eingesetzt hatte.[42] In nicht einmal einem Jahrzehnt hatte sich die Türkei von einem Freund Israels in einen scharfen Kritiker, wenn nicht sogar in einen Gegner verwandelt.

Irak

Nach der Invasion im Jahr 2003 erwies sich der Irak für die Türkei als fruchtbarer Boden. Unmittelbar nach dem Einmarsch der von den USA angeführten »Koalition der Willigen« gab die Situation jenseits der Grenze Anlass zur Sorge. Aufmerksam beobachteten Regierung und Streitkräfte der Türkei die Implosion des irakischen Staates, den Ausbruch sektiererischer Konflikte und ganz besonders das Erstarken des kurdischen Nationalismus. Der neu gewonnene Autonomiestatus der Kurdischen Regionalregierung (KRG) schürte die Furcht Ankaras vor einem kurdischen Staat, der sich in eine irredentistische Brutstätte verwandeln könnte, zumal sich die PKK bereits in den Kandil-Bergen festgesetzt hatte. Tatsächlich fassten irakische Kurden schon jetzt die Stadt Kirkuk als zukünftige Hauptstadt ins Auge, was führende lokale Turkmenen zu einem Hilfsersuchen an die Türkei veranlasste. Wie schon 1991 unterbrach die US-amerikanische Invasion den irakischen Öltransport durch die Türkei und rief das Gespenst eines größeren Flüchtlingsstroms herauf. Besorgnis erregte auch der Statusgewinn der schiitischen Glaubensgemeinschaft in der irakischen Politik nach Saddams Herrschaftsende, der mit dem zunehmenden Einfluss des Iran im Irak einherging.

Ein positiver Aspekt des Sturzes Saddams war, dass die Sanktionen und Embargos aufgehoben werden konnten und die Wiedereingliederung des Irak in die regionale und globale Wirtschaft unterstützt wurde. Die Türkei wurde zu einem der Hauptnutznießer des nun beginnenden Wiederaufbaus. Die US-Streitkräfte nahmen in großem Umfang türkische Waren und Dienstleistungen auf. Einer Schätzung zufolge gingen 40 Prozent der Exporte aus dem Industrieknotenpunkt Gaziantep an die Amerikaner.[43] Der Irak selbst wurde dank der amerikanischen Besatzung in den 2010er-Jahren der wichtigste Exportmarkt der Türkei, wobei die Kurdische Regionalregierung im Irak den Löwenanteil aufnahm. Türkische Auftragnehmer profitierten vom Wiederaufbau im Norden des Irak, wo sie neue Flughafenterminals in Erbil und Sulaimaniyyah, eine Universität und Einkaufszentren bauten. Die große Mehrheit der in der kurdischen Region aktiven ausländischen Unternehmen stammte aus der Türkei. Die kurdische Autonomieregion begann in den 2010er-Jahren, über türkisches Gebiet Erdöl auf die Weltmärkte zu exportieren.[44]

Ankara sah in der Kurdischen Autonomen Regionalregierung einen Verbündeten gegen die PKK. Während das türkische Militär Massud Barsani, dem Präsidenten der Autonomen Region Kurdistan im Nordirak, misstraute und ihm sowie seinem Rivalen Dschalal Talabani vorwarf, mit der PKK unter einer Decke zu stecken, verfolgte die AKP einen stärker differenzierenden Ansatz, der an Turgut Özals Annäherung an die Eliten im Nordirak in den 1990er-Jahren erinnerte. Und die Partnerschaft funktionierte. Anfang 2008 befürworteten Barsani und Talabani eine grenzüberschreitende Operation der türkischen Armee gegen die PKK. Gleichzeitig gingen auch Erdoğans Bemühungen, die ökonomischen und politischen Bindungen zur KRG zu stärken, Hand in Hand mit den Geheimverhandlungen mit der PKK, die dann 2009 in der »kurdischen Öffnung« gipfelten.[45]

Ankaras Ambitionen im Hinblick auf den Irak nahmen im Laufe der Zeit zu. Bei den irakischen Parlamentswahlen 2010 förderte die Türkei die auch von Sunniten unterstützte Irakische Nationalbewegung (auch *Irakija* genannt), die von Iyad Allawi geführt wurde, einem ehemaligen Ministerpräsidenten und Schiiten. Doch obwohl Irakija 91 Sitze errang und somit stärkste Kraft im Parlament wurde, ging das Amt des Ministerpräsidenten an Allawis Rivalen Nuri al-Maliki. Kurdische Parteien traten als Königsmacher auf und überließen al-Maliki das Amt als Gegenleistung für die Zusicherung, dass sich die KRG auch in die umstrittenen Regionen ausdehnen dürfe. Für die Türkei bedeutete das einen doppelten Rückschlag: Zum einen verdrängte al-Maliki, der vom Iran unterstützt wurde, die Verbündeten der Türkei, darunter auch Vizepräsident Tariq al-Haschimi, der 2012 in Ankara Schutz suchte. Und zum anderen bekamen die irakischen Kurden eine Gelegenheit, ihre territoriale Kontrolle auszuweiten, auch auf einige Gebiete, die von Turkmenen besiedelt waren. Der Türkei fiel es schwer, den eigenen ökonomischen Fußabdruck und ihre lokalen Netzwerke in konkreten politischen Einfluss umzumünzen, eine Lektion, die Ankara beim Arabischen Frühling in Syrien noch einmal aufs Neue lernen musste.

Iran

In den 2000er-Jahren knüpfte die Türkei engere Beziehungen zum Iran, sehr zum Leidwesen der Regierung Bush. Die Richtung wurde durch das 23-Milliarden-Dollar-Lieferabkommen für iranisches Erdgas vorgegeben, das Erbakan 1996 mit dem Iran abgeschlossen hatte. Nun sorgte Erdoğan für das Zustandekommen eines neuen Vertrags mit der Islamischen Republik, der es der Turkish Petroleum Corporation (TPAO) ermöglichte, im South-Pars-Gasfeld weitere Lagerstätten zu erschließen.[46] Und mit einem weiteren Deal, den er im Februar 2007 abschloss, sicherte er sich Teherans Zustimmung zum geplanten Transport von turkmenischem Gas nach Europa durch das iranische Territorium. Damit kam er den Ambitionen seiner Regierung wieder einen großen Schritt näher, die Türkei als Transitkorridor zu etablieren. Da die iranischen Gaslieferungen häufig durch Handelsstreitigkeiten unterbrochen wurden, sicherten die Türken damit die eigenen Interessen. Im Juli 2004 nutzte Erdoğan seinen ersten Besuch in der Islamischen Republik, die Preise herunterzuhandeln, wobei er die unmittelbar bevorstehende Eröffnung der Blue-Stream-Pipeline als Druckmittel nutzte.[47]

Auch der Kampf gegen den kurdischen Separatismus brachte Ankara und Teheran näher zusammen. Teheran hatte die PKK in der Vergangenheit unterstützt, sah sich nun aber mit ihrer Schwesterorganisation, der Partei für ein Freies Leben in Kurdistan (Partiya Jiyana Azad a Kurdistanê, PJAK), konfrontiert, die von den Kandil-Bergen im Norden des Irak aus operierte.[48] Im Gegenzug verpflichtete sich die Türkei dazu, die Volksmudschahedin (Modschahedin-e Chalgh-e Iran, MKO), eine militante iranische Oppositionsbewegung, auf dem türkischen Territorium auszulöschen. Türkische und iranische Militäreinheiten führten gemeinsame Operationen in den Kandil-Bergen durch. Doch genau wie sein

Verbündeter Syrien kappte auch der Iran seine Verbindungen zur PKK niemals vollständig. Das nährte auf Seiten der türkischen Politik den Verdacht, Teheran wolle die kurdische Trumpfkarte in der Hinterhand halten, um sie irgendwann als Druckmittel gegen Ankara einsetzen zu können. Daher erregte es Aufsehen, als die Iraner im August 2011 Murat Karayılan, den Vorsitzenden des Exekutivrats der Dachorganisation der PKK, gefangen nahmen, aber bald wieder freiließen und anschließend einen Waffenstillstand mit der PJAK vereinbarten.[49]

Der Iran und die Türkei wetteiferten weiterhin um Einfluss im Irak und, allerdings weniger offen, auch in Syrien. Inoffiziell verkauften die türkischen Politiker ihre Nachbarschaftsstrategie dem skeptischen Westen als probates Mittel, um das Regime in Damaskus vom Iran zu entwöhnen.[50] Aber die Türkei wollte auch auf Nummer sicher gehen. Beim NATO-Gipfeltreffen in Lissabon 2010 stimmte sie zu, sich der von den USA vorgeschlagenen Initiative für einen neuen Raketenschutzschild anzuschließen, der gegen den Iran und Russland gerichtet war. Zwei Jahre danach wurde ein Frühwarn-Radarsystem auf der Radarstation Kürecik in der türkischen Provinz Malatya installiert, die früher als Außenposten für die Überwachung des sowjetischen Luftraums gedient hatte. Das System befindet sich im Besitz der US Army und wird auch von ihr betrieben. Während die Türkei die sogenannten P5+1-Gespräche (die fünf ständigen Mitglieder des UN-Sicherheitsrates plus Deutschland) über das umstrittene iranische Atomprogramm unterstützte, investierte sie damit zugleich in eine Art Versicherungspolice, um sich gegen Teheran abzusichern.

Das iranische Regime hatte allen Grund, sich über die Ausweitung des kulturellen Einflusses der Türkei zu sorgen. Reisen nach Istanbul und zu den Ferienorten an den türkischen Küsten öffneten gebildeten Iranern aus den Mittelschichten die Augen, die sich zu Hause nach mehr Freiheit sehnten. Dieselbe Wirkung hatten türkische Fernsehserien auf viele Iraner, die sich solche Reisen nicht leisten konnten. Die Türkei galt als Beispiel, wie der Iran unter einem offeneren politischen System und mit freundlicheren Beziehungen zum Westen hätte sein können. (Das galt

natürlich nicht nur für die Iraner, sondern auch für die Araber.) Zu die-
sen Iranern zählte auch Neda Agha-Soltan. Sie wurde von der Basidsch-e
Mostaz'afin erschossen, einer inoffiziellen paramilitärischen Miliz des
Iran, die organisatorisch zur Iranischen Revolutionsgarde gehört. Im
Sommer 2009 wurde Neda zum Symbol oppositioneller Proteste, die sich
gegen die umstrittene Präsidentschaftswahl richteten (»Grüne Bewe-
gung«). Neda hatte während eines Urlaubs in der Türkei ihren Freund
Caspian Makan kennengelernt. Das Paar hatte geplant, sich Ende Juni in
Istanbul wieder zu treffen, was aber durch den tödlichen Schuss eines
Snipers verhindert wurde. Neda hatte Caspian erzählt, sie träume davon,
einen Job in der Türkei zu finden.[51] Doch die offizielle Türkei hatte nicht
viel gemein mit dem Land, von dem die iranische Jugend träumte.
Erdoğan hatte die Wiederwahl des islamisch-fundamentalistischen Poli-
tikers Mahmud Ahmadineschād zum Präsidenten anerkannt und damit
signalisiert, dass Ankara an einem Regimewechsel im Iran kein Interesse
hatte.

Durch die gesamten 2000er-Jahre verfolgten die Vereinigten Staaten
das Engagement der Türkei im Iran und in Syrien mit Besorgnis, und das
galt auch für den türkischen Umgang mit der Hamas. Schon im Jahr
2003 erklärte der Kongressabgeordnete Robert Wexler, Co-Vorsitzender
der Friendship Group with Turkey: »Ich muss sagen, wir waren scho-
ckiert über den Dialog der Türkei mit Syrien und dem Iran. Wir fragten
uns, ob die Türkei eine neue Achse suchte.«[52] Aber es gab auch andere
Stimmen im Pentagon, im Außenministerium und in den Thinktanks,
die die Bedeutung der Türkei für die US-Politik in der Region hervorho-
ben. Auch Barack Obamas Charmeoffensive während eines vielbeachteten zweitägigen Besuchs in der Türkei im April 2009, den er nach seiner
Amtseinführung im Rahmen einer Rundreise durch Europa und den
Nahen Osten absolvierte, hinterließ Eindruck. In einer Rede vor der Großen Nationalversammlung berief sich Obama auf das muslimische Erbe
seines verstorbenen Vaters und rief dazu auf, nach den Gemeinsamkeiten
zwischen dem Westen und der Welt des Islam (für die die Türkei der er-
wählte Repräsentant sei) zu suchen.[53] Nach Auffassung der AKP fand der

US-Präsident mit seiner Rede genau die richtigen Worte. Dennoch führte der Besuch nicht dazu, dass die Uhr zurückgedreht wurde. Der *Mavi Marmara*-Zwischenfall schien vielmehr das Narrativ zu bestätigen, wonach die Türkei die Achse seiner außenpolitischen Beziehungen zu »Schurkenstaaten« wie dem Iran verschieben wolle.

Die Reaktion der Europäer fiel da ein wenig differenzierter aus. Frankreich und Deutschland lehnten eine Intervention im Irak ab; stattdessen favorisierten sie wie die Türkei und im Gegensatz zu den Hitzköpfen in der Bush-Administration Verhandlungen mit dem Iran über dessen Atomprogramm. Gemeinsam mit Frankreich und Deutschland leistete die Türkei einen Beitrag zur Beobachtermission der Vereinten Nationen im Libanon (UNIFIL) nach dem Krieg von 2006 zwischen Israel und der Hisbollah. Die Entscheidung, sich mit 1000 türkischen Blauhelmen an der Mission zu beteiligen, ging direkt auf Erdoğans Konto, der dafür allerdings von Präsident Sezer kritisiert wurde (»Es ist nicht die Aufgabe der Türkei, die Interessen anderer Nationen zu schützen«).[54] Einerseits war die Hinwendung Ankaras zum Nahen Osten der Beweis für das Scheitern der EU-Integration des Landes; andererseits konnten die Türkei und die Europäer in Fragen der Sicherheit im Nahen Osten zusammenarbeiten, eine Vorstellung, die in Paris, London und Berlin gut ankam.

DIE TÜRKISCH-RUSSISCHE ENTENTE

Die Annäherung an Russland war ein weiteres großes Thema der Türkei in den 2000er-Jahren, auch wenn es von den Beziehungen zur EU und zum Nahen Osten überschattet wurde. Obwohl der Grundstein dazu schon in den späten 1990er-Jahren gelegt worden war, blühte die Beziehung zu Russland erst unter der AKP-Regierung richtig auf. Haupttriebkraft war der Handel. Im Jahr 2005 wurde die Blue-Stream-Pipeline freigeschaltet, die in den folgenden Jahren die Türkei nach Deutschland

zum zweitgrößten Abnehmer für russisches Erdgas machte. Dank des
Gashandels wurde Russland für die Türkei zur wichtigsten Importnation.
Blue Stream war eine dreiseitige Partnerschaft zwischen der russischen
Gazprom, der staatlichen türkischen BOTAŞ und dem italienischen
Energieriesen ENI. Bei der offiziellen Eröffnung der Pipeline in der
Schwarzmeerstadt Samsun am 17. November 2005 standen Erdoğan, der
russische Präsident Wladimir Putin und der italienische Ministerpräsident Silvio Berlusconi Seite an Seite. Für Moskau war die neue Pipeline
ein großer Coup. Sie symbolisierte die Neuerfindung Russlands, das aus
dem Schatten der einst allmächtigen Sowjetunion heraustrat, die end-
losen Krisen und die Erniedrigung durch den Westen hinter sich ließ und
nun seine Präsenz als Energie-Supermacht auf die lukrativen ausländischen Märkte ausdehnte. »Die Eröffnung [von Blue Stream] ist ein weiterer Schritt zur Schaffung eines einheitlichen Energiesystems in Europa«, erklärte Putin und hob die Aussichten für die Türkei hervor, zur
»Energiebrücke zwischen Ost und West« zu werden.[55] Der russische
Staatschef warb insbesondere für die Erweiterung der Pipeline nach Westen auf den Balkan und nach Italien, Letzteres ein weiterer Großkunde,
oder nach Süden mit Israel als Endpunkt.[56] ENI und auch Berlusconi
sonnten sich im Ruhm, dieses schwierige Pipelineprojekt durchgesetzt zu
haben – Röhren, die in einer Tiefe von 2200 Metern und über eine Distanz von 396 Kilometern hatten verlegt werden müssen. Italien, das stets
als Befürworter der EU-Bestrebungen der Türkei aufgetreten war, beanspruchte seinen Anteil an der dynamischen Wirtschaft, die hier am
Rande Europas entstand.

Gleichzeitig verhandelte die Türkei auch mit der Europäischen Kommission und führenden Öl- und Gaskonzernen wie der österreichischen
OMV über die Nabucco-Pipeline, die Erdgas von Aserbaidschan und
möglicherweise weiteren Lieferanten wie Irak, Iran und Turkmenistan
nach Österreich leiten sollte. Ankara war damit in der Lage, zwischen
einer Erweiterung von Blue Stream (Putins Option) und der von der EU
und den USA favorisierten Alternative, dem Südlichen Gaskorridor,
wählen zu können. In beiden Fällen würde die Türkei zum Transitland

und könnte von den wirtschaftlichen und geopolitischen Vorteilen profitieren. Unter anderem ermöglichte die Partnerschaft mit Russland dem
Gastransporteur BOTAŞ, seine im Blue-Stream-Abkommen festgelegte
Verpflichtung zur Abnahme des gesamten Gasvolumens nicht einhalten
zu müssen – ein heikles Thema, das die Eröffnung der Pipeline verzögert
hatte. Die Russen kamen der Türkei auch in anderer Hinsicht entgegen.
Sie öffneten die Türen noch weiter für türkische Baufirmen, die schon
seit den 1990er-Jahren in der ganzen ehemaligen Sowjetunion und später
in der Russischen Föderation Fuß gefasst hatten. Und 2011 warb Gazprom in Ankara erfolgreich um die Genehmigung, die Ausschließliche
Wirtschaftszone der Türkei im Schwarzen Meer für South Stream nutzen
zu dürfen, jene Pipeline, die Russland Mitte der 2000er-Jahre als Gas-
exportroute nach Europa vorgeschlagen hatte.

Die Erdgasdiplomatie zeigte, dass die russisch-türkische Partnerschaft
ihre Wurzeln in der Geopolitik hatte. Blue Stream und später auch South
Stream waren von der russischen Regierung und Gazprom eigens entworfen worden, um die Ukraine zu umgehen, die sich seit der Orangenen
Revolution 2004–2005 stark dem Westen zuneigte. Sowohl Russland
unter Putin als auch die Türkei hegten Vorbehalte gegenüber dem US-
amerikanischen Unilateralismus. In seiner häufig zitierten Rede vor der
Münchener Sicherheitskonferenz 2007 schimpfte Putin über die von der
Bush-Administration entwickelte Doktrin des Regimewandels durch Intervention und verknüpfte den Krieg im Irak und die Farbenrevolutio-
nen in Georgien und in der Ukraine zu einem geschlossenen Narrativ. Zu
diesem Zeitpunkt standen Erdoğan und allgemein die Entscheidungsträger in Ankara der amerikanischen Politik im postsowjetischen Raum
zunehmend kritisch gegenüber. Ankara legte sein Veto gegen den Versuch ein, der NATO eine wichtigere Rolle in der Schifffahrtssicherheit
im Schwarzen Meer einzuräumen, stimmte jedoch formell der Erweiterung des Bündnisses auf einige ehemals sowjetische Staaten zu. Doch die
Sache hatte auch noch eine EU-Dimension. Sowohl Russland als auch
die Türkei hatten ein ähnliches Problem: Beide waren tief in die europäische Wirtschaft eingebunden, wurden aber dennoch aus den europä-

ischen Institutionen herausgehalten und oft als »der Andere« porträtiert. Sie hätten sich deshalb zu einer »Achse der Ausgeschlossenen« zusammengefunden, wie Fiona Hill und Ömer Taşpınar in einem provokativen Aufsatz argumentierten.[57]

Russland und die Türkei hatten die meisten ihrer früheren gegenseitigen Bedenken aus dem Weg geräumt. Jetzt war es der Westen, nicht Moskau, der von Ankara als Schutzmacht der PKK angesehen wurde. Putins Regime, das in Tschetschenien gesiegt hatte, sah in der Türkei keinen Unruhestifter unter den Muslimen im Nordkaukasus, in Tatarstan und so weiter. Kurz und gut, beide akzeptierten die andere Nation als einen Status-quo-Mitspieler mit sich (teilweise) deckenden Interessen. Hinzu kam, dass Putin in manchen Sektionen der türkischen Gesellschaft hohe Wertschätzung genoss; Şenkal Atasagun, der Direktor des türkischen Nachrichtendienstes MİT, soll schon frühzeitig einer seiner Bewunderer gewesen sein.[58] »Ein Kemalist im Kreml«, begeisterte sich die Tageszeitung *Hürriyet*, als der russische Präsident zu einem Staatsbesuch in die Türkei kam, ein bis dahin einmaliger Besuch.[59]

Die aufblühenden Beziehungen zwischen Moskau und Ankara erregten zwar viel Aufmerksamkeit bei Diplomaten, Experten und Akademikern, aber die breite Öffentlichkeit nahm erst 2008 während des Krieges in Georgien davon Kenntnis. Durch den Krieg geriet Erdoğan in eine Zwickmühle. Georgien war seit seiner Unabhängigkeit ein Freund und Partner gewesen, einer der nur zwei unmittelbar benachbarten Staaten, mit denen die Türkei in den 1990er-Jahren gut ausgekommen war (was außer Georgien nur für Bulgarien zutraf). Außerdem verliefen zwei Pipelines über georgisches Gebiet: eine Sektion der Baku-Tiflis-Ceyhan-Pipeline (BTC), durch die Öl aus Aserbaidschan zu einem Terminal an der türkischen Mittelmeerküste geleitet wurde, und die Baku-Tiflis-Erzurum-Gaspipeline (BTE).[60] Beide Pipelines gingen auf die Kooperation der Türkei mit den Vereinigten Staaten zurück, durch die sowohl die Clinton- als auch die Bush-Administration versucht hatten, die Produzentenländer am Kaspischen Meer und in Zentralasien mit den westlichen Märkten zu verbinden. Aber es konnte auch nicht im türkischen

Interesse liegen, Russland zu einer direkten militärischen Kollision zu provozieren, die nur allzu leicht außer Kontrolle geraten konnte. Daher entschloss sich Erdoğan, Moskau entgegenzukommen. Seine Regierung verzögerte die Durchfahrt zweier amerikanischer Hospitalschiffe, der USNS *Comfort* und der USNS *Mercy*, durch den Bosporus ins Schwarze Meer. Die Entscheidung rief große Verärgerung hervor. Es war das erste Mal, fast zwei Jahre vor dem *Mavi Marmara*-Zwischenfall, dass dem Wort vom Achsenwechsel der Türkei in Washington, D.C. nun größeres Gewicht beigemessen wurde. Als Vizepräsident Dick Cheney im September 2008 – nach der russischen Invasion Georgiens – eine Rundreise durch die Region unternahm, mied er die Türkei ganz bewusst.[61] Erdoğan versuchte, seinen Ruf als Friedensstifter aufzupolieren. Einen Tag, nachdem der französische Präsident Nicolas Sarkozy als Repräsentant der EU und Dmitry Medwedew für Russland einen Friedensplan unterzeichnet hatten, flog Erdoğan nach Moskau und enthüllte eine »Kaukasus Kooperations- und Stabilitätsplattform«, eine Initiative, die die Region stabilisieren sollte. Der Plan brachte zwar keine konkreten Ergebnisse hervor, sollte aber zeigen, dass die Türkei im südlichen Kaukasus noch immer eine relevante Macht war. In Wirklichkeit hatte sie jedoch den Vorrang Russlands im Hinblick auf die Sicherheitsfragen der Region anerkannt.

DIE UNGLÜCKSELIGE »ARMENISCHE ÖFFNUNG«

Das hieß allerdings nicht, dass es der Türkei am nötigen Ehrgeiz gemangelt hätte. Im September 2008 flogen Präsident Abdullah Gül und Außenminister Ali Babacan nach Jerewan, wo die türkische Fußball-Nationalmannschaft ein Qualifikationsspiel für die Weltmeisterschaft austragen sollte. Obwohl die armenischen Fans die türkische Nationalhymne ausbuhten, bot die »Fußball-Diplomatie« eine Gelegenheit, über einen Ausweg aus der politischen Pattsituation zwischen den beiden Ländern zu verhandeln. Die gemeinsame Grenze war seit 1993 geschlossen, eine Strafaktion gegen Armenien wegen der armenischen Besetzung der Bergkarabach-Region (siehe Kapitel 2). Aber aufgrund der »Null Probleme«-Maxime der türkischen Außenpolitik hatte sich jetzt eine andere Situation ergeben, die nach anderen Beziehungen verlangte, wozu insbesondere auch der informelle Handel zwischen den beiden Ländern und die Migration von armenischen Arbeitskräften nach Istanbul beitrugen. Die Normalisierung passte zur Aufhebung des Tabus im Umgang mit dem »Großen Verbrechen« (*Meds Yeghern*, womit Armenier die Massaker und Todesmärsche von 1915–1916 bezeichnen), wozu die bereits erwähnte akademische Konferenz im Jahr 2005 entscheidend beigetragen hatte. Obwohl sich die AKP dagegen wehrte, die Vernichtung und Vertreibung der Armenier während des Ersten Weltkrieges als Völkermord (Genozid) zu bezeichnen, ermöglichten es die Demokratisierung und die Ausweitung der Meinungsfreiheit den kritisch gesinnten Intellektuellen und Kommentatoren, den Begriff nach eigenem Gutdünken zu benutzen – und den 24. April als Gedenktag an den Völkermord an den Armeniern zu begehen. Die Ermordung von Hrant Dink im Jahr 2007, eines prominenten türkisch-armenischen Verlegers, der für eine Aussöhnung eingetreten war, führte dazu, dass sich auch die Zivilgesellschaft hinter die Friedensinitiative stellte. Die von Gül initiierte sogenannte »Armenische Öffnung« gipfelte am 10. Oktober 2009 in Zürich in der Unterzeichnung einer Reihe von Abkommen durch die beiden Außenminister Ahmed Davutoğlu und Edward Nalbandjan, durch die die Grenzblockade aufgehoben und diplomatische Beziehungen zwischen den beiden Ländern vereinbart wurden. Ihre Amtskollegen aus den USA, Russland und Frankreich, Hillary Clinton, Sergej Lawrow und Bernard Kouchner, die gemeinsam die Minsk-Gruppe der OSZE zu Bergkarabach leiteten, wohnten als externe Garanten der Unterzeichnung bei. Die Russen waren dabei zwar anwesend, aber objektiv betrachtet bedeutete diese bahnbrechende Vereinbarung, dass sich der Einfluss Russlands in der Region schmälerte. Durch den Normalisierungsprozess mit der Türkei verringerte sich die Abhängigkeit Jerewans von Moskau;

hier bot sich eine Gelegenheit zu zeigen, dass Armenien kein »Vasall Russlands« mehr war.[62]

Doch diese Hoffnung erwies sich als kurzlebig; die Initiative scheiterte, ein ernüchternder Beweis für die Zwänge, mit denen der türkische regionale Aktivismus konfrontiert war. Gül und Davutoğlu mussten mit mehreren Spielverderbern rechnen: die Opposition, Aserbaidschan und Erdoğan. Die Republikanische Volkspartei CHP wandte sich von Anfang an gegen die Armenische Öffnung. Parteichef Deniz Baykal erklärte, es sei ihm lieber, wenn das Fußballspiel in (der aserbaidschanischen Hauptstadt) Baku ausgetragen würde. Auch die Partei der Nationalistischen Bewegung MHP blieb ihren Prinzipien treu. Ihr Vorsitzender Devlet Bahçeli wetterte heftig gegen den amerikanischen Präsidenten Barack Obama, als dieser während seines Türkei-Besuchs 2009 die Bezeichnung *Meds Yeghern* (aber nicht »Genozid«) benutzte. Die AKP konnte zwar ihre politischen Gegner einfach ignorieren, wie sie es bei anderen Gelegenheiten getan hatte, nicht jedoch Aserbaidschan – auf dem Papier »der kleine Bruder« –, das der türkischen Regierung in die Parade fuhr. Erdoğan erklärte, es werde keine Ratifizierung der Zürcher Abkommen geben, solange sich Armenien nicht aus den sieben Nachbarregionen Karabachs zurückgezogen habe, die es seit Anfang der 1990er-Jahre besetzt hielt. Diese Position war mit dem aserbaidschanischen Präsidenten Ilham Aliyev abgestimmt worden, und zwar schon Monate vor der Unterzeichnung der Zürcher Abkommen. Erdoğan, der von der Armenischen Öffnung von Anfang an nicht begeistert war, blieb unnachgiebig. Auch der armenische Präsident Sersch Sargsjan, der aus der umstrittenen Region stammte, »suspendierte« die Ratifizierung im April 2010.[63] Eine Gelegenheit war leichtfertig verspielt worden. Ein Jahrzehnt später, im Herbst 2020, würde eine veränderte Türkei – geführt von einer Koalition aus AKP und MHP – gemeinsam mit Aserbaidschan militärisch in Bergkarabach intervenieren und Armenien eine bittere Niederlage zufügen. An die Stelle der einstigen »Null Probleme mit den Nachbarn«-Diplomatie war harte Machtausübung getreten.

Der Türkei gelang es jedoch, ihre Dreiecks-Partnerschaft mit Aserbaidschan und Georgien zu konsolidieren. Die Eröffnung der beiden Pipelines BTC (Mai 2005) und BTE (Dezember 2006) verfestigte die Partnerschaft, die bald auch auf andere Bereiche wie Straßeninfrastruktur und sogar Verteidigung ausgeweitet wurde. Der sogenannte Südliche Gaskorridor, der die Kaspische Region mit der EU verband, belebte auch weiterhin die Debatte in der Türkei. Hier deckten sich die türkischen Interessen mit denen der USA. Außerdem waren sowohl die Diversifikation der Energielieferquellen als auch die ökonomische Integration mit der EU-Agenda in der Region vereinbar, wie sie durch die Europäische Nachbarschaftspolitik (ENP) definiert wurde. Die Kooperation mit den Georgiern und den Aseris half Ankara wohl auch, sich auf dem regionalen Spielfeld besser gegen die Russen zu behaupten. Und für das prowestliche Georgien, aber auch für Aserbaidschan, dienten die Beziehungen zur Türkei als notwendige Absicherung gegenüber den Russen. Das änderte jedoch nichts an der Tatsache, dass Moskau auf die Angelegenheiten im Südkaukasus viel stärkeren Einfluss ausübte als Ankara. Obwohl sein Militär im Georgien-Krieg 2008 keine überzeugende Kampfkraft zeigte, ließ Russland keinen Zweifel daran, dass es willens und fähig sei, in regionalen Konflikten zu kämpfen und letztendlich zu siegen. Im Umgang mit Georgien hatte Russland bewiesen, dass es bereit war, auch andere Taktiken anzuwenden, etwa Handelsembargos, politischen Druck und Informationskrieg. (Dasselbe Arsenal setzte Moskau in der Konfrontation von 2015–2016 für kurze Zeit auch gegen die Türkei ein und ging siegreich daraus hervor.) Der Bergkarabach-Konflikt ermöglichte es Russland, sowohl auf Armenien als auch auf Aserbaidschan Einfluss auszuüben. Im Unterschied zu anderen postsowjetischen Regionen wie beispielsweise Zentralasien, auf die sich das Interesse der Türkei in den 1990er-Jahren ebenfalls gerichtet hatte, blieb der Südkaukasus ständig auf dem Radarschirm der Türken. Als jedoch der Nahe Osten nach 2011 erneut in Flammen aufging, rutschte der Südkaukasus in der Liste außenpolitischer Prioritäten nach unten.

ZURÜCK AUF DEN BALKAN

Erdoğan erwähnte in seiner Balkonrede im Juni 2011 eine Stadt ganz besonders: Sarajewo. Das kam nicht unerwartet: Der Balkan war ins Blickfeld der türkischen Nachbarschaftspolitik geraten. Im Oktober 2009 hatte Außenminister Davutoğlu in der bosnischen Hauptstadt eine, wie es damals schien, programmatische Rede gehalten. Darin hatte er einen Lobgesang auf das osmanische Erbe der Region angestimmt. »Während des Osmanischen Reiches«, erklärte er, »wurde die Balkan-Region im 16. Jahrhundert zum Mittelpunkt der Weltpolitik. Das war das Goldene Zeitalter des Balkans.«[64] Doch nachdem sich die imperiale Ordnung im 19. und frühen 20. Jahrhundert aufgelöst hatte, sei die Region zu einer von den Großmächten umkämpften Randzone gemacht worden. Jetzt jedoch würde die Türkei den Balkan wieder ins Rampenlicht rücken, wie sie es schon im Nahen Osten und im Kaukasus getan habe, und das Unrecht der Vergangenheit wiedergutmachen. Natürlich riefen seine Ausführungen einen Aufschrei hervor. Für die Nationalisten war diese Art imperialer Nostalgie nichts weniger als ein rotes Tuch. Ein serbischer Akademiker namens Darko Tanasković, Professor für Orientalische Studien an der Universität Belgrad, verdammte in einem Buch diesen Neo-Osmanismus als ein Instrument, mit dem die Türkei ihre regionale Vorherrschaft durchsetzen wolle.[65] Eine lebhafte Debatte folgte. Davutoğlus außenpolitisches Manifest *Strategic Depth* wurde in die regionalen Sprachen übersetzt, zuerst 2010 ins Griechische.

Im Gegensatz zur landläufigen Meinung war das keine *Rückkehr* der Türkei nach Südosteuropa. Sie war schon seit den 1990er-Jahren auf dem Balkan aktiv gewesen, was der NATO-Intervention im ehemaligen Jugoslawien und den Beziehungen zuzuschreiben war, die Ankara zu den Ländern der Region aufgebaut hatte. Die EU-Erweiterung half auch der Türkei, ihre Handelsbeziehungen mit Rumänien und Bulgarien zu festigen, die 2007 der EU beigetreten waren. Das galt auch für Griechenland, das aus der Annäherung in der Folge der »Erdbeben-Diplomatie« von 1999 Nutzen zog. Gegen Ende der 2000er-Jahre machten diese drei Nachbarländer mehr als zwei Drittel der türkischen Umsätze in der Region aus. Die Investitionen flossen in beide Richtungen. 2006 übernahm die National Bank of Greece (NBG) einen 46-Prozent-Anteil an der Finansbank, der größten türkischen Kreditbank, und erhöhte den Anteil im folgenden Jahr auf 80 Prozent.[66] Wie die Zollunion zwischen der EU und der Türkei die wirtschaftlichen Beziehungen erleichterte, bot nun auch die NATO eine Plattform für die sicherheitspolitische Kooperation. Die türkischen Streitkräfte kollaborierten mit den Armeen der Balkanländer; Rumänien und Bulgarien traten der Allianz 2004 bei, Albanien und Kroatien folgten fünf Jahre später. Ebenfalls stark waren die zwischenmenschlichen Verbindungen. Die Diasporen der Balkanvölker in der Türkei fungierten als Brücke. Das traf für die bulgarischen Türken zu, die 1989 während des Exodus Zuflucht in der Türkei gefunden hatten und von denen viele die doppelte Staatsbürgerschaft besaßen. Es traf auch für viele Menschen aus dem Sandžak zu (einer Grenzregion, die teilweise in Serbien, teilweise in Montenegro liegt), und es traf für die Albaner in Mazedonien und im Kosovo zu, die in den 1950er-Jahren in die Türkei ausgewandert waren. Seit Özals Tagen hatte das Türkische Präsidium für Internationale Kooperation und Koordination (Türk İşbirliği ve Koordinasyon Ajansı Başkanlığı, TİKA) Entwicklungshilfe geleistet, während das Präsidium für Religionsangelegenheiten (Diyanet İşleri Başkanlığı, Diyanet) die Ausbildung von Imamen förderte und lokale islamische Gemeinden finanziell unterstützte – teilweise auch, um dem Einfluss der Golfstaaten entgegenzuwirken.[67] Wie auch in anderen Bereichen erbte die AKP ein Netzwerk von Verbindungen, die es ihr ermöglichten, die Türkei im Zentrum des politischen und wirtschaftlichen Lebens auf dem Balkan zu positionieren.

Was von der Null-Probleme-Phase der türkischen Außenpolitik letzten Endes übrig blieb, war – von historischer Nostalgie abgesehen – das ehrgeizige Bestreben, bei regionalen Problemen als eine Art Troubleshooter aufzutreten. Bosnien und Herzegowina erregte Davutoğlus Aufmerksamkeit. Die jahrelangen Bemühungen der EU und der USA waren gescheitert, einen Ausweg aus der institutionellen Sackgasse zu finden und in dem durch das Dayton-Friedensabkommen von 1995 geschaffenen, sehr komplexen politischen System eine kohärentere Struktur zu entwickeln. Hier trat nun die Türkei als Vermittlerin auf den Plan. Davutoğlu initiierte eine Reihe von Gesprächen mit den Außenministern Serbiens und Bosniens, Vuk Jeremić und Sven Alkalaj, die in der Tat einige Ergebnisse erbrachten. So verurteilte das serbische Parlament im März 2010 das Massaker von Srebrenica im Jahr 1995, die schlimmste Grausamkeit auf europäischem Boden seit dem Zweiten Weltkrieg. Nach langem Zögern vereinbarten Serbien und Bosnien-Herzegowina die Entsendung von Botschaftern. Beide Erfolge reklamierte Davutoğlu für sich. Aber von solchen positiven Schritten abgesehen, gelang es durch die Drei-Wege-Diplomatie nicht, einen Durchbruch in der Frage der inneren politischen Struktur Bosniens zu erzielen. Denn in die türkischen Bemühungen war ein entscheidender Mitspieler gar nicht einbezogen worden: die Republika Srpska, das politische Teilgebiet Bosnien-Herzegowinas mit serbischer Bevölkerungsmehrheit. Außerdem setzte diese Diplomatie bei den Wahlen zum dreiköpfigen Staatspräsidium von 2010 auf Haris Silajdžić, einen muslimischen bosnischen Politiker, der die Republika Srpska als »Symbol des Völkermords« bezeichnet und ihre Abschaffung gefordert hatte. Doch Silajdžić verlor gegen Bakir Izetbegović, den Sohn des verstorbenen früheren Präsidenten Alija Izetbegović, der Bosnien während des Krieges geführt hatte. Der türkische Aktivismus lieferte dem Führer der Republika Srpska, Milorad Dodik, einen willkommenen Vorwand, seine Beziehungen zu Russland zu vertiefen, das auf diese Weise recht bequem wieder in seine gewohnte Rolle als Schutzmacht der orthodoxen Slawen auf dem Balkan schlüpfen konnte.[68]

Wenn aus den türkischen Bemühungen auf dem Balkan etwas herausstach, dann war es die Herstellung von Beziehungen zu Serbien. Die beiden Länder hatten bei den Kriegen in den 1990er-Jahren auf gegnerischen Seiten gestanden, wobei der Durchschnittsbürger in der Türkei mit den Bosniaken und den Albanern im Kosovo sympathisierte, während die Regierung die Interventionen der NATO unterstützte. Aber im Oktober 2009 reiste Präsident Gül nach Belgrad, als erster türkischer Staatschef seit 1986, als Jugoslawien noch existierte. Der serbische Präsident Boris Tadić, der bereits 2007 in Ankara gewesen war, erwiderte den Besuch. Im April 2010 lud Gül Serbien und Bosnien-Herzegowina (vertreten durch Haris Silajdžić, der damals den Vorsitz des kollektiven Staatspräsidiums innehatte) zu einem Gipfeltreffen ein. Serbien sah in der Türkei einen vielversprechenden wirtschaftlichen Gesprächspartner. Im Juni 2009 unterzeichneten die beiden Länder ein Freihandelsabkommen. Dem Abkommen und der Größe der serbischen Wirtschaft war es zuzuschreiben, dass Serbien unter den Nachfolgestaaten Jugoslawiens zum wichtigsten Handelspartner der Türkei wurde. Und wie seine Nachbarn entwickelte auch Serbien eine Vorliebe für türkische Kulturimporte: eine Historie-Fernsehserie über Süleyman den Prächtigen (*Muhteşem Yüzyil*, deutscher Titel: *Das osmanische Imperium*) wurde schon bei ihrer Erstausstrahlung im Februar 2012 (ein halbes Jahr, bevor sie in Bosnien anlief) ein Hit.[69] Übrigens war es Süleyman gewesen, der 1521 Belgrad für das osmanische Reich erobert hatte.

Den Balkanstaaten konnte die Türkei jedoch keine Alternative zur Mitgliedschaft in der EU bieten. Sie nutzten aber die wirtschaftlichen und diplomatischen Chancen, die sich aus ihren Beziehungen zu diesem großen und schnell wachsenden Nachbarn ergaben, als Ergänzung ihrer Beziehungen zum Westen. Während Davutoğlus historische Nostalgie die türkische Außenpolitik prägte, beruhte die Reaktion der Balkanstaaten eher auf Pragmatismus. Und obwohl sich die Türkei als aufstrebende Macht und auf Augenhöhe mit der EU und den USA präsentierte – ein Anspruch, den sie bis in die 2010er-Jahre hinein beibehielt –, blieb sie doch in Bezug auf Ressourcen und Attraktivität weit hinter diesen zurück. Zwischen politischer Realität und rhetorischer Selbstdarstellung klaffte eine Lücke. In entscheidenden Fragen, etwa beim Kosovo-Konflikt, bei der NATO-Erweiterung und sogar bei der Balkan-Erweiterung der EU, schlug sich die Türkei weiterhin auf die Seite des Westens, im Gegensatz zu Russland, das in die Rolle des Spielverderbers schlüpfte.[70]

Ahmet Davutoğlu stand für etwas mehr als fünf Jahre an der Spitze des Außenministeriums. Als er im August 2014 Nachfolger Erdoğans im

Amt des Ministerpräsidenten wurde, lag seine Vision einer regionalen Ordnung bereits in Trümmern. Der Arabische Frühling und der Krieg in Syrien hatten die Spielregeln grundlegend verändert. Die Gestaltung der Beziehungen zu den Nachbarstaaten durch Diplomatie, Handel, Investitionen und Kulturaustausch wich einer interventionistischen Politik, die sich ausschließlich auf den Nahen Osten und Nordafrika konzentrierte – ein Thema, mit dem wir uns im folgenden Kapitel näher befassen werden.

5

EIN UNSANFTES ERWACHEN

Erdoğans Siegesrunde. So bezeichneten die internationalen Medien die Rundreise des türkischen Ministerpräsidenten nach Ägypten, Tunesien und Libyen im September 2011. Der Nahe Osten und Nordafrika erlebten gerade Veränderungen, wie sie sich in jeder Generation nur einmal ereignen. Volksaufstände hatten die autokratischen Führer hinweggefegt, die sich seit Jahrzehnten an die Macht geklammert hatten: zuerst Tunesiens El Abidine Ben Ali, dann den über 80-jährigen Hosni Mubarak in Ägypten. Der libysche Diktator Muammar al-Gaddafi wurde von Rebellen in seiner Heimatstadt Sirte in die Enge getrieben. Im Jemen und in Syrien schien das politische Überleben von Ali Abdullah Saleh und Baschar al-Assad nur noch an einem seidenen Faden zu hängen. Erdoğan hingegen sonnte sich in seinem Ruhm und wusste die Geschichte auf seiner Seite. »Der türkische Staat ist in seinem Kern ein Staat der Freiheit und des Säkularismus«, erklärte er westlichen Journalisten vor seiner Reise. »Die Welt verändert sich zu einem System, in dem der Wille des Volkes herrschen wird. Warum sollten nur Europäer und Amerikaner in Würde leben dürfen? Haben die Ägypter [...] nicht ebenfalls Anspruch auf ein Leben in Würde?«[1] Nachdem die Türkei ihr *ancien régime* abgeschüttelt hatte, wies sie nun auch den unterdrückten Völkern im Nahen Osten und in Nordafrika den Weg in die Zukunft. Die Ben Alis, die Mubaraks und die Assads waren Relikte der Vergangenheit; die Zukunft gehörte den Parteien und Führern, die gewillt waren, Erdoğans erfolgreiche Politik einer »Verbindung aus formaler Demokratie, freier

Marktwirtschaft und einem (moderat) konservativen Islam« nachzu-
ahmen.²

Doch nach nicht einmal drei Jahren war das alles schon wieder vorbei.
Das Versprechen des Arabischen Frühlings erwies sich als Totgeburt, und
in der Folge verlor auch der türkische Stern seine Strahlkraft. In Ägypten
vertrieb das Militär die Muslimbruderschaft von der Macht, die ideologisch mit der AKP auf einer Linie lag. Um zu überleben, stürzte das syrische Regime das eigene Land in einen katastrophalen Bürgerkrieg, in den
alle anderen regionalen Mächte hineingezogen wurden, darunter auch
der direkte Nachbar Türkei. Ankara sah sich mit einem alles überwältigenden Sturm konfrontiert: dem massenhaften Zustrom von Flüchtlingen, wie er seit den 1920er-Jahren nicht mehr zu beobachten gewesen
war, dem rasanten Machtgewinn des sogenannten Islamischen Staates im
Irak und in der Levante (ISIS) sowie der Eroberung großer Teile des
nordöstlichen Syriens durch einen Verbündeten der Kurdischen Arbeiterpartei (PKK). Syrien belastete auch die Beziehungen der Türkei zu den
Vereinigten Staaten schwer und beschleunigte die innenpolitischen
Rückschritte der Türkei in Richtung Autoritarismus. Der Suche nach Sicherheit wurde nun Vorrang vor dem Export der Demokratie beigemessen. Das vielgepriesene türkische Modell erlitt einen Totalschaden.³ Hier
folgt die Geschichte vom Aufstieg und Fall des Versuchs der Türkei, ihre
Nachbarschaft nach eigenem Ebenbild neu zu formen.

DER ARABISCHE FRÜHLING

In den 2000er-Jahren entwickelte sich das türkische Engagement im Nahen Osten und in Nordafrika auf zwei Ebenen. Die türkische Führung,
allen voran Ministerpräsident Erdoğan, baute starke Verbindungen zu
den etablierten Eliten in beiden Regionen auf. So verbrachte das Ehepaar
Erdoğan mit Baschar und Asma al-Assad im August 2008 einen gemeinsamen Urlaub in Bodrum, auf dem Höhepunkt der von der Türkei ver-

mittelten Gespräche zwischen Syrien und Israel. Im November 2010 wurde Erdoğan mit dem Al-Gaddafi-Menschenrechtspreis ausgezeichnet, eine Anerkennung der blühenden geschäftlichen und politischen Beziehungen zwischen Ankara und Tripolis. Der türkische Ministerpräsident war auf dem Flughafen der libyschen Hauptstadt gelandet, auf dem der türkische Flughafenbetreiber TAV einen neuen Terminal bauen sollte. Die Auszeichnung wurde nur wenige Wochen vor der Selbstverbrennung des Gemüsehändlers Mohamed Bouazizi verliehen, dem Ereignis also, das letztlich das auslöste, was später als Arabischer Frühling bezeichnet werden sollte. Mehrere Gesellschaften in der Region forderten ein Ende ihrer derzeitigen Regimes, die für den wirtschaftlichen Niedergang, die überall vorherrschende Korruption und die gnadenlose Unterdrückung der Bevölkerung verantwortlich gemacht wurden.[4] Die Türkei wurde als Alternative zu dem deprimierenden Status quo gesehen, nicht als Verbündete der autokratischen Herrscher. Hinzu kam, dass die AKP ideologische und organisatorische Verbindungen zur Muslimbruderschaft *(al-ichwān al-muslimūn)* pflegte, jener transnationalen sunnitischen Bewegung, die als realistische Alternative zu den versteinerten säkularen nationalistischen Regimes galt.

Als die Protestbewegungen in Tunis, Kairo, Bengasi und in den größeren syrischen Städten die Straßen eroberten, sah sich die türkische Regierung vor die Qual der Wahl gestellt: Sie musste sich zwischen den aufrührerischen Massen, die Gerechtigkeit, Verantwortlichkeit und bessere Lebenschancen forderten, und dem Status quo entscheiden. Außenminister Ahmet Davutoğlu beschrieb das Dilemma wie folgt: »[W]ir konnten entweder die Beziehungen zu den repressiven Machthabern aufrechterhalten oder wir konnten die Volksaufstände unterstützen, um die demokratischen Grundrechte zu sichern.«[5] Bisher hatte sich Ankara für Ersteres entschieden, um das eigene Nationalinteresse zu schützen. So hatte es sich 2009 geweigert, der sogenannten Grünen Bewegung im Iran seinen Segen zu geben, und hatte die Proteste gegen die gestohlene Präsidentschaftswahl als innere Angelegenheit des Iran bezeichnet. Davutoğlu war jedoch der Meinung, dass es ein Fehler wäre, die breiten Volksaufstände, die nun die arabische Welt erschütterten, zu ignorieren. Die Türkei müsse, wie er es ausdrückte, »auf der richtigen Seite der Geschichte« stehen und sogar als Bannerträger der Revolution auftreten. Andere Mitglieder der Regierung, und ganz besonders Erdoğan, wollten eher auf Nummer sicher gehen. Doch die Ereignisse in der Region während der ersten Jahreshälfte 2011 entwickelten sich mit atemberaubender Geschwindigkeit und zogen die Türkei mit sich.

Tunesien

Die Reaktion der Türkei auf die hochbrodelnde Unzufriedenheit, die Bouazizis Selbstopferung in Tunesien ausgelöst hatte, war vielsagend. Das Außenministerium schwieg während der gesamten ersten Phase der heftigen Proteste, die im Dezember 2010 begonnen hatten. Erst am 14. Januar 2011 wurde eine Erklärung herausgegeben, als der autokratisch regierende Präsident Ben Ali, von seiner Armee im Stich gelassen, seinen Rücktritt erklärte und Zuflucht in Saudi-Arabien suchte. Die türkische Erklärung war in sehr allgemeiner Sprache gehalten und brachte Besorgnis angesichts der »Zwischenfälle« in dem nordafrikanischen Land zum Ausdruck, während das US-Außenministerium ein paar Tage zuvor eine sehr viel deutlichere Sprache gewählt hatte. Ankara befand sich im Abwarten-Modus und begrüßte den demokratischen Wandel erst Ende Januar.[6] Als Rached al-Ghannouchi aus dem Exil zurückkehrte und seine von der Muslimbruderschaft inspirierte Partei Ennahda bei den Wahlen zur Verfassungsgebenden Versammlung am 23. Oktober 2011 zum Erfolg führte, intensivierten sich die Beziehungen. Im März 2012 reiste Präsident Abdullah Gül nach Tunis und pries die Jasmin-Revolution, die seiner Ansicht nach bewiesen habe, dass Islam und Demokratie im Gegensatz zu »orientalistischen Fehleinschätzungen« kompatibel seien. Ghannouchi wiederum sprach der Türkei und der AKP seine Anerkennung aus, weil sie ein Beispiel für andere seien.[7] Kurz gesagt, konnte die Türkei hier einen außenpolitischen Erfolg verbuchen, ohne irgendwelche Risiken eingegangen zu sein oder überhaupt viel getan zu haben.

Ägypten

Die Vorstellung, dass die Türkei ein Leuchtfeuer des Wandels sei, gewann mit dem Sturz Hosni Mubaraks im Februar 2011 an Strahlkraft. Anders als das relativ kleine und eher an der Peripherie liegende Tunesien nahm Ägypten aufgrund seiner Größe, seiner Geschichte und seines kulturellen Einflusses einen zentralen Platz in der arabischen Welt ein – obwohl es im Vergleich zur Blütezeit des Nasserismus in den 1950er- und 1960er-Jahren seinen politischen Status weitgehend eingebüßt hatte. Erdoğan zeigte persönliches Interesse an den Ereignissen, die sich nun in Kairo abspielten. Als die Proteste nach einer Woche noch nicht abgeflaut waren, forderte er am 27. Januar 2011 Mubarak zum Rücktritt auf, mehr als eine Woche vor Präsident Obama, der eine ähnliche Aufforderung erst am 5. Februar aussprach. Erdoğans Entscheidung war keine große Überraschung, da für die Türkei nicht sehr viel auf dem Spiel stand. Ägypten war weder ein wichtiger Wirtschaftspartner noch ein diplomatischer Verbündeter. Auch hatten die AKP und Mubarak nicht viel füreinander übrig; vielmehr gab es bittere Erinnerungen, die bis in die Erbakan-Ära Mitte der 1990er-Jahre zurückreichten. Ein Regimewechsel in Kairo würde wahrscheinlich der Muslimbruderschaft nutzen, die schon bei den halbfreien Wahlen 2005 mit einem Fünftel der Parlamentssitze recht gut abgeschnitten hatte. Auch als das Regime daraufhin versuchte, den Einfluss der Bruderschaft zurückzudrängen, hatte das ihre Stärke an der Basis nicht wesentlich verringert. Obwohl die Bewegung bei den Protesten auf dem Tahrir-Platz kaum in Erscheinung trat, erwiesen sich diese Einschätzungen als zutreffend. Nach Mubaraks Sturz errang die von der Bruderschaft gegründete Freiheits- und Gerechtigkeitspartei (FJP) einen triumphalen Sieg. Im Juni 2012 wurde deren Vorsitzender Mohammed Mursi zum neuen Präsidenten Ägyptens gewählt.

Kairo bereitete Erdoğan im September 2011 bei dessen Tour durch die Länder des Arabischen Frühlings einen begeisterten Empfang. Dies und die enorm gestiegene Popularität der Türkei bestätigten Erdoğan in seiner Haltung. Die entstehende türkisch-ägyptische Allianz stärkte die Position Ankaras und versprach auch wirtschaftlichen Nutzen. Während eines Besuchs im November 2012 unterzeichnete Erdoğan 27 Abkommen und sicherte den Ägyptern einen Kredit über 2 Milliarden Dollar zu. Allerdings sah Mursi, dessen Amtszeit nur wenig mehr als ein Jahr dauerte, in der Türkei keineswegs einen größeren Bruder. Die FJP verbat sich die türkischen Ratschläge für die zukünftige ägyptische Verfassung, und Erdoğans Bemerkung über den Wert des Säkularismus rief verärgerte Reaktionen hervor. Dennoch blieben die neuen ägyptischen Herrscher ideologische Weggefährten und außenpolitische Partner.

In der Türkei begrüßten der AKP nahestehende Intellektuelle und Kommentatoren den politischen Wandel in Ägypten. Taha Özhan, der Direktor der Denkfabrik SETA, erklärte die »Camp-David-Ordnung« im Nahen Osten für beendet, die durch die Kungelei säkularer Autokraten mit mächtigen westlichen Staaten aufrechterhalten wurde. Die Türkei und das von der Muslimbruderschaft regierte Ägypten trugen eine alternative Vision vor, die einen Widerhall in den Gesellschaften der Region fand und tief in der lokalen Kultur verwurzelt war. Der Sturz der Muslimbruderschaft im Juli 2013 machte aber derartige Bestrebungen wieder zunichte. Die türkische Regierung setzte jedoch alles daran, die Gegenrevolution in Ägypten im eigenen Land zu nutzen.[8] Die Proteste im Gezi-Park in Istanbul (siehe hierzu Kapitel 6) wurden mit dem Militärputsch verglichen, durch den Mursi gestürzt worden war. Das »R4bia«-Zeichen – eine schwarze Hand mit vier ausgestreckten Fingern und eingeklapptem Daumen – wurde zum Standardzeichen bei AKP-Kundgebungen und gehörte zu Erdoğans Repertoire.[9] Das Zeichen bezog sich auf die brutale Niederschlagung der Sit-ins vom 14. August und die Ermordung von mehr als 1500 Angehörigen der Muslimbruderschaft in Kairo. Führende Mitglieder der Bruderschaft hatten in der Türkei Zuflucht gefunden, und auch ihre TV-Sender hatten sich in Istanbul angesiedelt.[10]

Libyen

Der nächste Dominostein, Libyen, stellte eine viel härtere Herausforderung dar. Über Jahrzehnte hinweg hatte die Türkei in Libyen ein stattli-
ches Portfolio von Verträgen über Baumaßnahmen und Energielieferun-
gen abgeschlossen und Investitionen getätigt, die auf rund 60 Milliarden
Dollar geschätzt wurden. Noch 2011 arbeiteten ungefähr 30 000 Türken
in dem ölreichen nordafrikanischen Land. Ankara unterstützte Gaddafis
internationale Rehabilitierung, nachdem der Diktator im Dezember
2003 zugesichert hatte, das libysche Atomwaffenprogramm einzustellen.

Als die Krise in Libyen im Februar und März 2011 immer weiter eskalierte, in der sich Gaddafi und eine Reihe von Rebellenmilizen gegenüberstanden, sprach sich die Türkei gegen die von Frankreich und Großbritannien befürwortete militärische Intervention aus. »Das libysche
Volk ist dagegen«, widersprachen Erdoğan und Davutoğlu entsprechen-
den Vorschlägen aus London und Paris. Der Ministerpräsident sprach
sich auch gegen die EU-Sanktionen aus, die auf Veranlassung von Präsident Nicolas Sarkozy gegen das Regime verhängt wurden, und verurteilte
den vom Westen ausgeübten Druck als üble Masche, um an das libysche
Öl zu kommen, als »Kreuzzug« und als »weiteres Afghanistan oder einen zweiten Irak«.[11] Gleichzeitig hielt jedoch die Türkei auch die Kanäle
zum Anti-Gaddafi-Lager offen und schickte humanitäre Hilfsgüter in die
von den Rebellen besetzten Gebiete. Noch am 27. März 2011 bot sich
Erdoğan beharrlich als Vermittler zwischen dem in Bengasi residierenden
Nationalen Übergangsrat (NTC) und Gaddafi an.[12] Die Türkei hatte bereits rund 25 000 ihrer Landsleute aus dem Kriegsland evakuiert, was
auch andere NATO-Länder getan hatten.

Allmählich wurde jedoch der Widerstand der Türkei gegen eine westliche Intervention schwächer. Gaddafi weigerte sich hartnäckig, einen
Waffenstillstand anzuordnen. In einem Fernsehinterview ließ Erdoğan
seiner Frustration freien Lauf: »Ich habe [Gaddafi] sechs- oder siebenmal kontaktiert. Ich habe unseren Sonderbeauftragten zu ihm geschickt,
aber wir bekamen nur hinhaltende Taktiken zu sehen. Sie sagen, sie wollen einen Waffenstillstand, wir sagen ihnen, sie müssten einen entspre-

chenden Schritt unternehmen, aber am nächsten Tag müssen wir feststellen, dass wieder ein paar Orte bombardiert wurden.«[13] Auch die
antitürkischen Proteste in Bengasi wirkten sich auf die Sichtweise Ankaras aus. Die vom Weltsicherheitsrat am 17. März 2011 verabschiedete
Resolution 1973, die den Einsatz von Waffengewalt gestattete, bot dann
die benötigte Deckung für die diplomatische Kehrtwende. Das Kräfteverhältnis verschob sich nun allmählich zur Opposition, was den Luftschlägen zuzuschreiben war, die von Frankreich und Großbritannien
durchgeführt wurden und bei denen die USA »von hinten führten«,
vorgeblich mit dem Ziel, eine Flugverbotszone durchzusetzen. Auch Katar, der Partner der Türkei, der die Gegner Gaddafis finanzierte, beteiligte
sich an den Luftschlägen, und auch die Arabische Liga stellte sich auf die
Seite des Westens. Letztendlich stellte sich auch Ankara hinter die fran-
zösisch-britische Intervention, erzwang aber das politische Zugeständnis,
dass sie unter den Schirm der NATO gestellt werden müsse. Auf diese
Weise verschaffte sich die Türkei ein größeres Mitspracherecht während
der Operation und voraussichtlich auch im Blick auf das Nachkriegs-
Libyen.[14] Nach einer über Nacht erfolgten Abstimmung im Parlament
entsandte die Türkei ihre Marine vor die libysche Küste, um die Seeblo-
ckade im Rahmen der NATO-Operation »Unified Protector« zu unterstützen. Die Luftoperationen wurden vom (damaligen) Allied Air Command Headquarters für Südeuropa im türkischen Izmir geleitet. Dennoch
wirkte die Türkei in der Operation nicht an vorderster Front mit, und
Erdoğan milderte auch seine antiwestliche Rhetorik nicht. Im Juni 2011
bot er Gaddafi sogar Asyl an. Erst als dieser das Angebot schroff zurück-
wies, entschloss sich Ankara, den Nationalen Übergangsrat (NTC) als
legitimen Repräsentanten Libyens anzuerkennen.

Mit ihrer wankelmütigen Haltung war die Türkei keineswegs allein.
Auch in der Obama-Administration, die darauf bedacht war, das ameri-
kanische Engagement im Nahen Osten herabzustufen, gab es bei der Ein-
schätzung der Vorteile einer Intervention in Libyen unterschiedliche
Auffassungen. Die Folge war, dass die USA das Kämpfen den Briten,
Franzosen und ihren arabischen Verbündeten wie Katar, Jordanien und

VAE überließen. In einem vielgelesenen Interview im Magazin *The Atlantic* im Jahr 2016 bezeichnete Obama diesen Krieg sogar als »schlimmsten Fehler« seiner Präsidentschaft. Der ehemalige Präsident beklagte das Fehlen eines Plans für die Ära nach Gaddafi, wodurch die im Irak gemachten Fehler wiederholt würden.[15] Die Reaktion Russlands war ähnlich inkohärent. Der damalige Präsident Dmitry Medwedew wies Moskaus UNO-Botschafter an, sich bei der Abstimmung im Weltsicherheitsrat über Resolution 1973 zu enthalten, wodurch die Intervention ermöglicht wurde, doch Ministerpräsident Putin verurteilte den »Kreuzzug«, den der Westen vom Zaun gebrochen habe. Russland übte scharfe Kritik an der NATO, die weit über die Grenzen des ursprünglichen Ziels, eine Flugverbotszone über Libyen zu errichten, hinausgegangen sei.[16] Auch China und einige der nichtständigen Mitglieder des Sicherheitsrates enthielten sich, darunter Deutschland, Brasilien und Indien.

Es war bemerkenswert, wie gut es der Türkei gelang, die eigene Kehrtwende in einen Vorteil umzumünzen. Am 16. September 2011, einen Tag nach Sarkozy und David Cameron, besuchte Erdoğan Tripolis und signalisierte seine Unterstützung für den Nationalen Übergangsrat NTC. In den folgenden Jahren unterstützte Ankara die libysche Partei für Gerechtigkeit und Aufbau, die mit der Muslimbruderschaft verbündet war. Bei der libyschen Parlamentswahl im Juli 2012 kam die Partei auf den zweiten Platz und war dann bis Anfang 2014 an der Regierung beteiligt. Die Türkei mischte sich auch weiterhin in die libysche Politik ein, als das Land bereits wieder in internen Streitereien und Konflikten versank. Im Oktober 2014 ernannte Erdoğan den arabischsprachigen Theologen und früheren Stellvertretenden Ministerpräsidenten Emrullah İşler zum Sonderbotschafter für das nordafrikanische Land. In dem neu ausbrechenden Bürgerkrieg unterstützte Ankara die sogenannte »Regierung der Nationalen Übereinkunft« (GNA) in Tripolis, die als Ergebnis der von den Vereinten Nationen moderierten Verhandlungen im Dezember 2015 gebildet worden war. Und die türkische Beteiligung sollte noch weiter zunehmen und den Weg für eine militärische Intervention im Jahr 2019 ebnen.[17]

»MODELL TÜRKEI«, NEUAUFLAGE

Tunesien, Ägypten und Libyen stärkten die normativen Ansprüche der Türkei.[18] Der Gedanke, dass die Türkei ihren Nachbarländern als Modell dienen könne, den schon Turgut Özal in den 1990er-Jahren und die Bush-Regierung im Gefolge der Terroranschläge vom 11. September 2001 propagiert hatten, kam plötzlich wieder in Mode. Jetzt jedoch akzeptierte auch die türkische Regierung die Vorstellung, dass das Schicksal des Landes mit dem des Nahen Ostens verknüpft sei – ein Gedanke, den die säkularistischen Eliten noch vor einem Jahrzehnt verpönt hatten. Das »türkische Modell« wurde zu einem Standard-Gesprächsthema, sowohl in den eigenen staatlichen Institutionen als auch bei den Türkei-Beobachtern im Westen.

Das war alles andere als unproblematisch. In der AKP gab es viele, die den patronisierenden Unterton nicht billigten, der dem Anspruch zugrunde lag, die Türkei sei ein Modell für andere. Präsident Abdullah Gül zog es daher vor, die Türkei als »Quelle der Inspiration« *(ilham kaynağı)* für die Nachbarn zu bezeichnen.[19] Seine Vorsicht war durchaus angebracht. Im Allgemeinen blickten die arabischen Gesellschaften in der Tat zur Türkei auf, die dank ihres distanzierten Verhältnisses zu Israel weiter an Ansehen gewann. So ergab eine Umfrage, die 2009 in Ägypten, Jordanien, den Palästinensergebieten, im Libanon, in Saudi-Arabien und im Irak durchgeführt wurde, dass die Türkei nach Saudi-Arabien das zweitpopulärste Land war. In den Palästinensergebieten und in Syrien wurde die Türkei sogar an erster Stelle genannt (in Syrien allerdings nach Syrien selbst).[20] Doch wie sich am Beispiel Ägypten zeigen lässt, waren die Eliten (einschließlich der Islamisten) nicht an einem Großen Bruder interessiert. Außerdem wollten diverse Gruppierungen in den arabischen Ländern aus der türkischen Erfahrung nur die Rosinen herauspicken. Die Säkularisten schätzten die türkischen Prinzipien des Laizismus, während sich die Konservativen eher an Erdoğan und der AKP interessiert zeigten. Und für einige andere wiederum bot sich mit dem »Vormundschaftssystem« – das die »alte Türkei« gekennzeichnet hatte und in dem die

Generäle und Bürokraten die zivilen Politiker zwar beaufsichtigten, sich aber nicht direkt in die Regierungsgeschäfte einmischten – ein realistischerer Weg zu einem offeneren System.

Selbst wenn sich die Türkei entschließen würde, ihre frohe Botschaft zu verkünden, hatte sie doch weder die erforderlichen Mittel noch die Ressourcen, um den damit verbundenen Herausforderungen gerecht werden zu können. So gründete 2010 der staatliche Sender TRT einen neuen Kanal, der aber nicht mit den anderen Sendern mit regionaler Reichweite konkurrieren konnte, wie etwa Al Jazeera aus Katar. Von 135 Diplomaten, die Anfang der 2010er-Jahre mit arabischen Ländern befasst waren, sprachen nur 6 tatsächlich Arabisch.[21] Zwar konnten die Beziehungen der AKP zu arabischen Parteien die Lücke füllen, aber eben nur bis zu einem bestimmten Grad. Das sollte sich natürlich in den 2010er-Jahren ändern, was dem Zustrom von Millionen arabischsprachiger Menschen, vor allem aus Syrien, zu verdanken war. Die zwischenmenschlichen Beziehungen als Folge von Krieg und Vertreibung brachten die türkische Gesellschaft in viel engeren Kontakt mit dem übrigen Nahen Osten, als es bisher vermutlich zu jedem anderen Zeitpunkt in der Geschichte der Republik der Fall gewesen war.

PROBLEMFALL SYRIEN

Als die Demonstrationen gegen Baschar al-Assads Regime im März 2011 von Deraa im Süden des Landes auf Damaskus und andere große städtische Zentren übergriffen, sah es für eine Weile so aus, als würde Syrien dem Beispiel Tunesiens und Ägyptens folgen. Doch diese Erwartung erwies sich als falsch. Assads Entscheidung, die friedlichen Proteste mit brutalster Gewalt zu unterdrücken, trieb das Land in einen Bürgerkrieg, der als Stellvertreterkrieg praktisch alle Mächte des Nahen Ostens involvierte. Auch die Türkei wurde in diesen Strudel gesogen – und ist bis heute zutiefst in die Angelegenheiten des Nachbarlandes verstrickt.

Syrien hatte für die Türkei schon immer eine besondere Bedeutung. Zwischen den beiden Ländern verläuft eine 910 Kilometer lange Grenze – die noch dazu relativ jung ist, da sie durch die 1938 erfolgte türkische Annexion der Provinz Hatay im damaligen französischen Mandatsterritorium neu gezogen worden war. Sie schneidet durch mehrere Gemeinschaften: Kurden, Araber, Turkmenen. In den 2000er-Jahren verwandelte sie sich dank der türkischen Politik der offenen Tür von einem Bollwerk zu einem Durchgang für Waren, Menschen und Ideen. Tatsächlich wurde Syrien sogar zum Aushängeschild des Null-Probleme-Ansatzes, wie Christopher Philips anmerkt.[22] Nachdem Ankara und Damaskus noch 1998 am Rande eines Krieges gestanden hatten, entwickelten sie in der Folge wirtschaftliche und politische Beziehungen, schlossen 2007 ein Freihandelsabkommen und hoben 2009 die Visavorschriften auf. An jedem normalen Tag konnte die geschäftige Grenzstadt Gaziantep einen steten Strom von Kunden und Geschäftsleuten willkommen heißen, die aus dem nahe gelegenen Aleppo, der größten syrischen Stadt und einem Wirtschaftszentrum, über die Grenze kamen. Zwischen 2006 und 2010 legten die syrischen Exporte in die Türkei von 187 Millionen Dollar auf 662 Millionen Dollar zu, während sich die türkischen Exporte nach Syrien auf 1,85 Milliarden Dollar verdreifachten.[23] Im April hielten die Streitkräfte beider Länder gemeinsame Manöver ab.[24] Und noch im Februar 2011 reiste Erdoğan nach Syrien, um den Grundstein für den sogenannten Freundschaftsdamm am Fluss Orontes (Asi Nehri) zu legen, ein Projekt, das er selbst 2004 angeregt hatte.[25]

Der Bruch mit Assad

Die engen Verbindungen zu Syrien veranlassten die Türkei zu vorsichtigem Agieren, als sich die Proteste weiter ausbreiteten und das Assad-Regime zu einem brutalen Durchgreifen veranlassten. Im Frühjahr und Frühsommer 2011 ging Ankara noch davon aus, dass Baschar al-Assad zu Reformen überredet werden könne, um die Spannungen abzubauen. Außenminister Davutoğlu und der Erdoğan-Vertraute Hakan Fidan, der damals Unterstaatssekretär war und später Leiter des Nachrichtendienstes MİT wurde, reisten in dieser Zeit häufig nach Damaskus. Und Hasan Turkmani, ein ehemaliger syrischer Verteidigungsminister und führendes Mitglied der Ba'ath-Partei, besuchte Ankara. Erdoğan und seine Berater waren zuversichtlich, ihre persönlichen Verbindungen zu Assad zielführend nutzen zu können. Sie waren nicht die Einzigen; auch Saudi-Arabien und Katar standen aus Sorge um die Stabilität in der Region in Verbindung mit Assads Regime.[26]

Doch weder den Türken noch anderen Beteiligten war hinreichend bewusst, was für Assad auf dem Spiel stand und wie weit demzufolge sein Regime zu gehen bereit war, um das eigene Überleben zu sichern. In den vom Bürgerkrieg zerstörten Städten und Dörfern hatten seine Anhänger die Botschaft an die Mauern gesprüht: »Assad oder wir brennen das Land nieder« – und das war durchaus wörtlich gemeint.[27] Es war völlig klar, dass Assad keinen Wert auf die Botschaften aus Ankara legte. Der massive Angriff seiner Streitkräfte auf Hama, wo 1982 ein von der Muslimbruderschaft angeführter Aufstand zu einem Massaker an über 20 000 Menschen geführt hatte, markierte den Wendepunkt. Im Juli 2011 belagerten die Syrisch-Arabische Armee und alawitische Milizen die Stadt und ermordeten weitere 2200 Menschen. Die Türkei sah im Timing des Angriffs einen direkten Affront, da er mitten im heiligen Monat Ramadan erfolgte. »Es ist unmöglich, angesichts der für alle sichtbaren Ereignisse zu schweigen«, erklärte Präsident Abdullah Gül. »Ich fordere die syrische Regierung auf, die Gewalt gegen das Volk einzustellen und Reformen einzuleiten [...]. Wir können nicht länger schweigen und das Blutvergießen hinnehmen.«[28] Im Gegensatz zu Saudi-Arabien, Bahrain und Kuwait blieb die Türkei jedoch noch immer gesprächsbereit. Ahmet Davutoğlu führte am 9. August noch ein letztes Gespräch mit Assad, das volle sechs Stunden dauerte. Es endete ergebnislos. Assads Regime missachtete sämtliche Forderungen, seine Truppen aus den Städten zurückzuziehen.

Ankara reagierte; der Handel mit Syrien wurde ausgesetzt, und am 21. September 2011 brach die Türkei auch die diplomatischen Beziehun gen ab. Sie schloss sich jedoch dem Appell der USA, Deutschlands, Frankreichs und Großbritanniens nicht an, gemeinsam den syrischen Machthaber zum Rücktritt aufzufordern. Erst Ende November verhängte die Türkei finanzielle Sanktionen und fror syrische Vermögen in der Türkei ein. Das war das Ende. Am 13. November griff ein Mob die türkische Botschaft in Damaskus sowie die Konsulate in Aleppo und Latakia an, verbrannte die türkische Flagge und riss Porträts von Atatürk von den Wänden. Daraufhin legte die Türkei noch einmal nach: »Jede einzelne abgefeuerte Patrone, jede Bombe auf Moscheen vernichtet die Legitimität der syrischen Führung und verbreitet den Graben zwischen uns.«[29] Im Grunde hatte sich die Türkei damit schließlich doch der Forderung nach einem Regimewechsel in Syrien angeschlossen.

Doch in der Türkei selbst war die scharfe Kehrtwende alles andere als unumstritten. Die oppositionelle CHP argumentierte, die von Erdoğan und Davutoğlu getroffene Entscheidung, alle Brücken abzubrechen, sei kontraproduktiv. Anfang September 2011 besuchte eine Delegation unter Führung des Stellvertretenden Parteivorsitzenden Faruk Osman Faruk Loğoğlu mehrere Tage lang Damaskus (und reiste auch in den folgenden Jahren mehrfach in die syrische Hauptstadt).[30] Andere stimmten zwar grundsätzlich der Entscheidung der Regierung zu, die Verbindungen zum Assad-Regime abzubrechen, ärgerten sich aber über angebliche heimliche Absprachen mit radikalen Islamisten. Diese Befürchtungen erreichten im Mai 2015 einen Höhepunkt, als die oppositionelle Tageszeitung *Cumhuriyet* Beweise veröffentlichte, dass der Nachrichtendienst MİT Waffen- und Munitionslieferungen nach Nordsyrien veranlasst habe, ein Skandal, der sich seit mehr als einem Jahr zusammengebraut hatte.[31] Es muss nicht eigens erwähnt werden, dass auch die Gegner der Türkei Berichte über geheime Absprachen in Umlauf brachten. So gab das russische Verteidigungsministerium im Dezember 2015 Satellitenaufnahmen heraus, die angeblich die Verwicklung Erdoğans und weiterer Mitglieder seiner Familie in Ölgeschäfte mit dem ISIS belegten.

Die Strategie der Türkei

Seit November 2011 hatte die Türkei auf die Annahme gesetzt, dass Assads Tage gezählt seien (MİT soll angeblich davon ausgegangen sein, dass er innerhalb eines halben Jahres stürzen würde). Das Hauptanliegen der Türkei war daher, sich eine dominante Rolle in einem Syrien nach dem Regimewechsel zu sichern, indem man die politische Opposition und die im Entstehen begriffene Freie Syrische Armee (FSA) zu formen versuchte. Die gemeinsame Grenze verschaffte Ankara dabei einen natürlichen Vorteil. Die FSA, der auch Überläufer von Assads Streitkräften angehörten, soll schon seit Juli 2011 die türkische Provinz Hatay als sicheren Zufluchtsort genutzt haben, also bereits vor dem Bruch Ankaras mit dem syrischen Regime. Dass der Ostteil Aleppos im Juli 2012 an die Opposition fiel, stärkte die günstige türkische Position noch weiter; Kämpfer, Waffen, Munition und Material sickerten über die Grenze und in das Umland der Stadt.[32] Mitte Juli 2012 eroberte die FSA den Grenzübergang Bab al-Hawa zwischen der türkischen Stadt İskenderun (Alexandretta) und der syrischen Provinz Idlib. Syrische Kämpfer waren nun überall in den Städten und Flüchtlingslagern auf der türkischen Seite der Grenze zu sehen. Berichten zufolge soll die türkische Regierung in Partnerschaft mit Saudi-Arabien und unterstützt von den USA ein Koordinationszentrum auf dem Luftstützpunkt İncirlik eingerichtet haben.[33]

Die Türkei strebte eine Führungsrolle in der syrischen Opposition an. Zusammen mit Katar unterstützte sie den Syrischen Nationalrat (SNC), der sein Hauptquartier in Istanbul eingerichtet hatte und in dem die Muslimbruderschaft mit liberalen Persönlichkeiten wie dem Akademiker Burhan Ghalioun zusammenarbeitete. Während Katar den SNC finanzierte, hatte die Türkei den Vorteil, über direkte Zugänge zu den von den Rebellen kontrollierten Enklaven in Nordsyrien zu verfügen. Die türkische Allianz mit Katar und der Muslimbruderschaft gefiel jedoch Saudi-Arabien in keiner Weise. Um dem Einfluss der Bruderschaft entgegenzuwirken, die Riad seit Langem im gesamten Nahen Osten zu unterdrücken versuchte, war die saudische Regierung sogar bereit, Säku-

laristen und Vertreter ethnischer und religiöser Minderheiten einzube-
ziehen. Das wiederum führte dazu, dass sich im November 2012 die
Nationalkoalition syrischer Revolutions- und Oppositionskräfte formierte, die auch den Syrischen Nationalrat SNC einschloss und im Westen sowie in den arabischen Ländern, die Assads Sturz anstrebten, anerkannt wurde. Unter Führung von Ahmed Moas al-Chatib al-Hasani,
einem ehemaligen Imam der Umayyaden-Moschee in Damaskus, war die
Nationalkoalition jedoch geringerer Einflussnahme durch die Türkei
ausgesetzt, als es beim SNC der Fall gewesen war.[34]

Sowohl Saudi-Arabien als auch die Führer der Syrischen Nationalkoa-
lition standen möglichen Verhandlungen mit dem Regime über eine
Übergangslösung auf der Grundlage einer Machtaufteilung und unter der
Schirmherrschaft der Vereinten Nationen offen gegenüber. Der Analyst
Hassan Hassan merkte hierzu 2013 an:

> Riad unterstützt heute die Linie Washingtons und erklärt sich aufgeschlossen
> für Verhandlungen, beharrt aber darauf, dass der Iran nicht an diesem Prozess
> beteiligt werden dürfe. Diese Bereitschaft steht im Gegensatz zu Katar, das (wie
> auch die Türkei) das Bestreben nicht aufgeben will, einen Regimewechsel um
> jeden Preis herbeizuführen, jedoch bislang politische Initiativen kaum unter-
> stützt hat, beispielsweise die Initiative Genf II, hinter die sich der US-Außen-
> minister John Kerry und der russische Außenminister Sergey Lawrow gestellt
> haben. Auch über den Aufstieg radikalerer dschihadistischer Kräfte scheint
> Katar nicht besorgt zu sein.[35]

Die Meinungsverschiedenheiten spitzten sich im Mai 2013 zu, als die
Saudis Druck ausübten, um ihre Forderung durchzusetzen, die Nationalkoalition um 43 Mitglieder zu vergrößern. Mittlerweile beschuldigte die
FSA die Muslimbruderschaft, in den von den Rebellen gehaltenen Bezirken Syriens die Ortsräte und Koordinationskomitees entmachten und
eigene Milizen aufbauen und finanzieren zu wollen, die außerhalb der
gemeinsamen Kommandostrukturen stünden.[36] Interne Querelen über
die Teilnahme an der von den Vereinten Nationen einberufenen Konfe-

renz Genf II über Syrien führten im Januar 2014 schließlich dazu, dass
sich der SNC von der Nationalkoalition abspaltete.

Die Türkei musste sich auch mit dem Widerstand des Iran auseinandersetzen. Die Islamische Republik hatte den Arabischen Frühling
begrüßt, ihn als »Islamisches Erwachen« bezeichnet und Geld, Waffen,
Ausbildung, Beratung und Personal zur Verfügung gestellt, um Assad aus
dem Amt zu treiben. Nun mischte sich auch die mit dem Iran verbündete Hisbollah in die Auseinandersetzung ein und eroberte einige Gebiete wieder zurück, darunter die Stadt Kussair an der libanesischen
Grenze. Die Operation wurde von Qasem Soleimani befehligt, dem
Kommandeur der Quds-Einheiten, die zur iranischen Revolutionsgarde
gehörten. Teheran bestritt derartige Ziele und ließ sich nicht auf eine
direkte Konfrontation mit den Türken ein. Erdoğan wiederum sorgte
dafür, dass die Gesprächskanäle zu den Iranern geöffnet blieben. Im
Juni 2014 besuchte der iranische Präsident Rohani die Türkei, der erste
Besuch eines iranischen Präsidenten seit fast zwei Jahrzehnten. Im Gegensatz zu Saudi-Arabien und seinen Verbündeten am Golf begrüßte
die Türkei das Nuklearabkommen, den »Joint Comprehensive Plan of
Action« (JCPOA), der vom Iran und den sogenannten P5+1 (den fünf
ständigen Mitgliedern des UN-Sicherheitsrates USA, Russland, Frankreich, Vereinigtes Königreich und China sowie Deutschland) unterzeichnet wurde.[37]

Beziehungen zum Westen

Die Türkei rechnete damit, dass die Vereinigten Staaten und ihre westlichen Verbündeten letztendlich militärisch intervenieren und eine Flugverbotszone nach dem Vorbild des Nordiraks nach 1991 und Libyens
2011 verhängen würden.[38] Ohne seine Luftstreitkräfte würde das Assad-
Regime seinen Vorteil gegenüber den Rebellen nicht mehr nutzen können, die dadurch in die Lage versetzt würden, ihre Geländegewinne südlich der türkisch-syrischen Grenze zu konsolidieren. Washington stand
derartigen Plänen zweifellos aufgeschlossen gegenüber. Hillary Clinton

beispielsweise begrüßte diese Idee, nicht nur als Außenministerin bis
Februar 2013, sondern auch während ihres Präsidentschaftswahlkampfs
2015–2016. Doch die Regierung Obama zögerte, da sie eine schlei-
chende Ausweitung des Einsatzes und womöglich ein zeitlich unbegrenz-
tes Engagement in Syrien befürchtete. Der Außenpolitikexperte Ömer
Taşpınar bemerkte ironisch, das Blatt habe sich gewendet. Im Irak 2003
habe die Türkei mit nicht geringer Konsternation von den USA eine Antwort auf die Frage »Was kommt nach dem Regimewechsel?« verlangt.
Ein Jahrzehnt danach seien es die Vereinigten Staaten, die nun ihren türkischen Gesprächspartnern diese Frage stellten.[39]

In Syrien eine Flugverbotszone durchzusetzen, stellte zweifellos eine
große Herausforderung dar. Die syrische Luftabwehr, die dank des Im-
ports russischer S-300-Boden-Luft-Raketen sowie anderer Systeme mit
geringerer Reichweite teilweise modernisiert worden war, befand sich in
besserem Zustand als die Libyens. Jedenfalls war das die Annahme, von
der westlichen Experten damals ausgingen, um die Untätigkeit ihrer Regierungen zu rechtfertigen.[40] Moskau hatte 2010 mit dem Assad-Regime
ein Abkommen über die Lieferung des S-300 Flugabwehrraketensystems
mit längerer Reichweite geschlossen. Damaskus zeigte damit seine Entschlossenheit, sich gegen die Türkei zu wehren: Im Juni 2012 und im
November 2013 schoss seine Luftwaffe türkische Aufklärungsflugzeuge
ab; die Syrisch-Arabische Armee soll auf drei türkische F-16-Jets ge-
schossen haben, die über die Provinz Hatay (also im türkischen Luftraum) flogen.[41] Auch waren im Oktober 2012 fünf türkische Soldaten in
der Grenzstadt Akçakale durch Granatenbeschoss ums Leben gekommen. Assad machte klar, dass eine Intervention kostspielig werden würde,
eine Botschaft, die in einer türkischen Gesellschaft, die einer weiter-
gehenden Verwicklung in den Konflikt kritisch gegenüberstand, Besorgnis auslöste.

Dennoch führten die Maßnahmen des Assad-Regimes die Türkei wieder enger mit ihren westlichen Verbündeten zusammen. Im Dezember
2012 genehmigte die NATO den USA, Deutschland und den Niederlanden die Stationierung von Patriot-Raketen auf dem Luftstützpunkt

İncirlik. Die türkische Regierung begrüßte die Maßnahme. Ein weiterer
Schritt in diese Richtung waren die erfolgreichen Bemühungen Großbritanniens und Frankreichs im Mai 2013, das gegen die gemäßigten syrischen Oppositionsgruppen (darunter auch die FSA) verhängte Waffenembargo der EU aufzuheben.[42]

Der Honeymoon ging jedoch ziemlich schnell wieder zu Ende, als Obama sich weigerte, mit Luftschlägen auf den von Assad befohlenen Einsatz von Chemiewaffen in Ghuta, einem Vorort von Damaskus, zu reagieren, durch den Hunderte Zivilisten ums Leben gekommen waren. Das
Versagen, die von Obama selbst gezogene Rote Linie tatsächlich zu verteidigen, sowie der Last-Minute-Deal mit Wladimir Putin, durch den
Assad dazu verpflichtet wurde, sein Arsenal an Chemiewaffen zu überge-
ben, war für die Türkei ein Weckruf. Denn diese Vorgänge widerlegten
die Annahme, dass die USA nach den Präsidentschaftswahlen vom November 2012 eine härtere Gangart einschlagen würden – wie die türkische Regierung der syrischen Opposition gegenüber behauptet hatte.
John Kerry, der Nachfolger Hillary Clintons im Außenministerium,
setzte auf Verhandlungen mit den internationalen Unterstützern Assads.
Die USA wollten jedoch immer noch den Sturz des Regimes erreichen.
So etwa genehmigte Obama Ende 2012 ein von der CIA durchgeführtes
Programm namens »Timber Sycamore«, durch das Waffen an überprüfte Milizeinheiten geliefert wurden. Dennoch stellte der Sturz Assads
für die Obama-Administration keine Priorität dar, da sie nach einem
Ausweg aus ihrer Verwicklung im Nahen Osten suchte. Hatte der syrische
Bürgerkrieg Erdoğan und die USA ursprünglich zusammengeführt, so
riss er nun die Kluft zwischen ihnen wieder auf – die in den folgenden
Jahren durch den Aufstieg des ISIS und der kurdischen Milizen noch tiefer werden sollte.

RADIKALISIERUNG

Von Ende 2012 an sah sich die Türkei mit dem anscheinend unaufhaltsamen Aufstieg der radikal-islamistischen Milizen konfrontiert. Die FSA
hatte es nicht geschafft, alle bewaffneten Oppositionskräfte unter einer
einzigen Kommandostruktur zu vereinen; sie blieb kaum mehr als eine
lose Ansammlung verstreuter, lokal verwurzelter Gruppierungen, von
denen einige sich weigerten, die Befehlsgewalt des Obersten Militärrats
anzuerkennen. Die größte Stärke des Aufstands, seine Verbindung mit
den Gemeinden und Netzwerken vor Ort, erwies sich zugleich als seine
größte Schwäche.[43] Die Gruppierungen konkurrierten auch miteinander
und wetteiferten um Unterstützung aus dem Ausland.[44] Waffen und Geld
flossen sowohl aus staatlichen als auch aus privaten Quellen in Katar,
Saudi-Arabien, Kuwait oder Bahrain. Der Aufstand nahm allmählich
sektiererische Züge an, wobei das von der Religionsgemeinschaft der Alawiten gestützte Assad-Regime und der Iran als Feinde der Sunniten ge-
brandmarkt wurden. Für Assad war das ein symbolischer Coup, da er von
Anfang an den Konflikt als Kampf gegen die vom Ausland unterstützten
radikalen Islamisten und Terroristen bezeichnet hatte. Aber natürlich
hatte das Regime selbst keine Probleme damit, sich um Unterstützung
durch die Hisbollah und den Iran zu bemühen und damit auch selbst den
Sektarismus zu schüren.

Auch Erdoğan huldigte dem Sektarismus und versuchte, ihn innenpolitisch zu instrumentalisieren. Bei verschiedenen Anlässen bezeichnete
er explizit die türkischen Aleviten, eine lose mit den Alawiten (oder
Nusairiern) in Syrien verwandte Gemeinschaft, die in der Türkei allerdings auf der linken Seite des politischen Spektrums steht, als Partisanen
Assads, der selbst Alawit ist. Und er ließ keine Gelegenheit aus, die von
der CHP und ihrem Vorsitzenden Kemal Kılıçdaroğlu (einem Aleviten)
artikulierte Kritik an der Politik der türkischen Regierung im Syrienkrieg
anzuprangern, wobei er erneut das Narrativ »Sunniten gegen Aleviten«
bemühte.[45]

Dieser Teufelskreis stärkte wiederum die al-Nusra-Front (*Dschabhat an-Nusra),* ein Mitte der 2000er-Jahre im Irak entstandener Ableger des sunnitischen Aufstands, der sich inzwischen bis ins nördliche Syrien ausgebreitet hatte. Al-Nusra, eine für ihre Disziplin und Kampfkraft auf dem Schlachtfeld bekannte Terrormiliz, gewann auf Kosten der FSA an Stärke und verdrängte Gruppierungen wie die al-Tawhid-Brigade, die mit der Muslimbruderschaft und Katar verbunden war. Al-Nusra zog Rekruten aus anderen Gruppierungen an sich, aber auch aus der weiteren Region und sogar aus Westeuropa und dem ehemals sowjetischen Raum. Ins Rampenlicht der Öffentlichkeit geriet die Miliz durch ihr Treuegelöbnis auf das globale Terrornetzwerk al-Qaida.

Obwohl al-Nusras Schwerpunkt in Syrien lag, brachte sich die Organisation durch ihren Fokus auf den globalen Dschihad unvermeidlich in Gegnerschaft zu den Vereinigten Staaten. Im Dezember 2012 setzte die Obama-Administration die Gruppierung, die zu diesem Zeitpunkt ungefähr 10 000 Kämpfer umfasste, auf die Liste terroristischer Organisationen. Die türkische Regierung war darüber alles andere als erfreut. Nuh Yılmaz zufolge, der dem Thinktank SETA und später dem Nachrichtendienst MİT angehörte, war »Ankara verärgert über die Entscheidung Washingtons, die effektivste Rebellenstreitkraft auf die Liste internationaler Terrororganisationen zu setzen. Türkische Regierungsvertreter sahen darin eine Schwächung der Opposition und eine Stärkung des Narrativs des Assad-Regimes«. Al-Nusra kooperierte mit der Freien Syrischen Armee (FSA) gegen das Regime und bekämpfte kurdische Milizen östlich des Euphrat, was für Ankara Grund genug war, al-Nusra zu tolerieren und sogar zu unterstützen, etwa indem man der Miliz während der Offensiven gegen die syrischen Kurden Zugang auf türkisches Gebiet gestattete. Aus diesem Grunde merkte Yılmaz 2013 an, dass sich »beim Endspiel um Syrien weitere Spannungen zwischen Ankara und Washington ergeben« könnten.[46] Seine Vorhersage traf genau zu.

Nach der »Rote-Linie«-Krise im August und September 2013 stellten sich die Türkei wie auch bestimmte Golfstaaten offener auf die Seite der salafistischen Milizen, die zwar nicht der FSA angehörten, die aber gleichwohl in der Lage waren, dem Assad-Regime auf dem Kriegsschau-

platz größeren Schaden zuzufügen. Sie verbündeten sich mit der Islamischen Front, einer Koalition mächtiger salafistischer Milizen wie Ahrar
al-Scham und Dschaisch al-Islam, die im Dezember 2013 das FSA-
Hauptquartier an der türkischen Grenze im Gouvernement Idlib über-
rannten. Ahrar al-Scham wurde zum bevorzugten Partner Ankaras und
zugleich ein Gegengewicht zu den Dschihadisten, obwohl auch diese
Gruppe manchmal Seite an Seite mit den Dschabhat-al-Nusra-Einheiten
kämpfte. Aber diese Strategie zahlte sich nicht aus. Bis 2014 hatte sich der
syrische Krieg in einer Pattsituation festgefahren. Keine Seite, weder Assad und seine Verbündeten Iran und Hisbollah, noch die Streitkräfte der
Aufständischen, die von der Türkei und anderen sunnitischen Mächten
unterstützt wurden, waren noch in der Lage, den entscheidenden Sieg zu
erringen.

Infolge dieser ausweglosen Situation gewannen die Dschihadisten an
Stärke. Während die türkischen Partner in Syrien die al-Nusra-Milizen
zügeln und mit ihr koexistieren konnten, bewirkte nun der Aufstieg des
ISIS eine Verschiebung des Kräfteverhältnisses. Ähnlich wie al-Nusra war
der ISIS ein Ableger von al-Qaida im Irak, der ursprünglichen Basis der
Organisation, trennte sich jedoch schon bald von der Hauptorganisation
und rief ein weltweites Kalifat unter ihrem Führer Abu Bakr al-Baghdadi
aus.[47] Die Eroberung der irakischen Stadt Mossul im Juni 2014 machte
die ISIS, die sich kurz danach in »Islamischer Staat« (IS) umbenannte,
zur vorherrschenden dschihadistischen Gruppierung. Der IS eroberte
ein großes Arsenal von den USA gelieferter Waffen sowie harte Wäh-
rungsreserven, die in den Tresoren der lokalen Filiale der irakischen
Nationalbank verwahrt wurden. Nun kontrollierte der IS ein riesiges
Gebiet, das sich von den Außenbezirken Bagdads im Irak bis hin zum
Gouvernement Homs in Syrien erstreckte, einschließlich der ölreichen
Provinz Deir al-Zor im Osten des Landes. Durch den geschickten Einsatz der Sozialen Medien (einschließlich grausamer Videos von Massen-
erschießungen und Enthauptungen) erlangte der IS recht schnell einen
weltweit hohen Bekanntheitsgrad, was seine Rekrutierungsbemühungen
begünstigte.

Für die Türkei war der IS eine schlechte Nachricht. Seine radikale Ideologie und Brutalität bestätigten Assads Narrativ. Obwohl der IS Druck auf das Assad-Regime ausübte, kämpfte er auch gegen die FSA und die mit Ankara verbündeten salafistischen Milizen. Und nicht nur das: In Mossul entführten IS-Trupps 49 Mitarbeiter des türkischen Konsulats, darunter auch den Generalkonsul Öztürk Yılmaz.[48] Bald sickerte das Gerücht durch, dass die Dschihadisten ein Zellennetzwerk auf türkischem Boden aufgebaut hätten, das es ihnen ermögliche, Kämpfer anzuwerben, Geld- sowie Waffentransfers zu organisieren und illegal Öl zu exportieren. Diese Netzwerkzellen des IS aktivierten sich 2015–2016 mit einer Reihe tödlicher Angriffe, die am 10. Oktober 2015 in einem Bombenanschlag auf eine Friedenskundgebung vor dem Hauptbahnhof von Ankara gipfelten, bei dem 109 Menschen getötet und mehr als 500 verletzt wurden.[49] Schließlich fasste der IS auch die AKP und Erdoğan ins Visier, die von der IS-Propaganda als Glaubensabtrünnige bezeichnet wurden.

Doch die Türkei sah im IS keine existenzielle Bedrohung. *Daesch* – das arabische Akronym für den Islamischen Staat im Irak und in der Levante, eine weitere, vom IS selbst abgelehnte Bezeichnung – wurde eher als Symptom denn als Wurzel der syrischen Tragödie eingeschätzt, deren Hauptschuldiger Assad mit seiner brutalen Taktik der verbrannten Erde sei.[50] Als die Obama-Administration nach dem Fall von Mossul eine Anti-IS-Koalition zusammenbrachte, zögerte Ankara mit seiner Entscheidung über eine Beteiligung der Türkei. Und als die Operation *Inherent Resolve* (die militärische Intervention der USA gegen die Terrormiliz)[51] anlief und die Verbündeten Luftangriffe auf die Stellungen der Dschihadisten im Irak und in Syrien durchführten, gab Ankara nur widerwillig die Erlaubnis, den Luftwaffenstützpunkt İncirlik zu benutzen. Als Vorwand nannte Ankara den Umstand, dass seine Diplomaten vom IS noch immer als Geiseln gehalten würden. In Wirklichkeit verhandelte Ankara jedoch über eine Ausweitung der Operation. Erdoğan trug vier Forderungen vor: »Wir werden mit derselben Überzeugung gegen den IS kämpfen wie bisher, aber wir stellen gewisse Bedingungen. Erstens: Es muss eine Flugverbotszone verhängt werden. Zweitens: Es muss eine Pufferzone [innerhalb Syriens] festgelegt werden. Drittens: Wir müssen [die Kämpfer der Opposition] ausbilden. Viertens: Das syrische Regime muss ins Visier genommen werden.«[52] Ja, die USA mochten eine gemeinsame Initiative mit der Türkei schmieden, aber nur zu den türkischen Bedingungen.

AUFSTAND DER KURDEN

Das Kalkül der Türkei spiegelte das wachsende Gewicht der syrischen Kurden wider. Im Juli 2012 zog sich das Assad-Regime weitgehend aus den Grenzregionen im nordöstlichen Syrien zurück, um seine Kräfte an anderen Fronten zu bündeln. In die entstandene Lücke stieß nun die (syrisch-kurdische) Demokratische Unionspartei (Partiya Yekitiya Demokrat, PYD), die sich dem Programm der kurdischen Selbstverwaltung verschrieben hatte, das von PKK-Führer Abdullah Öcalan vertreten wurde und das die Neuorganisation der Staaten im Nahen Osten nach föderalen Prinzipien vorsah.[53] Ankara, das seit den 1980er-Jahren in den Kampf mit der PKK verwickelt war, fühlte sich durch den Machtgewinn der PYD provoziert. Im Juli 2013 erklärten die Kurden die Autonomie Rojavas (eine Ableitung von *Rojavaya Kurdistanê*, Westliches Kurdistan). Das Gebiet umfasste drei Gebietseinheiten (»Kantone«) an der syrisch-türkischen Grenze: Cizîrê/Jazira im östlichen Teil, Kobanê sowie Efrîn/Afrin im Nordwesten, das sich zwischen Aleppo und Idlib zwängte. Was noch schlimmer war: Die PYD ging eine *ad hoc*-Kooperation mit dem Assad-Regime ein, welches nur allzu erfreut war, eine weitere Front gegen die Opposition eröffnen zu können.[54] In der Stadt Qamischli (Kanton Cizîrê) blieb ein kleines Kontingent der Syrisch-Arabischen Armee stationiert. Außerdem lehnten es die Kurden ab, sich der Syrischen Nationalkoalition anzuschließen, die sie als dem arabischen Nationalismus und/oder der Muslimbruderschaft verbunden betrachteten.

Aus türkischer Perspektive konnten al-Nusra und folglich auch der ISIS dazu beitragen, die PYD unter Kontrolle zu halten. Im November 2012 griffen al-Nusra-Einheiten gemeinsam mit Gruppierungen der FSA von türkischem Territorium aus die Volksverteidigungseinheiten (YPG) an, des militärischen Arms der PYD. Der Angriff erfolgte in der Stadt Ra's al-ʿAin (Kurmandschi: Serêkaniyê). Bis Anfang 2014 kontrollierte der ISIS bereits Enklaven zwischen den drei von den Kurden beherrschten Kantonen und rückte gegen die YPG vor.

Die türkischen Behörden ergriffen konkrete Maßnahmen, um der YPG das Leben schwer zu machen. So schlossen sie die Grenzübergänge zwischen Nusaybin und Qamischli, Ceylanpınar und Serêkaniyê/Ra's al-ʿAin/Serêkaniyê, Mürşit Pınar und Kobani/Ain al-Arab. Die FSA blockierte Afrin, während die Regionalregierung Kurdistans, ein weiterer Verbündeter Ankaras, im Juli 2012 die Grenze zum Nordirak abriegelte. Nursel Aydoğan, damals eine Parlamentsabgeordnete der türkischen prokurdischen »Partei des Friedens und der Demokratie« (BDP), erklärte: »Barzani will wahrscheinlich die Entwicklung der (kurdischen) Einheit in Rojava hinauszögern und wird Erdoğan dabei um Hilfe bitten ... All das beweist, dass Barzani die Entwicklungen als mit [seinen] Interessen nicht übereinstimmend ansieht und versucht, die kurdischen Errungenschaften [in Rojava] zu behindern oder vielleicht aufzuhalten. Die syrischen Kurden stimmen nicht mit Barzani überein. Öcalancs Linie dominiert bei 80 bis 90 Prozent [der syrischen Kurden].«[55]

Doch die Türkei tat sich auch mit den syrischen Kurden zusammen. Im Juli 2012 billigte Ankara eine in Idlib ausgehandelte Einigung zur Gründung des Kurdischen Nationalrats (KNC), eines Oppositionsbündnisses aus 14 kurdischen Parteien in Syrien, de facto eine Vereinbarung zur Aufteilung der Macht zwischen der PYD und Pro-Barzani-Gruppierungen im Nordosten Syriens.[56] Aber der Deal geriet ins Wanken, als die PYD/YPG ihre Konkurrenten aus Rojava vertrieb. Doch dann eröffnete der kurdische Friedensprozess, den die türkische Regierung und Abdullah Öcalan im März 2013 eingeleitet hatten, neue Möglichkeiten. Im Juli 2013 besuchte Salih Muslim, der Co-Vorsitzende der PYD, zunächst

Istanbul und reiste im Oktober 2014 auch nach Ankara, um dort mit Ministerpräsident Ahmet Davutoğlu zu konferieren.[57] Die Türken wollten Muslim dazu bewegen, sich der FSA im Kampf gegen Assad anzuschließen.

Die Konfrontation der Volksverteidigungseinheiten YPG (also des bewaffneten Arms der PYD) mit dem ISIS in Kobani im Herbst 2014 war ein Wendepunkt. Sie heizte den kurdischen Nationalismus auf beiden Seiten der Grenze an und veranlasste Dutzende Freiwillige aus der Türkei, sich an den Kämpfen zu beteiligen, die sie als Kurdistans Stalingrad ansahen. Die Episode vertiefte jedoch auch das Misstrauen der Kurden gegenüber Ankara, weil die türkischen Streitkräfte tatenlos zusahen, wie der ISIS die Grenzstadt einkesselte und die schwarze Flagge des Kalifats hisste. Überall in der Türkei kam es vom 6. bis zum 8. Oktober 2014 zu Protesten, bei denen 42 Menschen starben. Erst gegen Ende Oktober gestattete die Türkei der Peschmerga, den Streitkräften der Autonomen Region Kurdistan, schwere Waffen sowie Truppenverstärkungen der FSA über die Grenze zu schaffen; der Kampf tobte zu diesem Zeitpunkt bereits seit vier Wochen.

Das entscheidendste Ereignis war jedoch die Allianz, die zwischen den syrischen Kurden und den Vereinigten Staaten besiegelt wurde und die nun auch die amerikanischen Luftstreitkräfte gegen den ISIS entfesselte. Die Regierung Obama hatte sich mit den Volksverteidigungseinheiten YPG verständigt, da diese die auf den Kampf gegen das Kalifat am besten vorbereitete Streitmacht auf dem Kriegsschauplatz waren. Obwohl die amerikanischen Behörden die PKK auf der Liste terroristischer Organisation führten, behandelten sie die PYD/YPG als eigenständige Einheit. Die Kurden, die früher als Underdogs der Region gegolten hatten, ergriffen die Gelegenheit und warben im Westen um Sympathie. Das gelang ihnen in der Tat durch ihren heldenhaften Widerstand in Kobani, als Bilder von YPG-Kämpferinnen die öffentliche Aufmerksamkeit rund um den Globus fesselten.[58] Während der kurdische Nationalismus an Ansehen gewann, sah sich Ankara allmählich im Hintertreffen. Die Entscheidung der Obama-Administration, sich mit der PYD anzufreunden, zog den mit der Türkei verbündeten Milizen gewissermaßen den Teppich unter den Füßen weg, die in das im September 2014 vereinbarte Ausbildungs- und Ausrüstungsprogramm des Pentagon (»Train and Equip«) aufgenommen worden waren, das dem Aufbau einer syrischen oppositionellen Bodentruppe dienen sollte. Das oberste Ziel der Kurden war nicht die Entmachtung Assads, sondern die Festigung und Sicherung ihrer Kontrolle in Rojava. »Man kann diese Situation nicht allein in Kobani lösen«, erklärte Erdoğan Mitte Oktober 2014. »In Syrien gibt es viele Kobanis. Geht es heute um Kobani, kann es morgen um Aleppo, Hasakah und Mossul gehen.«[59]

Anfang 2015 nahmen die türkischen Bedenken noch weiter zu, als die YPG vom IS den gesamten Kanton Kobani zurückeroberte und nun bereit schien, mit Luftunterstützung durch die USA und deren Verbündete in das Gebiet westlich des Euphrat vorzurücken. Dieses Albtraum-Szenario sah eine Landbrücke nach Afrin vor, wodurch die türkisch-syrische Grenze unter kurdische Kontrolle geraten wäre. Mitte Juni 2015 nahm die YPG Tall Abyad ein und verband so die Kantone Kobani und Cizîrê/Jazira miteinander.[60] Als Reaktion auf diese Entwicklungen gab der Nationale Sicherheitsrat der Türkei am 6. Juli eine Erklärung heraus, wonach der Euphrat für die Türkei eine »rote Linie« darstelle, deren Verletzung eine militärische Intervention der Türkei sowohl gegen die YPG als auch gegen den IS auslösen könne, die demzufolge als die beiden Seiten derselben Medaille betrachtet wurden. Ministerpräsident Ahmet Davutoğlu argumentierte, mit dieser Entscheidung wolle man verhindern, dass ein *fait accompli* geschaffen werde und dass möglicherweise eine Pufferzone im Norden des Gouvernements Aleppo, westlich des Euphrat, eingerichtet werden könne. Die Spannungen nahmen noch weiter zu, als am 20. Juli 2015 durch einen vom IS verübten Bombenanschlag in der türkischen Stadt Suruç, die dem syrischen Kobani gegenüberliegt, 32 linksgerichtete Aktivisten getötet wurden. Zwei Tage danach erschoss eine radikale Splittergruppe der PKK zwei Polizisten in Ceylanpınar, das in der Nähe von Ra's al-ʿAin/Serêkaniyê liegt. So bewirkte der Syrienkonflikt im Grunde auch das Ende des kurdischen Friedensprozesses in der Türkei selbst (siehe hierzu auch Kapitel 7).

SYRIEN TRIFFT DIE TÜRKEI INS MARK

Die Kurdenfrage zeigte, dass sich Syrien für die Türkei von einem außenpolitischen in ein innenpolitisches Problem verwandelte. Der Krieg veränderte in der Tat nicht nur die türkische Politik, sondern auch die Gesellschaft. Dafür gibt es kein besseres Beispiel als die Millionen Syrer, die
während der frühen 2010er-Jahre in die Türkei flüchteten.

Schon gleich nach dem Ausbruch des Krieges waren die ersten Flüchtlinge über die Grenze gekommen, wobei sie die damals geltende Visumsfreiheit nutzen konnten. Im September 2011 lebten 7500 Flüchtende
über sechs Lager verteilt. Bis Mitte 2013 war ihre Zahl auf über 400 000
angestiegen[61] und erreichte am Ende des Jahrzehnts sage und schreibe
3,5 Millionen. Wohlhabende Syrer der Mittelschichten ließen sich in
Istanbul nieder. Wer weniger begütert war, suchte in den grenznahen
Flüchtlingslagern Schutz. Die große Mehrheit der Ankömmlinge waren
Sunniten, weshalb konservative Basisbewegungen, die mit der AKP sympathisierten, und auch fromme Wohlfahrtsorganisationen starke Solidaritätsgefühle bekundeten. Aber auch liberale Türken empfanden Mit-
gefühl für die humanitäre Notlage der Syrer. Der türkische Staat griff ein,
sorgte für Unterkünfte und Gesundheitsdienste und integrierte die
Flüchtlingskinder in das Schulsystem. Gleichzeitig verweigerte die Türkei den Syrern jedoch den Flüchtlingsstatus und politisches Asyl nach
internationalem Recht. Gegenüber der Flüchtlingskonvention der Vereinten Nationen von 1951 hatte Ankara einen geografischen Vorbehalt
geltend gemacht, wonach die Türkei nur verpflichtet ist, die Konvention
auf Flüchtlinge anzuwenden, die aus Europa kommen, so dass Ankömmlinge aus den Nahen Osten ausgeschlossen blieben. Die türkischen Behörden gewährten daher den Syrern nur einen sogenannten »vorüberge-
henden Schutz« als Besucher, die eines Tages wieder in ihr Heimatland
zurückkehren müssten.

Doch obwohl den Flüchtenden in ihrem neuen Aufenthaltsland kein
legaler Status zugestanden wurde, war ihre Anwesenheit schon bald unübersehbar, beispielsweise indem sie sich in der Schattenwirtschaft betä-

tigten. Im Laufe der Zeit schürte dies den Unmut bei den Einheimischen, vor allem angesichts der wirtschaftlichen Schwierigkeiten, in die die Türkei gegen Ende der 2010er-Jahre geriet. Die Türken begegneten den Syrern nun im Alltag mit unverhüllter Ablehnung, was an den Umgang mit anatolischen Gastarbeitern in Westeuropa in früheren Zeiten erinnerte. Einem Bericht der International Crisis Group zufolge verdreifachte sich die Zahl gewaltsamer Übergriffe von Einheimischen auf syrische Flüchtlinge in der zweiten Jahreshälfte 2017 im Vergleich zu 2016. In Istanbul, Ankara und Izmir – Städte, die ohnehin unter großer sozialer Ungleichheit litten – kam es zu einer drastischen Zunahme ethnischer Rivalitäten zwischen den arabischen Neuankömmlingen und den einheimischen Türken und Kurden.[62] Im Jahr 2020 glaubten zwei Drittel der türkischen Bürgerinnen und Bürger, dass sich durch die Flüchtlinge die öffentlichen Dienstleistungen verschlechterten, und 82 Prozent waren überzeugt, dass zwischen den Syrern und der einheimischen Bevölkerung keine kulturellen Verbindungen bestünden.[63] Eine überwältigende Mehrheit befürwortete ihre Segregation in Flüchtlingslagern oder ihre Rückführung nach Syrien. Diese Gegenreaktion auf die Flüchtlingskrise mag teilweise die Stimmenzuwächse erklären, welche die türkische Opposition bei den Kommunalwahlen von 2019 gegenüber der regierenden AKP erzielte.

In der Grenzregion waren Spannungen nichts Neues. Die Provinz Hatay, in der die Alawiten – eine heterodoxe Sekte, der auch die Familie Assad angehört – einen beträchtlichen Teil der Bevölkerung ausmachen, war dafür ein typisches Beispiel. »Sie laufen mit ihren langen Bärten herum und sehen aus wie al-Qaida«, erklärten Einheimische in Hatay einem westlichen Forscher. »Ich habe gehört, wie sie türkischen Aleviten sagten, ›Nach Baschar seid ihr die Nächsten!‹«[64]

Die Regierung versuchte schon frühzeitig, den Zustrom von Flüchtenden aus Syrien einzudämmen. Im März 2015 schloss sie sämtliche Grenzübergänge; nur genehmigte Warentransporte durften die Grenze in beide Richtungen überqueren. 2018 schloss die Staatliche Wohnungsbaubehörde (*Toplu Konut İdaresi Başkanlığı*, TOKİ) die Arbeiten an einem 564 Kilometer langen Grenzzaun ab, der durch die Provinzen Hatay,

Kilis, Gaziantep, Şanlıurfa, Mardin und Şırnak führte. Die EU begrüßte natürlich die Maßnahmen Ankaras, da sie der Politik der offenen Tür ein Ende setzte – schließlich mussten auch die anderen Länder Europas mit zahlreichen Asylsuchenden fertigwerden, die aus der Türkei bei ihnen ankamen. In gewisser Weise nahm damit der Deal bereits Gestalt an, den Ministerpräsident Davutoğlu und die europäischen Führer dann im März 2016 aushandelten. Auf der Verliererseite standen die syrischen Zivilisten, die in den von der Opposition gehaltenen Gebieten festsaßen und dort den Angriffen der Pro-Assad-Streitkräfte ausgeliefert waren.

In der Vergangenheit hatte sich die Türkei dem Nahen Osten auf drei Wegen genähert: durch Eindämmung, durch Engagement und durch Expansion. Das türkische Militär bevorzugte die erste Option. Özal und, in den Jahren vor dem Arabischen Frühling, auch die AKP entschieden sich für diplomatisches, wirtschaftliches und kulturelles Engagement, aber auch für eine Türkei als Vorbildunktion. Beide Strategien erwiesen sich als erfolgreich, wenn auch nicht in vollem Umfang. Der Krieg in Syrien hingegen zeigte die Grenzen einer direkten Einmischung in die Angelegenheiten anderer Länder. Statt den Nahen Osten und Nordafrika nach eigenem Vorbild zu verändern, sah sich die Türkei nun den politischen Turbulenzen ausgesetzt, die von der Region ausgingen. Dafür sind die Kurdenfrage, der ISIS und das Flüchtlingsproblem die besten Beispiele.

Das ist auch der Grund, warum sich die Zielsetzungen der Türkei in Syrien nach 2015 änderten. Statt sich auf die Entmachtung Assads zu konzentrieren, verlagerte Ankara nun seine Aufmerksamkeit darauf, die PYD/YPG einzudämmen, die jenseits der Grenze immer mehr an Boden gewann. Diese Kehrtwende wurde durch das Eingreifen Russlands in den Krieg vollendet, womit wir uns in Kapitel 8 näher befassen werden. Durch diese Entwicklungen erlitten die türkisch-amerikanischen Beziehungen schwere Schäden; bisher gibt es keine ernsthaften Anzeichen für eine baldige Erholung.

Ein weiteres Ergebnis ist die Hinwendung der Türkei zu einer robusteren Außenpolitik, die sich auf die Demonstration sogenannter »harter

Macht« stützt. Im Nachhinein betrachtet, haben die Rückschläge in Syrien und in anderen Nahostländern nicht zu einer Politik der Selbstbeschränkung geführt. Ganz im Gegenteil: Sie veranlassten Erdoğan sogar dazu, sich noch stärker einzumischen und mehrere Interventionen im Ausland auszulösen, angefangen von Syrien über Libyen im Jahr 2019 bis hin zum Südkaukasus. Aber all das wurde erst möglich, nachdem er seine Macht im Inland gefestigt hatte, wie wir in den beiden folgenden Kapiteln darlegen werden.

6

ERDOĞAN SETZT SICH DURCH

»Demokratie beschränkt sich nicht auf die Wahlurne.« Die Worte von Staatspräsident Abdullah Gül sprachen unmittelbar die Ängste mancher Türken an, nachdem die AKP als erste Partei bei den Parlamentswahlen im Juni 2011 eine dritte Amtszeit gewonnen hatte. Von einem Außenseiter hatte sich Erdoğans Partei dank ihrer treuen Wählerschaft zur »natürlichen Regierungspartei« entwickelt, wie man es in der westeuropäischen politischen Terminologie ausdrücken würde. Für ihren charismatischen Führer verkörperte die AKP den Geist der Demokratie. Seine Kritiker waren diesbezüglich anderer Meinung. Der erste Platz bei den Wahlen war in ihren Augen keine Rechtfertigung für die Abschaffung der verfassungsmäßigen Gewaltenteilung. Die Kulturkämpfe der 1990er- und 2000er-Jahre, die über die Bedeutung des Sicherheitsdenkens und den Platz des Islams im öffentlichen Leben geführt wurden, waren einer anderen Debatte gewichen, nämlich der Frage, was ein gesundes demokratisches Regierungssystem ausmacht. Das Militär in die Kasernen zurückzuschicken, war ein Ziel, dem die Mehrheit der Bürger, mit Ausnahme eines radikalen kemalistischen Randes, zustimmen konnte. Zum Zankapfel wurde jedoch die Gängelung durch die Exekutive, wobei die Gerichte, der öffentliche Dienst und die Medien die Hauptverantwortung trugen. Erdoğans Gegner befürchteten, dass die Türkei, anstatt sich zu einer »fortgeschrittenen Demokratie« *(ileri demokrasi)* zu entwickeln, in einen Autoritarismus neuer Art zurückfallen würde.

Güls Botschaft deutete darauf hin, dass die Türkei jenen Punkt, an dem es kein Zurück mehr gibt, bislang noch nicht überschritten hatte. Das Problem war allerdings, dass dies nur wenige zu interessieren schien. Ab dem Sommer 2013, als er seine Stimme erhob, wurde der Staatspräsident allmählich ins Abseits gedrängt. Seine Partei, die AKP, schien nun fast vollständig unter Erdoğans Einfluss zu stehen. Anhänger der Republikanischen Volkspartei (CHP) sprachen in Bezug auf Gül abfällig vom »Notar Çankaya«, der die im Büro des Ministerpräsidenten gefassten Beschlüsse absegnete. Die Liberalen, die einst mit dem sanftmütigen Gül und seiner Vision der AKP als einer großen übergreifenden Bewegung sympathisiert hatten, waren ernüchtert und demoralisiert. Die Demonstrationen auf und um den Istanbuler Taksim-Platz, die Anlass für Güls Äußerungen im Sommer 2013 waren, wurden mit Tränengas und Polizeiknüppeln niedergeschlagen. Die westlichen Experten, die oberflächliche Analogien zum Arabischen Frühling zogen, lagen daneben. Der Widerstand der Großstädter gegen Erdoğan war vergeblich. Die Regierung erstickte die Proteste unerbittlich. Bei den darauffolgenden Kommunal- und Präsidentschaftswahlen im Jahr 2014 blieb der AKP jedoch eine Quittung erspart. In etwas mehr als einem Jahr rückte Gül – ein Mitbegründer der AKP, der sich einstmals mit Erdoğan den Spitzenplatz teilte – in den Hintergrund. Der konsensuale Politikstil, den er verkörperte, hatte in einem Land, das in unversöhnliche Gruppen gespalten war, längst an Bedeutung verloren.

Die Geschichte der zweiten und dritten Amtszeit der AKP (2007– 2015) wurde dadurch geprägt, wie ein machiavellistischer Führer die Macht an sich riss und institutionelle Beschränkungen, die seinen ungezügelten Ehrgeiz bremsten, aus dem Weg räumte. Erdoğan verwandelte sich im Sommer 2013 nicht auf wundersame Weise von einem vorbildlichen Demokraten in einen Putin-ähnlichen Politiker. Er hatte sich über Jahre hinweg in diese Richtung entwickelt. Die Episode um den Gezi-Park machte offenkundig, dass die türkische Demokratie nach einer Phase der Konsolidierung in einen Erosionsprozess überging. Es gab keine Hemmnisse oder Begrenzungen, die den Führer des Landes noch hätten ein-

schränken können. Nach dem Scheitern des EU-Beitrittsprozesses klang
die westliche Kritik hohl. Die Oppositionsparteien blieben entlang einer
Vielzahl von Bruchlinien gespalten. Erdoğan setzte nach der Trennung
von der Gülen-Bewegung seinen Machtanspruch noch unverhohlener
durch. Am wichtigsten war jedoch, dass die Mehrheit der konservativen
AKP-Wähler ihrem Anführer treu blieb. Der Wille des Volkes war der
ultimative Schiedsrichter. »Es gibt keinen schöneren Ort für Kritik als
die Wahlurne«, hatte Erdoğan noch 2007 erklärt.[1]

»ES REICHT NICHT, ABER DENNOCH JA«

Wenn man ein Datum festlegen möchte, an dem die Türkei den Rück-
wärtsgang einlegte, bietet sich der 30. Juli 2008 an. An diesem schweiß-
treibenden Sommertag entschied das türkische Verfassungsgericht über
eine Klage des Generalstaatsanwalts Abdurrahman Yalçınkaya, in der es
um die Frage ging, ob die AKP und zahlreiche ihrer Funktionäre gegen
die laizistischen Grundsätze der Verfassung verstießen.[2] Er bezog sich mit
seiner Klage auf die im Februar in der Großen Nationalversammlung mit
einer Mehrheit von 75 Prozent, die sich aus den Stimmen der AKP und
der MHP zusammensetzte, verabschiedeten Verfassungsänderungen, die
es Frauen erlauben, in öffentlichen Einrichtungen eine Kopfbedeckung
(*türban*) zu tragen. Der AKP drohte damit das Schicksal ihrer Vorgänger-
organisationen Refah und Fazilet, die in den 1990er-Jahren verboten
worden waren. Das Verfassungsgericht hatte bereits ein Gesetz für ungültig erklärt, das Frauen mit Kopftuch den Zugang zur Universität
ermöglichte,[3] und schien gewillt zu sein, den politischen Einfluss der Islamisten zurückzudrängen. Auch Erdoğans Stellung erschien gefährdet.
Genauer betrachtet, war das Urteil jedoch eher unentschlossen. Die Verfassungsrichter stellten zwar fest, dass die AKP den Laizismus untergrabe,
schreckten aber vor einem Verbot zurück. Mit sechs Ja- und fünf Nein-
Stimmen, darunter vom Präsidenten des Gerichts, Haşim Kılıç, kam

nicht die erforderliche qualifizierte Mehrheit von sieben Stimmen zustande.[4] Erdoğan konnte sich halten, aber die Entscheidung war knapp.

Was wäre geschehen, wenn die AKP aufgelöst worden wäre? Höchstwahrscheinlich hätte die Türkei abermals eine turbulente Phase durchlaufen, aber es war nicht unwahrscheinlich, dass eine neu formierte AKP bei
den nächsten Wahlen einen großen Sieg errungen hätte, möglicherweise
unter einer neuen Führungsspitze, die aber immer noch dem sehr populären Erdoğan verpflichtet gewesen wäre.[5] (Im Dezember 2009 verbot
das türkische Verfassungsgericht die pro-kurdische Partei der Demokratischen Gesellschaft [DTP] wegen Anstiftung zum Separatismus, aber
später tauchte die Partei unter neuem Namen wieder auf.)[6] Außerdem
hätten einige AKP-Abgeordnete ihre Sitze als Unabhängige in der Großen Nationalversammlung behalten, was auch nach der Schließung von
Necmettin Erbakans Refah-Partei im Januar 1998 der Fall gewesen war.
Ein Verbot hätte nicht das Ende der AKP bedeutet, hätte aber die türkische Politik mit Sicherheit vergiftet.

Was für Notfallpläne Erdoğan damals auch immer ausarbeitete, seine
wichtigste Erkenntnis aus dem Verbot war, dass die Justiz gezähmt werden müsse. Weder die Richter, die niemand gewählt hatte, noch die bü-
rokratischen Mandatare, die keinen Kontakt zum einfachen Volk haben,
besäßen das Recht, über das Schicksal der Nation zu entscheiden, sondern allein die Wähler. Seine Vorschläge zur Ausweitung der Befugnisse
der Regierung bei der Ernennung von Richtern und Staatsanwälten bezeichnete er als Bestandteil des türkischen Reformprogramms, mit dem
der Rückstand zu den westlichen Demokratien verringert werden solle.
Die AKP führe einen neuen Kampf gegen das »Vormundschaftssystem«
(*vesayet*). »Ja zur Freiheit. Ja zur Rechtsstaatlichkeit. Nein zum Recht der
Herrschenden. Die Vormundschaft des Putschregimes ist vorbei.«[7] Es
war dieselbe populistische Strategie, die er schon während der politischen
Krise 2007 verfolgt hatte: das »Volk« gegen die Eliten (das heißt das
kemalistische Establishment, die CHP, die Richter und hohen Beamten
und Teile der Medien) in Stellung zu bringen. Erdoğan repräsentierte die
Massen, das »wahre« türkische Volk, das den Usurpatoren gegenüber-

stand. Bei dieser Argumentation griff der Ministerpräsident auf Atatürks Diktum zurück, das an der Wand der Großen Nationalversammlung geschrieben steht: »Die Souveränität gehört uneingeschränkt und unbedingt dem türkischen Volk« (*Egemenlik kayıtsız şartsız milletindir*). Der Kemalismus wandte sich gegen die Kemalisten. Anders als frühere Gesetzes- und Verfassungsreformen wie die Beschneidung der Rolle des Militärs in öffentlichen Angelegenheiten oder die Aufhebung des Kopftuchverbots warf diese Einmischung in die Judikative heikle Fragen auf. Das Gleichgewicht zwischen der Exekutive und der Judikative rührte ans Fundament der Demokratie. Zweifellos waren Teile der Justiz eine Bastion des rückschrittlichen Nationalismus und einer militanten Form des Säkularismus. Im März 2007 sperrte ein Gericht in Istanbul den Zugang zur Streaming- und Video-Plattform YouTube mit der Begründung, sie beleidige Mustafa Kemal Atatürk.[8] Intellektuelle wie der Nobelpreisträger Orhan Pamuk waren wegen Beleidigung des Türkentums nach dem berüchtigten Artikel 301 des Strafgesetzbuchs angeklagt worden. Die Türkei musste nicht nur ihre Gerichte, sondern auch ihr Strafrecht und ihre Strafverfahren reformieren.[9] Zugleich war den Richtern von der Verfassung aufgegeben, die Rechtsstaatlichkeit der beiden übrigen Staatsgewalten, in erster Linie der Exekutive, zu gewährleisten und nicht nur die staatliche Sozialideologie durchzusetzen. Ihr Auftrag bestand darin, die individuellen und kollektiven Rechte vor Regierungshandlungen zu schützen, unabhängig davon, wer die Regierung kontrollierte – die Islamisten oder ihre laizistischen Gegenspieler. Der Grundsatz der richterlichen Unabhängigkeit war somit ein Lackmustest für die Gesundheit der Demokratie.

Die AKP begann mit einer umfassenden Umstrukturierung des Justizwesens. Im Mai 2010 unternahm die Große Nationalversammlung den ersten Schritt, indem sie Änderungen zur Erweiterung des Verfassungsgerichts von 11 auf 17 Mitglieder billigte, von denen drei vom Parlament und 14 vom Präsidenten ernannt werden sollten. Der Oberste Rat der Richter und Staatsanwälte (*Hâkimler ve Savcılar Yüksek Kurulu, HSYK*), der für die Ernennung, Beförderung und Beaufsichtigung von Richtern zuständig ist, sollte von 7 auf 22 Mitglieder erweitert und somit mehr als verdreifacht werden, wobei auch Richter der unteren Instanzen in dieses Gremium aufgenommen werden sollten. Doch anstatt den HSYK zu demokratisieren, wurde mit der Reform der Einfluss des Justizministers gestärkt, der die Kandidatenliste aufstellen sollte. Neben diesen beiden kritischen Änderungen gab es eine Reihe weiterer Neuerungen, die weithin auf Zustimmung stießen: Abgeordnete verbotener Parteien durften ihre volle Amtszeit im Parlament absolvieren, die Bürger erhielten das Recht, sich direkt an das Verfassungsgericht zu wenden, es wurde die Funktion eines Bürgeranwalts eingeführt, Beamte durften in Gewerkschaften eintreten, die Immunität von Militärkommandeuren wurde aufgehoben, so dass die Anführer des Putsches von Anfang der 1980er-Jahre vor Gericht gestellt werden konnten, darunter auch General Kenan Evren, der zwischen 1980 und 1989 als Präsident amtierte.[10] Dies alles waren zweifellos positive Schritte, die zur Demokratisierung des politischen Lebens in der Türkei beitrugen. Doch die Skeptiker stellten eine berechtigte Frage. Bestand die Absicht darin, die von der Militärjunta der frühen 1980er-Jahre hinterlassene Verfassung zu revidieren, die in einem Referendum im November 1982 mit 93 Prozent angenommen und mehrfach geändert worden war? Oder ging es vielmehr darum, die beiden einschneidenden aktuellen Verfassungsänderungen zu beschönigen, um sie den Wählern schmackhaft zu machen?

Auch das Verfahren spielte eine wichtige Rolle. Die Regierungspartei peitschte die Verfassungsänderungen im Eiltempo durch das Parlament. Im Gegensatz zu den Verfassungsänderungen vom Februar 2008, bei denen es um die Kopftuchfrage ging, votierten diesmal nur Abgeordnete der AKP dafür. Die Einwände der CHP sowie der MHP und der prokurdischen BDP wurden ignoriert. Erdoğan nutzte die parteiübergreifende Opposition gegen das Gesetz, um zu behaupten, dass sich eine »Koalition des Bösen« (şer ittifakı) gegen ihn und das Volk stelle.

Die CHP lehnt die Verfassungsänderungen ab. Die MHP ist ebenfalls dagegen. Ebenso die BDP. Auch einige Medien sind gegen diese Änderungen. Die

Banden, die von der Dunkelheit zu profitieren hoffen, sind dagegen. Die Elite, die den Status quo aufrechterhalten möchte, ist gegen ein »Ja«, ebenso wie die Terrororganisation [PKK]. Was könnte deutlicher sein?[11]

Unter idealen Umständen würde eine Verfassungsänderung mit einem breiten Konsens einhergehen. Doch Erdoğan entschied sich dafür, die Bruchlinien in der polarisierten türkischen Gesellschaft noch weiter zu schärfen, die sich, wie der Sozialwissenschaftler Ersin Kalaycıoğlu damals feststellte, in einem Kulturkampf zwischen muslimischen Konservativen und Säkularisten befand.[12] Die Änderung der Verfassung durch ein Plebiszit statt durch einen parlamentarischen Prozess mit dem obligatorischen Geben und Nehmen verstärkte die Kluft zwischen den politischen Kräften, zwischen »uns« und »ihnen«, die das Gemeinwesen spaltete.[13]

Doch dem gewieften Taktiker Erdoğan gelang es, wie schon in früheren Wahlkämpfen, eine Koalition verschiedener gesellschaftlicher Gruppen zusammenzustellen. Die Änderungen fanden die Zustimmung des konservativen Kerns der AKP, da sie ihre gewählten Vertreter gegenüber dem alten Regime stärkten. Ebenso gefielen die Verfassungsänderungen Vertretern des linken und liberalen Lagers, die die AKP dank ihrer Haltung zu Europa, individuellen Freiheiten, Minderheitenrechten und dem Kampf gegen das kemalistische Establishment als transformatorische Kraft betrachteten. Damit trieb der Ministerpräsident einen Keil in den säkularen Block und drückte so der Auseinandersetzung seinen Stempel auf. Die Verfassungsänderung, die nach dem Putsch von 1980 ausgearbeitet wurde, war eine späte Abrechnung mit der Militärjunta. »Yetmez ama evet« (Es reicht nicht, aber dennoch Ja) wurde zu einer gängigen Redensart. Diese linksliberalen Stimmen gaben schließlich den Ausschlag, wie auch beim Verfassungsreferendum 2007. Auch die Gülenisten machten mobil: »Auch Tote sollten aus dem Grab geholt werden, um ihre Stimme abzugeben«, wie es der Führer der Bewegung formulierte.[14] Die AKP sollte nie wieder eine Wahl – auch nicht die Präsidentschaftswahlen und die Volksabstimmung von 2017 über die Umstellung auf ein Präsidialsystem – mit so großem Vorsprung gewinnen können.

Die kurdischen Nationalisten, die ebenso wie die Islamisten von staatlicher Repression betroffen waren und deshalb für Reformen eintraten, hätten ebenfalls zum »Ja«-Lager stoßen können, boykottierten jedoch das Referendum. Das Scheitern der sogenannten »Kurdischen Öffnung« im Jahr 2009 verstärkte die Skepsis der BDP gegenüber der Agenda der Regierung, auch wenn die Partei niemals mit der CHP und der MHP in einem Boot sitzen kann, die sich dem türkischen Nationalismus verschrieben haben. Die Antwort der Kurden auf den Boykott lautete einfach *yetmez* (»Es reicht nicht«).

Das Referendum, das am 12. September 2010 abgehalten wurde, dem dreißigsten Jahrestag des Putsches von 1980, erwies sich als eine Meisterleistung Erdoğans. Er erhielt rund 21,7 Millionen Stimmen, fast 58 Prozent der abgegebenen Stimmen. Damit übertraf er den Anteil der AKP bei den Kommunalwahlen 2009 (15 Millionen) sowie beim Verfassungsreferendum (19 Millionen) und den Parlamentswahlen (16 Millionen Stimmen) im Jahr 2007 deutlich. Der Triumph an der Wahlurne gab der Regierungspartei Auftrieb, schuf die Voraussetzungen dafür, dass sie im Juni 2011 eine dritte Amtszeit erringen konnte, und eröffnete ihr die Möglichkeit, auf dem Weg dorthin noch weitere Änderungen der Verfassung von 1983 durchzusetzen. Es war nur noch die Frage, wie hoch der Sieg der AKP ausfallen würde und ob Erdoğan sich ein Mandat für die Einführung eines Präsidialsystems sichern würde, eine alte Idee Özals, für die er eifrig warb. Die CHP und die MHP waren natürlich entschlossen, alles zu tun, um ihm diesen Triumph zu verwehren.

Zum Entsetzen der Opposition stellten sich große westliche Länder wie die USA und Deutschland sowie die EU abermals auf die Seite von Erdoğan, wie schon während der Krise von 2007.[15] Die Europäische Kommission begrüßte das Ergebnis des Referendums als »wichtigen Schritt auf dem Weg nach Europa«.[16] Der Westen legitimierte somit Erdoğans Behauptung, die Verfassungsänderungen seien für die Demokratisierung des Landes förderlich. Waren die EU und die Obama-Regierung kurzsichtig? Ja, vielleicht. Sie erkannten nicht, dass die einseitigen Verfassungsänderungen und Erdoğans kämpferischer Populismus die

Türkei auf einen gefährlichen Weg weg von der Demokratie führten. Dieselbe aggressive Rhetorik, mit der die Feinde des türkischen Volkes gegeißelt wurden, konnte sich auch gegen Europa und die Vereinigten Staaten richten, was im weiteren Verlauf der 2010er-Jahre schließlich auch geschah.

Es wäre jedoch falsch, dem Westen einen Vorwurf zu machen, denn die Entscheidung wurde von einer überwältigenden Mehrheit der türkischen Bürger unterstützt, die sich eher von ihrer eigenen Führung als von Brüssel oder Washington leiten ließen. Außerdem war nicht zu erwarten, dass sich die EU auf die Seite des »Nein«-Lagers schlagen würde. Die CHP unter ihrem neuen Vorsitzenden Kemal Kılıçdaroğlu, der Deniz Baykal abgelöst hatte, wies eindringlich darauf hin, dass die Verfassungsänderungen geradewegs zur Aufstockung der Gerichte führen würden. Die wichtigste Oppositionspartei tat sich jedoch noch immer schwer, sich als gemäßigt prowestliche, sozialdemokratische Partei zu profilieren. Ihr früherer Widerstand gegen von der EU inspirierte Reformen, auch in der Kurdenfrage, untergrub ihre Argumente. Das De-facto-Bündnis der CHP mit der rechtsextremen MHP von Devlet Bahçeli trug sicherlich auch nicht zur Stärkung ihrer Glaubwürdigkeit bei.

Hinzu kommt ein weiterer Punkt. Die MHP scherte Ende 2016 aus, indem sie einen Pakt mit Erdoğan einging, der den Weg für die Einführung eines Präsidialsystems ebnete. Tatsächlich setzte dieses Bündnis weitreichende Veränderungen durch, welche die sieben Jahre zuvor erfolgte Umgestaltung des Justizwesens in den Schatten stellten (siehe Kapitel 7). Anders gesagt: Im Großen und Ganzen spielte die extreme Rechte eine bedeutendere Rolle beim Niedergang der Demokratie in der Türkei als die CHP oder die Anhänger des »Es reicht nicht, aber dennoch Ja«.

Letztlich blieb der Einfluss der AKP auf die Gerichte aber auch nach den Verfassungsänderungen von 2010 begrenzt. In mehreren politisch brisanten Fällen, wie etwa der Umgestaltung des Gezi-Parks, stellten sich die Richter gegen die Regierung.[17] Das Verhältnis des Verfassungsgerichts zu Erdoğan ist bis heute angespannt. Wie der Rechtswissenschaftler Bertil Emrah Oder feststellte, ist das Gericht noch immer ein »Raum für Einsprüche«.[18] Bemerkenswert ist, dass die überwiegende Mehrheit der individuellen Petitionen an das Gericht – eine Neuerung, die mit dem Referendum von 2010 eingeführt wurde – zu Urteilen gegen die Regierung geführt hat.[19]

Kurz, der »Ich hab's doch gleich gesagt«-Einstellung, in der Erdoğans liberale Unterstützer und der Westen angeprangert werden, sollte man mit einer gewissen Vorsicht begegnen.

DIE ERGENEKON-AFFÄRE

Warum wirkten die Beteuerungen der AKP, dass es ihr nach wie vor um die Stärkung der Demokratie gehe, im Jahr 2010 noch so glaubwürdig? Die Ergenekon-Ermittlungen, die in den Jahren vor dem Verfassungsreferendum stattfanden, sind ein wesentlicher Teil der Antwort.

Ergenekon war der Name eines geheimen Netzwerks aus Angehörigen des Sicherheitsapparats und Ultranationalisten *(ülkücüler)*, die sich entschieden gegen die (vermeintlich) prowestliche und minderheitenfreundliche Politik der Regierung stellten. Ihre Existenz wurde durch die Entdeckung eines Verstecks von Handgranaten aus Militärbeständen im Istanbuler Stadtteil Ümraniye im Juni 2007 ans Licht gebracht. Im Januar 2008 verhaftete die Polizei Veli Küçük, einen pensionierten General mit Verbindungen zum berüchtigten Gendarmerie-Geheimdienst (JİTEM), den Rechtsanwalt Kemal Kerinçsiz, der für die Strafverfahren gegen liberale Schriftsteller wie Orhan Pamuk und Elif Şafak sowie gegen Hrant Dink verantwortlich war, den Herausgeber der armenischen Wochenzeitung *Agos,* der im Januar 2007 in der Istanbuler Innenstadt ermordet wurde, und Doğu Perinçek, den Vorsitzenden der linksnationalistischen *(ulusalcı)* und fremdenfeindlichen Arbeiterpartei (İşçi Partisi).[20] In den Jahren 2008 und 2009 wurden rund 500 pensionierte Militärs, Akademiker, Journalisten und einige Persönlichkeiten aus der

Unterwelt verhaftet. Zudem beschlagnahmte die Polizei weitere Waffen und Sprengstoff.[21]

Die Staatsanwaltschaft behauptete, Ergenekon habe Pläne zur Ermordung von Erdoğan, des kurdischen Bürgermeisters von Diyarbakır, Osman Baydemir, eines bekannten BDP-Politikers, und des Ökumenischen Patriarchen Bartholomäus ausgeheckt, um Chaos zu stiften, das Militär zum Eingreifen zu bewegen und schließlich die AKP von der Macht zu vertreiben. Das Verschwörer-Netzwerk wurde auch für die Morde an einem Richter des Staatsrats (des höchsten Verwaltungsgerichts der Türkei) im Jahr 2006 und an drei protestantischen Konvertiten in der Stadt Malatya im April 2007 verantwortlich gemacht. Aufsehenerregende Ereignisse Mitte der 1990er-Jahre wie die Ermordung des Journalisten Uğur Mumcu, die Angriffe auf das von Aleviten bewohnte Istanbuler Stadtviertel Gazi sowie der Susurluk-Skandal[22] haben nach Ansicht der Staatsanwälte Spuren hinterlassen, die auch zu Ergenekon führen.

Die Ermittlungen und die Verhaftung bekannter Persönlichkeiten hatten eine Polarisierung der Öffentlichkeit zur Folge. Der Anhängerschaft der AKP erschien Ergenekon als Chance, eine Verschwörung aufzudecken, an der hochrangige Militärs, Mitarbeiter des Sicherheitsdienstes, Bürokraten und Bosse des organisierten Verbrechens (der »tiefe Staat«) beteiligt waren, und die Verantwortlichen zur Rechenschaft zu ziehen.[23] Kurz, alle Säulen des alten Regimes, das seit den 1970er-Jahren die Linke verfolgt hatte und in jüngerer Zeit nun gegen die Islamisten vorging. Erdoğan machte sich dies kaltblütig zunutze. Praktischerweise kam Ergenekon genau zu dem Zeitpunkt ans Licht, als die AKP im Sommer 2008 vor dem Verfassungsgericht ums Überleben kämpfte. Nun wendete sich das Blatt. Der Ministerpräsident erklärte dreist, er selbst sei der Staatsanwalt im Ergenekon-Fall.[24] Damit reagierte er auf die Aussage des CHP-Vorsitzenden Deniz Baykal, er sei der Anwalt der Angeklagten. Baykal bezeichnete die Ermittlungen und die Verhaftungen als »zivilen Staatsstreich«. Radikale Säkularisten und Ultranationalisten stellten Ergenekon als eine von der CIA gesteuerte Hexenjagd dar, die letztlich das Ziel verfolge, die amerikanische Hegemonie im Nahen Osten aufrechtzuerhalten. Ihr Sprachrohr *Aydınlık* (eine von Perinçek herausgegebene Zeitschrift und spätere Zeitung) prangerte »Islamofaschisten« an, die ihren Einfluss in der Polizei und der Justiz nutzten, um ihre Gegner zu vernichten. Zielscheibe ihres Zorns war das Gülen-Netzwerk, das angeblich die Strafverfolgungsbehörden infiltriert hatte. Sie verwiesen auf Zekeriya Öz, der für die Ergenekon-Ermittlungen zuständige Staatsanwalt, dessen Verbindungen zur Hizmet-Bewegung ein offenes Geheimnis waren. Auch *Zaman,* die meistgelesene türkische Tageszeitung, die mit Gülen verbunden ist und die ausführlich über den Fall berichtete, sah sich Angriffen konfrontiert.

Zunächst setzte sich die Darstellung der Regierung durch. Nur wenige bezweifelten, dass Küçüks Hände mit Blut befleckt waren, denn die Traumata des schmutzigen Krieges im Südosten des Landes waren noch in den Köpfen vieler Menschen präsent. Die Ermordung von Persönlichkeiten des öffentlichen Lebens in den Jahren 2006 und 2007 stützte die Behauptung, dass eine geheime Zelle im Schoß des türkischen Staates darauf aus sei, Terror gegen vermeintliche Feinde der Nation zu entfesseln. Die liberale türkische Intelligenz, darunter die Journalistin Yasemin Çongar, der Literaturkritiker Murat Belge, der Historiker Halil Berktay und der Schriftsteller Ahmet Altan, der in der Tageszeitung *Taraf* schrieb, verlangten Gerechtigkeit. Das Ausmisten des Augiasstalls des türkischen Staates erschien ihnen als eine Voraussetzung für den Aufbau einer Demokratie, die diesen Namen verdiente.[25]

Doch als sich in den Jahren 2010 und 2011 die Ergenekon-Ermittlungen ausweiteten und neue Fälle hinzukamen, wurden die Risse immer offensichtlicher. Im Februar 2011 führte die Polizei eine Razzia in den Räumen von *Odatv* durch, einem säkularen, linksnationalen Nachrichtenportal. Die Redakteure und Kolumnisten dieses Portals wurden beschuldigt, zu Ergenekon zu gehören. Im März wurde der Journalist Ahmet Şık inhaftiert und angeklagt. Sein Vergehen bestand darin, dass sein Buch *Die Armee des Imam (İmamın Ordusu),* in dem der Einfluss der Gülen-Bewegung in der Gesellschaft und im Staatsapparat untersucht wird, auf den Festplatten von Odatev entdeckt wurde. Ein Kollege von Şık, Nedim

Şener, geriet wegen eines Buches, in dem er behauptete, Geheimdienst-
mitarbeiter seien in die Ermordung von Hrant Dink verwickelt gewesen,
in Konflikt mit der Staatsanwaltschaft. Die Fälle Şener und Şık wurden
auch außerhalb der Türkei aufmerksam verfolgt und führten zu kritischen
Stellungnahmen von Berufsverbänden wie dem PEN-Club und Reporter
ohne Grenzen.[26] Ihr Schicksal zeigte, dass Ergenekon außer Kontrolle
geraten war und sich niemand mehr sicher fühlen konnte.

Die bedeutendste Auswirkung von Ergenekon bestand darin, dass es
der entscheidende Schlag gegen das Militär war. Es stimmt, dass das
Scheitern des E-Memorandums vom April 2007 bereits das Ende der
Rolle der Generäle als Schiedsrichter in der zivilen Politik bedeutete.
Aber die Fernsehbilder von ranghohen Militärs in Handschellen waren
etwas, was die türkischen Bürger noch nie gesehen hatten. Das Planspiel
»Vorschlaghammer« (*Balyoz*), das 2010 bekannt wurde, war gewissermaßen ein Ausläufer von Ergenekon und wurde durch Recherchen der
liberalen Tageszeitung *Taraf* ans Tageslicht gebracht, die sich auf durchgesickerte Dokumente aus den Streitkräften stützten. Demnach wollten
hohe Generäle angeblich 2003 die AKP stürzen, indem sie in zwei Istanbuler Moscheen Bomben deponierten und ein griechisches Kampfflugzeug über der Ägäis zum Absturz brachten, um eine Machtübernahme
durch das Militär zu provozieren. Daraufhin wurden die damaligen Befehlshaber der Marine, der Luftwaffe sowie der Ersten Türkischen Armee – die Generäle Özden Örnek, İbrahim Fırtına und Çetin Doğan –
vor Gericht gestellt und im September 2012 zu lebenslanger Haft
verurteilt.[27] Andere, wie der ehemalige Sekretär des Nationalen Sicher-
heitsrats, Şükrü Sarıışık, erhielten lange Haftstrafen. Im Jahr 2013 wurde
auch General İlker Başbuğ, ehemaliger Chef des Generalstabs, zu einer
lebenslangen Haftstrafe verurteilt, allerdings im Zusammenhang mit
dem E-Memorandum von 2007 und nicht mit *Balyoz*.[28]

Die Verhaftung von Generälen vervollständigte Erdoğans Bemühungen, die Armee unter Kontrolle zu bringen. Im Juli 2011 reichten alle
hohen Offiziere, einschließlich des Generalstabschefs Işık Koşaner, der
noch nicht einmal ein Jahr im Amt war, aus Protest gegen die Inhaftie-

rung von 250 ihrer Kollegen ihren kollektiven Rücktritt ein. Dies bot der Regierung die Gelegenheit, andere, als loyal angesehene Leute an ihre Stelle zu setzen – allen voran Necdet Özel, der Koşaner ablöste.[29] Von nun an konnte Erdoğan auf die Unterstützung der Militärführung zählen.

Dies war auch der Zeitpunkt, an dem die Gülenisten, die später in den Putschversuch von 2016 verwickelt waren, mit ihrem Aufstieg in der Militärhierarchie begannen. Zugleich aber stellte diese umfassende Säuberung ein Problem für die AKP-Regierung dar. İlker Başbuğ etwa hatte mit der AKP zusammengearbeitet – zum Beispiel bei der sogenannten »Kurdischen Öffnung« im Jahr 2009.[30] Es wird vermutet, dass er sich in die Beratungen des Verfassungsgerichts in der AKP-Klage von 2008 einmischte.[31] Ähnlich wie sein Vorgänger Hilmi Özkök glaubte Başbuğ an die Möglichkeit eines Modus Vivendi mit Erdoğan. Ließ der Ministerpräsident den General jetzt fallen? Oder handelten die Staatsanwälte im Alleingang, ohne die Pläne der AKP zu berücksichtigen?

In jedem Fall waren die polarisierenden Auswirkungen der Ergenekon-Prozesse und der Verfassungsänderungen mit politischen Kosten für die Regierung verbunden. Die CHP konnte bei den Kommunalwahlen 2009 zulegen, auch begünstigt durch die damalige Wirtschaftskrise in der Türkei. Auch die prokurdische DTP geriet ins Fadenkreuz der Justiz wegen der sogenannten KCK-Affäre, die der AKP den politischen Durchbruch in Diyarbakır und anderen Städten im Südosten verwehrt hatte. Bei den Parlamentswahlen im Juni 2011 schnitt die AKP etwas besser ab, aber die CHP, die vom Wechsel des Parteivorsitzenden profitierte, konnte ihre Stimmenzahl um mehr als 5 Prozent erhöhen und angeblich sogar einen Teil ihrer Wählerschaft auf die MHP übertragen, um dieser zu helfen, die 10-Prozent-Hürde zu überwinden. Infolgedessen verlor die AKP Sitze in der Großen Nationalversammlung, obwohl sie eine dritte Amtszeit erlangte, was vorher noch keiner Partei gelungen war, und knapp an die 50 Prozent herankam, ihr bestes Ergebnis bei Parlamentswahlen überhaupt.[32] Der Regierungspartei fehlten nur drei Abgeordnete zu der Mehrheit von 330 Sitzen, die erforderlich gewesen wäre, um Erdoğans Versprechen einer neuen Verfassung einzulösen.

Die Ergenekon- und Balyoz-Prozesse verliefen letztlich im Sande. Nachdem sich Erdoğan im Dezember 2013 in einen offenen Konflikt mit der Gülen-Bewegung verstrickte, hob das Verfassungsgericht die meisten der in den vorangegangenen Jahren verhängten Urteile auf. Der General, gegen den bestenfalls höchst problematische, wahrscheinlich aber gefälschte Beweise vorgelegt worden waren,[33] kam auf freien Fuß. Doğu Perinçek wurde ein Verbündeter der AKP – ebenso wie später der ehemalige CHP-Vorsitzende Deniz Baykal (der nicht ins Visier von Ergenekon geraten war). Die antiwestliche Rhetorik der Anti-Erdoğan-Opposition, die Verschwörungstheorien, in denen die USA und Europa beschuldigt wurden, die Türkei zerstückeln zu wollen, wurden zur Mehrheitsmeinung. Regierungsnahe Zeitungen wie die Tageszeitung *Yeni Şafak* (Neue Morgenröte), die der Albayrak-Gruppe gehört, die mit Erdoğans Schwiegersohn verbunden ist, verbreiteten sie überall im Land. Die Säuberungen der späten 2000er-Jahre, die der AKP damals nutzten, waren Teil des vergifteten Erbes von Gülens *Cemaat,* deren Richter und Staatsanwälte dafür die Verantwortung trugen.

Im Nachhinein betrachtet brachten Ergenekon und Balyoz nur einen Gewinner hervor: Tayyip Erdoğan. Das war damals aber alles andere als klar, weil die Gülenisten eine so prominente Rolle spielten.[34] Doch wie wir sehen werden, erwies sich ihre Partnerschaft mit der AKP und damit auch ihr Griff nach der Macht als kurzlebig.

DER AUFBAU DER *HAVUZ*-MEDIEN

Erdoğan wusste von Anfang an nur zu gut, dass sein Überleben von den Medien abhing. Diese Überzeugung verstärkte sich noch, als die Auseinandersetzung mit dem kemalistischen Establishment gegen Ende der ersten Amtszeit der AKP eskalierte. Er brauchte eine freundlich gesonnene Presse und die Unterstützung von einflussreichen Kolumnisten, Meinungsmachern und Fernsehsendern. Solange der EU-Beitrittsprozess im Gang war, gab es keinen Mangel an positiven Berichten; die Main-stream-Medien, die sich im Besitz großer Wirtschaftskonglomerate be-finden, unterstützten die Regierung verhalten. Gülens Zeitung *Zaman,* die politisch auf der gleichen Wellenlänge wie die AKP lag, sogar noch deutlicher. Doch mit der Zeit konzentrierte sich Erdoğan darauf, sich eigene loyale Medien aufzubauen – in seinen Augen eine *conditio sine qua non* in der mörderischen türkischen Innenpolitik. Im Jahr 2007 über-nahm die Unternehmensgruppe Çalık, die sich hauptsächlich in den Be-reichen Textil und Energie betätigt, die führende Tageszeitung *Sabah* sowie den Fernsehsender ATV. Finanziert wurde das Geschäft von der staatlichen Vakıfbank und der Halkbank. Ahmet Çalık machte nie einen Hehl aus seinen Verbindungen zu Erdoğan, dessen Schwiegersohn Berat Albayrak von 2007 bis 2013 als Vorstandschef der Çalık Holding tätig war. Gleichzeitig geriet die Regierung durch Ergenekon und die Verfas-sungsreformen in den etablierten Medien zunehmend unter Kritik.

Ungeniert nutzte Erdoğan den Staat, um zurückzuschlagen. Im Sep-tember 2009 verhängten die Steuerbehörden eine Rekordstrafe in Höhe von 2,53 Milliarden Dollar gegen Doğan Yayın, ein großes Konglomerat, zu dessen Portfolio auflagenstarke Tageszeitungen wie *Hürriyet* (mit ih-rer beliebten englischen Ausgabe *Hürriyet Daily News*) und *Milliyet,* die linksliberale Zeitung *Radikal,* die auf Sport spezialisierte *Fanatik* sowie Fernsehsender wie CNN Türk und Kanal D gehören. Die Strafzahlung war doppelt so hoch wie die von der Gruppe nicht abgeführten Steuern und kam zu einer weiteren Strafe in Höhe von 500 Millionen Dollar hinzu, die bereits Anfang des Jahres gegen das Unternehmen verhängt worden war. Maßgeblichen Einfluss hatte dabei die persönliche Rivalität zwischen Erdoğan und Aydın Doğan, einem gewieften Tycoon, der in den 1980er-Jahren zu großer Bekanntheit gelangt war. Auch mit der *Hürriyet* gab es böses Blut wegen deren Berichterstattung über ver-schiedene Korruptionsaffären[35], aber die Verfolgung von Doğan war eine Warnung an die Wirtschaftselite im Allgemeinen. Der Verleger spielte eine wichtige Rolle im türkischen Industrie- und Wirtschaftsverband (TÜSİAD) und hatte Verbindungen zu anderen prominenten Familiengruppen. Der TÜSİAD wurde von Erdoğan dazu gedrängt, das »Ja«-Votum im Referendum 2010 zu unterstützen.[36]

Der Steuerfall erwies sich als Wendepunkt. Im Jahr 2011 verkaufte Doğan *Milliyet* an die regierungsnahe Firmengruppe Demirören. Sedat Ergin, ein offener Kritiker Erdoğans, verlor seinen Job als Chefredakteur. Doğans Medien behielten noch einige Jahre ihre kritische Haltung bei, vermieden aber eine direkte Konfrontation mit dem Staat. Der Sender CNN Türk zog Spott auf sich, als er während der Gezi-Proteste 2013 eine Dokumentation über Pinguine ausstrahlte, wodurch er offenbar von den Ereignissen im Zentrum Istanbuls ablenken wollte.[37] Andere Teile des ehemaligen Medienimperiums hielten sich noch eine Weile, stellten aber schließlich den Betrieb ein. Nachdem *Radikal* 2014 seine Printausgabe eingestellt hatte, wurde die Zeitung zwei Jahre später geschlossen, und ihr ehemaliger Herausgeber zog nach Großbritannien. *Hürriyet* und *Hürriyet Daily News* kamen 2018 zu Demirören, ebenso wie CNN Türk.[38] Zu diesem Zeitpunkt hatten sich bereits Begriffe wie »*yandaş medya*« (Kumpelmedien) oder »*havuz medyası*« (wörtlich »Pool-medien«) verbreitet.[39]

Die Schließung der gülennahen Medien durch die Regierung war der nächste Schritt. Zeitungen wie *Zaman* und ihr englischsprachiger Able-ger *Today's Zaman* unterstützten die AKP und boten sowohl konservati-ven als auch liberalen, EU-freundlichen Kommentatoren eine Plattform. Doch als sich Erdoğan und die Hizmet-Bewegung 2013 endgültig trenn-ten, wurden sie zu einer Bedrohung. Die Behörden übten Druck auf *Zaman* aus und erzwangen schließlich im März 2016 die Schließung der Zeitung. Das Internetarchiv von *Zaman* und seiner englischen Version wurde gelöscht. Der gülenistische Fernsehsender Samanyolu (Milch-straße) ging nach dem Putschversuch im Juli 2016 nicht mehr auf Sen-dung. Die Säuberungen betrafen auch Ahmet Altan, der 2012 als Heraus-geber von *Taraf* zurückgetreten war. Er wurde 2018 zu einer lebenslangen Haftstrafe verurteilt, weil er angeblich der »Fethullah-Terror-Organisa-tion« (FETÖ) angehörte und somit in das Komplott, das hinter dem Putschversuch stand, verwickelt war.

Der Zeitung *Cumhuriyet* (Republik), die zu den entschiedensten Kritikern von Gülen gehörte, erging es nicht viel besser. Das ehemalige Sprachrohr der frühen Republik war nie auf der Seite von Erdoğan. Doch die Veröffentlichung einer Geschichte über eine Waffenlieferung des MİT an Syrien (siehe Kapitel 5) erzürnte die Regierung. Im November 2015 wurde der Chefredakteur von *Cumhuriyet,* Can Dündar, verhaftet und später wegen Terrorismus zu fünf Jahren und zehn Monaten Haft verurteilt. Nachdem das Verfassungsgericht das Urteil aufgehoben hatte, suchte er Zuflucht in Deutschland, stellte sich dann aber im Dezember 2020 einem weiteren Prozess – in Abwesenheit –, der zu einer 27-jährigen Haftstrafe führte.

In den 1990er- und 2000er-Jahren hatte die Türkei Fortschritte im Bereich der Medienfreiheit verzeichnet. Bedauerlicherweise aber kehrte sich dieser Trend in den 2010er-Jahren um. Nachdem die Türkei 2007 in der Rangliste der Pressefreiheit von Reportern ohne Grenzen noch Platz 101 belegt hatte, rutschte sie 2019 auf Platz 157 ab. Die publizistische Repräsentation der Opposition beschränkt sich heute auf einige wenige Printmedien (wie etwa die kemalistische Zeitung *Sözcü* oder *Cumhuriyet*) und auf Online-Portale wie das linksliberale Bianet und T24, die ein Nischenpublikum ansprechen. Die Verbreitung sozialer Medien und ein besserer Zugang zum Internet haben keine Abhilfe geschaffen, weil Fake News und Desinformation in der zunehmend polarisierten türkischen Gesellschaft auf fruchtbaren Boden fallen.[40]

ÖFFNUNG GEGENÜBER DEN KURDEN

Obwohl die reformerische Phase der AKP Anfang der 2010er-Jahre so gut wie vorbei war, gab sich die Partei in einer Hinsicht noch immer konziliant: in ihrer Haltung zur kurdischen Frage und den Minderheitenrechten im Allgemeinen. Dies schlug sich auch in ihrer »Kurdischen Öffnung« von 2009 und 2013–2015 nieder.

Diese Politik war das Ergebnis von Verhandlungen mit der PKK, die seit 2007 außerhalb der Türkei geführt wurden. Die Befriedung des Südostens des Landes durch einen Deal mit den kurdischen Nationalisten war ein Ziel, das Erdoğan unterstützte. Praktisch alle Bewohner der Region, unabhängig von ihrer politischen Einstellung, befürworteten mehr sprachliche und kulturelle Rechte für die Kurden und die Anerkennung der kurdischen Identität. Durch die Abkehr von der traditionellen Unterdrückungs- und Eindämmungsstrategie des türkischen Staates hoffte man, die Region stabilisieren zu können, möglicherweise auch Stimmen für die AKP zu gewinnen, die bei frommen Kurden ohnehin gut abschnitt, sowie die außenpolitische Position Ankaras zu stärken.

Die Frage war, wie weit die türkische Regierung bei ihren Zugeständnissen gehen konnte, ohne eine nationalistische Gegenreaktion zu riskieren. Erdoğan ging behutsam vor und konzentrierte sich mehr auf Fragen der Sprache und der Kultur als auf Forderungen, den Kurden einen verfassungsmäßigen Status zu gewähren. Am 1. Januar 2009 startete der öffentlich-rechtliche Sender TRT einen 24-Stunden-Kanal in Kurmandschi sowie in dem im Nordirak gesprochenen Sorani-Dialekt. Der Ministerpräsident selbst sprach bei der Zeremonie ein paar Worte in Kurmandschi. Dieser staatliche Fernsehsender sollte den Pro-PKK-Sender Roj TV verdrängen, der von Europa aus über Satellit sendete. Doch als TRT 6 auf Sendung ging, bombardierte die türkische Luftwaffe militante Kämpfer im Nordirak, und der Generalstab deutete an, dass die Türkei eine Bodenoffensive starten könnte, ähnlich der »Operation Sonne« ein Jahr zuvor. Eine Verhaftungswelle im Jahr 2009 bildete den Auftakt zu einem Massenprozess gegen die sogenannte Union der Gemeinschaften Kurdistans (Koma Civakên Kurdistan, KCK), eine Dachorganisation, in der sich die PKK und kurdische Parteien aus der Türkei und der gesamten Region, die Öcalans Doktrin der »demokratischen Autonomie« vertraten, zusammengeschlossen hatten.[41]

Das Kalkül der Regierung schien aufzugehen. Im April 2009 kündigte die PKK einen Waffenstillstand an. Ende Juli stellte Innenminister Beşir Atalay im Parlament eine neue »demokratische Initiative« vor. PKK-

Kämpfer sollten amnestiert werden und aus dem Nordirak zurückkehren dürfen. Auch einige Beschränkungen für den Gebrauch der kurdischen Sprache in öffentlichen Einrichtungen (zum Beispiel in Gefängnissen bei Familienbesuchen und bei Predigten in ausgewählten Moscheen) wurden aufgehoben.

Die Friedensinitiative wurde von der türkischen Zivilgesellschaft mit Begeisterung aufgenommen. Der liberale Think-Tank TESEV, der sich für den EU-Beitritt einsetzt, unterbreitete Vorschläge für weitergehende Reformen, wie etwa die Einführung von Kurdisch an Schulen, zunächst als Wahlfach, eine umfassende Amnestie, die Auflösung des Dorfschützersystems sowie die Senkung der Sperrklausel bei Wahlen von 10 Prozent auf 5 Prozent.[42] Auch der Westen begrüßte die Initiative. Während seines Besuchs in der Türkei im April 2009 bemühte sich US-Präsident Barack Obama, Befürchtungen zu zerstreuen, dass die USA mit dem kurdischen Separatismus sympathisierten. Er würdigte die Öffnung der Regierung gegenüber Armenien, ein Prozess, der von Ankara parallel zur kurdischen Öffnung eingeleitet worden war, und lobte die Bemühungen um eine Normalisierung der Beziehungen zu Eriwan. Der regelmäßige Bericht der EU begrüßte die Schaffung einer »positiven Atmosphäre im Hinblick auf eine mögliche Lösung der Kurdenfrage«. Auch wenn es noch große Hürden zu überwinden gelte, stellte Brüssel fest, dass sich »eine lebhafte innerstaatliche Debatte [...] zu diesem Thema entwickelt hat, an der öffentliche und politische Stellen beteiligt sind«.[43]

Doch diese Öffnungspolitik im Jahr 2009 erwies sich letztlich als Totgeburt. Die PKK überreizte ihre Position – vielleicht auch lehnte sie die Absprachen mit der AKP von Anfang an ab. Im Oktober kam eine Gruppe von acht Guerillakämpfern und 26 Exilanten aus dem Nordirak durch das Habur-Tor in die Türkei. Der Heldenempfang, der ihnen zuteilwurde, und die Siegesparaden im Südosten, die alle im Fernsehen übertragen wurden, heizten die öffentliche Meinung in der Türkei an und boten den Oppositionsparteien CHP und MHP eine ausgezeichnete Gelegenheit, sich politisch zu profilieren. Das Militär verschärfte seine Rhetorik, und das Verfassungsgericht verhängte ein Verbot gegen die DTP und ihren Vorsitzenden Ahmet Türk. Als 1400 Kommunalpolitiker der Partei wegen ihrer Zugehörigkeit zur KCK verhaftet wurden, startete die PKK im Dezember 2009 neue Angriffe. Die kurdische Initiative kam nie wirklich in die Gänge.[44]

Dennoch gab es einen Silberstreif am Horizont. Hinter den Kulissen liefen die Bemühungen weiter auf Hochtouren. Im September 2011 zeigten durchgesickerte Aufnahmen, dass Hakan Fidan, der Direktor des MİT, in Oslo Geheimgespräche mit einer Gruppe unter der Leitung von Mustafa Karasu führte, einem Mitglied des PKK-Oberkommandos.[45] Es gab deutliche Anzeichen für Fortschritte. Im August 2010 verkündeten die kurdischen Guerillakämpfer einen Waffenstillstand, der bis zu den Parlamentswahlen im Juni 2011 gelten sollte. Im November 2011 sorgte Erdoğan für Aufsehen, als er sich für die Massaker entschuldigte, die der türkische Staat 1937/38 in dem von alevitischen Kurden bewohnten Gebiet Dersim (Tunceli) verübt hatte (übrigens zu einer Zeit, als die CHP die Türkei in einem Einparteiensystem regierte).[46] Auch wenn der türkische Staat weiter die PKK bekämpfte, bestand noch immer eine gewisse Aussicht auf Frieden.[47]

Diese Bemühungen trugen schließlich Früchte. Während der Nowruz-Feierlichkeiten im März 2013 rief Abdullah Öcalan in einem Brief, der auf einer Kundgebung in Diyarbakır verlesen wurde, zu einem erneuten Waffenstillstand auf. »Wir haben einen Punkt erreicht, an dem die Waffen schweigen und die Ideen sprechen sollten«, erklärte Öcalan[48] und sprach von der Brüderlichkeit zwischen Kurden und Türken. Der Brief kam nach monatelangen Verhandlungen zwischen ihm und den türkischen Behörden zustande, wie Erdoğan Ende 2012 einräumte.[49] Die PKK kündigte einen Waffenstillstand an und erklärte sich bereit, sich auf ihre Stützpunkte im Nordirak zurückzuziehen. Eine dauerhafte Lösung schien in greifbare Nähe zu rücken, gewissermaßen eine türkische Version des Karfreitagsabkommens in Nordirland.

Die neue Initiative, die als Lösungsprozess (*çözüm süreci*) oder Friedensprozess (*barış süreci*) bezeichnet wurde, machte deutlich, dass die AKP und die kurdische Bewegung einander brauchten. Die PKK, die sich im Qandil-Gebirge verschanzt hatte, und die türkische Armee und Gendarmerie befanden sich seit Langem in einer Patt-Situation. Keine der beiden Seiten konnte sich gegen die andere durchsetzen. Darüber hinaus erwog Erdoğan eine Partnerschaft mit der Kurdenpartei BDP. Die Kurdenpartei hatte bei den Wahlen im Juni 2011 sehr gut abgeschnitten und die AKP in den südöstlichen Provinzen überflügelt. Mit den Stimmen der BDP würde Erdoğan die Zahl von 330 Abgeordneten erreichen können, die für eine Verfassungsänderung erforderlich ist, um sein Versprechen an die Wähler einzulösen und sein langfristiges Ziel zu verwirklichen. Die Lösung der Kurdenfrage, einer seit Jahrzehnten schwärenden Wunde, würde ihm seinen Platz in der Geschichte der Türkei sichern und seine Macht und seinen Einfluss im gesamten Nahen Osten ausweiten. Sowohl Öcalan als auch Selahattin Demirtaş, der Co-Vorsitzende der BDP, bestanden auf einer vollständigen Dezentralisierung des Staates und waren nicht bereit, sich mit begrenzten kulturellen Rechten zufriedenzugeben. Derart kühne Forderungen mussten für die CHP ein Tabu darstellen, auch wenn Kemal Kılıçdaroğlu alevitisch-kurdischer Abstammung war, ganz zu schweigen von der rechtsextremen MHP, für die ein Frieden mit der PKK völlig ausgeschlossen erschien.

Es ist verständlich, dass die kurdischen Aktivisten Erdoğan nie ganz abkauften, dass er eine historische Versöhnung und eine Vertiefung der Demokratie anstrebe. Die Skepsis, dass der türkische Staat guten Willens sei, war allgegenwärtig, unabhängig davon, wer in der Türkei gerade das Sagen hatte, ob Islamisten oder Säkularisten.[50] Radikale Stimmen warnten, dass Öcalan, auch wenn er ein Idol für die nationalistischen Kurden war, nicht befugt sei, im Namen der gesamten kurdischen Gemeinschaft zu sprechen. Für andere hatte das Bild von den zwei großen Männern, Tayyip und Apo, die an der Spitze ihrer jeweiligen Stämme standen, einen patriarchalen Beigeschmack.[51] Positiv zu vermerken ist, dass die BDP und ihr Anhängsel, die HDP, dies korrigierten, indem sie 2014 beschlossen, gleichberechtigt von einem Mann und einer Frau geführt zu werden.

Die kurdischen Aktivisten gingen daher auf Nummer sicher. Aus diesem Grund beteiligten sich auch BDP-Anhänger – aber keine Parteikader! – an den Gezi-Protesten im Sommer 2013, zusammen mit Erdoğans Gegnern aus dem gesamten politischen Spektrum. Die Forderungen nach Verantwortlichkeit und Demokratie fanden bei ihnen Anklang. Doch die Bedeutung der kurdischen Beteiligung wurde heruntergespielt, und der Südosten blieb ruhig. Solange der Friedensprozess weiterlief, blieb die Tür der BDP zur AKP offen.

DIE MACHT DES VOLKES

In ihren ersten beiden Amtszeiten regierte die AKP in einer informellen Koalition mit der liberalen und prowestlichen Zivilgesellschaft. Die Proteste im Gezi-Park bedeuteten das endgültige Aus für dieses Bündnis, das sein Verfallsdatum ohnehin längst überschritten hatte.

Als eine Handvoll Umweltschützer ihre Zelte auf der Grünfläche neben dem Taksim-Platz aufschlug, ahnten die wenigsten, dass sich ihr Protest gegen die Umgestaltung des Parks in ein Einkaufszentrum im osmanischen Stil zu einer politischen Krise ungeheuren Ausmaßes ausweiten würde. Was als eine sehr türkische Version der Occupy-Bewegung begann, entwickelte sich zu einem Kampf um die Definition der Demokratie. Als die Polizei am 29. Mai 2013 im Lager eine Razzia durchführte, versammelte sich eine riesige Menschenmenge auf dem Taksim-Platz, und in der Folge weiteten sich die Proteste auf Ankara, Izmir und sogar auf das anatolische Kernland aus. Schätzungen zufolge beteiligten sich auf dem Höhepunkt im Juni etwa zwei Millionen Menschen an den Protesten. Doch im Unterschied zu den Kundgebungen für die Republik im Jahr 2007 war das Spektrum der Teilnehmer vielschichtiger. Umweltaktivisten und Berufstätige aus der Mittelschicht, Ultranationalisten und Kurden, Hippies und Gewerkschafter der alten Schule, die CHP-Basis und LGBT-Aktivisten, Fans aller drei großen Istanbuler Fußballvereine sowie eine Gruppe, die sich selbst als »antikapitalistische Muslime« bezeichnete, teilten sich den Platz.[52] Sie stachelten nicht zum Putsch auf, wie

Erdoğan behauptete, sondern verlangten einfach, dass die Behörden auf ihre Stimme hörten. Die Demonstranten wollten den Gezi-Park erhalten, einen selten ruhigen Ort in einer dicht bebauten Stadt. Sie wandten sich auch gegen andere Prestigeprojekte, wie die geplante dritte Brücke über den Bosporus, die nach Sultan Selim dem Grimmigen (1512–20) benannt ist, und einen Kanal, der das Schwarze Meer mit dem Marmarameer verbinden soll. Erdoğans Ratschläge zum Privatleben, wie zum Beispiel seine Aufforderung an Frauen, (mindestens) drei Kinder zu gebären, befremdeten auch Liberale, die früher der AKP zugeneigt waren. Letzten Endes ging es bei dem Protest um die Rechte der Bürger gegen die Wünsche eines starken Mannes, der seine Legitimität aus seiner Berufung auf seine einzigartige Verbindung mit dem »Volk« ableitete.

Zu Beginn der Proteste versuchte die AKP-Führung, die Situation zu beruhigen. Am 4. Juni entschuldigte sich der stellvertretende Ministerpräsident Bülent Arınç, ein Mitglied des Gründungstriumvirats der Partei, bei den von der Polizei verletzten Demonstranten. Auch Präsident Gül schlug einen versöhnlichen Ton an. »Wir haben die Botschaft verstanden«, erklärte er gegenüber Journalisten.[53] Sowohl er als auch Arınç suchten nach einem Ausweg aus der Krise, etwa indem sie die Entscheidung über Gezi an die Gerichte delegierten.

Erdoğan hingegen wollte dies nicht. Als er am 7. Juni von einer Nordafrika-Reise in die Stadt zurückkehrte, beschuldigte er die Demonstranten, Handlanger der »Zinslobby« zu sein (auch wenn er sich später mit einigen Vertretern des Protests traf). Vier Tage später rückte die Bereitschaftspolizei an. Bis zum 15. Juni wurde der Platz unter Einsatz von gepanzerten Fahrzeugen, Pfefferspray und Wasserwerfern geräumt. Parallel dazu veranstaltete Erdoğan eine Massenkundgebung unter dem Motto »Respekt für den nationalen Willen« (Millî İrade Saygı) im Istanbuler Stadtteil Kazlıçeşme am Ufer des Marmarameers. Dabei bezeichnete er die Gezi-Proteste als »nichts anderes als den Versuch einer Minderheit, der Mehrheit ihren Willen aufzuzwingen. Wir hätten das nicht zulassen können und wir werden es nicht zulassen«. Die Demonstranten stünden für die arroganten alten Eliten (»Für sie sind wir ungebildet, unwissend,

die Unterschicht, die sich mit dem begnügen muss, was man ihr gibt.«).[54]
Erdoğan nannte die Demonstranten Marodeure (*çapulcular*) und bereitete damit den Boden für ein ganz neues Genre von Witzen. Aber seine
Botschaft begeisterte die Basis. »Ein Staat, eine Nation, ein Vaterland,
eine Fahne« lautete einer der Slogans auf der Kundgebung. »Ein Führer« wäre auch nicht ganz unpassend gewesen.

Gezi gab einen Vorgeschmack auf das, was noch kommen sollte in der
Türkei. Die wichtigste Erkenntnis war, dass Erdoğan keine Opposition
gegen seine Herrschaft dulden würde. Die Tage der AKP als breit ange-
legte Bewegung waren vorbei, der Bruch mit den liberalen Sympathisanten beschlossene Sache. Erdoğan griff auf seine übliche Strategie zurück,
Bruchlinien zu ziehen, diesmal zwischen dem einfachen Volk und den
privilegierten städtischen Vertretern der Mittelschicht, deren Wohlstand
unter der AKP-Regierung gewachsen war. Andererseits fehlte es den Pro-
testierern an Durchhaltevermögen und organisatorischem Rückgrat, um
zu einer langfristigen politischen Herausforderung zu werden. »Alle
diese Leute haben einen gewöhnlichen Bürojob«, bemerkte ein regie-
rungsfreundlicher Beobachter zu jener Zeit.[55]

Das harte Durchgreifen der Behörden signalisierte zudem, dass sich
die Türkei mittlerweile schon ein Stück vom Westen entfernt hatte. Hätte
die Regierung wirklich der Reaktion der Europäischen Union eine Bedeutung beigemessen, wäre sie der Linie von Gül und Arınç gefolgt. Das
war nicht der Fall. Erdoğan hatte Europa längst aufgegeben, dessen Einfluss auf die türkische Innenpolitik mit dem Stillstand der Beitrittsgespräche stark abgenommen hatte. Nationalismus war die politische Währung
des Tages. Die Gezi-Proteste haben gezeigt, wie geschickt Erdoğan die
tief verwurzelten Vorbehalte der türkischen Gesellschaft gegenüber der
Außenwelt aufzugreifen versteht. Seiner Ansicht nach waren die Proteste
mit den Machenschaften ungenannter ausländischer Mächte verbunden,
die sich verschworen hatten, um den unaufhaltsamen Aufstieg der Türkei
zu vereiteln. Der Westen war nicht länger ein Verbündeter, sondern eine
feindliche Macht. Die Annäherungsversuche der Obama-Regierung an
Ankara oder die Entscheidung des französischen Präsidenten François

Hollande, das Veto seines Vorgängers gegen mehrere Schlüsselkapitel in
den EU-Beitrittsgesprächen aufzuheben, spielten keine Rolle mehr. Das
Thema der Konfrontation der Türkei mit dem Westen sollte nach dem
gescheiterten Putschversuch von 2016 mit Macht zurückkehren.

DER KAMPF GEGEN DIE GÜLENISTEN

Gezi markierte Erdoğans Scheidung von den türkischen Liberalen, eine
Entwicklung, die sich bereits während der ersten Amtszeit der AKP herausgebildet hatte und ihren Höhepunkt in der Auseinandersetzung mit
dem kemalistischen Establishment erreichte. Rückblickend betrachtet
war es jedoch eine Spaltung innerhalb der islamistischen Bewegung, die
den weiteren Weg des Landes prägen sollte. Als sich das Jahr 2013 dem
Ende zuneigte, rückte der Konflikt zwischen Erdoğan und der Hizmet-
Bewegung von Fethullah Gülen, der seit Jahren unter der Oberfläche
schwelte, zunehmend in den Vordergrund. Die Auswirkungen sind bis
heute sichtbar: Die »FETÖ« wird gleichgesetzt mit der PKK (»die
Terrororganisation«) und damit als Todfeind des türkischen Staates ein-
gestuft.

Zu Beginn waren die AKP und Gülens *Cemaat* natürliche Partner.
Beide teilten die Überzeugung, dass der Islam einen zentralen Platz im
öffentlichen Raum und in den staatlichen Institutionen einnehmen sollte,
und sahen das kemalistische Establishment als Gegenspieler an. Die Gülenisten verfügten über fähige Kader, die sich aus der Jugend rekrutierten,
die in ihren privaten Nachhilfezentren (*dershaneler*) und kommunalen
Heimen, die Schülern aus armen Verhältnissen eine erschwingliche Un-
terkunft boten, unterrichtet wurde.[56] Die Medien- und Wirtschaftsunter-
nehmen der Bewegung unterstützten die AKP-Regierung und boten sowohl konservativen als auch linken/liberalen Kritikern des alten Regimes
eine Plattform. Mit ihrer Ausbreitung weit über die Grenzen der Türkei
hinaus in die ehemalige Sowjetunion, den Balkan und die afrikanischen

Länder südlich der Sahara sowie in den Westen erwies sich die Gülen-Bewegung auch außenpolitisch als ein sehr bedeutsamer Faktor. In den 2000er-Jahren brachten Gülens Schulen – die sich durch ihren qualitativ hochwertigen Unterricht auszeichneten – und Handelsunternehmen die wirtschaftlichen und politischen Interessen der Türkei in den unterschiedlichsten Ecken der Welt zur Geltung.

Doch die Partnerschaft war alles andere als harmonisch. Zum einen stand die Methode der Hizmet-Bewegung – durch die Umgestaltung von Kultur und Gesellschaft von unten nach oben (»Inbesitznahme der Arterien des Systems«, wie Gülen es in einem Video formulierte)[57] – im Gegensatz zu Erdoğan und der AKP, die eine Machtergreifung und Zentralisierung von der Spitze her bevorzugten. Zum anderen widersprachen auch die Überzeugungen der Gülenisten über die Ökumene und den interreligiösen Dialog, die der Bewegung im Westen Auftrieb gaben, der Millî-Görüş-Tradition, die Islam und türkischen Nationalismus miteinander verbindet. Dies waren zwar keine unüberwindbaren Gegensätze, solange beide Parteien im kemalistischen Establishment einen gemeinsamen Feind hatten. Doch sobald dieser Feind besiegt war, wurden die Risse deutlicher sichtbar. Das Markenzeichen der Gülenisten war die Infiltration ihrer Mitglieder in die Bürokratie, die Polizei und die Justiz, ein Prozess, der mit der AKP-Regierung an Fahrt gewann und im Zuge der Ergenekon- und Balyoz-Ermittlungen einen heftigen Konflikt auslöste. Wem gegenüber waren diese Netzwerke, die später als »Parallelstrukturen« (paralel yapı) bezeichnet wurden, rechenschaftspflichtig – Erdoğan oder der Hierarchie der Hizmet-Bewegung, die von Gülen persönlich in seinem Anwesen in Pennsylvania geleitet wurde?

Diese Frage wurde im Laufe der Jahre immer drängender. Der Bruch begann 2010 nach dem *Mavi Marmara*-Zwischenfall, nachdem ein türkischer Schiffskonvoi die israelische Gaza-Blockade zu durchbrechen versucht hatte, was von der Gülen-Bewegung missbilligt wurde. Im Februar 2012 lud die Staatsanwältin Sadrettin Sarıkaya Hakan Fidan, den Chef des MİT, zum Verhör vor, um ihn zu durchgesickerten Aufnahmen von den Verhandlungen mit der PKK in Oslo zu befragen.[58] Dies war ein

direkter Angriff auf Erdoğan; Fidan – ein Vertrauter Erdoğans, der auch
während des Putschversuchs 2016 an seiner Seite stand – nahm in seinem
Auftrag an den Gesprächen teil. Die Abhöraktionen zeigten auch, dass es
innerhalb des Sicherheitsapparats oppositionelle Elemente gab, die die
Regierung unterwandern wollten. Auch Gezi spielte eine Rolle. Am
6. Juni 2013 machte Gülen die Behörden für die brutale Niederschlagung der Proteste verantwortlich. »Ist das Einkaufszentrum, das dort
gebaut werden soll, auch nur einen Tropfen Blut wert?«, fragte er in
einem Interview mit der Zeitung *Zaman.*[59] In den folgenden Monaten
beschuldigten Gülens Medien Erdoğan, abweichende Meinungen mit
Füßen zu treten, wie es die antidemokratische Elite in der Vergangenheit
getan hatte. Der Islamismus nahm eine kemalistische Wendung. Die
Spaltung war nun allgemein sichtbar.

Das wichtigste Druckmittel der Bewegung war jedoch der Zugang zu
belastenden Informationen und ihr Einfluss auf die Strafverfolgung. Wie
die Journalistin Aslı Aydıntaşbaş 2016 schrieb, »wurden die Gülenisten
mit der Zeit zur AKP-Variante des ›tiefen Staates‹.«[60] Am 17. Dezember 2013 verhaftete die Istanbuler Sicherheitsdirektion 52 Personen – darunter Beamte, einen Bauunternehmer, den Generaldirektor der Halkbank, einen iranischen Mittelsmann namens Reza Zarrab und nicht
weniger als drei Söhne von Kabinettsministern – wegen eines angebli-
chen Versuchs der Umgehung der UN-Sanktionen gegen den Iran und
der Geldwäsche. Es folgten entsprechende Anklagen. Zudem tauchten
Abhörbänder auf. In einer Aufnahme, die im Februar 2014 im Internet
veröffentlicht wurde, war offenbar Erdoğan selbst zu hören, wie er mit
seinem Sohn Bilal über das illegale Geschäft sprach.[61] Erdoğan schlug mit
dem Vorwurf einer internationalen Verschwörung gegen die Türkei zurück, bezeichnete die Mitschnitte als abgekartete Sache und nannte die
Gülenisten – zum ersten Mal – Terroristen. Die AKP schloss die Reihen.
Präsident Gül und Ali Babacan, die Erdoğans Sicht nicht teilten sprachen
von einem »Mini-Putsch«.[62]

Es ist schwer zu sagen, was aus dem hinter den Kulissen ausgetragenen
Streit zwischen der AKP und den Gülenisten letztlich eine handfeste

politische Konfrontation machte. Möglicherweise wollte man Erdoğan vor den Kommunal- und Präsidentschaftswahlen im Jahr 2014 durch Korruptionsvorwürfe schaden, deren Glaubwürdigkeit durch spätere Strafverfahren in den USA gegen Zarrab und den stellvertretenden Halk-bank-Manager Mehmet Hakan Atilla untermauert wurde. Wenn dies tatsächlich beabsichtigt war, ist die Strategie nicht aufgegangen. Die AKP verlor nicht in dem Maße an Unterstützung, dass Erdoğans Kandidatur für das Präsidentenamt gefährdet gewesen wäre.[63] Vielmehr bot ihm der Skandal einen Vorwand, um mit der Hizmet-Bewegung abzurechnen. Nachdem er sein Kabinett umgebildet und kompromittierte Minister entfernt hatte, nahm Erdoğan Polizei und Staatsanwaltschaft ins Visier. Fünftausend Polizisten und fast hundert Staatsanwälte, darunter auch diejenigen, die mit dem Ergenekon-Fall befasst waren, wurden versetzt. Durch neue Gesetze wurden die Befugnisse des MİT erweitert. Es folgten Ermittlungen wegen illegaler Abhörmaßnahmen. Die Urteile gegen eine Reihe von Ergenekon- und Balyoz-Angeklagten wurden aufgehoben und die Betreffenden kamen wieder auf freien Fuß. Erdoğan schlug zurück – und zwar heftig. Die Gülenisten, einst eine aufstrebende Gruppierung innerhalb des Staatsapparats, gerieten in die Defensive.

Nach den demokratischen Errungenschaften in den 2000er-Jahren erlebte die Türkei einen herben Rückschlag, als die AKP ihre Macht ausbaute. Dies war in erster Linie eine Folge von Erdoğans Ehrgeiz. Schon bevor er im Juni 2011 eine dritte Amtszeit errang, strebte er ein Präsidialregime an, das sich auf eine möglichst knappe Mehrheit stützen und seine Stärke aus der Dämonisierung von Gegnern und zunehmend auch der Außenwelt als Feinde der türkischen Nation beziehen sollte. Er setzte dieses populistische Drehbuch nicht nur praktisch um, sondern hat es in vielerlei Hinsicht auch selbst verfasst. Das Spielfeld umzupflügen, war Erdoğans Methode, um in der Politik zu überleben und voranzukommen, wobei ein Rücktritt zunehmend teurer geworden wäre, wie der Korruptionsskandal 2013/14 zeigte. Es muss jedoch auch ein Wort über die systemischen Faktoren verloren werden, die seinen Aufstieg ermöglichten.

Dazu gehört eine illiberale Opposition, die sich für die vollständige Unterdrückung der AKP einsetzte, die sie eher als unversöhnlichen Feind
denn als Konkurrent betrachtete, und die nicht in der Lage war, in kritischen Fragen wie dem Bemühen um die Lösung der Kurdenfrage Alternativen vorzuschlagen. Wie wir sehen werden, spielte auch das autoritäre
Erbe eine Rolle, das den Staat prägt. Nachdem Erdoğan EU-orientierte
Reformen und Minderheitenrechte zugunsten eines konservativ-religiös
gefärbten türkischen Nationalismus aufgegeben hatte, fand er zahlreiche
Verbündete und Anhänger – vor allem unter ehemaligen Feinden.

7

DIE NEUE TÜRKEI

Am 29. Oktober 2014 beging die Türkei den Tag der Republik. Einund-
neunzig Jahre nach der Abschaffung des osmanischen Staates durch Mustafa Kemal und dessen Ersetzung durch ein republikanisches Regime
feierten die Anhänger von Erdoğan die Geburt einer neuen Türkei. Der
gerade fertiggestellte Präsidentenpalast in Beştepe, am Rande von Ankara, war das Symbol dafür. Auf einer Fläche von 200 000 Quadratme-
tern umfasst das eindrucksvolle Gebäude, das von der Architektur der
Seldschuken und Osmanen inspiriert ist, rund 1150 Zimmer und beher-
bergt eine »Nationalmoschee« sowie eine Bibliothek mit rund 5 Millionen Bänden, die größte des Landes.[1] Die Anlage wird von manchen
auch als »Serail« bezeichnet, in Anspielung auf den Topkapi-Palast oder
Topkapı-Serail, den jahrhundertelangen Amts- und Wohnsitz der osmanischen Sultane. Für die Behörden ist es eine *külliye,* eine osmanische
Verwaltungseinrichtung, die um eine Kultstätte herum errichtet worden
ist.

Wie man es auch nennen mag, Erdoğans neues Domizil vermittelte
eine unmissverständliche Botschaft. Der neue türkische Präsident, der
zwei Monate zuvor in einer Volksabstimmung gewählt worden war, sollte
sich abheben von seinen gewöhnlichen Vorgängern, mit Ausnahme von
Atatürk. Erdoğan bereitete sich vor auf etwas, das der US-Historiker Ar-
thur Schlesinger einmal eine imperiale Präsidentschaft nannte. Beştepe
sollte keine gewöhnliche Residenz, sondern vielmehr der Dreh- und Angelpunkt der Staatsmacht sein. In der *külliye,* so kündigte das Präsidial-

amt an, sollten Mitarbeiter aus allen Bereichen der Regierung untergebracht werden. Während sich frühere Präsidenten, darunter auch
Abdullah Gül, an der verfassungsmäßigen Vorstellung vom Staatsoberhaupt als unabhängigem Schiedsrichter orientierten, der sich von der
Hektik des politischen Alltags fernhält, sah Erdoğan seine neue Aufgabe
darin, noch mehr Macht anzuhäufen, als er ohnehin schon besaß. Und er
stellte sicher, dass er seine Pläne auch durchsetzen konnte. Einer der ersten ausländischen Würdenträger, die Beştepe einen Besuch abstatteten,
war übrigens der russische Präsident Wladimir Putin.[2]

Der Serail war mehr als nur ein Beweis für Erdoğans grenzenlosen Ehrgeiz. Er war eine Aussage über die Identität der Türkei. Der Präsidentenpalast war auf einem Grundstück errichtet, das von türkischen Säkularisten als heilig angesehen wird – ein Areal, das aus der Atatürk Forest Farm
herausgelöst wurde, einem weitläufigen Erholungsgebiet, das Mitte der
1920er-Jahre von Mustafa Kemal gegründet wurde und das er am Ende
seines Lebens dem Staat geschenkt hatte. Dabei ging es allerdings nicht
darum, das kemalistische Erbe auszulöschen, sondern es sich anzueignen
und in einer Weise umzuformen, die für die neue Zeit geeignet war. Statt
als radikaler Westler, der den Islam und die alten Traditionen unterdrückte,
sollte Atatürk als willensstarker Führer gefeiert werden, der den Staat in
einer Zeit, in der es um Leben und Tod ging, rettete und das Ansehen und
die Macht der Türkei wiederherstellte. Erdoğan, der »Anti-Atatürk-
Atatürk«[3], war auf derselben Schiene unterwegs. Für das Jahr 2023, dem
hundertsten Jahrestag der Republikgründung, formulierte er eine Reihe
kühner Ziele: Die Türkei soll zu einer der zehn größten Volkswirtschaften
der Welt werden, für alle Bürger soll es eine Krankenversicherung geben,
drei Kernkraftwerke sollen gebaut werden und einiges mehr. »Das Erreichen des Niveaus der zeitgenössischen Zivilisation« wurde von der türkischen Regierung als Hommage an Mustafa Kemal bezeichnet.[4]

Was die »Neue Türkei«[5] von der alten Türkei unterschied, war das
politische System, das Erdoğan nach seinem Bild schmiedete. Während
seiner Amtszeit als Präsident entstand ein hybrides Regime, in dem der
Mehrparteienwettbewerb mit der Ein-Mann-Herrschaft koexistierte.[6]

Der 2018 abgeschlossene Übergang zu einem Präsidialsystem veranlasste die Nichtregierungsorganisation Freedom House, die Türkei auf den Status »nicht frei« herabzustufen. Die Aushöhlung der Demokratie erreichte ihren Höhepunkt, als die Türkei in der internationalen Rangliste um 31 Punkte zurückfiel und damit nach Burundi am zweitschlechtesten abschnitt.[7] Wissenschaftler stellten fest, dass die türkische Entwicklung insofern im Widerspruch zur Theorie stand, als hier ein relativ gut funktionierendes Gemeinwesen mit mittlerem Einkommensniveau in den Autoritarismus zurückfiel.[8] Doch die türkischen Bürger erwartete eine noch verblüffendere Erkenntnis. Im Gegensatz zu anderen autokratischen oder halbdemokratischen Regimen in Regionen wie etwa Ostasien konnte das Präsidialregime der Türkei sein Versprechen, ein hohes Maß an Wachstum und Wohlstand zu schaffen, nicht einlösen. Es gibt auf der Welt zahlreiche Beispiele dafür, dass die Bürger auf ihre Freiheiten zu verzichten bereit sind, wenn ihnen dafür Stabilität und Wohlstand geboten werden. Mit einer krisengeplagten, zerrütteten Wirtschaft, was nicht zuletzt auf gravierendes Missmanagement zurückzuführen ist, scheint das türkische Volk das Schlimmste aus beiden Welten erwischt zu haben.

INFORMELLE HERRSCHAFT

Erdoğans Präsidialregime begann nicht erst mit der Verfassungsänderung 2017, sondern bereits mit seinem Amtsantritt am 28. August 2014. Nach zweieinhalb Amtszeiten als Ministerpräsident in einem Land, das einst durch seine unbeständige Politik geprägt war, wurde er zu einer beherrschenden Figur. »Ob man ihn liebt oder verabscheut, er ist einer der erfolgreichsten Politiker der Türkei«, kommentierte ein BBC-Korrespondent in der Türkei bei der Amtseinführung.[9] Beim Wechsel in das neue Amt ging es ihm nicht darum, sich den Anforderungen dieses Amtes anzupassen. Im Gegenteil, Erdoğan hatte die Absicht, die Institution so umzugestalten, dass sie der Persönlichkeit des Amtsträgers entspricht.

Am Tag vor der Amtsübernahme hielt die AKP einen außerordentlichen Parteikongress ab, auf dem Erdoğan bekräftigte, dass die Türkei eine neue Verfassung brauche. Aus diesem Grund boykottierte die CHP, einschließlich ihres Vorsitzenden Kemal Kılıçdaroğlu, die Vereidigungszeremonie im Parlament, und die Abgeordneten der CHP verließen kurz vor der Eröffnung das Parlament.

Formal hielt sich Erdoğan an die verfassungsmäßige Vorschrift, dass das Staatsoberhaupt keiner Partei angehören darf. Der AKP-Kongress wählte einen neuen Vorsitzenden, Außenminister Ahmet Davutoğlu, der auch neuer Ministerpräsident wurde. Gemäß der Verfassung sollte Davutoğlu die Führung der Exekutive übernehmen und die gesetzgeberische Agenda vorantreiben, wobei er auf die parlamentarische Mehrheit der AKP angewiesen war. Davutoğlu sollte die Minister sowie die Spitzenbeamten der Regierung auswählen und die Kandidaten für die Parteilisten bei den für den Sommer 2015 angesetzten Parlamentswahlen bestimmen. In der Praxis änderte Erdoğans Wechsel ins Präsidentenamt jedoch nichts daran, dass er die Kontrolle über die AKP behielt, wie er es von Anfang an beabsichtigt hatte. Davutoğlu wurde gerade deshalb als Nachfolger ausgewählt, weil er keine Bedrohung darstellte. Der frühere Universitätsprofessor war kein gewählter Politiker; er verdankte seine Karriere Erdoğan persönlich. Man konnte also davon ausgehen, dass sich Davutoğlu loyal verhalten und nicht versuchen würde, selbst die Zügel in die Hand zu nehmen. Erdoğans ungeschmälerter Einfluss auf die AKP sicherte ihm somit das letzte Wort bei allen wichtigen Entscheidungen. Im Vorfeld der Wahlen im Juni 2015 überprüfte er beispielsweise die Wahllisten und überging Davutoğlu, der – entgegen den Erwartungen – versucht hatte, sich etwas Handlungsfreiheit zu verschaffen. Indem er mit Präzedenzfällen brach und jeden Anschein von Unparteilichkeit vermied, griff Präsident Erdoğan in den Wahlkampf ein und hielt Kundgebungen ab, wie er es bereits als AKP-Vorsitzender getan hatte.

Erdoğan agierte de facto als exekutiver Präsident – zum Beispiel, indem er im Januar 2015 eine Sitzung des türkischen Kabinetts leitete[10] und damit von einer selten genutzten Verfassungsbestimmung Gebrauch

machte. Fairerweise muss man sagen, dass sein Verhalten nicht beispiel-
los war. Schon vor Erdoğan hatte es ehrgeizige, bestimmende Persönlichkeiten wie Turgut Özal oder Süleyman Demirel gegeben, die von der
Çankaya-Villa aus, dem Sitz des Präsidenten,[11] die Fäden ziehen wollten. Doch niemand hatte die Möglichkeiten der Verfassung von 1982 so
ausgereizt wie Erdoğan, nicht einmal Özal, dessen Mutterlandspartei
(ANAP) 1989–91 die Regierung stellte, als er das Präsidentenamt innehatte. Erdoğan argumentierte, er sei direkt gewählt worden, besitze die
Legitimation durch das Volk und repräsentiere den nationalen Willen in
höherem Maße als seine Vorgänger.

Den endgültigen Beweis dafür, dass sich de facto ein präsidiales – oder
zumindest halbpräsidiales Regime – herausgebildet hatte, lieferte der
Sturz von Davutoğlu im Mai 2016. Zu diesem Zeitpunkt waren die Spannungen zwischen dem Ministerpräsidenten und Erdoğan bereits offen
zutage getreten. Die beiden stritten über den Umgang mit hochrangigen
AKP-Kadern, die in Korruptionsaffären verwickelt waren, über die Verhandlungen mit der PKK, über politische Ernennungen auf verschiedenen Ebenen und darüber, wer die Türkei international vertreten solle. Im
April 2016 wurde in einem Blog eine lange Liste mit Streitpunkten zwischen dem Ministerpräsidenten und dem Staatspräsidenten veröffentlicht, von denen einige rein persönlicher Natur waren und andere von der
institutionellen Logik des Semipräsidentialismus bestimmt wurden. Die
Enthüllungen in dieser »Pelikan-Akte« (eine Anspielung auf den populären Schriftsteller John Grisham) stammten von einer Gruppe von
Erdoğan-Anhängern, die von seinem Schwiegersohn Berat Albayrak unterstützt wurde.[12] Die Veröffentlichung führte zu Davutoğlus Rücktritt,
der Berichten zufolge am 3. Mai eingereicht wurde, und am 22. Mai
wurde er als Ministerpräsident und AKP-Vorsitzender durch Binali
Yıldırım ersetzt. Dieser »Palastputsch« (*saray darbesi*), wie Kommentatoren den Wechsel nannten, bezeugte, dass die Türkei im Grunde genommen bereits wie eine Präsidialrepublik funktionierte.

Mit der Absetzung von Davutoğlu war die Umwandlung der AKP in
eine Partei, die ganz auf Erdoğan zugeschnitten ist, abgeschlossen. Sie

hatte sich bereits von ihren liberalen Mitstreitern getrennt, die in den 2000er-Jahren maßgeblich zu ihrem Erfolg beigetragen hatten. Nach den Gezi-Protesten im Jahr 2013 wurde auch Abdullah Gül, der Mitbegründer der Partei, kaltgestellt.[13] Bald folgte das dritte Gründungsmitglied der AKP, Bülent Arınç, der in den entscheidenden Jahren zwischen 2002 und 2007 als Parlamentspräsident und unter Davutoğlu als stellvertretender Ministerpräsident fungiert hatte. Arınç trat im August 2015 wegen des Scheiterns des kurdischen Friedensprozesses zurück. Auch Ali Babacan, einer der Architekten der türkischen Wirtschaftspolitik in der Boomphase der 2000er-Jahre, zog sich zurück.[14] Der stellvertretende Ministerpräsident Yalçın Akdoğan, Erdoğans ehemaliger Vertrauter, demissionierte im Mai 2016 gemeinsam mit Davutoğlu, ihm folgte im August 2016 Innenminister Efkan Ala. Ende der 2010er-Jahre stellten ehemalige AKP-Granden Kader für Splitterparteien wie die von Davutoğlu und Gül gegründete Gelecek Partisi (Zukunftspartei) und Babacans Deva (Partei für Demokratie und Fortschritt, Demokrasi ve Atılım Partisi).

An die Stelle der AKP 1.0 ist ein Kreis getreten, der eher durch Vetternwirtschaft und Loyalität zu Erdoğan, einer Art väterlicher Figur, zusammengehalten wird als durch eine bestimmte Ideologie oder gemeinsame Wurzeln. Zu diesem Netzwerk gehören Verwandte wie Berat Albayrak[15] und der Schwager des Präsidenten, Ziya İlgen, sowie Unterstützer aus Armee, Polizei und Sicherheitsdiensten wie der Chef des Inlandsgeheimdienstes Hakan Fidan und Verteidigungsminister Hulusi Akar, die beide eine entscheidende Rolle bei der Niederschlagung des Putschversuchs im Juli 2016 spielten; politische Leutnants wie Süleyman Soylu, der markige Innenminister, und Binali Yıldırım[16]; sowie Technokraten wie Vizepräsident Fuat Oktay, dessen Karriere sich nach dem Putschversuch im Juli 2016 stark beschleunigte, oder Fahrettin Altun, ein Soziologe, der als Präsidentensprecher und Kommunikationsdirektor dient.[17] Diese häufig untereinander verfeindeten Personen und Gruppen haben ihre Interessen und Lebensperspektiven fest mit denen von Erdoğan verknüpft. Die Dynamik zwischen diesen verschiedenen Lobbys im Machtzentrum, ein viel diskutiertes Thema, war der Hauptgegenstand der »Seraillogie«, gewissermaßen einer türkischen Variante der einstigen Kreml-Astrologie. Zum anderen wird dieses undurchsichtige, personalistische Regime durch seine Allianz mit einflussreichen Geschäftsleuten gestützt, die von staatlich geförderten Milliardenprojekten wie dem neuen Istanbuler Flughafen, der dritten Brücke über den Bosporus oder der Neugestaltung des Taksim-Platzes profitieren.[18] Familienbande, Macht und Geld gehen Hand in Hand. So waren Tayyip Erdoğan und seine Frau Emine 2019 Trauzeugen bei der Hochzeit der Tochter von Yıldırım Demirören, des Chefs der gleichnamigen Holding, mit dem Sohn des Gründers von Kalyon, einer weiteren mit dem Palast verbundenen Gruppe. Und natürlich engagierten sich Demirören und Çalık in den 2010er-Jahren für jene Medien, die dem Serail freundlich gesonnen waren. Informelle Abhängigkeitsbeziehungen waren dem türkischen öffentlichen Leben nie fremd, um es wohlwollend auszudrücken, doch unter Erdoğan und dank der beispiellosen Machtfülle, über die er verfügt, wurde die Klientelwirtschaft zur Norm und erreichte neue Ausmaße.[19]

VERZERRUNG DES SPIELFELDS

Auch wenn Erdoğan seine Wünsche und Vorstellungen durch informelle Autorität und Kontrolle weitgehend durchsetzen konnte, drängte er auf eine Überarbeitung der verfassungsrechtlichen Regelungen, um seine Vormachtstellung weiter zu festigen. Die Parlamentswahlen im Juni und im November 2015 halfen ihm, seinem Ziel wichtige Schritte näher zu kommen.[20]

Erdoğans Strategie, um 330 Sitze im Parlament zu erlangen – jene Mehrheit, die es ermöglicht, Verfassungsänderungen über ein Referendum durchzusetzen –, konzentrierte sich auf die prokurdische Partei des Friedens und der Demokratie (BDP). Das war vernünftig, weil die CHP und die MHP Erdoğans Plan, das Präsidentenamt zu übernehmen, strikt ablehnten und sogar gemeinsam versucht hatten, ihn zu vereiteln, indem sie 2014 Professor Ekmeleddin İhsanoglu, einen konservativen Theologen, als Gegenkandidaten aufstellten. Im Gegensatz dazu bot der von PKK-Führer Abdullah Öcalan im März 2013 vorgeschlagene Lösungsprozess eine Grundlage für die Zusammenarbeit zwischen den Kurden und der AKP. Die Entscheidung der BDP, bei den Wahlen im Juni 2015 als Partei anzutreten, anstatt wie üblich unabhängige Kandidaten im Südosten aufzustellen, lief jedoch dem Plan des Serail zuwider, weil sie der Regierungspartei Stimmen abzunehmen drohte. Die BDP hatte einen guten Grund für ihr Handeln. Ihr Kandidat bei den Präsidentschaftswahlen 2014, Selahattin Demirtaş (der formell die Demokratische Volkspartei, Halkların Demokratik Partisi oder HDP, eine Schwesterorganisation, vertritt), hatte mit 9,76 Prozent der Stimmen, was nur knapp unter der 10-Prozent-Hürde lag, außergewöhnlich gut abgeschnitten. Die BDP/HDP konnte damit rechnen, über ihren kurdisch-nationalistischen Kern hinauszuwachsen, wenn sie sowohl die Konservativen im Südosten als auch die liberalen und linksgerichteten Türken in den westlichen Metropolen, die von der AKP und der CHP enttäuscht waren, für sich gewinnen konnte.

So kam es auch. Bei der Wahl am 7. Juni 2015 erhielt die HDP 13,1 Prozent der Stimmen. Damit übersprang sie die Wahlhürde und konnte ihr Ergebnis in Bezug auf die Sitze gegenüber 2011 mehr als verdoppeln. Demirtaş' Entscheidung, mit Parteilisten und nicht mit unabhängigen Kandidaten anzutreten, hatte sich ausgezahlt – und zwar erheblich. Das wiederauflebende kurdische Nationalgefühl, das gestärkt wurde durch die erfolgreiche Verteidigung von Kobani gegen den IS (»das Stalingrad der Kurden«), der Lösungsprozess, der die HDP bei den kurdischen Traditionalisten legitimierte, der verbliebene Schwung der Gezi-Proteste und Demirtaş' Charisma, das junge türkische Wähler anspricht – all dies half der Partei, ihr Ergebnis zu maximieren.[21] Auf der anderen Seite führten Erdoğans Verhandlungen mit der PKK und der Aufstieg der HDP auch zu einer Zunahme der Unterstützung für die MHP, die im Vergleich zu den Wahlen von 2011, als sie nur knapp den Einzug in die Große Nationalversammlung schaffte, 3,3 Prozent hinzugewann.

Die Zugewinne der HDP und der MHP gingen auf Kosten der AKP. Zum ersten Mal seit 2002 verlor die Regierungspartei ihre parlamentarische Mehrheit. Ihr Stimmenanteil schrumpfte von knapp unter 50 Prozent auf 40,9 Prozent, was einem Rückgang von 311 auf 258 Abgeordnete entsprach. Die AKP war zwar nach wie vor die stärkste Kraft im Parlament, musste aber eine Koalition eingehen, um im Amt zu bleiben. Noch peinlicher ist, dass das Ergebnis der Wahlen vom Juni 2015 Erdoğans Fehleinschätzung des nationalen Willens schonungslos offenlegte. Die Wahlen zeigten, dass die türkische Gesellschaft sehr vielfältig ist und dass ein Kompromiss und nicht ein »Wir gegen die« der beste Weg nach vorne ist.

Theoretisch konnte die AKP mit allen drei anderen Parteien, der CHP, der HDP und der MHP, eine Koalition bilden. Jede dieser Optionen hatte ihre Vor- und Nachteile. Eine große Koalition mit der CHP[22] hätte mit Sicherheit die chronische Polarisierung verringert und das Land auf eine stabilere Grundlage gestellt. Umfragen zufolge sprachen sich fast zwei Drittel der Befragten für ein solches Arrangement aus, da sich das Wirtschaftswachstum in den letzten Jahren auf etwa 3 Prozent des BIP verlangsamt hatte und die Sorgen über Inflation und Arbeitslosigkeit zunahmen. Da sie lange nicht mehr an der Regierung gewesen waren, befürworteten auch einige CHP-Vertreter den Abschluss eines Abkommens – mit allen Vorteilen, die sich aus einer Rückkehr an die Macht ergeben würden. Doch Erdoğans Forderung nach einer Verfassungsänderung in Richtung eines Präsidialsystems, ein zentraler Punkt im AKP-Wahlprogramm, stellte ein gewaltiges Hindernis dar. Erwartungsgemäß scheiterten die Koalitionsgespräche zwischen Davutoğlu und Kılıçdaroğlu. Für die CHP, deren Wählerpotenzial bei maximal 30 Prozent lag, erschien eine Hinwendung zum Präsidentialismus gewissermaßen als eine Aufforderung, ihr eigenes Todesurteil zu unterschreiben. Auch das Beharren darauf, dass Deniz Baykal, der diskreditierte frühere Vorsitzende der Säkularisten, Sprecher der Großen Nationalversammlung werden sollte, trug nicht zu einem Kompromiss bei.

Die andere Option der AKP, die auf dem Tisch lag, war eine Partnerschaft mit der ideologisch kompatiblen und machthungrigen MHP, die seit vielen Jahren in der politischen Wüste lebte. Doch Devlet Bahçeli, der Parteivorsitzende, war strikt gegen eine Verfassungsänderung und forderte außerdem eine Untersuchung der Korruptionsvorwürfe gegen Erdoğan und seine Familie, die sich auf die im Dezember 2013 durchgesickerten Tonaufnahmen stützten. Im Nachhinein betrachtet war seine Haltung eher auf taktisches Kalkül als auf echte Prinzipien zurückzuführen. Bahçeli ließ sich wahrscheinlich von der Überzeugung leiten, dass die AKP an Unterstützung verlieren würde und eine Neuwahl, die alternative Option, zu einer Stärkung der MHP führen würde, weil konservative Wähler zu ihr überlaufen würden.[23]

Auch eine Koalition mit der HDP, ob formell oder informell, erschien als unrealistisch. Der wachsende türkische Nationalismus, die Spannungen in den südöstlichen Provinzen und das kompromisslose »Nein« von Selahattin Demirtaş zu Verfassungsänderungen boten kaum eine Grundlage für eine weitreichende Abmachung mit der AKP. »Wir werden Dich nicht zu einem [exekutiven] Präsidenten machen«, erklärte Demirtaş angeblich auf einer Sitzung der HDP-Fraktion am 17. März 2015.[24] Der einzige Politiker innerhalb der AKP, der weiter die Kurden mit ins Boot zu holen versuchte, war Davutoğlu. Bei einem Treffen mit den Co-Vorsitzenden der HDP, Demirtaş und Figen Yüksekdağ, im Juli betonte der Ministerpräsident, dass es sein einziges Ziel sei, den kurdischen Friedensprozess wiederzubeleben. Er gab der Koalition eine letzte Chance.[25]

Am Ende setzte sich Erdoğan durch und erzwang Neuwahlen – die von ihm bevorzugte Option. Er rechnete damit, dass die AKP bei Neuwahlen besser abschneiden würde, weil die Abstimmung im Juni ihre wahre Stärke nicht widerspiegelte.[26] Um eine Neuwahl zu erreichen, verfolgte Erdoğan eine zweigleisige Strategie. Zum einen verschärfte er die Forderung nach einer Präsidialrepublik, um Davutoğlus Versuch zu untergraben, mit der CHP ein Koalitionskabinett auszuhandeln. Zum anderen signalisierte er weder der CHP noch der MHP grünes Licht für den Versuch, eine Koalition zu bilden, nachdem die AKP dies nicht geschafft hatte.[27] Stattdessen ließ er die verfassungsmäßig vorgeschriebene Frist von 45 Tagen ab dem Wahltermin verstreichen, was zu Neuwahlen am 1. November führte. Damit war der Präsidentschaftswahlkampf faktisch eröffnet.

Die Wahlen gerieten zu einem Triumph für die AKP, die fast die Hälfte der Stimmen erhielt und ihre parlamentarische Mehrheit wiedererlangte. Die HDP, aber auch die MHP, mussten einen Dämpfer hinnehmen. Die Ultranationalisten verloren etwa ein Drittel ihrer Wähler und sanken von 7,5 Millionen auf 5,7 Millionen Stimmen. Die Fraktion der HDP schrumpfte von 80 auf 59 Abgeordnete, was auf einen Stimmenverlust von 14 Prozent im Südosten des Landes zurückzuführen war, wo die Feindseligkeiten zwischen der PKK und dem Staat wieder aufflammten. Obwohl der AKP 17 Sitze zu den angestrebten 330 Abgeordneten fehlten, kam es zu einer Öffnung gegenüber der MHP. Bahçelis Verluste schmälerten seinen Einfluss, während Erdoğans hartes Durchgreifen gegen den kurdischen Nationalismus den Abstand zwischen der MHP und der AKP verringert hatte. Eine Koalition auf der rechten Seite zwischen Islamisten und Ultranationalisten war bereits ein Hinweis auf Bahçelis spätere Kehrtwende in der Frage der Exekutivpräsidentschaft.

Der Aufschwung der AKP bei den Wahlen resultierte aus der Verzerrung des Spielfelds in Verbindung mit den Ängsten der Wähler. Es stimmt, dass Erdoğans Entscheidung, sich zurückzuziehen und Davutoğlu, einer weniger kontroversen Figur, die Leitung der Wahlkampagne zu überlassen, einen Unterschied machte. Doch dieses Mal mobilisierte die AKP staatliche Ressourcen in einem nie dagewesenen Ausmaß, um sich einen Vorteil gegenüber der Opposition zu verschaffen. Auch die Medien spielten eine entscheidende Rolle. Eine Umfrage ergab, dass der öffentlich-rechtliche Sender TRT der AKP im Vergleich zur CHP und zur MHP unverhältnismäßig viel Sendezeit widmete.[28] Der Ausbruch der Feindseligkeiten in den kurdisch besiedelten Provinzen ermöglichte es Erdoğan, sich als Verteidiger der Türkei gegen die Subversion darzustellen, den Nationalismus zu schüren und die AKP-Wählerschaft zu stärken. Die konservativen Kurden kehrten zur Regierungspartei zurück, aus Angst vor der Gewalt, die von der PKK, den Sicherheitskräften und dem

IS ausging, aber zweifelsohne auch durch den Staat angestachelt wurde. Die Wahlen im November 2015 zeigten Erdoğan als brillanten Taktiker, der einmal mehr eine widrige Situation zu seinen Gunsten wenden hatte können. Doch der Preis, den das Land dafür zahlen musste, war hoch. Die Wahl führte zum »Ausstieg der Türkei aus der Demokratie«[29] und zur Transformation der Regierung in ein Hybridregime mit einem allmächtigen Präsidenten an der Spitze.

ENTTÄUSCHTE HOFFNUNGEN

Erdoğans Wendung gegen die kurdische Bewegung, sein Eintreten für einen konventionellen Staatsnationalismus und die daraus resultierende Annäherung an die MHP hatten sich schon lange abgezeichnet. Erste Signale gab es bereits im Sommer 2014, als Selahattin Demirtaş für das Präsidentenamt kandidierte. Die AKP, vielleicht auch Abdullah Öcalan, der wichtigste Verhandlungspartner, hätten einen weniger profilierten Kandidaten bevorzugt. Später, während seines Prozesses 2018, behauptete Demirtaş, er habe einen Brief des inhaftierten PKK-Führers erhalten, der von Hakan Fidan und dem stellvertretenden Ministerpräsidenten Beşir Atalay übermittelt worden sei und in dem er aufgefordert worden sei, sich mit der Regierungspartei abzustimmen. Laut Cengiz Çandar, einem Kenner der kurdischen Politik, wurde Demirtaş in dem Brief möglicherweise gebeten, sich aus dem Rennen um die Präsidentschaftskandidatur zurückzuziehen, damit die Gespräche fortgeführt werden könnten.[30] Sein gutes Abschneiden bei der Wahl und seine anschließende Entscheidung, die HDP bei den Parlamentswahlen im Juni 2015 als Partei antreten zu lassen, zeigten jedoch, dass er gewillt war, auf eigene Rechnung zu handeln.

Aber noch hatte die HDP einen Partner in der Regierung.[31] Während Erdoğan sie als eine Bedrohung für seine politischen Ambitionen sah, glaubte Davutoğlu, der sich für den Lösungsprozess engagiert hatte, dass

die Partei dazu beitragen könnte, den kurdischen Nationalismus zu ent-
militarisieren und ihn in den politischen Mainstream einzugliedern. Für
einen solch verlockenden Preis konnte die AKP ein gewisses Maß an politischem Wettbewerb im Südosten hinnehmen. Die AKP und die HDP
konnten zusammenarbeiten, denn schließlich hatte keine andere Kraft
außer den Islamisten und schon gar nicht die CHP oder die MHP Bereitschaft gezeigt, den kulturellen und sprachlichen Forderungen der Kurden
entgegenzukommen. So lautete die Theorie.

Die HDP übernahm eine zentrale Rolle in den Verhandlungen mit der
PKK, die Ende 2014 an Fahrt aufnahmen, nachdem die türkische Regierung endlich zugelassen hatte, dass die kurdischen Truppen in der vom IS
belagerten Stadt Kobani verstärkt wurden. Vertreter der Partei fungierten als Vermittler zum PKK-Oberkommando im Nordirak.

Obwohl Spitzenfunktionäre wie Cemil Bayık, Duran Kalkan und Murat Karayılan die symbolische Führung durch »Serok Apo« anerkann-
ten, war ihre Unterstützung für die Öffnung gegenüber den Kurden an
Bedingungen geknüpft. Es war Sache der Politiker, die Modalitäten für
die Entwaffnung der Kämpfer, die Zugeständnisse und Garantien, die der
türkische Staat im Gegenzug gewähren würde, und vor allem den Zeit-
plan auszuarbeiten. Beide Seiten, die Regierung und die PKK, wollten,
dass die jeweils andere Seite den ersten Schritt machte. Ankara bestand
zuerst auf der Entwaffnung, die PKK-Führung in den Kandil-Bergen auf
der politischen Zusage. Es war nicht leicht, eine Einigung zu erzielen,
wenn auch der politische Wille vorhanden war.

Trotz aller Schwierigkeiten schien die Türkei Anfang 2015 kurz vor
einem Durchbruch zu stehen. Am 28. Februar veröffentlichten die
HDP-Führung und der stellvertretende Ministerpräsident Yalçın
Akdoğan die sogenannte Dolmabahçe-Erklärung, einen Fahrplan für
eine Lösung der Kurdenfrage. Die HDP-Politiker Pervin Buldan, İdris
Baluken und Sırrı Süreyya Önder, die mit Öcalan in Kontakt standen,
sprachen sich für weitere Verfassungsänderungen aus, die auf eine Demokratisierung abzielten.[32] Vor den Fernsehkameras machte Önder einen
Aufruf des inhaftierten PKK-Führers öffentlich, der die Einberufung

eines PKK-Kongresses vorschlug, auf dem über die Niederlegung der Waffen entschieden werden sollte, sowie die Schaffung eines Überwachungskomitees, das den Prozess begleiten sollte. Es sah so aus, als hätten sich die militanten Kurden und die Regierung auf ein Abkommen geeinigt, auch wenn die Zustimmung des Kandil-Kommandos fraglich war. Ministerpräsident Davutoğlu lobte die Dolmabahçe-Erklärung als ein bahnbrechendes Ereignis.[33] Die Aussicht auf eine Einigung zeichnete sich so deutlich am Horizont ab wie noch nie zuvor – und auch später nie mehr.[34]

Ein entscheidender Akteur fehlte jedoch noch: Erdoğan. Anfänglich begrüßte er, wie Davutoğlu, Öcalans Aufruf zur Waffenniederlegung und fügte hinzu, dass den Worten auch Taten folgen müssten.[35] Doch einige Wochen später änderte der Präsident seinen Kurs. Trotz gegenteiliger Berichte behauptete Erdoğan, nicht über die Dolmabahçe-Resolution und den Weg zu ihrer Umsetzung informiert worden zu sein. Er forderte die HDP wie auch die PKK auf, sich zur Niederlegung der Waffen zu verpflichten. Die Veränderung von Erdoğans Haltung war höchstwahrscheinlich dem Anstieg der HDP in den Umfragen und ihrer Reaktion auf seine Ambitionen geschuldet.[36] Demirtaş' beharrliche Weigerung, in Bezug auf die Verfassung mitzuspielen (»Wir werden Dich nicht zu einem exekutiven Präsidenten machen«), die er am 17. März 2015 äußerte, kurz nach dem Dolmabahçe-Treffen, signalisierte, dass eine endgültige Einigung, so es denn eine geben sollte, nicht zu Erdoğans Bedingungen erfolgen würde.[37]

Von diesem Zeitpunkt an ging es nur noch bergab. Die AKP-Parlamentsfraktion verfolgte eine harte Linie, zweifellos auf Anweisung des Präsidentenpalasts. Anfang April verabschiedete sie ein neues drakonisches Gesetz zur inneren Sicherheit, das von den MHP-Abgeordneten unterstützt wurde. Einige Tage später kam es in der osttürkischen Stadt Ağrı zu einer Auseinandersetzung zwischen der PKK und dem Militär.[38] Unterdessen sorgten Erdoğans Schritte, die die Verhandlungen gefährdeten, für Unmut in den Reihen der AKP. Der stellvertretende Ministerpräsident Bülent Arınç, einer der Mitbegründer der Partei, wagte es in beispielloser Weise, den Präsidenten zu kritisieren, wenn auch in milder Form. Zweifellos war Davutoğlu auf der gleichen Wellenlänge wie seine Kollegen. Das am 21. April veröffentlichte Wahlprogramm der AKP sprach von der Fortsetzung der Friedensgespräche nach den Parlamentswahlen.[39] Doch Erdoğans kriegerische Rhetorik, die sich mit den Erfolgen der PYD/YPG in Syrien im Juni 2015 verschärfte, war ein klares Signal, dass eine Einigung immer schwerer zu erreichen sein würde. Über den Nationalen Sicherheitsrat (MGK) drohte Erdoğan der PKK mit Krieg, sollte sie über den Euphrat vordringen. Zu diesem Zeitpunkt war die Dolmabahçe-Erklärung bereits eine verblassende Erinnerung.

Die Entwicklungen im Südosten ließen schließlich das Worst-Case-Szenario wahr werden. Am 5. Juni, zwei Tage vor den Parlamentswahlen, wurde auf eine HDP-Kundgebung in Diyarbakır ein Bombenanschlag verübt. Am 20. Juli tötete eine Bombe 33 Menschen und verletzte 104 linke Aktivisten, die sich in Suruç, einer Grenzsiedlung gegenüber Kobani im Nordosten Syriens, versammelt hatten. Die PKK betrachtete die Selbstmordattentate, die ISIS-Zellen innerhalb der Türkei zugeschrieben wurden, als Provokationen der Regierung. Zwei Tage nach dem Anschlag in Suruç, am 22. Juli, wurden im nahegelegenen Ceylanpınar, einem anderen Stadtteil von Urfa, zwei Polizisten erschossen. Als Reaktion darauf bombardierte die türkische Luftwaffe Ziele der PKK im Nordirak. Der Waffenstillstand von 2013 war vorbei; die kurdischen Kämpfer und der türkische Staat befanden sich wieder im Krieg. Bis Ende 2015 verloren rund 550 Menschen ihr Leben: kurdische Kämpfer, Soldaten, Gendarmen und Polizisten, 150 Zivilisten.[40]

Die Gewalt ging weit über die kurdisch besiedelten Gebiete hinaus. Am 10. Oktober 2015 richteten zwei Bomben vor dem Bahnhof von Ankara, wo sich HDP-Anhänger zu einer Kundgebung unter dem Thema »Arbeit, Frieden und Demokratie« versammelt hatten, großen Schaden an. Der bislang blutigste Terroranschlag in der modernen türkischen Geschichte forderte 109 Tote und mehr als 500 Verletzte. Es stellte sich heraus, dass die dahinterstehende IS-Zelle auch an den Anschlägen von Diyarbakır und Suruç im Juni/Juli beteiligt gewesen war. Şeyh Abdurrahman Alagöz, der Selbstmordattentäter von Suruç, war der Bruder von Yunus Emre Alagöz, der sich in Ankara in die Luft sprengte. Der dritte der Brüder, Yusuf Alagöz, war befreundet mit Orhan Gönder, dem Attentäter von Diyarbakır. Alle drei entpuppten sich als Mitglieder einer als Dokumacılar (*Weber*) bekannten ISIS-Zelle in der Stadt Adıyaman im Südosten des Landes, deren Einwohner mehrheitlich kurdisch sind, aber sehr konservativ eingestellt sind.[41] Aus Adıyaman sowie den Provinzen Bingöl und Batman waren Hunderte von Rekruten für den ISIS und andere radikale Milizen nach Syrien geschickt worden. Dreitausend türkische Kurden hatten ihr Leben verloren, die auf der Gegenseite in den Reihen der YPG/PYD kämpften.[42] Nun wurde der Krieg auch in der Türkei geführt.

Solche Angriffe zerstörten das geringe Vertrauen, das zwischen den kurdischen Aktivisten und der Regierung noch bestand. Die Gewalt führte auch zu einem Krieg der Narrative. Nationalistische Kurden behaupteten, dass der ISIS, der Feind, den sie in Syrien bekämpften, mit dem türkischen Staat unter einer Decke stecke.[43] Ihrer Ansicht nach drückten die Sicherheitsdienste bei den dschihadistischen Kämpfern ein Auge zu, weil sie ihnen auf türkischem Boden Unterschlupf gewährt hatten. Die Regierung wiederum stellte den ISISIS und die PKK – sowie deren vermeintliches Anhängsel HDP – als zwei Seiten derselben Medaille dar, als eine doppelte Bedrohung für die Integrität des türkischen Staates. Sie versprach, den Terror unerbittlich zu bekämpfen, sei es im eigenen Land oder jenseits der Grenzen im Irak und in Syrien. Die Luftangriffe gegen die PKK im Nordirak am 24. und 25. Juli 2015 erhielten den Codenamen »Operation Märtyrer Yalçın« (*Şehit Yalçın Operasyonu*), nach einem Soldaten, der bei einem ISIS-Angriff auf einen Außenposten an der türkisch-syrischen Grenze getötet worden war. Der türkische Staat fasste kurdische Nationalisten und islamistische Kämpfer, die in Syrien und im Irak erbitterte Feinde waren, nun zu einer einzigen Bedrohung zusammen, um die öffentliche Meinung »hinter der Fahne« zu versammeln. Dies bot einen Vorgeschmack auf das, was während des Einmarsches in Nordsyrien im August 2016 geschehen sollte.

Fairerweise muss man sagen, dass beide Seiten, der türkische Staat mit
Erdoğan an der Spitze und die PKK, gemeinsam Verantwortung trugen
für die Torpedierung des Friedensprozesses. Für den Präsidenten hatte
die Wiedererlangung einer Mehrheit im Parlament oberste Priorität. Der
wiederaufgeflammte Konflikt half der AKP, ihre Verluste bei den Neuwahlen im November 2015 wettzumachen. Obwohl nicht Erdoğan, sondern der ISIS der eigentliche Verursacher der Probleme war, kam das
staatliche Vorgehen gegen die Dschihadisten auf eigenem Boden zu spät.
Die jahrelange Duldung der Radikalen wegen ihres Kampfes gegen den
syrischen Präsidenten Bashar al-Assad rächte sich. Die Anschläge im Jahr
2015 zeigten, dass ISIS-Zellen problemlos in der gesamten Türkei operie-
ren konnten, wobei die Behörden ein Auge zudrückten oder sogar, wie
die HDP, aber auch andere vermuteten, mit ihnen zusammenarbeiteten.
Demirtaş sprach von »Kräften, die in Regierungsinstitutionen eingebettet sind«.[44] Zudem lief die Umorientierung der AKP auf eine nationalistische Ausrichtung des Staates – eine Abkehr von den frühen 2000er-
Jahren – den Forderungen der kurdischen Bewegung nach Autonomie
oder gar einer Föderalisierung zuwider, die türkischen Nationalisten jeg-
licher Couleur ein Gräuel ist.[45]

Doch auch die PKK war nicht schuldlos. Die Vergeltungsangriffe im
Juli 2015 schürten den Konflikt. Auch wenn die Kandil-Führung prag-
matische Ziele verfolgte – den türkischen Staat wieder an den Verhandlungstisch zu bringen –, hatte sie sich verkalkuliert.[46] Der türkische Staat
schlug mit großer Härte zurück. Das Beste, worauf die PKK hoffen
konnte, war eine Pattsituation. Doch die eskalierende Gewalt spielte
Erdoğan in die Hände. Er hatte eine Geschichte zu erzählen: Seiner Regierung gehe es darum, den Terrorismus zu besiegen, nicht darum, die
kulturellen und sprachlichen Rechte der Kurden zu verleugnen, denen
sich die AKP, wie es hieß, nach wie vor verpflichtet fühle.

Der größte Fehler der PKK war es, dass sie den Kampf in die großen städtischen Gebiete trug. Der Führung gelang es nicht, jüngere militante Sympathisanten, die als patriotisch-revolutionäre Jugendbewegung
(YDG-H) auftraten, im Zaum zu halten.[47] Ende August begannen diese

Kämpfer, in kurdisch-nationalistischen Hochburgen wie Şırnak, Silopi, İdil und Cizre sowie in Sur, der Altstadt von Diyabakır, Gräben auszuheben und Barrikaden zu errichten, und erklärten die Autonomie dieser Gebiete. Obwohl die PKK ihr Vorgehen später verurteilte, unterstützte sie die Bewegung zunächst. Die KCK, deren Co-Vorsitzender Cemil Bayık war, erklärte, es gebe »für das Volk von Kurdistan keine andere Option als die Selbstverwaltung«.[48] Doch bewaffnete Teenager und 20-Jährige waren der türkischen Armee und Polizei nicht gewachsen. Durch die von der Polizei verhängten Ausgangssperren und Säuberungsaktionen wurden die Militanten bis Mitte März 2016 vertrieben. Der Einsatz von Panzern und Artillerie durch das Militär Ende November führte zu massiven Sachschäden in Gemeinden wie Cizre, Silopi, Sur und Nusaybin (in der Nähe von Qamishlo, dem wichtigsten kurdischen Zentrum im Nordosten Syriens), forderte Dutzende von Toten und Verwundeten und trieb etwa 300 000 Menschen in die Flucht. Darüber hinaus veranlasste die Gewalt in dicht besiedelten städtischen Gebieten konservative Kurden dazu, bei den Wahlen am 1. November 2015 von der HDP zur AKP überzulaufen.

Die Befürworter des Friedens sahen sich nun zerrieben zwischen dem Hammer des türkischen Staates und dem Amboss des unglückseligen Aufstands. Am 28. November 2015 wurde der prominente Menschenrechtsanwalt Tahir Elçi bei einem Gefecht in Sur getötet. Sein Tod symbolisierte augenfällig den Triumph der Radikalen. Der HDP war dies wohl bewusst, denn sie litt sehr unter den Rückschlägen. Zahlreiche ihrer Bürgermeister und öffentlichen Funktionsträger (eigentlich Mitglieder der BDP) wurden aus ihren Ämtern entfernt und durch von der Regierung ernannte Personen ersetzt (was sich nach den Kommunalwahlen 2019 wiederholte). Schilder in kurdischer Sprache wurden von öffentlichen Gebäuden entfernt.[49] Die Zweigstellen der Partei standen unter strenger staatlicher Beobachtung. Zwar bemühte sich Ministerpräsident Davutoğlu, den Anschein eines Dialogs aufrechtzuerhalten. Zwei HDP-Mitglieder, Müslüm Doğan und Ali Haydar Konca, traten in die geschäftsführende Regierung ein, die mit der Organisation der Wahlen im

November 2015 betraut war, Letzterer als Europaminister und Chefun-
terhändler. Doch einen Monat nach Beginn ihrer Amtszeit reichten
beide als Reaktion auf die militärischen Operationen im Südosten ihren
Rücktritt ein. Nachdem die AKP ihre parlamentarische Mehrheit wie-
dererlangt hatte, rückte sie von der Behauptung ab, sie würde sich weiterhin um eine Lösung der Kurdenfrage bemühen, und kehrte zum Kampf
gegen den Terror zurück.

Mit Demirtaş an der Spitze hatte die HDP viel unternommen, um sich
von einer reinen Verfechterin der Rechte der Kurden zu einer breiteren
Plattform zu entwickeln, die Linke, sämtliche ethnischen Minderheiten,
Umweltschützer und Aktivisten für die Gleichstellung der Geschlechter
sowie andere Gruppen unter ihrem Dach vereinte. In den kurdischen Gebieten hatte sie auch konservative Persönlichkeiten und Gruppen um-
worben, wie die Islamische Initiative Kurdistans für Rechte, Gerechtigkeit und Freiheit (Azadi), die mit der PKK verfeindet war. Doch nun
stellten regierungsnahe Medien die HDP als Stellvertreterin einer terroristischen Organisation dar.[50] Dies erhöhte die Hürden für andere Oppositionsparteien, allen voran die CHP, für eine Zusammenarbeit mit
Demirtaş. Den Putschversuch im Juli 2016 verurteilte die prokurdische
Partei umgehend. Dennoch wurde sie im Gegensatz zur CHP und zur
MHP nicht zu der Großkundgebung in Yenikapı in Istanbul am 10. August 2016 eingeladen. Der gepriesene Geist der nationalen Einheit
schloss mehr als ein Zehntel der türkischen Bürger aus, die für die HDP
gestimmt hatten.

Demirtaş selbst zahlte einen hohen persönlichen Preis für seinen Streit
mit Erdoğan, der auf seine Präsidentschaftskandidatur im Jahr 2014 zu-
rückgeht. Der Co-Vorsitzende der HPD wurde im November 2016 im
Rahmen der Säuberungen nach dem Umsturzversuch verhaftet, vor Gericht gestellt und wegen Verbreitung terroristischer Propaganda zu vier
Jahren Haft verurteilt. Das gleiche Schicksal ereilte zwei der Teilnehmer
des Dolmabahçe-Treffens – Sırrı Süreya Önder und İdris Baluken, Letzterer wurde 2018 zu 16 Jahren Haft verurteilt. Auch zivilgesellschaftliche
Aktivisten, die mit der HDP sympathisiert haben mögen oder auch nicht,

Der Südosten der Türkei und der Nordosten Syriens

hatten die Konsequenzen zu tragen. Gegen die Unterzeichner der Petition »Akademiker für den Frieden«, die im Januar 2016 ein Ende der Feindseligkeiten im Südosten gefordert hatten, wurde Anklage wegen Verbindungen zur PKK erhoben. Der Fall wurde zum Sinnbild für die zunehmende Repression und die Verschärfung der autoritären Herrschaft.

Mit der Rückkehr der Gewalt im Südosten und der Ächtung der HDP wurde die kurdische Frage, die die türkische Politik seit Jahrzehnten belastet, für eine weitere Generation auf die lange Bank geschoben. Die Partei erwies sich als durchaus widerstandsfähig, obwohl sie ständig vom Verbot bedroht war, und bewies ihre Stärke, indem sie dazu beitrug, dass

sich in Istanbul und anderen großen städtischen Zentren, die 2019 von
der Vereinigten Opposition gewonnen wurden, das Blatt wendete.[51]
Doch die Auswirkungen des wieder aufgeflammten Konflikts auf die Gesellschaft in Verbindung mit dem türkischen Vorgehen gegen kurdische
Milizen in Syrien erwiesen sich als höchst schädlich. Während früher
eine große Mehrheit die Friedensinitiative der Regierung unterstützte,
schwenkte die Bevölkerung nun auf einen antikurdischen Nationalismus
um. Der erbitterte nationalistische Diskurs der 1990er-Jahre kehrte mit
Macht zurück, insbesondere durch Terroranschläge von PKK-Gruppen
in Großstädten wie Ankara und Istanbul.

DER PUTSCHVERSUCH VOM 15. JULI
UND SEINE FOLGEN

Erdoğans Aufstieg ins Präsidentenamt, der Krieg mit der PKK und die
Neuwahlen im Jahr 2015 hatten die Türkei bereits auf den Weg zum
Autoritarismus gebracht. Doch der fehlgeschlagene Militärputsch am 15.
und 16. Juli 2016 war der entscheidende Kipppunkt. Dieses Ereignis war
tatsächlich ein Moment, in dem es um Leben und Tod ging, und ermöglichte es Erdoğan, die Ende der 2000er-Jahre begonnene Entwicklung zu
Ende zu führen, die von ihm seit Langem angestrebten Verfassungsänderungen durchzusetzen und selbst einen quasi-monarchischen Status zu
erlangen. In jenem Augenblick am Abend des 15. Juli 2016, als Panzer
die beiden Brücken über den Bosporus blockierten und Jets vom Luftwaffenstützpunkt Akıncı (heute Mürted) bei Ankara starteten, wurde
schmerzlich klar, dass es kein Happy End geben konnte. Für zwölf span-
nungsgeladene Stunden stand die Türkei am Rande eines Bürgerkriegs –
der noch dazu live im Fernsehen übertragen wurde. Erdoğans entschlossenes Handeln und schieres Glück verhinderten ein solches Ergebnis.
Doch die Folgen des Putschversuchs waren fast ebenso verheerend. Unter
Berufung auf den Schutz der Demokratie führte die türkische Regierung

eine umfassende Säuberungsaktion durch, die Abertausende von Menschenleben buchstäblich vernichtete. Die demokratischen Freiheiten und die Rechtsstaatlichkeit wurden noch stärker beschädigt. In gewisser Weise hat die Türkei heute noch immer mit den Nachwirkungen dieses Putschversuchs zu kämpfen.

Wer steckte hinter dem Versuch einer militärischen Machtübernahme? Die Regierung machte sofort Fethullah Gülen und seine Gefolgsleute, die Fethullah-Terrororganisation (FETÖ), verantwortlich. Schon am nächsten Tag verbreiteten sich Verschwörungstheorien, die zum Teil von den Gülenisten selbst in die Welt gesetzt wurden, dass es sich um eine Operation unter falscher Flagge gehandelt habe, um Erdoğans Streben nach absoluter Macht zu rechtfertigen. Bedauerlicherweise haben solche abwegigen Behauptungen im Westen eine gewisse Resonanz gefunden. Eine dritte Erklärung, die von der CHP vorgebracht wurde, besagte, dass der Nationale Aufklärungsdienst (MİT) von dem Komplott Wind bekommen habe, aber nichts unternommen habe, um ein für alle Mal mit den Gülenisten abzurechnen. Oppositionelle verwiesen auf Veröffentlichungen in der Zeitung *Türkiye* im März/April 2016, in denen über einen bevorstehenden Putsch spekuliert wurde.[52]

Was wir mit Sicherheit wissen, ist, dass dieser Putschversuch nicht dem historischen Muster entsprach. Im Gegensatz zu den Militärinterventionen von 1971 und 1980 oder dem sogenannten »postmodernen Putsch« von 1997 war nicht die Führungsspitze der Armee, sondern in erster Linie die mittleren Ränge daran beteiligt.[53] In dieser Hinsicht wies er gewisse Ähnlichkeiten mit der Entmachtung des von der AKP verehrten Adnan Menderes im Jahr 1960 und den gescheiterten Umsturzversuchen von 1962 und 1963 auf.[54] Ein Großteil der am 15. Juli beteiligten Offiziere war im Gefolge der Säuberungen im Zusammenhang mit Balyoz und dem sogenannten »Militärspionagefall« von 2011 *(Askerî casusluk davası)* befördert worden. Der Politikwissenschaftler Yaprak Gürsoy beschrieb es folgendermaßen: »Von den 46 Personen, die zwischen 2010 und 2015 in der Marine vom Oberst zum Brigadeadmiral befördert wurden, waren 23 in den Putsch verwickelt. [...] Ähnlich sah es bei der Luftwaffe aus. Ein Überblick über die Beförderungen im Jahr 2012 zeigt zum Beispiel, dass nur zwei der neun Obersten, die zum Brigadegeneral befördert wurden, später nicht in den Umsturzversuch vom 15. Juli verwickelt waren.«[55] Diese Feststellung untermauert indirekt die Behauptung von einer gülenistischen Unterwanderung, wenn man davon ausgeht, dass bei den Beförderungen Angehörige dieser Bewegung begünstigt wurden, die bekanntermaßen in der Polizei und der Justiz sehr einflussreich war.[56] Zum anderen waren bis zu einem Drittel der 8651 am Putsch beteiligten Soldaten Kadetten und Wehrpflichtige der Militärakademie. Sie befolgten wahrscheinlich nur Befehle und wussten nichts von den wahren Zielen der Operation.[57]

Klar ist auch, dass Ergenekon, Balyoz und andere Ereignisse die militärischen Hierarchien aufgebrochen und interne Gruppenbildungen und Grabenkämpfe gefördert haben. Infolgedessen war eine Armee innerhalb der Armee entstanden, wie es der Kolumnist Kadri Gürsel ausdrückte.[58] Auch wenn Gülenisten bei der Anzettelung des Putschversuchs federführend waren, handelten sie wahrscheinlich in Abstimmung mit anderen Kräften oder Gruppen – wie etwa überzeugten Kemalisten und Opportunisten, die in der Hoffnung auf einen beruflichen Aufstieg auf den Zug aufsprangen. Die Verschwörer nannten sich »Rat für den Frieden in der Heimat« (Yurtta Sulh Konseyi), eine Anspielung auf einen Ausspruch des Staatsgründers Atatürk. Der Analyst Metin Gürcan, der über einen militärischen Hintergrund und Einblicke in den türkischen Sicherheitsapparat verfügt, verglich den Putschversuch, wie er in dieser Theorie beschrieben wird, mit einem Zug, an dessen Lokomotive verschiedene Waggons angehängt sind.[59] Eine polarisierende Figur wie Erdoğan hatte sich im Laufe seines politischen Lebens viele Feinde gemacht und dadurch rivalisierende Gruppen im Militär zusammengeführt. Vor allem aber dürften die Putschisten selbst die Erfolgsaussichten als so hoch eingeschätzt haben, dass sie einen solch riskanten Schritt wie den Sturz einer rechtmäßig gewählten Regierung wagten. In jedem Fall bleiben die Hintergründe des Putschversuchs trotz aller Ermittlungen und Gerichtsverfahren rätselhaft. Der endgültige Bericht über die Vorgänge, die zu den

Ereignissen in der Nacht des 15. Juli führten, die in der Türkei und im Ausland sehr umstritten sind, muss erst noch geschrieben werden.

Die Geschichte, wie der versuchte Militärputsch ablief – und warum er scheiterte –, ist dagegen wesentlich einfacher zu erzählen.[60] Gegen 21 Uhr am 15. Juli setzten die Putschisten ihren Plan in die Tat um, verhafteten Generalstabschef Hulusi Akar und brachten ihn zum Stützpunkt Akıncı. Panzer sicherten daraufhin die beiden Brücken über den Bosporus, während Flugzeuge im Tiefflug das Hauptquartier der Sonderpolizei in Ankara und das MİT-Gebäude angriffen. Das Kommando, das Erdoğan gefangen nehmen und möglicherweise töten sollte, scheiterte jedoch. Der Präsident verließ den Badeort Marmaris kurz nach Mitternacht in Richtung Istanbul, nachdem er mit dem Kommandeur der Ersten Armee gesprochen hatte. Erdoğan schaltete sich über die Facetime-Funktion seines iPhones sofort live in den Fernsehsender CNN Türk ein. Dies war der Wendepunkt. AKP-Anhänger strömten in Massen zu den Bosporus-Brücken und zum Atatürk-Flughafen in Istanbul. Alle Moscheen verbreiteten auf Anweisung des Diyanet, des Amts für religiöse Angelegenheiten, den Aufruf überall im Land. Die Besetzung von TRT und CNN Türk durch die Aufständischen kam zu spät. Die Putschisten setzten ihre Aktionen noch bis in die frühen Morgenstunden des 16. Juli fort, als Militärjets das Parlamentsgebäude in Ankara angriffen, wo die Abgeordneten zu einer Dringlichkeitssitzung zusammengekommen waren. Doch bei Anbruch des neuen Tages lag das Momentum eindeutig auf der Seite der Regierung. Am frühen Morgen kapitulierten die Soldaten, die die Bosporus-Brücken besetzt hielten. Weniger als zwei Stunden später wurde auch General Akar freigelassen. Ministerpräsident Binali Yıldırım erklärte am Nachmittag den Putschversuch für gescheitert, während die vier Parlamentsparteien eine gemeinsame Erklärung unterzeichneten, in der sie ihn verurteilten. Die nächtliche Aktion hatte eine tödliche Spur hinterlassen: Es gab 249 Tote und 2196 Verletzte, die meisten davon Zivilisten.[61] Der Putschversuch war damit die mit Abstand blutigste Militärintervention in der Geschichte der modernen Türkei.

Obwohl die Putschisten auf erbitterten Widerstand stießen, hatten sie eine Chance auf Erfolg. Hätten sie, wie ursprünglich geplant, um 4 Uhr morgens losgeschlagen, hätten sie sich vielleicht durchsetzen können. Dass es ihnen nicht gelang, Erdoğan zu neutralisieren, die Unterstützung, die dieser von den loyalen Militäreinheiten, der Polizei, dem MİT und dem Diyanet erhielt, und nicht zuletzt die Mobilisierung der AKP-Basis, gaben den Ausschlag. Militärische Interventionen gehörten in der Türkei mittlerweile der Vergangenheit an; das Land hatte sich seit Mitte der 1990er-Jahre weiterentwickelt. Dennoch hatte die Beinahe-Begegnung mit dem Tod tiefgreifende Auswirkungen auf Erdoğan. Er drängte nun noch entschlossener danach, seine ohnehin schon starke Machtposition weiter zu festigen, und war bestrebt, jegliche Bedrohungen – reale oder auch eingebildete – im Keim zu ersticken. Das Scheitern des Putschversuchs verhinderte weiteres Blutvergießen oder gar einen Bürgerkrieg, der die Türkei zerrissen hätte. Doch die Folgen von Erdoğans Sieg waren ähnlich düster.

Eine unmittelbare Auswirkung war die Beseitigung aller noch bestehenden Beschränkungen für die Exekutive. Am 20. Juli 2016 verhängte die Regierung den Ausnahmezustand. Ursprünglich galt er für einen Zeitraum von drei Monaten, wurde dann aber siebenmal bis zum Juli 2018 verlängert.[62] Zwei Jahre lang konnte das Kabinett – und später der Präsident – unter Umgehung der Großen Nationalversammlung per Dekret Gesetze erlassen. Während dieses Zeitraums fanden in der Türkei ein Verfassungsreferendum (16. April 2017) sowie Parlaments- und Präsidentschaftswahlen (24. Juni 2018) statt. Der Ausnahmezustand verschaffte dem Amtsinhaber einen enormen Vorteil gegenüber sämtlichen Konkurrenten, ein Paradebeispiel für die Verzerrung des Spielfelds. Kein Wunder, dass die Einführung des Ausnahmezustands von Anfang an auf Kritik seitens der CHP und der HDP stieß. Ihre Chancen, Erdoğans Pläne zu vereiteln, waren jedoch gering, insbesondere nachdem die MHP in das Lager der Regierung gewechselt war.

Das Scheitern des Umsturzversuchs ermutigte die türkische Regierung zu beispiellosen Säuberungsaktionen. Bis zum Sommer 2017 entließen die Behörden 145 000 Beamte, 7600 Militärangehörige und 5000 Wissenschaftler. In der Regel befanden sich diese Personen anschließend gewissermaßen in einem Schwebezustand. Das Stigma, mit dem Putsch in Verbindung gebracht zu werden, machte es ihnen nahezu unmöglich, einen Job in der Privatwirtschaft zu finden. Vielen wurde der Reisepass abgenommen, was sie an der Emigration hinderte. In den Wochen und Monaten nach dem Putschversuch kam es zudem zu Massenverhaftungen: 50 510 Personen wurden in Gewahrsam genommen, darunter 8815 Polizeioffiziere, 169 Generäle und Admiräle und 7098 ranghohe Offiziere.[63] Die Luftwaffe war am stärksten von den Säuberungen betroffen. Auf sie entfiel fast ein Viertel der Entlassenen, während sie nur 8 Prozent des gesamten Militärpersonals stellte. Mehr als 70 000 Personen wurden strafrechtlich belangt.

Mit der Zeit weitete sich die Verfolgung aus und verselbstständigte sich. Ab September 2016 wurden kurdische Aktivisten zur Zielscheibe, als die türkische Armee in Syrien einmarschierte, um gegen den IS, vor allem aber gegen die PYD/YPG vorzugehen, die – ähnlich wie die HDP – als verlängerter Arm der verbotenen PKK bezeichnet wurde. Das war zu erwarten. Das ursprüngliche Dekret stellte die FETÖ und die PYD als zwei Zweige desselben Terrornetzwerks dar. Die Absetzung von HDP-Bürgermeistern und die Inhaftierung von Demirtaş ernteten Beifall von türkischen Nationalisten, die Erdoğan zuvor für sein Einlenken gegenüber den Kurden gegeißelt und ihn sogar als Verräter bezeichnet hatten. Dann kamen die Liberalen und die Säkularen an die Reihe. Am 18. Oktober 2017 wurde Osman Kavala, ein Geschäftsmann und Philanthrop, verhaftet und von regierungsnahen Medien beschuldigt, mit Gülen in Verbindung zu stehen. In der Anklageschrift wurde ihm vorgeworfen, während der Gezi-Proteste 2013 in Zusammenarbeit mit dem Milliardär George Soros, dem in zahlreichen Verschwörungstheorien eine wichtige Rolle zugeschrieben wird, versucht zu haben, die Regierung zu stürzen. Kavalas Fall[64] wurde mit dem von Can Dündar, dem ehemaligen Herausgeber von *Cumhuriyet,* verglichen (siehe Kapitel 6). Andere, weniger prominente Fälle lassen sich mit übereifrigen Richtern und Polizeibeamten erklären, die versuchten, bei ihren Vorgesetzten zu punkten oder sich reinzuwaschen für ihre früheren Verbindungen zu Gülen. Aber die Anweisung, gegen Leute wie Kavala, Dündar oder die Wissenschaftler für den Frieden vorzugehen, kam sicherlich von ganz oben. Die Justiz wurde zu einem Instrument der Repression.

Auch die Medien traf es hart. Per Dekret der Regierung vom 27. Juli 2016 wurden drei Nachrichtenagenturen, 16 Fernsehsender, 23 Radiosender, 45 Zeitungen, 15 Zeitschriften und 29 Verlage geschlossen, die meist mit den Gülenisten in Verbindung gebracht wurden.[65] Dutzende Journalisten wurden verhaftet und wegen Verbindungen zum Terrorismus angeklagt.[66] Als Nächstes gerieten die (pro)kurdischen Medien ins Visier. Mit einem Erlass vom Oktober schlossen die Behörden 15 Nachrichtenagenturen, Zeitungen und Zeitschriften.[67] Auch *Cumhuriyet,* das Flaggschiff des kemalistischen Regimes in der frühen Republik, kam in Schwierigkeiten. Murat Sabuncu, der Herausgeber der Zeitung, und der Enthüllungsjournalist Ahmet Şık, ein scharfer Kritiker der Gülen-Bewegung, wurden ebenfalls verhaftet.[68]

Der gescheiterte Umsturzversuch diente der AKP jedoch nicht nur als Rechtfertigung der Repressionen, sondern auch als Mittel zur Mobilisierung ihrer Basis. Außerdem trug er dazu bei, einen emotional aufgeladenen Mythos der nationalen Einheit im Angesicht der Gefahr zu schmieden. Wie kein Ereignis zuvor oder danach prägte der Putschversuch die Identität von Erdoğans Neuer Türkei und konkurrierte mit anderen grundlegenden Narrativen wie der osmanischen Nostalgie oder dem Führungsanspruch des globalen Islam. Die Erinnerung an den 15. Juli wurde innerhalb weniger Wochen institutionalisiert. In jedem der 957 Verwaltungsbezirke *(ilçeler)* des Landes gaben die Behörden öffentlichen Räumen den Namen »Demokratie«. Die (erste) Brücke über den Bosporus, auf der sich die Bürger den Umstürzlern entgegenstellten, wurde als »Märtyrer des 15. Juli« *(15 Temmuz Şehitler Köprüsü)* bekannt. Die Regierung war sich bewusst, dass sich ihr eine einmalige Gelegenheit bot. Mehmet Uçum, ein Berater des Präsidenten, vertrat die Auffassung, dass die Türkei an der Schwelle zu einem radikalen Wandel stehe. »Genauso wie 1789 Frankreich beeinflusst hat und genauso wie die bolschewistische Revolution Russland geprägt hat«, erklärte er.[69] Erdoğan verglich den Widerstand gegen den Putschversuch mit dem Unabhängigkeitskrieg und griff damit das altbewährte Thema auf, dass die Türkei von inneren und äußeren Feinden bedroht sei und von einem willensstarken Führer gerettet werden müsse. Der *reis* (Kapitän oder Häuptling), wie er von seinen Anhängern genannt wird, verglich seine wundersame Rettung durch seine Flucht von Marmaris zum Flughafen Dalaman in der Nacht zum 16. Juli mit der Hidschra des Propheten Mohammed von Mekka nach Medina. Die von der Regierung kontrollierten Kanäle – öffentliche Einrichtungen, Medien, das Bildungssystem – verbreiteten die offizielle Mythologie um den Putschversuch im ganzen Land.

Das Schüren des Nationalismus war eine optimale politische Taktik in dieser Situation. Die AKP versuchte, CHP- und MHP-Wähler zu umwerben und Erdoğans Basis zu verbreitern. Ganz im Sinne des viel beschworenen Yenikapı-Geistes (*Yenikapı ruhu*). Infolgedessen wurde der Umsturzversuch von Anfang bis Ende als eine gülenistische Verschwörung dargestellt. In dieser vom Staat propagierten Erzählung blieb die mögliche Verwicklung von überzeugten Kemalisten in den Reihen der Armee, die mit Gülen nahestehenden Personen zusammenarbeiteten, unerwähnt. Letztere waren für die Säkularisten schon immer ein rotes Tuch gewesen. Erdoğan folgte seinem populistischen Instinkt und nutzte die Gelegenheit, um über politische Grenzen hinweg Unterstützung zu gewinnen. Dazu trug auch die am 26. August 2016 begonnene Invasion im Nordwesten Syriens bei, die sich sowohl gegen den IS als auch gegen die PYD richtete, den Verbündeten der PKK (siehe Kapitel 8). Dies einte die Türken im Zuge der patriotischen Welle nach dem Putschversuch hinter der Fahne.

Der Umsturzversuch schürte die antiwestlichen Ressentiments im Lande. Wieder einmal erschienen die USA als der Hauptschurke, der die Souveränität und die Einheit der Türkei untergrub – ein Thema, das einst von Erdoğans Gegnern aus dem streng säkularen Lager instrumentalisiert worden war. İbrahim Karagül, der Chefredakteur der regierungsnahen

Tageszeitung *Yeni Şafak,* beschuldigte die US-Regierung und das Militär, hinter dem Komplott zu stecken oder sogar unmittelbar an dem Putschversuch in der Nacht vom 15. zum 16. Juli beteiligt gewesen zu sein. Er verwies auf die auf dem Luftwaffenstützpunkt İncirlik stationierten amerikanischen Streitkräfte. Die Anschuldigung wurde von hochrangigen Würdenträgern wie Süleyman Soylu, der Ende August 2016 das Innenministerium übernahm, bekräftigt. Unterstützt wurde diese Sicht auch von den Anhängern des Eurasismus und ihrem Sprachrohr *Aydınlık.*[70] Einstige AKP-Gegner wie Doğu Perinçek, der im Gefolge des Ergenekon-Prozesses inhaftiert wurde, schlossen sich Erdoğan rückhaltlos an. Für Verschwörungstheoretiker war der Aufenthalt von Fethullah Gülen in den USA der eindeutige Beweis dafür, dass Washington hinter dem Versuch stand, Erdoğan zu stürzen.[71] Am 23. Juli, eine Woche nach den Ereignissen, richtete die türkische Regierung ein spezielles Auslieferungsersuchen an die US-Behörden. Nach der von den Medien geschürten öffentlichen Wahrnehmung in der Türkei belegte die Weigerung der amerikanischen Justiz, den im Exil lebenden Kleriker auszuliefern, die Schuld der US-Regierung. Dies sei keine Frage der Rechtsstaatlichkeit, sondern eine rein politische Angelegenheit – und die Yankees seien an dem Umsturzversuch beteiligt gewesen. Gülen sei schon immer ein Spielball Washingtons gewesen. Neben der De-facto-Allianz des amerikanischen Militärs mit den syrischen Kurden machte die Verbindung zur sogenannten FETÖ die USA zum Erzfeind der türkischen Nation.

Der nationalistische Aufruhr wurde mit dem Ausdruck *yerli ve millî* (lokal und national) umschrieben. Die türkische Nation solle sich auf ihre eigenen Stärken und Fähigkeiten besinnen und sich vom Ausland abwenden. Diese Einstellung manifestierte sich in unterschiedlichen Formen: Sie reichte von der Förderung der einheimischen Verteidigungsindustrie, um die Abhängigkeit von den USA und anderen NATO-Ländern[72] zu verringern, bis zum Ruf nach dem Aufbau einer eigenen Autoindustrie, um die wachsende heimische Nachfrage zu befriedigen.[73] Erdoğan verfolgte das Ziel, die Türkei autark zu machen, gewissermaßen eine Rückkehr zum Etatismus der Zwischenkriegsrepublik, und ihr die

Fähigkeit zu verschaffen, nach außen machtvoll aufzutreten, um Bedrohungen einzudämmen. Natürlich war diese Rhetorik von der Realität weit entfernt, denn die türkische Wirtschaft blieb eng mit der Wirtschaft der Europäischen Union verbunden, während sich das Bündnis mit den USA zu einer transaktionalen Partnerschaft wandelte, aber nicht aufgekündigt wurde. Doch das Schlagwort diente als perfektes Mittel, um die Bevölkerung hinter der türkischen Fahne zu versammeln und eine Grenze zwischen Freund und Feind zu ziehen. »Ihr seid nicht *yerli ve milli*«, hatte Erdoğan den Abgeordneten der HDP im September 2015 zugerufen.[74]

DIE IMPERIALE PRÄSIDENTSCHAFT

Die Mobilisierung der Bevölkerung nach dem Putschversuch legte den Grundstein für die lang ersehnte Verfassungsänderung. Der Entwurf mit 21 Änderungen des Grundgesetzes wurde im November 2016 fertig. Dies war der Moment, in dem die MHP die Seiten wechselte und ihr Bündnis mit der AKP zu Beginn des Jahres 2017 offiziell bekanntgab. »Eine Kehrtwende, die einem Stuntman zur Ehre gereichen würde«, sinnierte der *Economist* und erinnerte daran, dass der MHP-Vorsitzende Devlet Bahçeli noch im Oktober 2016 einer der »schärfsten Kritiker« von Erdoğan gewesen war.[75] Indem er sein politisches Schicksal an Erdoğan band, wurde Bahçeli in gewisser Weise zu dessen Juniorpartner in der Regierung, doch sein Einfluss wuchs im Laufe der Zeit. Seit den Wahlen 2018 ist die MHP der Schlüssel zur Aufrechterhaltung der Serail-Mehrheit im Parlament. Sie hat starken Einfluss auf die Außenpolitik, wie die Eskalation zwischen Athen und Ankara im östlichen Mittelmeerraum über Öl- und Gasvorkommen und die Intervention in Berg-Karabach im Herbst 2020 zeigten.[76] Damals forderte Bahçeli Erdoğan sogar durch ein »Ultimatum« auf, die HDP zu verbieten – ein Beleg für seine neu gewonnene Stärke.

Die Änderungen der türkischen Verfassung ordneten die Kräfteverhältnisse innerhalb der Regierung neu und schufen ein allmächtiges Präsidentenamt. Sie beschnitten die Befugnisse des Ministerpräsidenten
stark und hoben das Recht der von 550 auf 600 Abgeordneten erweiterten Großen Nationalversammlung auf, die Mitglieder des Kabinetts zu
bestätigen. Der Präsident konnte nun das Parlament auflösen, allerdings
mit der Einschränkung, dass er dann auch selbst zurücktreten und sich
Wahlen stellen musste. Dies bereitete Erdoğan kein Kopfzerbrechen,
weil die gleichzeitige Abhaltung von Parlaments- und Präsidentschaftswahlen zumindest theoretisch der AKP mehr Stimmen einzubringen
versprach. Der Präsident – nun sowohl Staatsoberhaupt als auch Chef
der Exekutive – konnte darüber hinaus durch Exekutivdekrete Gesetze
erlassen, die nur außer Kraft gesetzt werden konnten, wenn das Parlament Gesetze zum selben Thema verabschiedete. Die Änderungen erlaubten es dem Präsidenten, Mitglied einer politischen Partei zu sein[77],
und sahen maximal zwei fünfjährige Amtszeiten vor. Erdoğans erste
Amtszeit nach dem alten System (2014–18) wurde nicht gezählt. Er
erlangte auch die Kontrolle über die Justiz, weil durch die Verfassungsänderungen die Größe des Rates der Richter und Staatsanwälte auf
13 Mitglieder reduziert wurde, von denen sechs vom Präsidenten und
die übrigen von der (von der AKP dominierten) Großen Nationalversammlung ernannt werden.[78]

Regierungsnahe Kommentatoren verglichen die Änderungen mit der
US-Verfassung, die ebenfalls einen starken Präsidenten kennt. Der Unterschied ist natürlich das Fehlen von »Checks and Balances« – einer starken Justiz, des Kongresses und des föderalen Systems, ganz zu schweigen
von einer starken Zivilgesellschaft und freien Medien. Erdoğan und seine
Anhänger begründeten die Änderungen mit der Effektivität des neuen
Regierungssystems. Ihrer Meinung nach werde das Präsidialsystem dazu
beitragen, die Arbeit der Verwaltung zu beschleunigen, terroristische
Gruppen, die den Staat bedrohen, zu bekämpfen und ein solides Wirtschaftswachstum zu gewährleisten. Erwartungsgemäß rief das neue System bei der Opposition eine völlig gegensätzliche Reaktion hervor. Die

CHP zog Parallelen zum Nahen Osten. »Die syrische Verfassung wird auf unser Land übertragen«, kritisierte sie. Auch die Bürger waren mehrheitlich skeptisch. Rund 58 Prozent lehnten die Einführung des Präsidialsystems ab, wie das Meinungsforschungsinstitut Gezici herausfand.[79]

Auf dem Papier enthält das Präsidialsystem verschiedene Sicherheitsvorkehrungen. Der Präsident kann angeklagt werden, das Parlament kann Dekrete der Exekutive aufheben beziehungsweise ersetzen, während das Verfassungsgericht sie auf ihre Verfassungskonformität und untere Gerichte auf ihre Übereinstimmung mit der bestehenden Gesetzgebung überprüfen kann. Die hohe Schwelle von zwei Dritteln aller Abgeordneten macht ein Amtsenthebungsverfahren jedoch sehr unwahrscheinlich. Wenn die AKP über eine Mehrheit oder gar eine deutliche Mehrheit der Sitze verfügt, wie es seit 2018 der Fall ist, sind die Chancen, dass die Große Nationalversammlung ein Dekret des Präsidenten kippt, ebenfalls nicht groß. Schließlich biete, wie die türkische Juristin Serap Yazıcı in Bezug auf die Prüfung auf Verfassungsmäßigkeit anmerkt, »die Tendenz des Verfassungsgerichts zu übermäßiger Selbstbeschränkung, insbesondere nach dem gescheiterten Putschversuch vom 15. Juli 2016, keinen Anlass zu Optimismus«.[80] Durch die Verfassungsänderungen wurde die Zahl der Verfassungsrichter von 17 auf 15 reduziert, von denen 12 vom Präsidenten ernannt werden. Gleiches gilt für die unteren Gerichte, die in den Zuständigkeitsbereich des Rates der Richter und Staatsanwälte fallen. Kurz gesagt, die Verfassungsänderungen begründen die Vormachtstellung der Exekutive – in Person von Präsident Erdoğan – gegenüber den anderen Staatsgewalten. Dies ist ein Kennzeichen des kompetitiven Autoritarismus, wie er von Wissenschaftlern wie Steven Levitsky und Lucan Way beschrieben wurde. In der Tat erfüllt die Türkei neun der elf von Levitsky und Way diesbezüglich genannten Kriterien.[81]

Das Verfassungsreferendum vom 16. April 2017 zeigte einmal mehr die tiefe Spaltung der türkischen Gesellschaft auf. Bei 48,8 Prozent Nein-Stimmen wurden die Änderungen mit knapper Mehrheit angenommen. In der Praxis gewann Erdoğan mit einem Wähleranteil, der ungefähr dem Ergebnis der Präsidentschaftswahlen von 2014 entsprach. Anders gesagt, das Referendum war eher ein Plebiszit über die Persönlichkeit des Präsidenten und ein Test der Loyalität. Es war keine Entscheidung über das optimale Regierungsmodell, die aus Überlegung und Abwägung resultierte und von einem breiten Konsens getragen wurde. Die AKP war von vornherein im Vorteil, wofür auch der Skandal ein Beleg war, der durch das Auftauchen unfrankierter Wahlbriefe ausgelöst wurde.[82] Das Verfassungsreferendum war die erste Entscheidung, die von der unterlegenen Seite nicht anerkannt wurde. Dies war bei den Volksabstimmungen von 2007 und 2010 nicht der Fall gewesen, obgleich auch sie mit einer starken sozialen und politischen Polarisierung einhergegangen waren.

ERDOĞAN WIRD HERAUSGEFORDERT

Gleichwohl bot das Ergebnis des Verfassungsreferendums 2017 auch Grund zur Hoffnung. Die »Nein«-Seite hatte in Erdoğans Wählerreservoir vordringen können – zum Beispiel in konservative Wohnviertel Istanbuls. Wenn die Opposition geschlossen auftritt – was für sie sicherlich eine große Herausforderung darstellt –, könnte es ihr vielleicht gelingen, diese Zugewinne in künftigen Wahlen zu festigen. Zwei Jahre später, bei den Kommunalwahlen 2019, bewiesen die Parteien, die den Serail herausfordern, dass sie sich durchaus in eine solche Richtung bewegen können.

Auch Umstrukturierungen in der Parteienlandschaft trugen zu dieser Entwicklung bei. Bahçeli verursachte eine Spaltung innerhalb der MHP, die er seit dem Tod des Parteigründers Alparslan Türkeş im Jahr 1997 geführt hatte. Die Abweichler bildeten die İYİ Parti (Gute Partei) unter dem Vorsitz von Meral Akşener, der auf dem MHP-Kongress im Mai 2016 erfolglos als Parteiführer kandidiert hatte. Beim Verfassungsreferendum konnte Erdoğan realistischerweise erwarten, dass die Nationalisten einen soliden Stimmenblock auf die Beine bringen würden, da die AKP und die MHP bei den letzten Parlamentswahlen (im November

2015) zusammen mehr als 60 Prozent erreicht hatten. Doch dazu kam es
nicht. Akşener, der sich mit der CHP in der »Nein«-Kampagne verbündete, büßte Stimmen ein. Das Ergebnis des Plebiszits ermöglichte auch
eine indirekte Zusammenarbeit der AKP mit der HDP, was angesichts
der ideologischen Differenzen der beiden Parteien allerdings undenkbar
war. Die prokurdische Partei hatte sich bereits mit Kılıçdaroğlus CHP im
Parlament abgestimmt, um die Änderungsanträge zu blockieren. Die
CHP bildete somit eine Brücke zwischen scheinbar unversöhnlichen
Gruppierungen, die dank Erdoğans polarisierender Taktik im selben
Boot saßen.

Bei den folgenden Wahlen zeigte die Opposition, dass sie in der Lage
ist, von der AKP zu lernen und erfolgreich mit ihr zu konkurrieren.[83] Bei
den Parlamentswahlen im Juni 2018 wie auch bei den Kommunalwahlen
im März 2019 bildeten die CHP und Akşeners İYİ Parti die sogenannte
Nationale Allianz (Millet Ittifakı). Ihnen schlossen sich die Glückselig-
keitspartei (Saadet Partisi), die Partei des verstorbenen Necmettin Erbakan, von der sich einstmals die AKP abgespalten hatte, und die kleine, in
der rechten Mitte angesiedelte Demokratische Partei (Demokrat Parti,
die Nachfolgerin von Demirels und Çillers Partei des Rechten Wegs) an,
die sich beide an enttäuschte Konservative wendeten. Die wirtschaftliche
Stagnation mit einem Rückgang des durchschnittlichen BIP-Wachstums
auf 3,2 Prozent nach 2013 schadete dem Ruf der AKP als kompetenter
Verwalter.[84] Darüber hinaus hatte die CHP ihre Botschaft sehr gezielt auf
ihre religiös geprägte Basis zugeschnitten. Muharrem İnce, der Präsidentschaftskandidat der Partei im Jahr 2018, ahmte Erdoğans volkstümliches
Auftreten nach und nahm sogar Bezug auf den Islam.[85] Der Kandidat für
das Bürgermeisteramt von Istanbul, Ekrem İmamoğlu, verkündete im
Frühjahr 2019 eine ähnliche Botschaft. İmamoğlu nahm sich während
des Wahlkampfs Zeit, um am Freitagsgebet teilzunehmen. Er stellte in
seiner Wahlkampagne positive Aspekte in den Vordergrund, vermied
Frontalangriffe auf Erdoğan und konzentrierte sich stattdessen auf das,
was er »radikale Liebe« nannte. »Alles wird wunderschön werden«
(Hersey çok güzel olacak) wurde zu İmamoğlus Wahlslogan.[86]

Die Strategie ging zumindest teilweise auf. Zwar gelang es der Opposition nicht, bei den Präsidentschaftswahlen im Juni 2018 eine Stichwahl zu erzwingen. Obwohl die drei großen Parteien – CHP, IYI und HDP (formal außerhalb der Nationalen Allianz) – eigene Kandidaten aufstellten, um zunächst möglichst viele Stimmen für sich zu gewinnen und sich im zweiten Wahlgang hinter İnce zu scharen, gewann Erdoğan die erste Runde klar. Er erreichte ungefähr den gleichen Wähleranteil wie bei den Wahlen 2014 (als die MHP ihn nicht unterstützte) und beim Verfassungsreferendum (52,6 Prozent beziehungsweise 51,7 Prozent). Bei den Parlamentswahlen, die zeitgleich mit der Präsidentschaftswahl stattfanden, verlor die AKP jedoch fast 7 Prozent. Da die AKP keine Mehrheit in der Großen Nationalversammlung hatte, war sie nun von der MHP abhängig. Es lag somit im Bereich des Möglichen, dass die Opposition in Zukunft die Legislative erobern und gemeinsam Druck auf den Serail ausüben würde können.

Die Gewinne der Opposition bei den Kommunalwahlen im März 2019 waren noch eindrucksvoller. İmamoğlu setzte sich in Istanbul gegen Binali Yıldırım mit einem knappen Vorsprung von 13 729 Stimmen oder 0,17 Prozent durch. Nachdem der Oberste Wahlrat (YSK) die Ergebnisse auf Druck von Erdoğan für ungültig erklärt und für den 23. Juni eine Neuwahl angesetzt hatte, erzielte der Kandidat der CHP jedoch einen klaren Sieg mit einem Vorsprung von fast 10 Prozent oder 800 000 Stimmen.[87] Zugleich schlug Mansur Yavaş Mehmet Özhaseki bei der Wahl zum Bürgermeister von Ankara und beendete damit die Vorherrschaft der AKP in der Hauptstadt, die bis zum Sieg von Refah im Jahr 1994 zurückreichte.[88] Von den fünf größten Städten der Türkei konnte die AKP nur Bursa mit geringem Vorsprung halten. Der wirtschaftliche Abschwung, der Erdoğans Wählerschaft demobilisierte, und die gewachsene Fähigkeit der Opposition, an einem Strang zu ziehen, waren von maßgeblicher Bedeutung für das Ergebnis. Die Wahlen zeigten, dass die türkische Politik trotz aller Veränderungen, die sich aus der Umstellung auf das Präsidialsystem ergeben haben, ihren Wettbewerbscharakter noch nicht ganz eingebüßt hat. Das Auftauchen zweier neuer

Abspaltungen von der AKP, der Gelecek Partisi (Zukunftspartei) von
Ahmet Davutoğlu und der Deva Partisi von Ali Babacan, die mit Abdullah Gül verbunden ist, zeigt, dass der Markt offen ist für Teilnehmer,
die auf ein Schwinden der Popularität von Erdoğan setzen.

Trotz Rückschlägen und der Ernüchterung der Öffentlichkeit über das
Präsidialregime scheint sich die Neue Türkei irgendwie durchzuwursteln.
Die AKP und die MHP haben den Zentralstaat anscheinend fest im
Griff. Ab August 2019 ersetzte das Regime in vielen Städten im Südosten
des Landes gewählte HDP-Bürgermeister durch von der Regierung ernannte Personen (*kayyumlar*). Am 17. März 2021 beantragte die Staatsanwaltschaft beim Verfassungsgericht ein Verbot der prokurdischen Partei – ein Schritt, der unmittelbar aus dem Skript der »alten Türkei«
stammt. Die Angriffe auf Kurden, Linke und LGBT-Personen deuten
darauf hin, dass Erdoğan versucht, die alten Kulturkriege wieder aufleben
zu lassen, um einen Keil in den Oppositionsblock zu treiben. Die nationalistische Rhetorik hat sich verschärft, während die türkische Außenpolitik aggressiver und militaristischer geworden ist.[89] Es gibt keine Anzeichen dafür, dass das Regime in irgendeiner Weise moderater werden
könnte. Unterdessen werden zwei weitere Präsidentenpaläste gebaut,
nämlich in Ahlat am Ufer des Van-Sees in der Osttürkei und eine Som-
merresidenz in der Nähe der Küstenstadt Marmaris.

Es stellt sich die Frage, ob das neue Regierungssystem längerfristig trag-
fähig ist. Die schwache Wirtschaftsleistung mit einer Rezession im vier-
ten Quartal 2018 und den durch Covid-19 verursachten Schäden in den
Jahren 2020/21[90] deutet darauf hin, dass es dem Regime schwerfallen
dürfte, über den Kern der AKP-Anhängerschaft hinaus Zuspruch zu finden. Korruptionsskandale und Enthüllungen wie etwa jene über Macht-
missbrauch und Günstlingswirtschaft auf höchster Ebene durch den
Mafiaboss Sedat Peker im Mai/Juni 2021, die Erinnerungen an die angst-
besetzten 1990er-Jahre wachrufen, lassen die Unterstützung ebenfalls
bröckeln. Dazu kommt die Kampagne der Opposition, welche die Ver-
schwendung von Devisenreserven durch die Regierung in einer Zeit an-

prangert, in der die Bürger mit wirtschaftlicher Not und den Folgen der Pandemie zu kämpfen haben.[91] Die Wiederherstellung und Aufrechterhaltung der Legitimität des Regimes ist daher von entscheidender Bedeutung. Erdoğans Andeutungen über künftige weitere Verfassungsänderungen, möglicherweise als Mittel zur Ablenkung der Aufmerksamkeit der Öffentlichkeit, und seine Annäherungsversuche an die EU deuten darauf hin, dass sich die maßgeblichen politischen Akteure der Herausforderungen bewusst sind. Dies geht jedoch nicht mit einer innenpolitischen Liberalisierung einher. Ganz im Gegenteil. Um die politische Stabilität aufrechtzuerhalten und sein Überleben an der Spitze des Regimes zu sichern, muss Erdoğan die Repression verstärken, wie es üblich ist bei Machthabern, die ihre Legitimität durch Wahlen einbüßen. Somit könnte die Türkei auf eine autoritäre Konsolidierung zusteuern.[92]

8

»UNSER SOGENANNTER STRATEGISCHER PARTNER«

US-Vizepräsident Joe Biden mühte sich nach Kräften am 25. August 2016 in Ankara. »Das amerikanische Volk bewundert den Mut Ihres Volkes«, versicherte er Erdoğan mit Blick auf den fehlgeschlagenen Putsch und die Bedrohung der Türkei durch den ISIS. »Und wir haben gesehen, welche Sensibilität das türkische Volk für seine nationale Sicherheit empfindet.«[1] Bidens Zusicherungen stießen allerdings auf taube Ohren. Zum einen waren Erdoğans Leute überzeugt, dass die USA hinter dem Putschversuch steckten, dass sie die Fäden gezogen hatten und darauf erpicht waren, einen willensstarken Führer loszuwerden, der es möglicherweise wagen würde, sich ihren Plänen im Nahen Osten zu widersetzen. Diese Überzeugung sollte sich mit der Zeit noch verstärken. Darüber hinaus hegten Türken unterschiedlicher politischer Richtungen einen Groll gegen die Obama-Regierung, weil diese sich mit den kurdischen Kämpfern in Syrien verbündet hatte. Anfang August hatte die YPG die Stadt Manbidsch westlich des Euphrat vom ISIS zurückerobert und damit eine von Ankara gezogene rote Linie überschritten. Die Amerikaner hätten es versäumt, diese Entwicklung zu verhindern, so hieß es im Serail, und die Kurden gewähren lassen. Um ihre Fehler aus der Vergangenheit wiedergutzumachen, müssten die USA »die Türkei in einem neuen Licht sehen«, sonst sei es vorbei mit den guten Beziehungen, warnte Gülnur Aybet, eine Wissenschaftlerin, die später Erdoğans Beraterin werden sollte.[2]

Natürlich teilte die Obama-Regierung die Analyse Ankaras nicht. Aber das spielte keine Rolle, denn Erdoğan war in der Offensive. Am Tag vor Bidens Eintreffen starteten das türkische Militär und die Freie Syrische Armee (FSA) in Syrien die Operation »Schutzschild Euphrat« (*Fırat Kalkanı*). Nach jahrelangem Kampf in Syrien durch Stellvertreter griff die Türkei nun direkt in das Geschehen ein, um den IS zu beseitigen und die YPG am Einmarsch in den Norden Aleppos zu hindern. Ein strategisch wichtiger Teil des syrischen Territoriums kam unter türkische Kontrolle, wodurch Ankara ein maßgeblicher Akteur des Krieges im zerrütteten Nachbarland wurde und seinen politischen Einfluss verstärken konnte. Der Alleingang zahlte sich aus.

Dennoch war der Einmarsch der Türkei in Syrien kein rein einseitiger Akt; er wurde von Wladimir Wladimirowitsch Putin abgesegnet. Das Unternehmen »Euphrat-Schutzschild« ebnete einer diplomatischen und sicherheitspolitischen Partnerschaft zwischen Russland und der Türkei den Weg. Nachdem es der Türkei nicht gelungen war, einen Regimewechsel in Syrien herbeizuführen, rückte sie näher an die Konkurrenten Amerikas heran. Dies kam jedoch keinem »Achsenwechsel« gleich, wie manche westliche Experten befürchteten. Vielmehr versuchte die türkische Politik, in ihrem Streben nach Einfluss und Macht zwischen Russland und dem Westen sowie – nicht zu vergessen – China zu jonglieren. »Die Türkei nutzt Russland, um ein Gegengewicht zu den USA zu schaffen, und die USA, um ein Gegengewicht zu Russland zu schaffen«, wie die Wissenschaftlerin für internationale Beziehungen Evren Balta das Streben der Türkei nach strategischer Autonomie treffend beschrieb.[3]

Im folgenden Kapitel wird dargestellt, wie es dazu kam.

PUTINS EINGREIFEN IN SYRIEN

Die Geschichte beginnt nicht in Ankaras Beştepe-Viertel, sondern im Kreml. Die Bedeutung von Russlands militärischer Intervention in Syrien im September 2015 kann gar nicht hoch genug eingeschätzt werden. Durch die begrenzte Anwendung von militärischer Gewalt änderte Moskau den Verlauf des Konflikts und bewahrte das Assad-Regime praktisch vor dem Zusammenbruch. Ankara konnte nichts dagegen tun, weil seine Stellvertreter vor Ort unter starken Druck gerieten und die syrischen Kurden, die mit den USA, aber indirekt auch mit den Russen verbündet waren, neue Gebietsgewinne erzielten. Erdoğan blieb kaum eine andere Wahl, als eine Kehrtwende zu vollziehen und sich Putin mit einem Olivenzweig in der Hand zu nähern, in der Hoffnung, zumindest einen Teil seines verlorenen Einflusses zurückzugewinnen.

In den ersten Tagen des Krieges konnten sich Moskau und Ankara darauf verständigen, dass sie unterschiedlicher Meinung waren und Syrien aus den übrigen zwischenstaatlichen Angelegenheiten heraushalten würden. Mehr noch, die Türkei kam Russland in einigen Fragen entgegen, die Putin besonders am Herzen lagen. Als die »kleinen grünen Männchen« Ende Februar 2014 Verwaltungsgebäude und militärische Infrastruktur auf der Krim in ihre Gewalt brachten, machte die türkische Diplomatie kein großes Aufheben. Ankara verurteilte im darauffolgenden Monat offiziell zwar die Annexion der Halbinsel und überreichte dem im Exil lebenden Tatarenführer Mustafa Dzhemilev-Kırımoğlu demonstrativ einen Staatsorden, distanzierte sich aber dennoch vom Rest der NATO, indem es sich weigerte, sich den Wirtschaftssanktionen gegen Russland anzuschließen. Im Dezember 2014, auf dem Höhepunkt der internationalen Isolation Russlands, reiste Putin in die türkische Hauptstadt und war damit nach Papst Franziskus der zweite internationale Besucher in Erdoğans Serail. Dort unterbreitete der russische Präsident zunächst den Vorschlag für TurkStream, eine Gaspipeline durch das Schwarze Meer, welche die Pipeline South Stream ersetzen sollte, die die EU als Reaktion auf die Besetzung der Krim faktisch stillgelegt hatte. Aber dann veränderte die russische Intervention in Syrien das Kalkül der Türkei. Sie stärkte nicht nur die Gegner Ankaras maßgeblich, sondern zerstörte auch die Hoffnung, dass militärischer Druck Assad zu politischen Zugeständnissen zwingen könnte. Die bisherige Strategie der Türkei drohte zu scheitern.

Warum entschied sich Putin für ein direktes Eingreifen in Syrien, nachdem er die Rolle Russlands zuvor auf die Bereitstellung materieller Hilfe

für das Regime und diplomatischen Schutz bei der UNO beschränkt
hatte? Zweifellos machte der Kreml keinen Hehl aus seiner Ablehnung
des Arabischen Frühlings, den er als einen vom Westen angezettelten
Umsturzversuch betrachtete, der Chaos nach sich zog und auch die Stabilität des Regimes in Russland gefährdete. Doch mit der Entsendung
von Truppen in ein fernes Land, in eine Region, in der Moskau seit den
1970er-Jahren militärisch nicht mehr präsent war, erhöhte Russland den
Einsatz. Entscheidend war das Timing. Im März 2015 hatte die »Armee
der Eroberung«, ein islamistisches Bündnis aus Dschabhat al-Nusra und
der von der Türkei unterstützten Ahrar al-Scham, die Stadt Idlib einge-
nommen. Der Fall einer Provinzhauptstadt konnte möglicherweise zum
Sturz des Assad-Regimes führen – oder zumindest die festgefahrene Situation beenden. Russlands Intervention Ende September, die zunächst
mit 32 Kampfflugzeugen und Spezialkräften[4] und in Abstimmung mit
dem Iran erfolgte, der Stellvertreter-Milizen und die Islamischen Revolu-
tionsgarden[5] entsandte, wendete das Blatt. Gegen Ende des Jahres gerieten von den Rebellen gehaltene Kerngebiete wie die Vororte von Damaskus oder Ost-Aleppo unter Beschuss der russischen Luftwaffe, die von
Hmeimim bei Latakia aus operierte. Vorgeblich waren ISIS und Jabhat
al-Nusra die Ziele, doch in Wirklichkeit war für das russische Verteidigungsministerium jeder Regimegegner Freiwild. Auch die Zivilbevölkerung wurde nicht verschont. Die Botschaft lautete: Ergebt euch oder ihr
werdet verhungern und sterben. In weniger als drei Jahren verständigten
sich die meisten Enklaven der Opposition unter Druck der russischen
Unterhändler mit dem Regime.

Der Erfolg auf dem Schlachtfeld zahlte sich aus. Indem es das Überleben Assads sicherte, konnte Russland sein Ansehen im gesamten Nahen
Osten verbessern, einer Region, in der es bereits seit mehr als einem Jahrzehnt immer wieder diplomatische Vorstöße unternommen hatte.[6] Außerdem konnte es neue Waffensysteme testen – Marschflugkörper, die
von Schiffen und U-Booten abgefeuert wurden – und diese potenziellen
Kunden vorführen. Die Intervention war ein Beleg für die Erfolge der seit
2009 laufenden Militärreform und zeigte, dass Moskau in der Lage war,

weit über den postsowjetischen Raum hinaus Expeditionskriege zu führen. Vor allem aber brachte Syrien Russland einen wichtigen geopolitischen Impuls. Putin wurde zum Vermittler im Nahen Osten und lockte
die USA an den diplomatischen Tisch: Außenminister Sergej Lawrow
und US-Außenminister John Kerry handelten bis 2016 mehrere (totgeborene) Waffenstillstände aus. Russland, das nur noch ein Schatten der
einstigen Supermacht UdSSR war, agierte auf Augenhöhe mit den Amerikanern – und gewann dabei anscheinend die Oberhand.

Anders gesagt, Putin ging in Syrien ein Wagnis ein. Indem er in den
Krieg eintrat, setzte er die kooperativen Beziehungen zu Ankara aufs
Spiel, die im Laufe der 1990er- und 2000er-Jahre mühsam aufgebaut
worden waren. Aller Wahrscheinlichkeit nach hielt er dies jedoch für ein
Risiko, das es wert war, eingegangen zu werden. Erdoğan sollte vor vollendete Tatsachen gestellt werden. Die Beziehungen zwischen den beiden
Ländern erreichten ihren Tiefpunkt, nachdem eine türkische F-16 am
24. November 2015 ein russisches Bodenkampfflugzeug abgeschossen
hatte, das für ein paar Sekunden in den türkischen Luftraum eingedrungen war. Die beiden Piloten, denen es gelang, sich aus der Maschine zu
retten, wurden anschließend von turkmenischen Milizionären, die mit
der Türkei verbündet waren, erschossen. Der Vorfall ereignete sich im
Anschluss an mehrere Verletzungen des türkischen Luftraums durch die
Russen. Ministerpräsident Davutoğlu und das türkische Außenministerium hatten sich erfolglos darüber beschwert.[7] Und dann gab jemand im
oberen Teil der Befehlskette, möglicherweise Präsident Erdoğan selbst,
den Abschussbefehl.

Putin war wütend. »Ein Dolchstoß durch Terroristen«, schimpfte er
auf einer Pressekonferenz in Moskau.[8] Die Türkei, ein Land, das Russland
als Freund betrachtete, war nun der Gegner. Sie sollte dafür einen hohen
Preis zahlen. Die Regierung der Russischen Föderation verhängte Wirtschaftssanktionen: ein faktisches Verbot für Reiseveranstalter, Pauschalreisen in die Türkei zu verkaufen, ein Stopp der türkischen Agrarimporte,
die Einführung einer Visumpflicht und die Einschränkung der Tätigkeit
türkischer Bauunternehmen auf dem russischen Inlandsmarkt. Der stell-

vertretende türkische Ministerpräsident Mehmet Şimşek schätzte die
Verluste auf etwa 10 Milliarden Dollar oder über 1 Prozent des türkischen BIP.[9] Darüber hinaus setzte der Kreml seine Desinformationsma-
schinerie in Gang, indem er Erdoğan und Mitglieder seiner Familie mit
dem Ölhandel des ISIS in Verbindung brachte. Unterdessen unterbra-
chen die Russen durch ihre Angriffe die Nachschubwege von der Türkei
in das belagerte Ost-Aleppo und halfen damit der YPG oder den Demokratischen Kräften Syriens (SDF), deren Kern die kurdischen Einheiten
bildeten,[10] im Februar 2016 die strategisch wichtige Stadt Tel Rifaat von
Ahrar al-Scham zu erobern.

   Die Türkei befand sich nun in einer schwierigen Lage. Sie war eingekreist – aufgrund der russischen Präsenz auf der Krim (»eine wahre Festung« in Putins Worten), in Syrien und im Südkaukasus, wobei die Truppen in Gjumri (Armenien), nur einen Steinwurf von der türkischen
Grenze entfernt, weiter verstärkt wurden.[11] Moskau kontrollierte den
syrischen Luftraum und hatte nach dem Abschuss seines Militärjets sein
Flugabwehrsystem S-400 bei Hmeimim stationiert. Die Schwarzmeer-
flotte versorgte die Operation unbeeinträchtigt durch die türkische
Meerenge, eine internationale Wasserstraße, die dem Montreux-Abkom-
men von 1936 unterliegt und deren Schließung einen noch heftigeren
Konflikt provoziert hätte.[12] Besorgniserregend ist, dass die NATO in diesem Zusammenhang kaum eine Rolle spielte, denn Moskaus Strategie
war bewusst darauf ausgerichtet, die in Artikel 5 der Atlantik-Charta
festgelegte Grenze nicht zu überschreiten, die das Bündnis zur kollektiven Verteidigung eines angegriffenen Mitgliedslandes verpflichtet. Technisch gesehen befand sich die Türkei nicht im Krieg mit Russland, und
Syrien lag außerhalb des Zuständigkeitsbereichs der Nordatlantischen
Allianz. Die Verbündeten Ankaras schienen sich davor zu hüten, in einen
Kampf mit den Russen hineingezogen zu werden. Sie hatten bereits mit
dem Abzug ihrer entlang der türkisch-syrischen Grenze stationierten
Luftabwehrsysteme begonnen oder ihre Absicht dazu erklärt.[13] NATO-
Generalsekretär Anders Fogh Rasmussen mahnte auf einer Dringlich-
keitssitzung in Brüssel unmittelbar nach dem Vorfall zur Vorsicht, wäh-

rend die USA und Frankreich Moskau und Ankara zur Deeskalation aufriefen.

Internationale Kommentatoren schlugen jedoch Alarm und malten bereits einen drohenden Krieg an die Wand. Schließlich hätten die beiden früheren Großreiche zwischen dem 16. und dem 20. Jahrhundert mindestens ein Dutzend Kriege gegeneinander geführt, so die Argumentation. Hinzu kam die Drohung, dass Russland und die Türkei auf den gegnerischen Seiten in Berg-Karabach intervenieren könnten, wo es im April 2016 zu den erbittertsten Kämpfen zwischen Armeniern und Aserbaidschanern seit Anfang der 1990er-Jahre kam (die jedoch vom Zusammenstoß im Jahr 2020 bald in den Schatten gestellt wurden). In Wirklichkeit agierten sowohl Russland als auch die Türkei zurückhaltend, und Putin gelang es, einen Waffenstillstand zu vermitteln. Zu diesem Zeitpunkt hatte Erdoğan über den Geschäftsmann Cavit Çağlar und den kasachischen Präsidenten Nursultan Nasarbajew bereits Fühler nach Moskau ausgestreckt. Im Juni entschuldigte er sich sogar bei den Russen.[14] Anders gesagt: Als Putin unmittelbar nach dem Putschversuch vom 15. Juli 2016 auf Erdoğan zuging, wusste er, dass er an eine offene Tür klopfte. Er war sich auch vollkommen darüber im Klaren, dass der türkische Präsident innenpolitisch über großen Handlungsspielraum verfügte, nachdem er mittlerweile auch die Verantwortung für die Außenpolitik übernommen hatte. Er konnte Russland mit Leichtigkeit vom Erzfeind zum Freund umdeklarieren, und die Institutionen wie auch die öffentliche Meinung würden ihm dabei bereitwillig folgen.

In den Monaten und Jahren nach der Wiederherstellung der persönlichen Beziehungen zwischen den beiden Staatsführern fanden die regierungsfreundlichen Medien in der Türkei allerlei Gründe, um die Kehrtwende zu rechtfertigen. In der staatlich sanktionierten Darstellung wurde Putins Unterstützung unmittelbar nach dem Putsch in Kontrast gesetzt zur Indifferenz oder offenen Komplizenschaft des Westens.[15] Schließlich hatte Russland die Gülen-Bewegung bereits Mitte der 2000er-Jahre verboten, während die USA bezeichnenderweise den Führer der »Fethullah-Terror-Organisation«, der sicher und unbehelligt in seinem Anwe-

sen in Pennsylvania lebte, nicht an die Türkei auslieferten.[16] Putin
behauptete, er sei der Verteidiger des Status quo, während sich Washington in die inneren Angelegenheiten anderer Länder einmische und deren
rechtmäßig gewählte Regierungen untergrabe. Wie der kenntnisreiche
türkische Politologe Soli Özel feststellte: »Im Gegensatz zur Passivität
des Westens während des Putsches stand Russland an der Seite Ankaras.
Viele Türken waren zutiefst enttäuscht über die mangelnde Solidarität
des Westens in dieser Zeit«.[17] Während also die Chancen gut standen,
dass sich Putin und Erdoğan am Ende ohnehin versöhnt hätten, beschleunigte der Putsch die Annäherung und lieferte obendrein eine überzeugende Begründung dafür.

Warum sich Erdoğan an Russland annäherte, hatte vor allem viel mit
Syrien zu tun. Die Russen hatten in einem Krieg, der für die nationalen
Interessen der Türkei von entscheidender Bedeutung war, das Sagen und
bestimmten damit auch das Kräfteverhältnis im Nahen Osten. Im Gegensatz zu Obamas enger Fokussierung auf den Sieg über den IS, die ihn dazu
veranlasste, sich mit kurdischen Nationalisten anzufreunden, konnte
Putin Ankaras Zielen entgegenkommen, indem er der Türkei erlaubte,
eine Pufferzone südlich der Grenze einzurichten und die YPG/SDF daran
zu hindern, sich eine Landbrücke vom Euphrat zur Enklave Afrin im Westen zu verschaffen. Genau dies geschah dann auch.

DAS POWER-PAAR RUSSLAND-TÜRKEI

Auf dem Gipfeltreffen Erdoğans mit seinem »lieben Freund Putin« im
Konstantin-Palast bei St. Petersburg am 9. August 2016[18] wurde die Versöhnung offiziell besiegelt. Dabei wurden auch die Bedingungen für die
türkische Militärintervention in Syrien festgelegt – und möglicherweise
auch weitere Aspekte des russisch-türkischen Gegengeschäfts, wie die
Vereinbarung über den Kauf moderner Waffensysteme von Moskau. Das
Unternehmen »Schutzschild Euphrat« begann zwei Wochen später mit

der Einnahme der Grenzstadt Jarablus durch die türkische Armee und die 10 000 Mann starke Truppe der »Freien Syrischen Armee« und der anschließenden Belagerung der ISIS-Hochburg al-Bab. Russische Kampf-jets bombardierten die Dschihadisten aus der Luft, und bei einem Angriff am 9. Februar 2017 kamen mehrere türkische Infanteristen ums Leben. Zu diesem Zeitpunkt wurde ein solcher Vorfall jedoch noch als *friendly fire* gewertet. Wichtig war vielmehr, dass die türkischen Streitkräfte in der Provinz Nord-Aleppo eine Pufferzone einrichteten, die den Vormarsch der YPG nach Westen aufhielt, und zu gegebener Zeit ein von Ankara verwaltetes Schutzgebiet etablieren konnten, das Kämpfer und Binnen-vertriebene aus verschiedenen Teilen des Landes beherbergen sollte.[19] Die Sicherheitszone, mit der die türkischen Politiker den USA jahrelang in den Ohren gelegen waren, wurde dank Russland Wirklichkeit. Von einem wunden Punkt in den bilateralen Beziehungen, der von ande-ren wirtschaftlichen und diplomatischen Geschäften getrennt war, ent-wickelte sich Syrien zum Zentrum der russisch-türkischen Zusammen-arbeit.[20]

Russland profitierte in hohem Maße von der Vereinbarung. Die Türkei zog ihre Unterstützung für die unter heftigem Druck stehenden Rebellen in Ost-Aleppo zurück, das sich einer neuen Offensive des Regimes, der vom Iran unterstützten Milizen und der Russen konfrontiert sah. Mitte Dezember 2016 vermittelten das russische Militär und der türkische Nachrichtendienst MİT eine Vereinbarung über die Evakuierung der Zi-vilisten und der Oppositionellen.[21] Die größte Stadt Syriens, die seit Som-mer 2012 teilweise von der Opposition gehalten worden war, befand sich nun in Assads Händen. Die Türkei wurde von einem Gegner zu einem Partner vor Ort. Selbst die Ermordung des russischen Botschafters An-drej Karlow, der von einem türkischen Sicherheitsbeamten in Istanbul aus nächster Nähe erschossen wurde, weil dieser über Russlands rück-sichtslose Luftangriffe verärgert war, stellte die neu geknüpften Verbin-dungen nicht in Frage. Die Übergabe von Aleppo legte den Grundstein für die diplomatischen Gespräche zwischen Russland, der Türkei und dem Iran, die im Januar 2017 in Astana, der Hauptstadt Kasachstans, aufgenommen wurden. Im Gegensatz zu den Genfer Verhandlungen, die unter der Schirmherrschaft der Vereinten Nationen geführt wurden, schloss das Astana-Format die USA aus und stärkte die Rolle Russlands als Vermittler in Syrien. Die Türkei, ein wichtiges NATO-Mitglied, neigte sich Russland zu, eine Entwicklung, die durch die zunehmende Häufigkeit von Treffen und Telefonaten zwischen Putin und Erdoğan unterstrichen wurde.[22]

Durch ihr Bündnis mit Russland und dem Iran unterstützte die Türkei stillschweigend die Rückeroberung eines Großteils des Westens von Syrien durch das Assad-Regime. Im März 2017 wurde bei den Verhandlungen in Astana die Einrichtung von vier Deeskalationszonen vereinbart: um Idlib, in Rastan und Talbiseh nördlich von Homs, in Ost-Ghouta am ländlichen Stadtrand von Damaskus sowie in Deraa und Quneitra an der Grenze zu Jordanien. Die Feindseligkeiten sollten für einen Zeitraum von zunächst sechs Monaten eingestellt werden. Russland sollte weiterhin den Luftraum überwachen, während die Türkei für die Rebellen bürgen würde. Nachdem die Waffen zum Schweigen gebracht worden waren, sollten die Verhandlungen zwischen der Opposition und dem Regime über eine politische Lösung und eine neue Verfassung (das heißt den von Russland ausgearbeiteten Entwurf) fortgesetzt werden.[23] Doch schon bald zeigte sich, dass diese »Deeskalation« kaum mehr war als ein Vorwand für die Rückeroberung weiterer Gebiete durch das Regime. Im Sommer 2018 waren Ost-Ghouta, das ländliche Homs und Deraa/Quneitra allesamt in Assads Händen (oder unter indirekter Kontrolle), nachdem Russland die Kapitulation der Rebellen (»Versöhnung«)[24] und die Verlegung der Rebellen nach Idlib oder in das Gebiet des »Euphrat-Schutzschilds« ausgehandelt hatte.

Doch man sollte auch die Zugeständnisse nicht übersehen, die Erdoğan erreichen konnte. Zunächst erhielt er Russlands Zustimmung zur Operation »Olivenzweig« (Januar-März 2018), die zur Vertreibung der YPG aus Afrin und zur Schaffung einer zweiten türkisch kontrollierten Enklave in Syrien führte.[25] Russische Militärbeobachter, die in die kurdischen Kräfte eingebettet waren und als Abschreckung gegen die

Türkei fungiert hatten, zogen sich am 19. Januar zurück, einen Tag vor dem Einmarsch. Das russische Kommando hatte versucht, die Kurden zu einem Wechsel auf die Seite Assads zu bewegen, indem es die türkische Drohung als Druckmittel einsetzte. Da dies nicht gelang, stellten die Russen Ankara und seinen arabischen Stellvertretern einen Freibrief aus und öffneten auch den Luftraum über Afrin. Die Offensive zeigte, dass die USA nicht gewillt waren, ihren kurdischen Verbündeten beizustehen, während die Trump-Regierung nach Möglichkeiten suchte, ihre Truppen aus Syrien abzuziehen. Die Türkei und Russland schoben die USA beiseite – ein Sieg für Moskaus Außenpolitik, die damit einen Keil zwischen zwei NATO-Verbündete trieb. Die Einnahme von Afrin ermöglichte es Ankara, den Druck auf Manbidsch am Westufer des Euphrat zu erhöhen, wo US-Marines an der Seite kurdischer Kämpfer stationiert waren. Erdoğan strebte Verhandlungen über einen schrittweisen Abzug der Amerikaner und die Ausweitung des »Euphrat-Schutzschilds« an.[26]

Zum anderen erkannte Russland die besondere Rolle der Türkei in der Region um Idlib an. Ab Oktober/November 2017 richtete das türkische Militär Beobachtungspunkte in dem Gebiet ein. Bis zum Sommer 2018, als Idlib das letzte von Rebellen kontrollierte Gebiet wurde, stieg ihre Zahl auf zwölf. Bei ihrem Treffen in Sotschi am 17. September 2018 einigten sich Putin und Erdoğan auf die Schaffung einer entmilitarisierten Zone, die die Kräfte des Regimes und der Opposition trennte.[27] Die türkische Seite verpflichtete sich zur Entwaffnung und Auflösung von Hayat Tahrir al-Sham, der Nachfolgeorganisation von Dschabhat al-Nusra, die mittlerweile zur dominierenden Gruppierung im Kampfgebiet geworden war. In Idlib lebten mehr als drei Millionen Menschen, darunter Zivilisten und aus anderen Teilen des Landes umgesiedelte Kämpfer; es drohte eine massive Flüchtlingswelle in die benachbarte Türkei, wenn das Assad-Regime das Gebiet einnehmen würde. Moskau erlangte dadurch ein starkes Druckmittel gegen Erdoğan, dem die Anwesenheit von mehr als 4 Millionen Syrern in seinem Land schon lange politisches Kopfzerbrechen bereitete. Doch wie wir sehen werden, zeigte

Idlib im Laufe der Zeit die Grenzen der russisch-türkischen Annäherung auf und brachte die beiden Länder gefährlich nahe an einen offenen Konflikt.

Die Partnerschaft mit Russland ging über Syrien hinaus. Putins erster Besuch in der Türkei nach der »Flugzeug-Krise« führte ihn am 10. Oktober 2016 zum Weltenergiekongress in Istanbul. Dort unterzeichnete er das zwischenstaatliche Abkommen über die TurkStream-Pipeline, ein Projekt, das zwei Jahre zuvor konzipiert worden war und eine Transitroute für russisches Gas unter Umgehung der Ukraine schaffen sollte. Bis zu diesem Zeitpunkt hatte die türkische Seite in den Verhandlungen über die Bedingungen für das Projekt eine harte Haltung vertreten. Doch die Notwendigkeit, die Beziehungen zu Moskau wiederzubeleben, weichte ihre Position auf und brachte sie dazu, die russischen Forderungen zu akzeptieren.[28] Putins Besuch stand auch im Zeichen des Abschlusses einer Vereinbarung über das Kernkraftwerk Akkuyu an der türkischen Mittelmeerküste. Auch hier gewährte die türkische Regierung dem russischen Konzern Rosatom Steuererleichterungen und andere Vergünstigungen, die sie zuvor abgelehnt hatte. Trotz der wirtschaftlichen Neuausrichtung hatten es die Russen aber nicht eilig, die während der Beziehungskrise gegen die Türkei verhängten Handelsbeschränkungen aufzuheben, wie zum Beispiel bei Agrarimporten.[29] Das lag zum Teil daran, dass der Kreml ein gewisses politisches Druckmittel gegenüber Ankara in der Hand behalten wollte. Aber auch die Interessen der russischen Seite, die von den Sanktionen profitiert hatte, standen einer generellen Öffnung des Marktes im Weg.

Obwohl die Türkei das TurkStream-Abkommen unterzeichnete, ermutigte sie der Streit mit Russland dazu, die Diversifizierung ihrer Energieversorgung voranzutreiben. Während der Krise 2015/16 schloss BOTAŞ, die staatliche türkische Gasgesellschaft, einen Vertrag mit Katar über den Kauf von verflüssigtem Erdgas (LNG). Die Türkei begann massiv in LNG-Kapazitäten zu investieren – zwischen 2016 und 2018 wurden zwei Offshore-Terminals in Betrieb genommen, eines in der Nähe von Izmir und eines in der Provinz Hatay. Diese Entscheidung zahlte sich später aus, als die Preise fielen und die Importe entsprechend stiegen, auch über US-Händler, die auf den globalen Spotmärkten verkauften und dadurch den Marktanteil von Gazprom schmälerten. Auch der Aufbau des Südlichen Gaskorridors, eines Verbunds mehrerer Pipelines, der die Türkei und ihre Nachbarn in Südosteuropa mit dem Kaspischen Meer verbindet, machte Fortschritte. Im Sommer 2019 wurde die Transanatolische Pipeline (TANAP) in Betrieb genommen, die BOTAŞ die Möglichkeit bietet, 6 Milliarden Kubikmeter Gas, das heißt etwa 12 Prozent des Jahresverbrauchs des Landes, aus Aserbaidschan zu importieren. Kurz gesagt, die Türkei hat sich nicht an Russland gebunden, trotz der Zugeständnisse, zu denen sie sich bereitfand, und des theatralischen Auftretens von Putin und Erdoğan, die TurkStream im Januar 2020 Seite an Seite einweihten.[30]

Der Balanceakt zwischen Russland und dem Westen war jedoch nur schwer aufrechtzuerhalten. Die USA konnten Erdoğans Hinwendung zu Putin in Syrien tolerieren. Gleiches gilt für die jahrzehntelangen Geschäftsbeziehungen Ankaras mit Gazprom. Doch mit der Einfuhr von militärischer Ausrüstung begann ein ganz anderes Spiel.

DIE KUNST DES VERHANDELNS

Am 2. August 2017 unterzeichnete US-Präsident Donald J. Trump den Countering America's Adversaries Through Sanctions Act (CAATSA, das »Gesetz zur Bekämpfung von Amerikas Widersachern durch Sanktionen«). Trump war alles andere als begeistert von diesem Gesetz, einem seltenen Ergebnis von Überparteilichkeit in einem stark polarisierten US-Kongress. Die Verfolgung russischer Organisationen wegen angeblicher Einmischung in die US-Wahlen schien nach Trumps Ansicht das Narrativ zu bestätigen, dass der Kreml im November 2016 die Präsidentschaft für ihn gewonnen habe. Der »Russland-Schwindel«, wie er immer wieder twitterte, nicht selten auch zu nachtschlafender Zeit.

CAATSA bedeutete Ärger für Amerikas europäische Verbündete, zum Beispiel für Deutschland wegen der Nordstream-2-Pipeline[31], aber es belastete auch die Beziehungen zur Türkei. Ende 2017 gab das Direktorat der türkischen Verteidigungsindustrie (Savunma Sanayı Başkanlığı, SSB) bekannt, dass es einen Vertrag unterzeichnet habe und eine Anzahlung für zwei Batterien von Boden-Luft-Raketen des Typs S-400 aus Russland geleistet habe, ein Kauf im Wert von 2,5 Milliarden Dollar, der durch ein russisches Darlehen finanziert wurde. Im Juli 2019 erhielt die Türkei die erste Batterie trotz heftiger, parteiübergreifender Kritik aus Washington. Erdoğan blieb unnachgiebig und wurde dabei von 44 Prozent der türkischen Bürger unterstützt, die einer Studie der Kadir-Has-Universität zufolge die Anschaffung ungeachtet der Einwände des Westens befürworteten.[32] Wollte Amerika seinen NATO-Verbündeten dafür bestrafen, dass er einen geopolitischen Rivalen für die Entwicklung eines wichtigen Teils seiner Verteidigungsinfrastruktur ausgewählt hatte? Damit gefährde die Türkei das westliche Bündnis; die neu beschafften S-400, so behaupteten Experten, könnten sensible Daten von in den USA hergestellten Kampfjets sammeln, die dann auf irgendeine Weise bei den Russen landen könnten. Dazu gehörte auch die F-35, das Tarnkappenflugzeug der nächsten Generation, das von den USA in Zusammenarbeit mit engen Verbündeten aus verschiedenen Teilen der Welt entwickelt wurde.

Die S-400-Frage war ein Indikator dafür, wie sehr sich die Beziehungen zwischen Ankara und Washington in den späten 2010er-Jahren verschlechtert hatten. Die Kontroverse um die russischen Rüstungsimporte, die von Erdoğan als Schritt zur Förderung der heimischen Industrie durch Technologietransfer angepriesen wurden, reihte sich ein in eine immer länger werdende Liste von Themen, bei denen sich Türken und Amerikaner uneins waren, wie zum Beispiel über das Bündnis zwischen dem US-Zentralkommando (CENTCOM) und den YPG/SDF in Syrien und das Schicksal von Fethullah Gülen. In Syrien gab die Trump-Administration jeden Anschein eines Kampfes gegen das Assad-Regime auf, indem sie das von der CIA seit 2013 durchgeführte »Train and Equip«-Programm abbrach. Bemühungen, sich im Weißen Haus für die

Auslieferung Gülens einzusetzen, scheiterten im Februar 2017, als General Michael Flynn, den man möglicherweise für dieses Anliegen hätte gewinnen können, nach weniger als einem Monat sein Amt als Nationaler Sicherheitsberater aufgeben musste. Im darauffolgenden Monat verhafteten FBI-Agenten in New York City Mehmet Hakan Attila, den stellvertretenden Leiter der Halkbank, des zweitgrößten türkischen Kreditinstituts in staatlicher Hand. Im Mai 2018 wurde Attila wegen des Verstoßes gegen die Sanktionen gegen den Iran verurteilt, zusammen mit dem Geschäftsmann Reza Zarrab. Der Fall war politisch höchst brisant, weil er auf die Enthüllungen zurückging, die Erdoğan und seinen engsten Kreis seit Dezember 2013 belasteten.[33] Schließlich hatte auch Erdoğans Versuch, das Verhältnis zu Amerika wieder zu verbessern, einen schlechten Start. Am 16. Mai 2017, während seines Besuchs in Washington, kam es vor der Residenz des türkischen Botschafters am Sheridan Circle zu einer Schlägerei, als die Leibwächter des türkischen Präsidenten eine Gruppe kurdischer Demonstranten angriffen und verprügelten. Der Vorfall führte zu Haftbefehlen und Strafanzeigen gegen mehrere von Erdoğans Sicherheitsleuten.[34]

Allerdings waren die Beziehungen zwischen den USA und der Türkei seit dem goldenen Jahrzehnt in den 1950er-Jahren nur selten in guter Verfassung gewesen. Die Zypernfrage, der erste Golfkrieg, der Krieg gegen den Terror nach dem 11. September 2001 und die Invasion im Irak sorgten immer wieder für Spannungen. Doch in den 2010er-Jahren ging es nach dem Putschversuch 2016 und dem von den Erdogan-freundlichen Medien geschürten Antiamerikanismus deutlich bergab. Die bereits erwähnte Kadir-Has-Umfrage ergab, dass 81,3 Prozent der Befragten die Vereinigten Staaten als die größte Bedrohung für die Türkei ansahen (gefolgt von Israel mit 70,8 Prozent). Auch auf US-amerikanischer Seite wurde die Türkei kritisch betrachtet. Den Demokraten missfielen Erdoğans Machtspielchen und seine »Männerfreundschaft« mit Trump, und sie machten ihn für Menschenrechtsverletzungen im eigenen Land verantwortlich. Die Rechte betrachtete die islamistischen Wurzeln des türkischen Präsidenten mit Misstrauen und beklagte seine Feindseligkeit gegenüber Israel und seine Beziehungen zum Iran vor dem Arabischen Frühling. Während sich die Türkei früher auf zahlreiche Freunde im Pentagon, im Außenministerium, im Kongress und bei Experten und Medien verlassen konnte, fiel sie ab Mitte der 2010er-Jahre in Amerika in Ungnade. Erdoğans Umarmung von Putin brachte das Fass zum Überlaufen.

Doch trotz aller Spannungen, Verdächtigungen und gegenseitigen Beschuldigungen kam es nicht zu einem vollständigen Zusammenbruch der Beziehungen. Als die Trump-Administration in den letzten Wochen ihrer Amtszeit, am 14. Dezember 2020, schließlich Sanktionen verhängte, waren nicht Erdoğans innerer Kreis, sondern SSB-Präsident İsmail Demir und drei seiner Mitarbeiter betroffen. Eine weitaus gravierendere Maßnahme war der Ausschluss der Türkei aus dem F-35-Konsortium im Juli 2019, wodurch dem Land ein hochmoderner Kampfjet vorenthalten wurde, der einigen seiner Konkurrenten bereits zur Verfügung stand, was den Unternehmen des Landes Milliardenverluste bescherte.[35] Der türkische Präsident probierte unterdessen alle möglichen Salamitaktiken aus: So regte er beispielsweise an, die S-400 von der übrigen Luftabwehr des Landes getrennt zu halten, um die NATO-Infrastruktur nicht zu stören oder sie gar nicht zu aktivieren. Erdoğan schlug Joe Biden, nachdem dieser die US-Präsidentschaftswahlen im November 2020 gewonnen hat, einen »Neustart« der Beziehungen vor. Er spielte sogar die russische Karte aus, indem er argumentierte, dass die Türkei das einzige NATO-Mitglied sei, das bereit – und in der Lage – sei, Moskaus Expansionsstreben zu stoppen. Wie wir noch sehen werden, enthalten diese Behauptungen, so übertrieben sie erscheinen mögen, ein Körnchen Wahrheit. Schließlich trafen sich die beiden Präsidenten am Rande des NATO-Gipfels in Brüssel im Juni 2021, wobei sie sich mit einem Faustgruß begrüßten, statt sich die Hand zu geben (gemäß dem damals geltenden Covid-19-Protokoll). Erdoğan bewegte sich auf die USA zu, obwohl Präsident Biden am 24. April den der Türkei zur Last gelegten Völkermord an den Armeniern anerkannt hatte.[36] Dennoch dürfte die Normalisierung der Beziehungen zwischen Ankara und den USA unvollständig bleiben. Trotz aller positiven Impulse hat das Verhältnis zwischen den beiden Ländern mittlerweile einen weitgehend transaktionsbezogenen, geschäftsmäßigen Charakter angenommen.[37] »Unser sogenannter strategischer Partner«, so bezeichnete US-Außenminister Antony Blinken die Türkei während seiner Anhörung im Senat im Januar 2021.[38] Die Möglichkeit einer zweiten Lieferung von S-400-Raketen, die Erdoğan im September 2021, Monate nach seinem versöhnlichen Tête-à-tête mit Biden, ins Spiel brachte, bedeutet Ärger.[39] Generell hat sich ein Wandel im Verhältnis der beiden Staaten vollzogen, auch im Vergleich zu den 2000er- und frühen 2010er-Jahren, als die USA die Türkei noch als Modellland betrachteten, während die AKP die Verbindung mit Amerika hauptsächlich aus instrumentellen Gründen schätzte.

Die geschäftsmäßige Sichtweise ist eine der Hinterlassenschaften von Trumps Amtszeit im Weißen Haus. Damals, im Januar 2017, wurde der Einzug eines Populisten ins Weiße Haus von Ankara willkommen geheißen. Hier war ein amerikanischer Präsident, ein erklärter Anhänger des Pragmatismus, der wenig Zeit für abstrakte Dinge wie Demokratie und Menschenrechte aufbrachte. Erdoğan konnte mit ihm Geschäfte machen, im Gegensatz zu Obama, der sich als große Enttäuschung erwiesen hatte. Deshalb vermied es Erdoğan auch weitgehend, seine rhetorischen Angriffe auf Trump persönlich zu richten. Gegenstand seines Zorns war entweder Amerika als Ganzes oder die Regierung. Wann immer Trump Drohungen gegen die Türkei aussprach, in der Regel über seinen Twitter-Account, entgegnete Erdoğan, sein Kollege sei falsch informiert worden. Theatralische Äußerungen wie die Drohung Trumps im Oktober 2019, die türkische Wirtschaft durch Sanktionen zu »zerstören« (»Don't be a tough guy, don't be a fool«) und die Reaktion des Adressaten, der den Brief in den Papierkorb warf, erwiesen sich als reine Augenwischerei. Die beiden kamen einfach gut miteinander aus.[40] »Erdoğan spielt mit Washington wie auf einer Geige«, schrieb Steven Cook vom Council on Foreign Relations im September 2019.[41]

Den Beweis lieferte der Rückzug der USA aus den Grenzgebieten im Nordosten Syriens im Oktober 2019, der es den türkischen Streitkräften und den arabischen Verbündeten der Türkei ermöglichte, einen Korridor zwischen den Städten Ras al-Ayn (Sere Kanye auf Kurdisch) und Tal Abyad einzurichten. Die Operation »Friedensfrühling« *(Barış Pınarı Harekâtı)* folgte auf den Abzug der in die SDF eingebetteten amerikanischen Marinesoldaten, der in einem Telefongespräch zwischen Erdoğan und Trump vereinbart wurde. Der US-Präsident drängte seit geraumer Zeit auf ein Ende des Syrien-Engagements und hatte bereits im Dezember 2018 eine entsprechende Ankündigung gemacht, die er jedoch später wieder zurücknahm. Doch nun kam ihm Erdoğan zu Hilfe, indem er den Sieg über den ISIS erklärte (der ursprüngliche Grund für den Einsatz der Marineinfanteristen in Syrien) und, was nicht unwesentlich war, mehr Kontrolle über die außenpolitischen Entscheidungen der Türkei übernahm. Im Dezember 2018 führten Meinungsverschiedenheiten über Syrien zum Rücktritt des US-Verteidigungsministers James Mattis.[42] Der überstürzte Abzug ein Jahr später, der nicht zuletzt durch die türkische Aufrüstung und die implizite Drohung, dass das US-Militär im Falle einer Invasion in die Schusslinie geraten könnte, ausgelöst wurde, erfolgte gegen den Willen des Pentagons und des CENTCOM. Die militärische Führung hätte eine stufenweise Übergabe bevorzugt. Damit wurde auch der sogenannte Manbidsch-Fahrplan vom Juni 2018 bedeutungslos, der eine Aufteilung der Zuständigkeiten zwischen den USA und der Türkei in dieser wichtigen Stadt vorsah. Erdoğan und Trump manövrierten gemeinsam den US-Kongress aus, der von der Erkenntnis überrascht wurde, dass die kurdischen Verbündeten im Kampf gegen den ISIS auf verlorenem Posten standen. Senator Lindsay Graham, der als Reaktion auf den türkischen Einmarsch in Nordostsyrien ein Sanktionsgesetz vorgeschlagen hatte, machte eine Kehrtwende, nachdem Vizepräsident Mike Pence am 17. Oktober 2019 bekanntgegeben hatte, dass er Ankara für ein Waffenstillstandsabkommen gewonnen habe.[43]

Die Umgruppierung im Nordosten Syriens nutzte Russland und dem Assad-Regime. Die kurdischen Kämpfer erlaubten es Moskau und Damaskus (die über Stützpunkte in Haseka und Qamishlo verfügten), wieder in Teile von »Rojava« einzurücken, um den Vormarsch der Türkei und ihrer Stellvertreter aufzuhalten. In gewisser Weise löste Russland damit die USA als Garant für die nach dem »Friedensfrühling« verbliebene kurdische Autonomie ab. Amerika hielt ein 500 Mann starkes Kontingent (»Wir behalten das Öl«, wie Trump es ausdrückte) in der Provinz Deir ez-Zor und bot der YPG/PYD damit eine gewisse Absicherung. Unterdessen konnte die Türkei einen weiteren Sieg gegen die PKK-Verbündeten verkünden, auch wenn die von ihr geschaffene Enklave nicht dem Gebiet entsprach, das Erdoğan vor der UN-Generalversammlung (24. September 2019) für eine »Sicherheitszone« von mehr als 80 Kilometern Länge südlich der Grenze verlangt hatte. Diese Zone sollte ohnehin vor allem innenpolitischen Zwecken dienen: Der türkischen Öffentlichkeit wurde erzählt, dass drei Millionen syrische Flüchtlinge in die neue, von Ankara kontrollierte syrische Enklave rückgeführt werden würden. Wie schon die Operationen »Schutzschild Euphrat« und »Olivenzweig« davor sorgte auch die Operation »Friedensfrühling« dafür, dass Erdoğans Beliebtheitswerte in die Höhe schnellten. Wie das syrische Regime und dessen russischer Schirmherr profitierte auch er vom Rückzug der USA.

Letztlich erwies sich Trumps Politik als Glücksfall für die Türkei. Er zögerte CAATSA-Sanktionen so lange wie möglich hinaus und ermöglichte der Türkei die Übernahme weiterer wichtiger Gebiete in Syrien. Doch Erdoğans Erfolg im Umgang mit Washington könnte ihm in Zukunft vielleicht zum Verhängnis werden. Die Biden-Administration wird mit Sicherheit wesentlich härter auftreten und damit den türkischen Präsidenten und sein Verhandlungsgeschick auf die Probe stellen.

In einem am 21. November 2020 ausgestrahlten Fernsehinterview kritisierte Erdoğans Berater İbrahim Kalın den Westen dafür, dass er Russlands Vordringen nach Georgien (2008) und anschließend in die Ukraine, nach Syrien und Libyen zugelassen habe.[44] Allein die Türkei sei in der Lage, Putins Pläne einzuhegen[45] – durch ihren Beitrag zur NATO-Präsenz im Schwarzen Meer, durch ihre Truppenpräsenz in Syrien und ihr Engagement in regionalen Konflikten wie in Libyen und Berg-Karabach.

Die Regierung Biden müsse gegenüber Ankara eine gewisse Nachsicht an den Tag legen, das heißt, auf Sanktionen verzichten und über einen Neustart der Beziehungen nachdenken. In Wirklichkeit veränderte die Türkei nach Trumps Abgang ihren Kurs nicht. Sie verfolgt ihre eigenen Interessen und kämpft nicht für den Westen. Der Balanceakt der Türkei zwischen Russland und den USA hatte nur ein Ziel: die Aufrechterhaltung und Ausweitung ihres Einflusses, sei es im Nahen Osten und Nordafrika, auf dem Balkan oder in Afrika.[46]

Aber Erdoğans außenpolitische Ambitionen gehen noch weiter. Er nimmt die globale Ebene in den Blick: von der Erweiterung der ständigen Mitglieder des UN-Sicherheitsrats um einen Vertreter der islamischen Welt (raten Sie mal, welches Land das wäre?) über die Entsendung humanitärer Hilfe nach Somalia bis zur Verurteilung Myanmars wegen der Misshandlung der Rohingya.[47] Interessanterweise schlägt er jedoch gegenüber China einen versöhnlichen Ton an, wenn es um die Uiguren und andere turksprachige Volksgruppen in Xinjiang geht.[48] Die Staatsraison, wie sie von Erdoğan definiert wird, ist natürlich jeglichen Verwandtschafts- und Solidaritätsgefühlen übergeordnet, welche die türkische Gesellschaft, nicht zuletzt die MHP-Basis, hegen mag. Der Einmarsch in Syrien im Jahr 2016 und seine Folgen haben jene Bestrebungen gestärkt, die darauf zielen, die Türkei, bildlich gesprochen, wieder »groß« zu machen. Er rückte auch harte machtpolitische Interessen wieder in den Mittelpunkt der türkischen Außenpolitik. Der türkische Vorstoß in Libyen, die Einsätze am Golf und am Horn von Afrika, die Kanonenbootdiplomatie im östlichen Mittelmeer und die Intervention in Berg-Karabach gehen alle auf den Sommer 2016 zurück. Die »Neue Türkei« versucht, ihren Platz in der regionalen und globalen Hackordnung in erster Linie durch militärische Stärke zu sichern, nicht durch Diplomatie, Handel und »Soft Power« wie in der noch nicht allzu fernen Vergangenheit.

Das nächste Kapitel befasst sich mit den regionalen Aktivitäten der Türkei.

9

DAS STREBEN NACH MACHT

In den 2010er-Jahren entwarf die Türkei eine Vision für eine regionale Ordnung im Nahen Osten und Nordafrika unter ihrer Führung. Ihre politische und sozioökonomische Entwicklung war beispielgebend für die Länder in der Region. Aufgrund ihrer osmanischen Vergangenheit verfügte die Türkei über kulturelles Kapital und Verbindungen zu anderen Gesellschaften, die der Westen, belastet durch seine Kolonialgeschichte und die bittere Erfahrung des US-Interventionismus, nicht besaß. Doch nach dem Sturz von Mohammed Mursi in Ägypten und dem politischen Überleben von Assad in Syrien leuchtete Ankaras Stern weniger hell. Das Eingreifen Saudi-Arabiens und des Irans hatte Erdoğans hochfliegende Pläne vereitelt. Doch die Intervention in Syrien im Jahr 2016 brachte die Türkei zurück ins Spiel. Auch wenn ihre hegemonialen Bestrebungen gescheitert waren, fand und nutzte sie neue Möglichkeiten abseits ihrer unmittelbaren Nachbarschaft. In den Jahren nach 2016 konnte die Türkei am Golf, in Afrika südlich der Sahara und schließlich auch in Libyen Boden gewinnen.

Die türkische Politik in der Region wird von einer Vielzahl von Faktoren beeinflusst. Der Rückzug der USA aus dem Nahen Osten, der sich wie ein roter Faden durch die Politik der Obama- und der Trump-Administration zieht, hat regionalen Mächten, aber auch Staaten wie Russland und China die Möglichkeit eröffnet, die dadurch entstehende Lücke zu schließen. Auch die Türkei möchte sich ein Stück vom Kuchen abschneiden. Darüber hinaus gibt es auch noch den Sicherheitsimperativ. Für die türkischen Entscheidungsträger sind Syrien, der Nordirak und das östliche Mittelmeer von zentraler Bedeutung für ihre nationalen Sicherheitsinteressen. Aufgrund der Wurzeln der AKP im politischen Islam liegt ein besonderer Schwerpunkt auf dem Nahen Osten und Nordafrika, in jüngster Zeit rücken aber auch die Länder des globalen Südens mit muslimischer Bevölkerungsmehrheit in den Vordergrund. Nicht zuletzt geht es auch um persönlichen Ehrgeiz. Unter Erdoğan hat die Türkei außenpolitische Schritte unternommen und sich auf Risiken eingelassen, die sie in früheren Zeiten vermieden hätte.

DAS BÜNDNIS MIT KATAR

Erdoğans Partnerschaft mit Katar, die während des Krieges in Syrien geschmiedet wurde, ist ein wichtiger Teil dieser Entwicklung. Ankara verfügt über die erforderliche militärische Stärke und das diplomatische Gewicht, Doha über die finanziellen Ressourcen und regionalen Netzwerke. Beide Länder unterstützten in den Hochzeiten des Arabischen Frühlings aktiv die Muslimbruderschaft in der gesamten Region, doch das Bündnis hielt und verfestigte sich, auch als Gegenwind einsetzte[1]. Die Türkei und Katar sind zu einem dritten Block im Nahen Osten geworden, neben dem vom Iran angeführten Block, der das Assad-Regime, die Hisbollah und verschiedene schiitische Akteure im Irak umfasst, und dem Bündnis, das Saudi-Arabien, al-Sisis Ägypten, die Vereinigten Arabischen Emirate und Israel als informellen Partner vereint. Die Türkei hat einen Balanceakt zwischen diesen beiden rivalisierenden Polen vollzogen, nicht unähnlich der Politik, die sie gegenüber den USA und Russland verfolgt.

Der türkisch-katarische Pakt stellte 2017 seine Stärke unter Beweis, als Saudi-Arabien zusammen mit seinen eigenen Partnern, den Vereinigten Arabischen Emiraten, Bahrain und Ägypten, die diplomatischen und Handelsbeziehungen zu Doha abbrach und seinen Luftraum für Katars nationale Fluggesellschaft sperrte. Die Saudis beschuldigten Katar, Terroristen (das heißt die Muslimbruderschaft) zu unterstützen und mit dem Iran zusammenzuarbeiten, und schlossen auch die Landgrenze des Emirats. Kronprinz Mohammed bin Salman (oder MBS), der faktische Herrscher Saudi-Arabiens, fühlte sich der Rückendeckung durch Donald Trump sicher, weil dieser Riad als Ziel seiner ersten Auslandsreise im Mai 2017 auserkoren hatte, was bisher noch kein US-Präsident getan hatte. Als die Saudis das aufstrebende Scheichtum zurückzustutzen versuchten, eilte ihm die Türkei zu Hilfe. Erdoğan besuchte Doha nicht nur einmal, sondern gleich zweimal in den ersten Monaten der Blockade. Die Türkei schickte Frachtschiffe und Hunderte von Flugzeugen mit Lebensmitteln und tat sich mit dem Iran und dem Irak zusammen, die ihren Luftraum für katarische Flugzeuge offenhielten.[2] Darüber hinaus verstärkte Ankara seine militärische Präsenz in Katar, die bereits 2014 vereinbart worden war. Das türkische Kontingent auf dem Stützpunkt Tariq bin Ziyad (der seit April 2016 in Betrieb ist) wurde von 150 auf über 3000 Mann aufgestockt – genug, um Riad abzuschrecken.[3] Da Emir Tamim bin Hamad al-Thani über einen langen Atem verfügt, hatte er es nicht eilig, die weiße Fahne zu hissen und die Bedingungen der Saudis für die Wiederherstellung der Beziehungen zu akzeptieren, insbesondere nicht die Ausweisung der türkischen Truppen. So lehnte er die Einladung von MBS zur Teilnahme am Gipfeltreffen des Golfkooperationsrates in Riad im Dezember 2019 ab. Dies nutzte der Türkei. Die Vereinbarung zwischen Katar und Saudi-Arabien vom Januar 2021, die eher ein Waffenstillstand als eine Einigung war, führte dazu, dass die Saudis von ihrer Forderung nach Schließung des türkischen Militärstützpunkts abrückten.[4]

Katar revanchierte sich bei Erdoğan für seine Unterstützung. Im August 2018 genehmigte das Scheichtum ein drei Milliarden Dollar schweres Swap-Geschäft, um die türkische Zentralbank in der Währungskrise zu unterstützen, die die türkische Wirtschaft in den Abgrund zu reißen drohte. Zudem sagten die Katarer Direktinvestitionen in der Türkei in Höhe von 15 Milliarden Dollar zu, von denen jedoch nur etwa ein Drittel tatsächlich getätigt wurde. Geld aus dem ölreichen Golfstaat floss zudem in Erdoğans Vorzeigeprojekte wie den Canal Istanbul. Auch in den von Ankara kontrollierten Gebieten in Nordsyrien, wie zum Beispiel in den Städten al-Bab und Afrin, wurden katarische Organisationen aktiv, etwa die örtliche Sektion des Roten Halbmonds. Schließlich begann Qatargas mit dem Verkauf von Flüssiggas an BOTAŞ, die nationale Gasgesellschaft der Türkei. Das erste Memorandum of Understanding (MoU) wurde im Dezember 2015 auf der ersten Sitzung des von beiden Ländern eingerichteten Strategieausschusses unterzeichnet, und im September 2017 folgte ein dreijähriger Liefervertrag.[5]

In der Folge wurden die persönlichen Beziehungen zwischen Erdoğan und al-Thani, der als einziges Staatsoberhaupt des Nahen Ostens neben dem Sudanesen Omar al-Bashir an Erdoğans Amtseinführung im Juli 2018 teilnahm, immer enger. Bei ihrem Gipfeltreffen im November desselben Jahres erklärte der Emir: »Seien Sie versichert, Herr Präsident, dass wir unseren Freunden und Brüdern stets zur Seite stehen werden, wenn die Türkei in Zukunft etwas benötigt.«[6] Im Dezember 2019 versprach Katar der Türkei eine weitere Finanzspritze in Höhe von 7 Milliarden Dollar.[7]

Katar verschaffte der Türkei auch Zugang zu den Taliban in Afghanistan.[8] Als die USA im Februar 2020 ihren Rückzug ankündigten, nachdem in Doha ein Abkommen mit den militanten Islamisten unterzeichnet worden war, begann Ankara zu prüfen, ob es künftig als Garant für die Sicherheit des Flughafens von Kabul auftreten solle. Der Zusammenbruch der pro-westlichen Regierung in Afghanistan Mitte August 2021, wenige Tage vor dem Abzug der Amerikaner, erschwerte diese Pläne. Die politischen Beziehungen zu den Taliban, aber auch zu Pakistan, konnten es der Türkei erleichtern, als Kanal für humanitäre Hilfe zu agieren, aber die neuen Herren in Afghanistan zögerten, einer türkischen Sicherheitspräsenz am Flughafen der Hauptstadt zuzustimmen.

IN AFRIKA

Katar ist für die Türkei das Tor zum Horn von Afrika geworden. Ankara und Doha arbeiten zum Beispiel in Somalia zusammen. Im September 2017 wurde in Mogadischu ein türkischer Militärstützpunkt eröffnet, die größte derartige Einrichtung außerhalb der Landesgrenzen. Sie folgte auf unzählige humanitäre und entwicklungspolitische Initiativen staatlicher Institutionen wie der TİKA[9] und des Diyanet sowie AKP-naher privater Einrichtungen wie den İHH Humanitarian Relief Foundations oder Deniz Feneri.[10] Auch der Sudan war daran beteiligt. Im Jahr 2017 unterzeichneten Erdoğan und Präsident Omar al-Bashir einen 99-jährigen Pachtvertrag für die Insel Suakin im Roten Meer. Katar pflegt ebenfalls wirtschaftliche und finanzielle Beziehungen zu den betreffenden Ländern. Sowohl Somalia als auch der Sudan weigerten sich 2017, sich dem Boykott Saudi-Arabiens, der Vereinigten Arabischen Emirate und Ägyptens anzuschließen, obwohl sie auf Hilfslieferungen angewiesen sind.[11] Somalia brach daraufhin die Beziehungen zu den Vereinigten Arabischen Emiraten ab, weil sich diese mit der abtrünnigen Provinz Somaliland verbündet hatten, und beschuldigte den Golfstaat, separatistische Bestrebungen zu fördern. Kurz gesagt: Ankara und Doha haben ihre Konkurrenten ausmanövriert und das afrikanische Land auf ihre Seite gezogen. Im Zuge dieser Politik hat die Türkei ihre eigene »Perlenkette« über das Mittelmeer und das Rote Meer ausgelegt, wie es der Analyst Micha'el Tanchum in Analogie zu Chinas Strategie in Asien formulierte.[12]

Somalia ist nur ein Kapitel in der Öffnung der Türkei gegenüber den afrikanischen Ländern südlich der Sahara. Die wirtschaftlichen und politischen Beziehungen zu der Region wurden bereits in den 2000er-Jahren aufgenommen, wobei gülennahe Schulen und Unternehmen den Anfang machten. Dann engagierte sich der Staat. Im Jahr 2018 unterhielt die Türkei 41 Botschaften, im Jahr 2003 waren es erst 12 gewesen. Türkische Fluggesellschaften flogen 52 Ziele in 33 afrikanischen Ländern an, während das Handelsvolumen im selben Zeitraum um das Fünffache auf 20 Milliarden Dollar anstieg.[13] Aufgrund der Auseinandersetzung mit

Gülen bestand die Agenda des türkischen Staates in dieser Region, wie auch in anderen Teilen der Welt, zum großen Teil in der Bekämpfung der *Cemaat*. Erdoğan widmete sich auf seinen Reisen häufig persönlich dieser Angelegenheit. Infolge seiner Lobbyarbeit schlossen eine Reihe von Ländern vom Senegal bis Südafrika und von Madagaskar bis Niger und Angola Schulen, die mit der Gülen-Bewegung in Verbindung standen.[14] Anders als in den Nachbarländern im Nahen Osten oder auf dem Balkan wurde die Türkei auf dem afrikanischen Kontinent, mit dem sie keine oder nur eine weitgehend unbedeutende Kolonialgeschichte teilte, freundlicher aufgenommen. Erdoğan machte sich diese Tatsache zunutze, indem er die nicht-westliche Identität der Türkei demonstrativ in den Vordergrund rückte. Auf einer Reise nach Sambia versicherte der türkische Präsident seinen Gastgebern, sein Land gehe »nicht nach Afrika, um das Gold und die natürlichen Ressourcen an sich zu reißen, wie es der Westen in der Vergangenheit getan hat«, sondern um eine »solide und nachhaltige Partnerschaft zum gegenseitigen Nutzen« aufzubauen. Seine Bemühungen waren von Erfolg gekrönt. Die Staats- und Regierungschefs von Guinea-Bissau, Guinea, Äquatorialguinea, Sambia, Somalia, Sudan und Mauretanien nahmen an der Amtseinführung des türkischen Präsidenten im Juli 2018 teil. Obwohl die Türkei für diese Länder – mit Ausnahme von Somalia – im Grunde kein wichtiger Sicherheits- und Wirtschaftspartner ist, haben sie positiv auf ihren Eintritt in die regionale Politik reagiert.

MORD IM KONSULAT

Das Engagement der Türkei am Persischen Golf und darüber hinaus wird von Saudi-Arabien und den Vereinigten Arabischen Emiraten mit Argusaugen beobachtet. Die Rivalität geht zurück auf den Arabischen Frühling und die Unterstützung der AKP für die Muslimbruderschaft. Die Saudis nahmen Anstoß an der Zusammenarbeit der Türkei mit ihrem Rivalen Iran. Durch die brutale Ermordung des saudischen Journalisten Jamal Khashoggi im Konsulat des Königreichs in Istanbul am 2. Oktober 2018 wurde die Öffentlichkeit auf diesen Konflikt aufmerksam. Die dreiste Tat erschien als ein persönlicher Rachefeldzug von Mohammed bin Salman, des eigentlichen Herrschers Saudi-Arabiens. Doch die türkischen Behörden sorgten dafür, dass dem internationalen Publikum kein grausiges Detail des Mordes durch ein von Riad entsandtes Todeskommando, dessen Gespräche abgehört worden waren, erspart blieb.[15] Erdoğan ließ keine Gelegenheit aus, die Saudis öffentlich in Verlegenheit zu bringen und sich so ein Druckmittel gegen US-Präsident Donald Trump zu verschaffen, der eng mit Mohammed bin Salman verbunden war. »Ich kann Amerikas Schweigen nicht verstehen angesichts eines solch schrecklichen Vergehens, und nachdem sogar Mitarbeiter der CIA die von uns zur Verfügung gestellten Aufnahmen angehört hatten«, erklärte er im Februar 2019 im öffentlich-rechtlichen Sender TRT.[16] Aber auch die Saudis hatten ein Druckmittel. Investitionen aus der Golfmonarchie waren für die türkische Regierung nach wie vor von großer Bedeutung. So drohte Riad damit, den Erwerb von Immobilien in der Türkei zu unterbinden.[17]

Dennoch hielten beide Seiten die politischen Spannungen auf kleiner Flamme – auch durch Gespräche hinter den Kulissen. Im Gegensatz zur Politik der Vereinigten Arabischen Emirate am Horn von Afrika oder in Libyen forderten die Saudis Erdoğan nicht frontal heraus. Wie gegenüber Russland oder dem Iran konnte sich die Türkei auch keinen Zusammenstoß mit Saudi-Arabien leisten. Der Amtsantritt der Biden-Regierung in den USA, die, anders als Trump, Mohammed bin Salman weniger gewogen ist, führte tatsächlich zu einer Verbesserung der Beziehungen zwischen Riad und Ankara. Das Tauwetter zwischen den Saudis und Katar ebnete den Weg zu einer Annäherung.[18] Außenminister Çavuşoğlu besuchte im Mai 2021 Riad, während eine andere Delegation nach Kairo reiste, um den Dialog mit Ägypten, einem saudischen Verbündeten, wieder aufzunehmen. Auch gegenüber den Vereinigten Arabischen Emiraten kam es nach einem Telefonat zwischen Erdoğan und Abu Dhabis

Kronprinz Mohammed bin Zayed (MBZ) Ende August 2021 zu einer vorsichtigen Annäherung.[19]

Die Reibereien der Türkei mit Saudi-Arabien führten zwar nicht zu einer Annäherung an den Iran, Riads Erzrivalen im Nahen Osten, doch Ankara fand eine Grundlage für eine Zusammenarbeit mit der Islamischen Republik. Vor dem Atomabkommen zwischen dem Iran und den fünf UN-Vetomächten sowie Deutschland (P5+1) im Jahr 2015 wurden türkische Banken verdächtigt, iranische Ölexporte nach Indien und in andere Länder durch ausgeklügelte Konstrukte zu erleichtern, die eine Zahlung in Gold vorsahen.[20] Diese Anschuldigungen führten zu dem Verfahren gegen die Halkbank in New York. Seit Anfang 2017 engagieren sich die Türkei und der Iran im Rahmen des Astana-Prozesses in Syrien, obwohl sie auf entgegengesetzten Seiten des Konflikts stehen. Sie setzten auch gemeinsam die Kurdische Regionalregierung im Nordirak unter Druck, damit diese nach dem Referendum vom 25. September 2017 von ihrem Streben nach Unabhängigkeit abrückte (wenngleich letztlich die Intervention der USA den Ausschlag gab). Auch nach dem Ausstieg der Trump-Administration aus dem Iran-Atomabkommen (dem Joint Comprehensive Plan of Action, JCPOA) im Mai 2018 versprach Erdoğan, die wirtschaftlichen Beziehungen zu Teheran aufrechtzuerhalten. »Es ist für uns nicht möglich, die Beziehungen zum Iran in Bezug auf Öl und Erdgas abzubrechen. Wir werden weiterhin unser Erdgas von dort beziehen«, erklärte er als Reaktion auf Washingtons neue Politik des »maximalen Drucks«.[21] Auch die saudische Blockade von Katar spielte dabei eine Rolle. Nach den Worten von Galip Dalay sah die Türkei »in den regionalen Bestrebungen des anti-iranischen Lagers eine größere Bedrohung als in denen des Irans«.[22]

Doch die Rivalität zwischen Ankara und Teheran blieb bestehen. Im Dezember 2020 schimpfte beispielsweise Javad Zarif über Erdoğan, weil sich dieser in den Konflikt zwischen Aserbaidschan und Armenien eingemischt hatte, und beschuldigte ihn, Pantürkismus und Irredentismus zu fördern. Die Iraner beobachteten mit Sorge das zunehmende Engagement der Türkei im Südkaukasus durch die Verteidigungszusammen-

arbeit mit Aserbaidschan und Georgien sowie durch Infrastrukturpro-
jekte wie die Kars-Baku-Eisenbahn.[23] Auch die Spannungen in Syrien
ließen nicht nach. Erdoğan zog es vor, sich auf bilateraler Ebene mit Putin abzustimmen, anstatt den Astana-Mechanismus zu nutzen. Uneinigkeit zwischen der Türkei und dem Iran herrschte auch in vielen anderen
Bereichen, vom Libanon bis zum Irak. Teheran war nicht verborgen geblieben, dass sich die Türkei in der Anfangsphase des Jemen-Kriegs
(2015–17) an die Seite Saudi-Arabiens gestellt hatte. Erdoğans Annäherungsversuche an Saudi-Arabien erinnerten daran, dass die Annäherung
der Türkei an den Iran bestenfalls unvollständig war.[24]

Eigentlich bemüht sich die Türkei um Äquidistanz zum Iran und zu
Saudi-Arabien, den Protagonisten der Machtspiele im Nahen Osten, und
versucht, ihre eigene Agenda durchzusetzen, indem sie mit beiden Mächten kooperiert, aber auch konkurriert. Im Grunde kann Ankara weder
den Iranern noch den Saudis ein echter Freund sein, aber es kann sich
auch nicht erlauben, ihr Gegner zu sein (eine Beobachtung, die natürlich
auch für die russisch-türkischen Beziehungen gilt).

DIE VERFAHRENE SITUATION IM ÖSTLICHEN MITTELMEERRAUM

Das Bestreben der Türkei, sich als zentrale Regionalmacht zu behaupten,
kommt nicht nur am Golf und in Afrika südlich der Sahara zum Tragen,
sondern auch im östlichen Mittelmeerraum, also in ihrer unmittelbaren
Nachbarschaft. Die in den späten 2000er-Jahren entdeckten Öl- und
Gasvorkommen haben die Region verstärkt ins Blickfeld gerückt. Alle
Anrainerstaaten sowie Großkonzerne wie Exxon Mobil, Total, Chevron
und Shell sind sehr daran interessiert, die Erdöl- und Erdgas-Lagerstätten
vor der Küste zu erschließen, wie auch Israel, das 2013 mit der Förderung
von Gas aus dem Tamar-Feld begonnen hat. Die Türkei, ein großer Energieverbraucher, will hier nicht abseitsstehen. Im Idealfall sollten die Öl-
und Gasfunde die nachbarschaftliche Zusammenarbeit der Länder im

Streben nach gemeinsamen Vorteilen stärken. In der Praxis aber überschatten Streitigkeiten über die Souveränität die wirtschaftlichen Aspekte des Themas.

Zypern spielt aufgrund der Meinungsverschiedenheiten über seine Ausschließliche Wirtschaftszone (AWZ) und den Status und die Rechte der selbstproklamierten Türkischen Republik Nordzypern eine besondere Rolle. Der Streit zwischen Griechenland und der Türkei über die Ausdehnung ihrer Hoheitsgewässer, den nationalen Luftraum, den Festlandsockel und zwangsläufig auch ihre jeweilige Ausschließliche Wirtschaftszone erschwert die Sache zusätzlich. In den 1980er- und 1990er-Jahren spielten sich diese Auseinandersetzungen hauptsächlich in der Ägäis ab, doch seit 2017 haben sie sich auch auf das östliche Mittelmeer ausgeweitet. Insbesondere ist die Türkei nicht damit einverstanden, dass Inseln das Recht zugestanden wird, einen Festlandsockel zu beanspruchen und diesen als Grundlage für die Schaffung einer AWZ heranzuziehen. Dies gilt für Zypern, aber auch für Rhodos, Kreta und, in einem etwas anderen Sinne, auch für die griechische Insel Kastelorizo.[25]

Solange die Türkei ernsthaft die Mitgliedschaft in der EU anstrebte, hatte sie starke Anreize, mit Griechenland zusammenzuarbeiten und die Meinungsverschiedenheiten über Zypern nicht eskalieren zu lassen. Ankara hielt zusammen mit den Zyperntürken daran fest, dass Nikosia ohne ein Wiedervereinigungsabkommen keine Energieressourcen erschließen dürfe, und beschwerte sich über jeden einseitigen Schritt in diese Richtung. Selbst noch Mitte der 2010er-Jahre, als sich die Beziehungen zwischen der EU und der Türkei bereits verschlechterten, schien eine einvernehmliche Lösung in Reichweite zu sein. Die Öl- und Gasvorkommen veranlassten Nicos Anastasiades, den Präsidenten der Republik Zypern, und Mustafa Akıncı, den Führer der abtrünnigen Türkischen Republik Nordzypern (TRNC), die nur von Ankara anerkannt wird, im Mai 2015 zur Wiederaufnahme der Wiedervereinigungsgespräche. Zypern war zwei Jahre zuvor von einer schweren Banken- und Finanzkrise erschüttert worden. Die Aussicht auf Erträge aus den Öl- und Gasfeldern vor der Küste brachte Zyperngriechen und Zyperntürken zusammen. Nachdem

die Gespräche im schweizerischen Crans-Montana im Juli 2017 gescheitert waren, wurden die Rohstoffvorkommen zum Zankapfel und riefen
auch weitere Staaten auf den Plan.

Die Türkei verfolgte, wie sich die Allianz Griechenlands und Zyperns
mit Israel festigte, die sich in den 2010er-Jahren parallel zur Verschlech-
terung der Beziehungen der Israelis zur Türkei entwickelt hatte. Die griechische und die israelische Marine und Luftwaffe führten regelmäßig
gemeinsame Übungen durch, wobei Israel nun den griechischen Luftraum statt den türkischen für Trainingszwecke nutzte, wie es zuvor der
Fall gewesen war. Im August 2013 unterzeichneten Israel, Griechenland
und Zypern ein dreiseitiges Energiememorandum, das sich zwar auf den
Stromsektor konzentriert, aber auch eine Zusammenarbeit im Erdgasbe-
reich vorsieht. Obwohl ein israelisch-zypriotischer Streit über die Abgrenzung des Aphrodite-Offshorefelds die Angelegenheit kompliziert
hat, ist die Einrichtung des sogenannten Energiedreiecks vorangekom-
men, in das noch weitere Länder einbezogen wurden.[26] Im Januar 2020
gründeten Griechenland, Zypern, Israel und Ägypten – zusammen mit
Italien, Jordanien und der Palästinensischen Autonomiebehörde – in
Kairo das East Mediterranean Gas Forum (EMGF). Auch weitere Akteure sind indirekt in die Vereinbarung involviert: Das US-amerikanische
Unternehmen Noble Energy steht hinter den meisten Beteiligungen an
Aphrodite und hält 30 Prozent der Anteile. Auch Frankreich hat sich an
die Seite Griechenlands und Zyperns gestellt. Da Israel bereits Gas aus
dem Levantinischen Becken fördert, befindet sich Zypern anscheinend
in einer guten Position, um in den 2020er-Jahren nachziehen zu können,
wenn die Marktbedingungen dafür reif sind.

Die politischen Entscheidungsträger in Ankara interpretierten diese
Entwicklungen als Versuch, die Türkei einzukreisen und sie von wichtigen Ressourcen abzuschneiden. Bereits im März 2017 vergab Zypern
Lizenzen für weitere Explorationsabschnitte an Exxon Mobil, ENI (Italien) und Total (Frankreich). Als Reaktion stoppte die türkische Marine
im Februar 2018 ein von ENI gechartertes Schiff. Die Türkische Erdölgesellschaft (TPAO) vergab eigene Lizenzen in den von Griechenland

und Zypern beanspruchten Ausschließlichen Wirtschaftszonen. Das tat auch die Türkische Republik Nordzypern. Das Explorationsschiff *Barbaros Hayrettin Pasha,* das nach dem berühmten osmanischen Admiral aus dem 17. Jahrhundert benannt ist, begann im April 2017 mit der Vermessung des zyprischen Schelfs. Im Frühjahr 2019 entsandte die Türkei die Bohrschiffe *Fatih* und *Yavuz,* welche die Beinamen von Mehmed II. beziehungsweise Selim I. trugen, zwei Sultanen, deren Eroberungen das Osmanische Reich zu einer Hegemonialmacht im östlichen Mittelmeer gemacht hatten.[27] Die Schiffe, die der staatlichen Ölgesellschaft TPAO gehören, wurden von der türkischen Marine begleitet, darunter Fregatten und U-Boote, was die Militarisierung des Streits signalisierte. Hulusi Akar begründete dieses Verhalten damit, dass griechische Schiffe *Barbaros* bedrängt hätten.[28] Im Februar 2018 begann die Türkei mit groß angelegten Marineübungen in dem Gebiet.[29]

Ankara geriet durch sein Vorgehen in Konflikt mit der EU, die sich auf die Seite Griechenlands und Zyperns stellte. Dies führte dazu, dass der Rat für Auswärtige Angelegenheiten (Außenminister der EU-Mitgliedstaaten) Reiseverbote gegen türkische Staatsangehörige verhängte und ihre Vermögenswerte einfror (November 2019).[30] Einige Wochen zuvor hatte US-Außenminister Mike Pompeo bei einem Besuch in Athen die Bohrungen als »illegal« und »inakzeptabel« bezeichnet.[31] Der französische Präsident Emmanuel Macron prangerte Ankaras »imperiale Neigungen« und seine »zutiefst aggressive« Haltung gegenüber Griechenland und Zypern an.[32] So wurde das östliche Mittelmeer – neben Syrien – zu einem weiteren Schauplatz, an dem die Türkei und der Westen aufeinandertrafen.

Warum hielt Erdoğan trotz der Widerstände die Ansprüche der Türkei aufrecht? Zum einen weil ihm diese Unnachgiebigkeit ein Druckmittel in den Verhandlungen mit Griechenland und der EU insgesamt in die Hand gab. Mehrere Male zog er Erkundungsschiffe zurück, um Spannungen abzubauen und Raum für diplomatische Gespräche zu schaffen. So zum Beispiel im September 2020 im Vorfeld von Sondierungsgesprächen mit den Griechen, die durch Vermittlung Deutschlands und der USA zustande gekommen waren.[33] Darüber hinaus vergab die Türkei keine Lizenzen für Gewässer westlich des 28. Längengrades, also in der Zone, die unter die Abgrenzungsvereinbarung mit der Regierung der Nationalen Übereinkunft in Tripolis, der libyschen Übergangsregierung, fällt. Dennoch schickte sie die *Oruç Reis,* eines der Erkundungsschiffe, im folgenden Monat abermals aus, um den Druck aufrechtzuerhalten.

Zum anderen bildete das östliche Mittelmeer gewissermaßen eine Brücke zwischen Erdoğan und nationalistischen Gruppierungen, die dafür eintreten, dass Ankara seine Seemacht ausbauen und seine maritime Souveränität entschlossen durchsetzen solle. Diese Auffassung wird zum Beispiel von Konteradmiral Cihat Yaycı vertreten, der von 2017 bis 2020 Chef der Marine war und sich mit der Entwicklung eines Algorithmus zur Identifizierung von Gülenisten in den Reihen des Militärs einen Namen machte. Ein weiterer Konteradmiral, Cem Gürdeniz, der Vater der *Mavi-Vatan*-Doktrin (Blaue Heimat), drängte die türkische Regierung dazu, einen großen Teil des östlichen Mittelmeers als Ausschließliche Wirtschaftszone zu beanspruchen.[34] Wie Gürdeniz ist auch Yaycı Anhänger der *ulusalcı*-Ideologie, der nationalistisch-eurasischen Strömung in der türkischen Politik, und wurde während der sogenannten Militärspionage-Affäre inhaftiert, schließlich aber freigesprochen. Doch Erdoğan legte noch eine Schippe drauf. Er stellte wiederholt den Vertrag von Lausanne in Frage, der nach dem Sieg der Kemalisten im türkischen Unabhängigkeitskrieg (1919–22) mit Griechenland und den übrigen Ententa-Mächten abgeschlossen worden war und durch den seiner Meinung nach die türkische Souveränität über die Inseln in der Ägäis aufgegeben worden sei. Das heißt, Erdoğan griff die krönende Errungenschaft Mustafa Kemals an, während er gleichzeitig Nationalisten aus dem atatürkischen Lager an Bord holte.

Drittens, und das ist vielleicht das Wichtigste, verstärkte die Türkei ihre Seekapazitäten, weil sie glaubte, daraus geopolitische Vorteile ziehen zu können. Im Rahmen des Projekts MİLGEM (»Nationales Schiff«) baute sie vier Korvetten und eine Fregatte (die von Pakistan bestellt wurde).[35] Obwohl sich die türkische Marine über das Schwarze Meer (gegenüber einem wiedererstarkten Russland), die Ägäis und das Mittelmeer verteilt, ist sie durchaus schlagkräftig. Mit anderen Worten: Ankara ist in der Lage, seine Ansprüche zu verteidigen oder zumindest andere Staaten daran zu hindern, maritime Projekte voranzutreiben, die seinen Interessen zuwiderlaufen.

Dies wurde bei dem Abgrenzungsabkommen deutlich, das die Türkei im November/Dezember 2020 mit der libyschen Übergangsregierung in Tripolis abschloss.[36] Dies war eine Reaktion auf eine drei Tage zuvor getroffene Vereinbarung zwischen Griechenland, Zypern und Israel über den Bau einer 1900 Kilometer langen Unterwasserpipeline, durch die Gas auf das griechische Festland und anschließend nach Italien transportiert werden soll.[37] »So wie wir den Terroristen in Syrien eine Lektion erteilt haben, werden wir auch den Banditen im Meer kein Land überlassen«, brüstete sich Erdoğan.[38] Schließlich brachte er die libysche Übergangsregierung, den einzigen verbliebenen Verbündeten im östlichen Mittelmeer, dazu, den Anspruch der Türkei auf eine Ausschließliche Wirtschaftszone zu unterstützen, die sich weit südlich der türkischen Küste und an der griechischen Insel Kreta vorbei erstreckt. Obgleich die Rechtmäßigkeit und auch die praktische Anwendbarkeit dieses Abkommens fragwürdig war (für »null und nichtig« erklärten es Griechenland, Zypern und Ägypten – denen sich später auch Frankreich, die Vereinigten Arabischen Emirate[39] sowie das libysche Parlament in Tobruk anschlossen), verschaffte es Ankara ein gewisses Druckmittel. Die in Tripolis ansässige Übergangsregierung hatte keine Kontrolle über die Küstengebiete, die als Grundlage für die mit den Türken vereinbarte libysche Ausschließliche Wirtschaftszone dienten. Die libysche Übergangsregierung vermied es zudem, das Abkommen zu ratifizieren. Auch ihre Nachfolgerin, die im Februar 2021 eingesetzte Regierung der Nationalen Einheit, wird dies wahrscheinlich nicht tun. Zugleich ist auch die von Griechenland, Zypern und Israel vorangetriebene EastMed-Pipeline wegen des Widerstands der Türkei, aber auch wegen Zweifeln an ihrer wirtschaftlichen Tragfähigkeit mit Unsicherheit behaftet. In gewisser Weise befinden sich Ankara und seine Rivalen somit in einer Sackgasse.[40]

Parallel dazu hat sich auch die Lage in Nordzypern verschlechtert. Bei den Präsidentschaftswahlen in der Türkischen Republik Nordzypern im Oktober 2020 wurde der amtierende Präsident Mustafa Akıncı von Ersin Tatar besiegt, einem Hardliner, der zuvor als Premierminister fungiert hatte. Tatar setzte sich offen für eine Zwei-Staaten-Lösung ein und lehnte die Wiedervereinigungsgespräche unter der Schirmherrschaft der UNO ab. Bei seinem Besuch im Norden Ende des Frühjahrs 2021, am 47. Jahrestag der türkischen Intervention von 1974, äußerte Erdoğan eine ähnliche Forderung. Zuvor hatte Akıncı die Gespräche in Crans-Montana unterstützt. In Anastasiades, einem Befürworter des Annan-Plans beim unglücklichen Referendum 2004, hatte er dazu einen Gesprächspartner. Doch mit einem nationalistischeren Führer an der Spitze und einem kämpferisch gesinnten Erdoğan, der gemeinsam mit der MHP in Ankara regiert, sind die Aussichten auf eine Entspannung in Zypern düster. Im Sommer 2021 haben die nordzyprischen Behörden und die Türkei die Geisterstadt Varosia, ein 1974 verlassenes Stadtviertel von Famagusta, das rechtlich zur griechischen Republik Zypern gehört, für die Zivilbevölkerung wiedereröffnet und dadurch die Lage verschärft. Die Zukunft dieses Gebiets und die Rückkehr seiner griechischen Bewohner, vielleicht unter UN-Verwaltung, gehört zu den Themen, die seit Langem in den Wiedervereinigungsgesprächen diskutiert wurden, auch in einer Runde, die im April 2021 stattfand.[41] Nun jedoch hat die türkische Seite vollendete Tatsachen geschaffen.

DIE MILITARISIERUNG DER TÜRKISCHEN AUSSENPOLITIK

Das forsche Vorgehen der Türkei im östlichen Mittelmeer spiegelt offensichtlich eine Lehre wider, die die türkischen Entscheidungsträger in Ankara aus Syrien gezogen haben: Militärische Macht wirkt. In einer Zeit, in der es keine Probleme gab, verließ sich die Türkei auf Handel, Investitionen, zwischenmenschliche Kontakte und Ähnliches, um Einfluss zu nehmen. Handel und »Soft Power« sind für die türkische Politik in Afrika und auf dem Balkan nach wie vor von Bedeutung.[42] Doch seit der Operation »Schutzschild Euphrat« in Syrien ist unverblümte Macht-politik für Ankara das außenpolitische Mittel der Wahl geworden. Allein im Jahr 2020 intervenierte die Türkei in drei Krisenherden – Libyen, Id-lib und Berg-Karabach – und ging in allen drei Fällen als Siegerin hervor.

Libyen

Die Entscheidung, Truppen nach Libyen zu schicken, wo seit 2014 ein Bürgerkrieg stattfindet, kam nicht aus heiterem Himmel. Die Türkei be-teiligte sich zwar nicht an der NATO-Kampagne zum Sturz von Ghaddafi im Jahr 2011, anschließend aber mischte sie sich in die Politik des Landes ein. Gemeinsam mit Katar unterstützte Ankara die lokale Sektion der Muslimbruderschaft sowie die Milizen in der Stadt Misrata, die anfangs Teil des Bündnisses »Libysche Morgenröte« waren. Nach Dezember 2015 stellten sich die beiden Länder hinter die Regierung der Nationalen Übereinkunft (GNA), die von islamistischen wie auch von säkularen Gruppierungen, einschließlich des lokalen Zweigs der wahabitischen Ichwan, unterstützt wurde.[43] Im anderen Lager standen der ägyptische Präsident al-Sisi, die Vereinigten Arabischen Emirate und Russland, die sich auf die Seite der Libysch-nationalen Armee (LNA) des Warlords Chalifa Haftar stellten, die im Namen der in Tobruk ansässigen Gegen-regierung des (ost)libyschen Abgeordnetenrates handelte.

Im Zuge der Verschärfung des Konflikts stockte die Türkei ihre Unter-stützung für Tripolis auf. Im Juni 2019 bestätigte Erdoğan, dass seine Regierung die GNA unter der Führung von Premierminister Fayez al-Sarraj mit militärischer Ausrüstung (Drohnen, schweren Waffen, gepan-zerten Fahrzeugen), Geheimdienstinformationen und Militärberatern versorgt habe. Haftar gefiel dies nicht. Er lehnte die Teilnahme der Türkei an einer unter UN-Schirmherrschaft einberufenen Friedenskonferenz in Palermo ab (November 2018).[44] Im Juni 2019 ließ der libysche Warlord dann alle türkischen Geschäfte in Ostlibyen schließen und nahm sechs

BOSNIEN & HERZEGOWINA
T: 242
J: 2004

ALBANIEN

KOSOVO
T: 321
J: 1999

TÜRKEI

ASERBEIDSCHAN

AFGHANISTAN
T: 648
J: 2002

IRAK
T: ca. 2500
J: 1992

KATAR
T: 3000–5000
J: 2015

NORDZYPERN
T: 30 000–40 000
J: 1974

SYRIEN
T: 5000–10 000
J: 2016

LIBYEN
T: n/a
J: 2019

SUDAN

SOMALIA
T: 2000
J: 2017

T   Truppenstärke
J   Beginn des Engagements

Militärische Operationen/vor-
geschobene Operationsbasen

Militärstützpunkte im Land

Militärische Zusammenarbeit

Einsätze von NATO, UN und EU

Militäreinsätze der Türkei

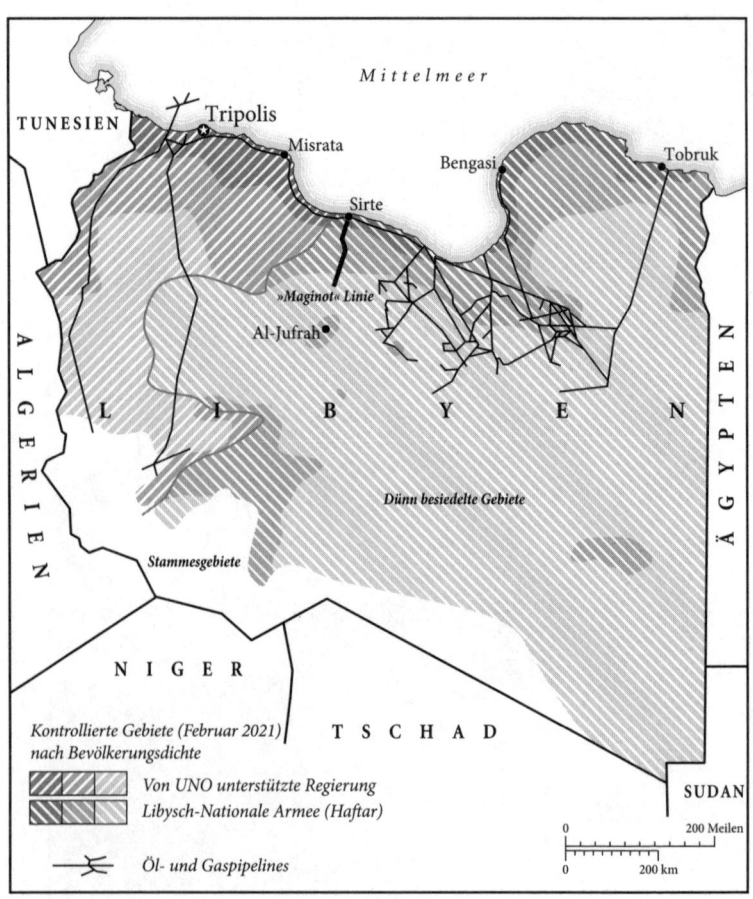

Libyen

Seeleute fest. »Haftar ist nichts anderes als ein Pirat«, erklärte Erdoğan daraufhin.[45] Doch obwohl die Türkei in die libysche Innenpolitik verwickelt war, stand sie nicht unter dem Zwang, militärisch intervenieren zu müssen. Erdoğans Sinneswandel wurde anscheinend zum einen durch die geopolitischen Vorteile herbeigeführt, die er sich verschaffen konnte, und zum anderen dadurch, dass sich die Chance bot, einen Teil der durch den Krieg von 2011 verlorenen Investitionen zurückzuholen, die auf 19 Milliarden Dollar geschätzt wurden, und schließlich auch, wie die Vereinbarung über die Abgrenzung der Ausschließlichen Wirtschaftszone im November 2019 zeigt, um Ansprüche im östlichen Mittelmeer durchzusetzen.

Erdoğan hat sich in Syrien von der russischen Dramaturgie inspirieren lassen. Zum ersten berief er sich auf das Völkerrecht, indem er behauptete, eine von den Vereinten Nationen anerkannte Regierung habe die Türkei zu der Intervention eingeladen. Zweitens blieb das militärische Engagement begrenzt, ähnlich wie auch die russische Unterstützung für Assad. Anstatt Bodentruppen ins Land zu schicken, verließ sich die Türkei auf Luftstreitkräfte und Stellvertretergruppen. Bis Januar 2020 wurden 2000 Syrer der von Ankara unterstützten und ausgebildeten Syrischen Nationalen Armee[46] an den Fronten um Tripolis eingesetzt.[47] Sie sollen für den Job ein monatliches Gehalt von 2000 Dollar erhalten haben, zusätzlich zur Aussicht auf die türkische Staatsbürgerschaft. Auch private Militärfirmen wie die von Brigadegeneral a.D. Adnan Tanrıverdi gegründete Firma SADAT waren im Einsatz, ebenso wie ihr russisches Pendant, die Wagner-Gruppe, die für Haftar kämpfte.[48] In beiden Fällen wurden die Söldner mit Geld aus den Golfstaaten – von Katar beziehungsweise den Vereinigten Arabischen Emiraten – bezahlt. Zudem tauchte die türkische Marine vor der libyschen Küste auf.[49] Ende März 2020 veröffentlichte die BBC Bilder von Frachtschiffen, die – unter Verletzung des UN-Embargos – der Regierung in Tripolis schwere Waffen lieferten.[50]

Doch den größten Einfluss hatte anscheinend die Bayraktar TB2, die unbemannte Kampf- und Aufklärungsdrohne (UCAV) der Türkei. »Man muss die libysche Geographie verstehen. Libyen ist ein riesiges Land mit offenen Flächen und Halbwüsten, selbst in den Küstengebieten, wo sich Truppenbewegungen im Grunde nicht verbergen lassen«, erklärte Salah Bakkoush, politischer Analyst und ehemaliger Berater des libyschen Hohen Staatsrats.[51] Drohnen setzten Haftars Streitkräften erheblich zu, verbesserten die Fähigkeiten der Übergangsregierung, Informationen zu sammeln, und beendeten die Luftüberlegenheit der Libysch-Nationalen Armee (LNA).[52] Anfang Juni 2020 wurde die sogenannte Schlacht um Tripolis durch die Einnahme des Flughafens al-Watiya in der Nähe der Hauptstadt und der Stadt Tarhouna, einer Haftar-Hochburg in der Region, entschieden. Die GNA verlegte die Frontlinie nach Sirte, dem Tor zu den östlichen Ölfeldern, und zum Luftwaffenstützpunkt Al-Jufrah, dem operativen Zentrum der LNA in Zentrallibyen.[53] Außenminister Çavuşoğlu drehte Ende Juni 2020 zusammen mit Berat Albayrak und Hakan Fidan eine Siegesrunde.[54] Die Einrichtung eines Stützpunkts in al-Watiya und die Planung einer Marineeinrichtung in Misrata waren Teil der Agenda, wie schon bei den Energie- und Infrastrukturabkommen aus der Ghaddafi-Ära.[55] »Das ist jetzt das Libyen der Türkei«, bemerkte der Analyst Tarek Megerisi.[56] Ankara wurde zum Schirmherrn der libyschen Übergangsregierung und investierte massiv in die Reform der Streitkräfte und des Innenministeriums.

Libyen verstärkte die Beziehungen zu Russland, einem der wichtigsten Verbündeten Haftars. Putin und Erdoğan riefen im Januar 2020 im Vorfeld einer internationalen Konferenz in Berlin zu einem Waffenstillstand auf. Nach dem Scheitern der LNA-Offensive brachte Ankara die Idee eines an den Astana-Prozess angelehnten Gesprächsforums mit Moskau ins Spiel und forderte Haftars Rückzug aus Sirte. Russland stärkte jedoch die Position der Libysch-Nationalen Armee, indem es beispielsweise von Söldnern betriebene Militärjets zum Luftwaffenstützpunkt Al-Jufrah schickte und beim Bau von Befestigungsanlagen half. Im Rahmen des von der UNO geführten Friedensprozesses beharrten die Türken darauf, dass sie ihre Streitkräfte erst dann abziehen würden, wenn auch die Russen dies taten. Trotz der Bildung einer Einheitsregierung im Februar 2021, die eng mit der Türkei verbunden ist, und der Verringerung der Spannungen zwischen der Türkei und den Vereinigten Arabischen Emiraten[57] war ein erneuter Stellvertreterkonflikt nicht auszuschließen. Gleichwohl festigte Ankara seine Position als führender Vermittler in dem nordafrikanischen Land, ähnlich wie Russland in Syrien.

Idlib

Im Februar 2020 verhinderten türkische Bodentruppen und Drohnen die Einnahme von Idlib, der letzten noch von Rebellen gehaltenen Enklave im Nordwesten Syriens, durch die Truppen Assads. Eine Regime-Offensive, die Ende 2019 an Fahrt aufnahm, drohte Hunderttausende neue Flüchtlinge, von denen viele bereits aus anderen Teilen Syriens vertrieben worden waren, über die türkische Grenze zu treiben. Die Russen, die Ankara eigentlich als mäßigende Kraft in Syrien betrachtete, unterstützten die Offensive und flogen Luftangriffe auf militärische und zivile Ziele. Sie begründeten dies damit, dass die Türkei ihre Zusage, gegen die Hai'at Tahrir asch-Scham (HTS) vorzugehen, ein Bündnis extremistisch-islamistischer Milizen, nicht eingehalten habe.[58] Durch den Einsatz türkischer Truppen in Idlib, angeblich zur Verstärkung der mit Russland vereinbarten Beobachtungsposten, war Erdoğan in der Lage, dem syrischen Regime erhebliche Verluste zuzufügen. Aber auch die Türkei musste Verluste hinnehmen. Am 27. Februar 2020 wurden 34 Soldaten bei einem Luftangriff getötet, den die türkischen Behörden Assad zuschrieben, der aber wahrscheinlich von Russland durchgeführt wurde.[59] Nachdem sie dem Abgrund gefährlich nahe gekommen waren, bemühten sich sowohl Russland als auch die Türkei – wieder einmal – um eine Annäherung. Wichtig ist, dass die Russen den syrischen Luftraum während des Konflikts nicht sperrten und die Sicherheit der türkischen Beobachtungsposten garantierten, die vom Assad-Regime eingekreist waren. Bei ihrem Treffen in Moskau am 5. März gaben Putin und Erdoğan eine Waffenruhe sowie eine Vereinbarung zur Öffnung der Autobahn M4 zwischen Latakia und Aleppo bekannt, die von Russen und Türken gemeinsam überwacht werden sollte. Zügig verwandelte die Türkei Teile von Idlib in ihr viertes Protektorat in Syrien, neben Afrin, Nord-Aleppo und der Zone des »Friedensfrühlings« im Nordosten. Wie in Libyen verschaffte ihr der Einsatz militärischer Gewalt zusätzliches politisches Gewicht und trug dazu bei, Russland abermals für ihre Ziele zu gewinnen. Auch wenn die Vereinbarung als nicht sehr belastbar erschien, konnte sich die Türkei in Idlib dank der Präsenz von mindestens 7000 Soldaten

vor Ort sowie schwerer Ausrüstung und Luftunterstützung sicher fühlen.[60] Erdoğan setzte weiterhin auf persönliche Diplomatie mit Putin, um
den Status quo in der Enklave aufrechtzuerhalten. Bei einem bilateralen
Gipfeltreffen in Sotschi am 29. September 2021 drängte er den russischen Präsidenten Berichten zufolge, die Luftangriffe gegen die von der
Türkei unterstützte Syrische Nationale Armee einzustellen.[61]

Berg-Karabach

In Berg-Karabach, wo es von September bis November 2020 zu einem
offenen Krieg zwischen Armenien und Aserbaidschan kam, gerieten
Russland und die Türkei abermals aneinander. Ankara unterstützte Aserbaidschan, indem es syrische Kämpfer, Militärausbilder, Drohnen und
Berichten zufolge auch seine eigene Luftwaffe entsandte.[62] Der Krieg
brachte Russland in die Bredouille, weil er seinen schwindenden Einfluss
in seinem eigenen Hinterhof, seine Unfähigkeit, Armenien und Aserbaidschan in Schach zu halten, und die Irrelevanz des Verteidigungsbünd-
nisses mit Eriwan offenlegte. Die vom Kreml ausgehandelten Waffenstillstände hielten nicht. Die Türkei punktete auf Kosten Russlands, als die
Aseris Gebiete zurückeroberten, die die Armenier seit Anfang der 1990er-
Jahre kontrolliert hatten, darunter Schuscha/Shushi, das historische Zentrum von Karabach. Erdoğans Türkei rückte in die von Moskau beanspruchte Einflusssphäre ein, ähnlich wie es Putin 2015 in Syrien getan
hatte.[63] Ein vom Kreml vermitteltes Abkommen (9. November 2020)
führte zur Entsendung russischer Friedenstruppen, was Baku zuvor abgelehnt hatte. Obwohl Moskau anscheinend die Oberhand gewann, reklamierte auch Erdoğan den Sieg. Das Abkommen sah die Eröffnung eines
Transportkorridors zwischen Aserbaidschan und der Türkei durch die
Exklave Nachitschewan vor. Außerdem richtete Ankara einen militärischen Beobachtungsposten ein und beanspruchte eine Beteiligung an der
von Russland geführten Friedensmission.[64]

Das Ergebnis blieb zwar hinter den Zielen der Türkei zurück, die einen
2+2-Mechanismus für die Verwaltung von Karabach[65] etablieren wollte,

bei dem Moskau und Ankara als gleichberechtigte Mächte auftreten sollten, hatte aber dennoch eine große symbolische Bedeutung. Der Krieg
löste in der Türkei eine Welle nationalistischer Begeisterung aus. Am
29. September 2020 veranstalteten mit aserbaidschanischen Fahnen ge-
schmückte Autos einen improvisierten Umzug vor dem Sitz des armenischen Patriarchen im Istanbuler Stadtteil Kumkapı. Den Armeniern war
eine Lektion erteilt worden. Auch Erdoğan ritt mit auf der Welle. Seine
Porträts und die von Präsident Ilham Alijew prangten überall in den zurückeroberten Städten, ebenso wie die türkische Nationalflagge. Im Dezember 2020 nahm Erdoğan an einer Siegesparade in Baku teil. Vor nicht
allzu langer Zeit war es der türkischen Außenpolitik noch darum gegan-
gen, eine diplomatische Lösung für Berg-Karabach zu finden. Die Armenische Öffnung von 2009 wurde als krönender Abschluss des außenpolitischen Ansatzes gepriesen, der darauf zielte, jegliche Probleme mit den
Nachbarn zu vermeiden. Jetzt gaben die militärische Stärke und die neu
gewonnenen Fähigkeiten der Türkei den Ton vor. Die türkische Brüderlichkeit stand auf dem Prüfstand; das war Musik in den Ohren von
Erdoğans Koalitionspartnern von der Partei der Nationalistischen Bewegung.

Nordirak

Auch im Nordirak intensivierte die Türkei ihre Militäroperationen. Ab
Mai 2019 starteten Armee- und Gendarmerieeinheiten die »Operation
Klaue« (*Pençe Hareketi*), bei der sie Dörfer und strategische Anhöhen in
den Regionen Hakurk, Metina und Zap von der PKK eroberten und
neue militärische Außenposten errichteten. Im Sommer 2020 führte die
Luftwaffe zusammen mit Drohnen massive Luftangriffe auf Ziele im
Sinjar-Gebirge durch, einer Region, die von der Religionsgemeinschaft
der Jesiden bewohnt wird, die zuvor Opfer des Islamischen Staats geworden war. Dies erfolgte parallel zu den Angriffen auf PKK-Stützpunkte im
Kandil-Gebirge. Diese Aktionen zielen darauf, »maximalen Druck« auf
kurdische Kämpfer auszuüben, die sich bereits im Nordosten Syriens in

Bedrängnis befanden.[66] Durch diese Operationen konnte die Türkei tiefer in den von der Kurdischen Regionalregierung verwalteten Nordirak vordringen. Dies führte jedoch auch zu Spannungen mit dem Iran und der Regierung in Bagdad. Teheran unterstützte mächtige Milizen, die in diesen Regionen präsent sind, wie die Popular Mobilization Forces (PMF), die sich mit der PKK die Kontrolle über Sinjar teilen.[67]

Syrien, Libyen, Berg-Karabach sowie das östliche Mittelmeer und Afrika zeugen von den weitreichenden geopolitischen Ambitionen der Türkei. Doch wer oder was treibt ihre kriegerische Politik an? Erdoğan oder die externen Herausforderungen, die eine robuste Antwort erfordern? Sind es die imperialen Pläne des neuen Sultans oder der Machtkampf im Nahen Osten – und all dies in einer Zeit, in der die USA, der frühere Hegemon, zögern, die regionale Ordnung zu sichern?

Offenkundig ist es beides. Es ist nahezu unvorstellbar, dass ein anderer türkischer Staatschef, vor allem in der Vergangenheit, eine Intervention in Libyen genehmigt, Stützpunkte am Golf eingerichtet oder sich mit Russland angelegt hätte. Ankaras Zögern, während des Berg-Karabach-Konflikts in den 1990er-Jahren einzugreifen, bildet einen aufschlussreichen Kontrast zur Gegenwart. Bemerkenswert ist auch, dass die Opposition in der Großen Nationalversammlung gegen den Libyen-Einsatz 2019 gestimmt hat. Erdoğans unangefochtene Herrschaft über den Staatsapparat, sein unumschränkter Zugang zu Machtressourcen (Geld und militärische Fähigkeiten), das Fehlen institutioneller Kontrollmechanismen und seine Herrschaft über die medialen Narrative können erklären, warum er bei seinen geopolitischen Spielen wenig oder gar keinen innenpolitischen Gegenwind zu befürchten hat. Nimmt man sein Misstrauen gegen den Westen hinzu, seinen Wunsch, im Nahen Osten und darüber hinaus der Platzhirsch zu sein, und seine informellen Verbindungen zu ausländischen Staatsführern wie Putin, Trump oder der katarischen Herrscherfamilie, dann erhält man ein aufschlussreicheres Bild davon, worum es bei der Außenpolitik der Neuen Türkei geht.

Doch das Handeln der Türkei wird auch durch das Umfeld geprägt, in dem das Land agiert. Die Implosion Syriens und der dadurch in Gang gesetzte erbitterte Machtkampf ist hierfür das erste Beispiel. Der Rückgriff auf rohe Gewalt, um die Kurden niederzuwerfen, und das Errichten von Pufferzonen, um das türkische Territorium vor neuen Flüchtlingswellen zu schützen, sind Kennzeichen entschlossener Realpolitik. Dies führte zu einer breiten Unterstützung im gesamten politischen Spektrum der Türkei, mit Ausnahme natürlich der prokurdischen HDP. Die Hinwendung zu Russland ist ebenfalls auf das Streben nach Sicherheit und die Einschätzung der Türkei zurückzuführen, dass ihre Prioritäten mit denen der USA in Widerspruch stehen. Auch die Souveränitätsstreitigkeiten im östlichen Mittelmeer sind nur ein weiteres Kapitel in einem Konflikt mit Griechenland und den griechischen Zyprioten, der schon lange vor dem Auftauchen der AKP begann.

Nicht zuletzt gibt es noch die zeitlose Anziehungskraft des türkischen Nationalismus. Während Erdoğan für die Bestrebungen der »Neuen Türkei« wirbt, die darauf zielen, eine Führungsrolle in der muslimischen Welt zu erlangen oder eine wichtige Säule in einer multipolaren Weltordnung zu werden, spricht er gleichzeitig tief verwurzelte Ressentiments und Verdächtigungen gegenüber der Außenwelt an. Der Westen wurde von einem normativen Ideal zum ultimativen »Anderen« umgedeutet. Die USA sind im besten Fall ein bequemer Partner, im schlimmsten Fall eine existenzielle Bedrohung. Nachbarn sollte man nicht trauen, sondern sich ihnen aus einer Position der Stärke nähern. Russland ist heute ein Freund, aber wer weiß, wie es morgen aussieht, und dergleichen mehr. Zudem darf man nicht vergessen, dass der Nationalismus heute auch die Haltung der Türkei gegenüber Syrien und zur Kurdenfrage in der Region prägt – ein Rückfall in die 1990er-Jahre. Diese Einzelkämpfermentalität wurde nicht von Erdoğan ersonnen oder entwickelt, aber sie gehört zu seinem politischen Repertoire wie die Themen muslimische Solidarität und osmanische Nostalgie. Das ist nicht verwunderlich: Schließlich ist der Nationalismus der Schlüssel für das politische Überleben des türkischen Präsidenten im eigenen Land.

Doch dieses Selbstbild entspricht nicht der Realität.

Wie im folgenden Kapitel dargelegt wird, bleibt die Türkei auf Gedeih und Verderb wirtschaftlich und auch gesellschaftlich in Europa verankert. Die Bindungen der Türkei an die Europäische Union, ihre Gründungsländer und Mitgliedstaaten, sind viel enger und stabiler als jene an Amerika.

10
EUROPA: VOM PARTNER ZUM GEGNER?

»He, Europäische Union«, schimpfte Erdoğan vor einer Gruppe von AKP-Provinzchefs. »Wenn Ihr diese Operation als Invasion einzustufen versucht, brauchen wir gar nicht viel tun. Dann machen wir die Tore auf und schicken 3,6 Millionen Flüchtlinge zu Euch«[1]. Am Tag zuvor, dem 9. Oktober 2019, hatten die türkischen Streitkräfte und ihre syrischen Verbündeten die »Operation Friedensfrühling« im Nordosten Syriens gestartet. Mehrere EU-Mitglieder drohten daraufhin mit Waffenembargos. Viele ließen ihren Worten umgehend Taten folgen.[2] Die Türkei, einst ein hoffnungsvoller Beitrittskandidat, der die vielgerühmte transformative Kraft der EU kennenlernen sollte, stellte nun die Grundprinzipien der europäischen Integration in Frage. Ankaras Außenpolitik hatte die Diplomatie, das Streben nach grenzüberschreitender Zusammenarbeit und für beide Seiten vorteilhafte Handelsbeziehungen gegen ein reflexartiges Vertrauen auf militärische Gewalt und Drohgebärden eingetauscht. Anstelle eines offenen politischen Systems, das auf Rechtsstaatlichkeit, Schutz von Minderheitenrechten und demokratischer Rechenschaftspflicht beruht, herrschte nun ein Ein-Mann-Regime mit einem Demagogen an der Spitze. Der europäische Traum der 1990er- und 2000er-Jahre hatte sich in einen Albtraum verwandelt. Nicht zuletzt für die Asylbewerber, die am Grenzübergang Pazarkule zu Griechenland Tränengas und Gummigeschossen ausgesetzt waren.

Hinzu kam eine ätzende Rhetorik, die die Europäer als unehrlich und respektlos darstellte. Im Vorfeld des Verfassungsreferendums von 2017 warf Erdoğan Deutschland und den Niederlanden vor, seine Minister daran zu hindern, in der türkischen Diaspora Wahlkampf zu betreiben. Im Oktober 2019 war es Emmanuel Macron, der Erdoğans Zorn auf sich zog. Er wetterte gegen die Bemerkung des französischen Präsidenten, die NATO sei »hirntot«, weil sie Ankaras »verrückte« Invasion in Syrien zugelassen habe, und nannte dies eine »kranke und oberflächliche Kritik«. Die Fehde ging weiter. »Welches Problem hat diese Person namens Macron mit Muslimen und dem Islam? Macron sollte seinen Geisteszustand untersuchen lassen«, wetterte Erdoğan vor AKP-Funktionären in Kayseri in Zentralanatolien ein Jahr später, im Oktober 2020.[3] Gemeint war der Gesetzesvorschlag des französischen Präsidenten zur Eindämmung des »islamischen Separatismus«, was die türkische Regierung als ein Paradebeispiel für Islamophobie betrachtete.

Doch bemerkenswerterweise führten weder die wüsten Beschimpfungen aus Ankara noch die Gegenwehr Europas zu unüberbrückbaren politischen Verwerfungen. Ende September 2018 reiste Erdoğan zu einem Sonderbesuch nach Deutschland und eröffnete in Köln eine riesige neue Moschee. Einige Tage später trat der niederländische Außenminister Stef Blok als Hauptredner auf dem jährlichen Forum des türkischen Rundfunksenders TRT in Istanbul auf. Die Niederlande entsandten wieder einen Botschafter nach Ankara und beendeten damit eine siebenmonatige Unterbrechung der diplomatischen Beziehungen. Auch der Streit über Syrien und das östliche Mittelmeer wich 2019/20 einer gewissen Entspannung. Zu Beginn des Jahres 2021 warb die türkische Regierung mit einer »positiven Agenda«, während Erdoğan zu einem neuen Türkei-EU-Gipfel aufrief, um die Beziehungen wiederzubeleben. Die Probebohrungen nach Öl- und Gasvorkommen vor Zypern wurden eingestellt, um Gespräche mit Griechenland zu ermöglichen. Türkische Offizielle bis hin zum Präsidenten betonten, dass die Türkei und die EU bei der anhaltenden Covid-19-Pandemie »im selben Boot« säßen und dass die Mitgliedschaft in der EU ein langfristiges Ziel bleibe.[4] Gleichwohl kann man nicht von einem vollständigen Neustart sprechen. »Die Beziehungen waren von Anfang an von Zynismus, Doppelzüngigkeit und Täu-

schung geprägt, und zwar von beiden Seiten«, erklärte Marc Pierini, der
ehemalige Leiter der EU-Delegation, in Bezug auf die Zeit vor den Bei-
trittsgesprächen in den Jahren 2004/05.[5] Doch es zeigt, wie stabil die
Bindungen zwischen der EU und der Türkei mittlerweile geworden waren. Erdoğan weiß, dass die EU die Türkei braucht. Die europäischen
Entscheidungsträger haben die Last der Versorgung der syrischen Flüchtlinge nur allzu gerne weitergegeben. Die Türkei ist ein wichtiges Aufnah-
meland für Migranten aus weiter entfernten Ländern wie dem Irak, Afghanistan oder auch Afrika südlich der Sahara. Aus Angst vor dem
Erstarken extrem rechter Kräfte haben europäische Politiker einen Pakt
mit der Türkei geschlossen und sind bereit, für deren Kooperation zu
bezahlen. Doch wie dieses Kapitel zeigt, braucht die Türkei Europa
ebenso sehr. Die schwächelnde Wirtschaft des Landes verdeutlicht die
Bedeutung der Europäischen Union, die nach wie vor der wichtigste
Handels- und Investitionspartner der Türkei ist. Einst war die Türkei
stolz auf ihren wirtschaftlichen Erfolg, und politische Kommentatoren
und Regierungsvertreter verwiesen mit einer gewissen Schadenfreude auf
die Malaise der Eurozone.[6] Doch diese Zeiten sind längst vorbei. Kein
Wunder, dass die Zustimmungsrate für den EU-Beitritt der Türkei zwischen 2018 und 2019 von 55,1 Prozent auf 61,1 Prozent gestiegen ist.[7]
Die Europäische Union und die Türkei bleiben auf Gedeih und Verderb
miteinander verwoben und voneinander abhängig. Wenngleich sich die
türkische Führung auf den Nahen Osten konzentriert, hat das Land die
Verbindung zu Europa nie ganz durchtrennt. Außerdem gibt es auch
noch die NATO. Das Streben der Türkei nach »strategischer Autonomie«, um eine Formulierung des französischen Präsidenten Macron aufzugreifen, schließt nicht aus, dass sie sich auf das Nordatlantische Bündnis als Absicherung gegen Russland verlässt. Die Türkei bleibt »Teil des
größeren europäischen Raums«, wie der angesehene Außenpolitik-Ana-
lyst Soli Özel feststellte.[8]
      Diese gegenseitige Abhängigkeit hat zur Herausbildung einer Zweck-
gemeinschaft geführt. Diese entspricht nicht der hehren Vision einer
Europäisierung der Türkei, die sich den normativen Vorgaben der EU

anpasst, es ist aber auch keine echte antagonistische Beziehung. Gleichwohl treten immer wieder Konflikte auf, und das wird auch so bleiben,
solange Erdoğan in der Türkei das Sagen hat.

EUROPAS TORWÄCHTER

Es gibt kein besseres Beispiel für die Wende in den Beziehungen zwischen
der EU und der Türkei als das im März 2016 erzielte Flüchtlingsabkommen. Das vom damaligen Ministerpräsidenten Ahmet Davutoğlu unterzeichnete Abkommen schien das politische Kräfteverhältnis zugunsten
Ankaras zu verschieben. Aber es zeigte auch, dass eine gewisse Über-
schneidung der Interessen die Türkei im Einflussbereich Europas hielt.

Mitte der 2010er-Jahre befand sich Europa in einer schwierigen Lage.
Allein im Jahr 2015 hatten mehr als eine Million Asylbewerber, vor allem
Syrer, Iraker und Afghanen, das Mittelmeer überquert. Nach Angaben
des Hohen Flüchtlingskommissars der Vereinten Nationen (UNHCR)
waren rund 4000 Menschen dabei ertrunken, wie zum Beispiel das tragi-
sche Schicksal von Aylan Kurdi zeigte, eines dreijährigen Jungen aus Kobani im Nordwesten Syriens, dessen lebloser Körper im September 2015
an der Küste von Bodrum angespült wurde. Bis zu drei Viertel aller Einreisen erfolgten über Griechenland, weil Inseln wie Lesbos, Chios oder
Kos nur wenige Kilometer von der türkischen Küste entfernt liegen. Am
27. August 2015 traf die deutsche Bundeskanzlerin Angela Merkel eine
folgenreiche Entscheidung und versprach syrischen Flüchtlingen einen
sicheren Hafen in Deutschland. Dies führte zu einer sprunghaften Zunahme der Überfahrten, als Asylsuchende unterschiedlicher Nationalität
versuchten, von den griechischen Inseln nach Thessaloniki und von dort
über den Westbalkan nach Österreich und Deutschland zu gelangen. Die
Bilder von Hunderttausenden Flüchtlingen und Migranten, die quer
durch Südost- und Mitteleuropa zogen, förderten den Zulauf zu asylkri-
tischen Parteien. In Deutschland erreichte die AfD (Alternative für

Deutschland) im Frühjahr 2016 in regionalen Umfragen zweistellige Prozentzahlen. Im Oktober/November 2015 verschärften Länder wie Ungarn, Österreich, Serbien und Mazedonien die Grenzkontrollen. Sogar Deutschland, das offiziell an der Politik der offenen Tür festhielt, führte wieder Grenzkontrollen zu Österreich ein, um den Ansturm ein wenig einzudämmen.

Für Kanzlerin Merkel wurde eine Einigung mit Ankara daher zur einzig gangbaren Alternative, um massive EU-interne Konflikte zu vermeiden. Die Mitteleuropäer waren wütend auf Deutschland, weil es sie durch seine einseitige Entscheidung unvorbereitet dieser Migrationswelle ausgesetzt hatte. Griechenland und Italien hegten seit Langem einen Groll gegen den Rest der EU, weil sich die anderen Länder weigerten, die Lasten zu teilen – vor allem indem sie sich einem System nationaler Quoten für die Aufnahme von Flüchtlingen widersetzten, das die EU beschlossen hatte. Die sogenannte Dublin-Regelung, die die Zuständigkeiten für die Bearbeitung von Asylanträgen zwischen den Mitgliedstaaten aufteilte, lag in Trümmern. Solange die Türkei Asylbewerber zurückhalten konnte, blieb die EU von internen Streitigkeiten verschont, konnte die Binnengrenzen offenhalten und verhindern, dass populistische Parteien weiter an Boden gewannen.

Die türkische Regierung nutzte die Situation und drängte auf Zugeständnisse: Finanzmittel für die Millionen Syrer, die sich bereits im Land befanden, Liberalisierung der Vergabe von Visa für die Einreise in die EU und schließlich eine Wiederaufnahme der Beitrittsverhandlungen, die nach der Niederschlagung der Gezi-Proteste im Jahr 2013 praktisch zum Stillstand gekommen waren. Im Amt des Premierministers erfand sich Ahmet Davutoğlu neu – vom Architekten des türkischen Vorstoßes in den Nahen Osten wurde er zum Hauptbefürworter der europäischen Agenda. Er versuchte auf den bereits erzielten Fortschritten aufzubauen, zum Beispiel mit einem Fahrplan, der die technischen Bedingungen für die Aufhebung der Visumpflicht ab Dezember 2013 auflistete, ähnlich denen, die von den westlichen Balkanländern erfolgreich umgesetzt wurden. Dass jetzt François Hollande im Elysée-Palast saß und nicht mehr

der Türkei-Skeptiker Nicolas Sarkozy, war ebenfalls hilfreich. Die Flüchtlingskrise bot Davutoğlu die Gelegenheit, sich hervorzutun und sich gewissermaßen von seinem bisherigen Förderer Erdoğan zu emanzipieren.

Auch die EU meinte es ernst. Wie auch den Nachbarländern in Nordafrika, Osteuropa oder auf dem Balkan wies sie der Türkei mit der Visa-
Roadmap die Rolle eines territorialen Puffers zu. Dies wurde mit einem
Rückübernahmeabkommen verbunden, in dem sich Ankara verpflichtete,
alle Drittstaatsangehörigen, die aus seinem Hoheitsgebiet einreisten, wieder aufzunehmen, wenn ihre Asylanträge in der EU abgelehnt wurden.
Die türkische Regierung verschob jedoch die Umsetzung des Abkommens, indem sie es an die Aufhebung der Visumpflicht knüpfte. Da dies
nicht möglich war, musste die EU ihre Bemühungen verstärken. Und
siehe da: Ende 2015, als die Flüchtlingskrise ihren Höhepunkt erreichte,
erwog die EU ein Hilfspaket in Höhe von drei Milliarden Euro als Gegenleistung für die Zusage der Türkei, die illegalen Grenzübertritte einzudämmen und Asylbewerber aus Griechenland zurückzunehmen.

Davutoğlu ergriff diese Gelegenheit beim Schopf. Er warb gegenüber
einem skeptischen Erdoğan für die Vorzüge eines Migrationsabkommens.
Eine Einigung mit Europa würde Davutoğlu Rückenwind verschaffen. Es
konnte die maroden Beziehungen zur Europäischen Union wiederbeleben und die Europäer stärker in die Syrien-Frage einbinden, wenn auch
nur auf humanitärer Ebene. Eine umfassende Einigung konnte auch die
Gruppierung um den Ministerpräsidenten gegenüber den Gegenspielern
in Erdoğans Umfeld stärken.[9]

Die am 18. März 2016[10] erzielte Einigung war daher die Krönung der
Bemühungen des Ministerpräsidenten. Dieser große Erfolg führte dazu,
dass im Präsidentenpalast Ängste aufkamen, die wenig später Davutoğlus
Sturz einleiteten. Die Erlangung der Visumsfreiheit für Einreisen in die
EU, die das politische Profil des Ministerpräsidenten stärkte, war aus
der Sicht von Erdoğan eine beunruhigende Aussicht. Die düsteren Vor-
hersagen, dass das Abkommen Davutoğlu nicht überdauern würde oder
dass es aufgrund der Repressionswelle nach dem Juli 2016 scheitern
würde, erwiesen sich als unrealistisch. Trotz des schlechten Verhältnisses

zu Erdoğan hielt Brüssel seine Zusage ein, zahlte allein in den Jahren 2016/17 drei Milliarden Euro aus und stellte die gleiche Summe für 2018/19 in Aussicht. Die Zahl der illegalen Grenzübertritte aus der Türkei ging zurück, wenn auch nicht so stark wie erhofft. Ende des Jahrzehnts hatten 144 000 Menschen die Ägäis seit Inkrafttreten des Abkommens überquert, weniger als in den ersten drei Monaten des Jahres 2016.[11] Das Abkommen scheiterte schließlich an der Verpflichtung der Türkei, » alle Migranten, die keinen internationalen Schutz benötigen «, sowie diejenigen, die in türkischen Hoheitsgewässern abgefangen wurden, zurückzunehmen, und an der Einwilligung der EU, für jeden Rückkehrer einen syrischen Flüchtling aufzunehmen.[12] Bis Dezember 2019 wurden jedoch nur 2000 Menschen von den griechischen Inseln in die Türkei zurückgebracht und weniger als 25 000 Syrer in die EU umgesiedelt.[13] Im Wesentlichen lief das Abkommen zwischen der EU und der Türkei auf die Finanzierung von Flüchtlingen hinaus, damit diese auf türkischem Boden bleiben konnten.

Das Abkommen löste Proteste von verschiedenen Seiten aus. Kritiker von Erdoğan behaupteten, Europa würde ihm damit einen Freifahrtschein ausstellen. Das stimmt nur zum Teil, denn auch die türkische Regierung musste Zugeständnisse machen, wie etwa den Verzicht auf die Visaliberalisierung. Nach den Verfolgungen von Oppositionellen nach dem fehlgeschlagenen Putsch und dem Ausnahmezustand wurde auch die Wiederaufnahme der Beitrittsgespräche von der Tagesordnung gestrichen. Außerdem gab die Vereinbarung der Europäischen Kommission ein großes Mitspracherecht bei der Auszahlung der Gelder. Anstatt eine Pauschalsumme zu zahlen, die Ankara nach eigenem Ermessen verwenden konnte, leitete Brüssel Tranchen an bestimmte Regierungsstellen weiter, die mit der Ausarbeitung detaillierter Pläne und Berichte beauftragt wurden. Mit dieser Vereinbarung wurde die Zusammenarbeit auf technischer und administrativer Ebene in einer Zeit fortgesetzt, in der sich die Türkei und Europa auseinandergelebt hatten. Erdogans wiederholte Behauptungen, er könne die Tore auch wieder öffnen, erwiesen sich in dieser Zeit als Bluff. Dennoch taten Deutschland und andere EU-Mitgliedstaaten ihr Bestes, um die Brücken zum türkischen Präsidenten nicht abzureißen, wohl wissend, dass viel auf dem Spiel stand.

Weitere Kritikpunkte betrafen die humanitären Aspekte des Abkommens. Europa verweigerte mittellosen Syrern, Irakern und Afghanen, die vor Krieg und Verfolgung flohen, das Recht auf Asyl. Aber die Türkei könne sich kaum als sicheres Drittland qualifizieren, erklärten Menschenrechtsorganisationen. Nichteuropäer hätten aufgrund einer geografischen Ausnahme, die Ankara aus der Genfer Konvention von 1950 ableite, in der Türkei keinen Anspruch auf den Flüchtlingsstatus. Doch auch die EU führte humanitäre Argumente an. Gerald Knaus, der als geistiger Vater des Abkommens gilt, bezeichnete das Abkommen als einen ersten Schritt zu einer humaneren Regelung. Das Ziel sei es letztlich, »den Asylsuchenden eine riskante Überfahrt über das Meer und eine gefährliche Reise durch den Balkan zu ersparen«.[14] »Die Türkei und die EU [...] haben sich darauf verständigt, verstärkt gegen Schleuser vorzugehen«, heißt es in der gemeinsamen Erklärung vom März 2016. Das Problem war, dass die EU ihren Teil der Abmachung nicht einhielt. So waren die Aufnahmezentren auf den griechischen Inseln nach wie vor überfüllt und es herrschten dort katastrophale Bedingungen. Auch bei der Bearbeitung von Asylanträgen blieb Griechenland auf sich allein gestellt. Mit anderen Worten: Das Hauptziel der EU schien eher darin zu bestehen, potenzielle Migranten abzuschrecken, als das System zu verbessern.

Griechenland konnte erst im Frühjahr 2020 von der europäischen Unterstützung profitieren, als Erdoğan eine härtere Gangart einschlug. Am 29. Februar erklärte er die Grenze für offen, woraufhin Tausende von Menschen zu den Ufern des Evros/Meriç und zum Landübergang Pazarkule/Kastanies strömten und die Grenze zu passieren versuchten.[15] Afghanen und Syrer wurden von den Behörden aus verschiedenen Teilen Istanbuls abgeholt, ihnen wurde gesagt, dass die Grenze offen sei, dann wurden sie in Bussen nach Pazarkule gebracht, begleitet von Sonderpolizisten und Fernsehteams.[16] Es kam zu Tumulten, als die Migranten den Grenzzaun niederzureißen versuchten. Die Polizei auf der griechischen Seite beschoss die Migranten mit Gummigeschossen, um sie zurückzudrängen. Athen warf Erdoğan vor, Druck auf die EU auszuüben, um diese in der Idlib-Krise in Syrien auf seine Seite zu bringen.[17] Dieses Argument fand auch anderwärts Anklang. Der österreichische Bundeskanzler Sebastian Kurz warf den türkischen Behörden vor, Migranten als Schachfiguren zu benutzen. EU-Kommissionspräsidentin Ursula von der Leyen, die zusammen mit dem EU-Ratsvorsitzenden Charles Michel und David Sassoli, dem Präsidenten des Europäischen Parlaments, die Region besuchte, lobte Griechenland als »Schutzschild Europas« und versprach zusätzliche 700 Millionen Euro.[18] Die EU-Grenzschutzagentur Frontex entsandte 100 zusätzliche Mitarbeiter zur Unterstützung der Griechen. Dann öffnete das benachbarte Bulgarien nach heftigen Regenfällen einen Staudamm, so dass der Pegel im Grenzfluss Evros stieg, was Flüchtlingen die Überfahrt zusätzlich erschwerte. Erdoğan hatte es übertrieben, aber die Leidtragenden waren die Asylbewerber.

Ungeachtet dieser Episode stehen die Chancen gut, dass die EU und die Türkei das Abkommen von 2016 um weitere fünf Jahre über 2021 hinaus verlängern werden. Zurzeit setzt sich Erdoğan bei Deutschland und der portugiesischen EU-Ratspräsidentschaft für einen Gipfel zu diesem Thema ein. Obwohl die Interessen auf beiden Seiten übereinstimmen, wird die türkische Regierung abermals versuchen, das Abkommen nach ihren Wünschen zu gestalten. Ankara möchte mehr Kontrolle über die Gelder aus Brüssel haben, die an weniger Bedingungen und Auflagen geknüpft sein sollen. Das würde der Regierung unter anderem ermöglichen, die Gelder in Nordsyrien auszugeben, wodurch die Europäer die von der Türkei eingerichteten Pufferzonen, in denen eine große Zahl von Binnenvertriebenen untergebracht ist, finanzieren und legitimieren würden.[19] Erdoğan hat unmissverständlich klargemacht, dass die Vereinbarungen nicht für Flüchtlinge aus Afghanistan nach der Machtübernahme der Taliban im August 2021 gelten werden. »Die Türkei wird nicht als EU-Warteraum fungieren«, erklärte er gegenüber EU-Ratspräsident Charles Michel.[20] Höchstwahrscheinlich wird auch die EU-Seite auf ihrer Linie bleiben und darauf beharren, selbst die Regeln, die Modalitäten und die Zeitpläne festzulegen.

Der Flüchtlingsdeal unterstreicht das Selbstverständnis der Türkei, die sich als eine unabhängige Macht versteht, nicht als ein Bittsteller oder ein ewiger Kandidat für die EU-Mitgliedschaft. In Ankara ist man der Ansicht, dass Europa, egal ob es durch einflussreiche Staaten oder die in Brüssel ansässigen Institutionen vertreten wird, je nach Thema ein Partner oder ein Hindernis bei diesem Bemühen sein könnte. Erdoğan zögert nicht, Konflikte zu schüren, wenn es seinen innen- und außenpolitischen Zielen dient.

»WIR KENNEN DIE HOLLÄNDER AUS SREBRENICA«

Die wiederholten Auseinandersetzungen der Türkei mit europäischen Kernländern wie Deutschland, Frankreich und den Niederlanden zeigen deutlich Erdoğans Vorgehensweise auf. Das Referendum im Jahr 2017 und die Präsidentschafts- und Parlamentswahlen im darauffolgenden Jahr waren mit vermehrten Spannungen verbunden. Im Vorfeld des Verfassungsreferendums untersagten die deutsche und die niederländische Regierung türkischen Politikern, in ihren Ländern Wahlkampf zu machen. Die Niederlande wiesen Familienministerin Fatma Betül Sayan Kaya aus, während Außenminister Mevlüt Çavuşoğlu an der Einreise gehindert wurde. Dies erschwerte es der AKP, die türkische Diaspora anzusprechen, von der allein in Deutschland mindestens 1,5 Millionen die türkische Staatsbürgerschaft besitzen. Daraufhin prangerte Erdoğan die »Nazi-Praktiken« Berlins an.[21] Die Türkei verwehrte dem niederländischen Botschafter die Wiedereinreise und drohte, das Flüchtlingsabkommen aufzukündigen.

»Wir kennen die Holländer aus Srebrenica«, polterte Erdoğan, womit er sich auf das Versagen der niederländischen UN-Friedenstruppen bezog, die im Sommer 1995 die Ermordung von 8000 bosniakischen Männern und Jungen nicht verhindert hatten. Die Anhänger des türkischen Präsidenten gingen auf die Straße. Im März 2017 kam es bei einer Demonstration in Rotterdam, wo die türkische Familie des Außenministers auftreten sollte, zu Gewaltausbrüchen.[22] Doch am Ende bekam Erdoğan, was er wollte. Bei dem Verfassungsreferendum stimmten 65 Prozent der Türken in Deutschland, 72 Prozent in Österreich und 73 Prozent in den Niederlanden für die Verfassungsänderungen, verglichen mit 51,4 Prozent bei der landesweiten Auszählung in der Türkei.

Die Geschichte wiederholte sich bei den Zwillingswahlen im Jahr 2018. Damals waren es Deutschland und Österreich, die Kundgebungen verboten. »Unsere Auffassung ist klar«, erklärte der deutsche Außenminister Heiko Maas, »in den drei Monaten vor Wahlen im Ausland darf in Deutschland kein Wahlkampf stattfinden.«[23] Erdoğan machte einen Rückzieher. Sein Besuch in Deutschland im September, nachdem die Wahlen vorüber waren, hätte eine Gelegenheit geboten, den Kurs zu ändern. Doch der türkische Staatspräsident legte sich mit seinen Gastgebern an, und zwar während des offiziellen Abendessens, und beschuldigte sie, Terroristen Schutz zu gewähren, nämlich prokurdischen Organisationen, Mitgliedern der Gülen-Bewegung sowie Liberalen, die in der Bundesrepublik Zuflucht gefunden haben.

Neben Erdoğans rhetorischen Ausbrüchen, die vor allem innenpolitischen Zwecken dienen, beobachten die europäischen Regierungen auch aufmerksam das Eindringen des türkischen Staates in die Diaspora-Gemeinschaften, sei es durch Imame, die vom Diyanet ernannt werden, oder durch MİT-Agenten.[24] Österreich schlug einen harten Kurs ein, schloss 2018 sieben Moscheen und wies Dutzende von Geistlichen aus. Die Regierung von Sebastian Kurz, die von der rechtskonservativen Freiheitlichen Partei Österreichs (FPÖ) mitgetragen wurde, reaktivierte ein Gesetz aus dem Jahr 2015, das der Ausbreitung des radikalen Islam entgegenwirken sollte.[25] Deutschland und die Niederlande gingen nicht so weit, dennoch kam es auch zwischen ihnen und der Türkei zu Verstimmungen und beiderseitigem Misstrauen.

Auch die Beziehungen der Türkei zu Frankreich sind angespannt. Gesetze zur Bekämpfung des »islamischen Separatismus«, die von Präsident Macron nach der Ermordung eines Gymnasiallehrers vorangetrieben wurden, lösten Ende 2020 eine Krise aus. Erdoğan rief zu einem Boykott französischer Waren auf (es ist allerdings fraglich, ob viele Türken diesem Aufruf folgten). Anders als Deutschland reagierte Frankreich zurückhaltend. Macron betrachtet die Türkei eher als strategischen Konkurrenten denn als schwierigen Partner. Paris und Ankara haben in Bezug auf regionale Brennpunkte, wie etwa Libyen und das östliche Mittelmeer, unterschiedliche Auffassungen. Nach Macrons Ansicht besteht das Streben der EU nach strategischer Autonomie – ein Schlüsselbegriff im französischen politischen Diskurs – im Wesentlichen in der Fähigkeit, ein Gegengewicht zu den Türken zu schaffen und die Bedingungen für den Umgang mit der Türkei festzulegen. Im Januar 2021 schloss Frankreich mit Griechenland einen Vertrag über die Lieferung von 18 Rafale-Kampfflugzeugen ab. Im September des Vorjahres wurde der atomgetriebene Flugzeugträger *Charles de Gaulle* an der Seite der griechischen Marine im östlichen Mittelmeer eingesetzt – eine klare Botschaft an die Türkei.[26] Paris intensivierte die Zusammenarbeit im Verteidigungsbereich sowohl mit Athen als auch mit Nikosia, und Macron besuchte im Januar 2019 Zypern. Von Bedeutung ist auch, dass das französische Unternehmen Total eine von der zypriotischen Regierung erteilte Lizenz für die Ölförderung an Land besitzt.[27]

Anders als die Franzosen glaubt die deutsche Führung an die Diplomatie und die Kraft der wirtschaftlichen Integration, eine Ansicht, die von Merkel und Armin Laschet, ihrem Nachfolger als CDU-Vorsitzender, geteilt wurde. Dabei geht es auch um die starken Verbindungen auf gesellschaftlicher Ebene, die durch die zahlreichen türkischstämmigen Deutschen entstehen. Uğur Şahin und Özlem Türeci, die wissenschaftlichen Köpfe hinter dem von BioNTech und Pfizer entwickelten Covid-Impfstoff, der Regisseur Fatih Akin und der Fußballspieler Mesut Özil, ein entschiedener Erdoğan-Anhänger, sind Beispiele für die engen Beziehungen zwischen den beiden Ländern. Deutschlands pazifistisch geprägte politische Kultur und seine Abneigung gegen militärische Macht – ein weiterer Unterschied zu Frankreich – prägen auch seine Haltung gegenüber der Türkei (wie auch gegenüber Russland).

DER GRIECHISCH-TÜRKISCHE KONFLIKT IN NEUEM LICHT

Nirgendwo ist die Divergenz zwischen Frankreich und Deutschland und innerhalb der EU so deutlich wie im Fall des östlichen Mittelmeers. In den Jahren 2019/20 brachte der Konflikt zwischen der Türkei einerseits und Griechenland und Zypern andererseits (oder »die griechische Verwaltung des Südens«, wie Ankara es nennt) die Frage der EU-Sanktionen auf den Tisch. Die Mitgliedstaaten waren sich jedoch uneinig darüber, wie weitreichend diese sein sollten. Im Februar 2020 konzentrierten sich die EU-Außenpolitiker auf zwei leitende Manager der staatlichen türkischen Erdölgesellschaft, den Vizepräsidenten Mehmet Ferruh Akalın und den stellvertretenden Direktor der Explorationsabteilung Ali Coşkun Namoğlu.[28] Griechenland hoffte, dass die EU auch hochrangige Ziele wie Berat Albayrak, Erdoğans Schwiegersohn, ins Visier nehmen würde, der als Energieminister für die Inbetriebnahme des seismischen Untersuchungsschiffs *Oruç Reis* im April 2017 verantwortlich war. Erdoğan und sein engster Kreis wurden aber nicht einbezogen. Im Dezember 2020 blockierten Angela Merkel und der bulgarische Premierminister Bojko Borissow – unterstützt von Spanien, Italien, Ungarn und Malta – erneut härtere Maßnahmen wie Strafzölle oder ein Waffenembargo.[29] Griechenland, Zypern, Österreich und Frankreich wurden überstimmt.

Wie von der EU nicht anders zu erwarten, beruht ihre Reaktion auf das Vorgehen die Türkei auf dem kleinsten gemeinsamen Nenner. Ja, Sanktionen und Bestrafungen sind notwendig. Aber warum sollte man Erdoğan die Tür vor der Nase zuschlagen, wenn so viel auf dem Spiel steht? Im Dezember 2020 beauftragte die EU den Hohen Vertreter für die Außen- und Sicherheitspolitik, Josep Borrell, mit der Ausarbeitung einer Liste von Personen, gegen die Sanktionen verhängt werden sollen, doch zum Zeitpunkt der Erstellung dieses Buches steht die Entscheidung noch aus. Es gibt eine grundsätzliche Einigung über die Kürzung der Heranführungshilfe, aber dabei geht es um den relativ geringen Betrag von 145 Millionen Euro für das Jahr 2020.[30] Seit 2016 hat der Rat der EU mehrere (nicht bindende) Entschließungen des Europäischen Parlaments ignoriert, die Beitrittsverhandlungen, die auf dem Papier noch laufen, wegen der Menschenrechtsverletzungen in der Türkei einzufrieren.[31]

Da die Europäische Union intern gespalten ist, hat Griechenland durch eine »Koalition der Willigen« ein Gegengewicht zur Türkei geschaffen. Neben Frankreich stützt es sich auf Italien und Ägypten sowie auf die Vereinigten Arabischen Emirate, Ankaras Gegenspieler in Libyen und am Horn von Afrika (siehe Kapitel 9). Die griechische Regierung einigte sich im Juni 2020 mit Italien auf ein Abkommen zur Abgrenzung der Meeresgebiete, das seit Jahrzehnten ausstand.[32] Im August desselben Jahres unterzeichneten Kairo und Athen ebenfalls ein Abkommen zur Abgrenzung ihrer Allgemeinen Wirtschaftszonen. »Das ist das völlige Gegenteil des illegalen, nichtigen und rechtlich unfundierten Memorandums, das zwischen der Türkei und Tripolis unterzeichnet wurde«, kommentierte Außenminister Nikos Dendias das Abkommen zwischen Erdoğan und der libyschen Regierung der nationalen Übereinkunft. »Nach der Unterzeichnung dieses Abkommens ist das nicht existierende türkisch-libysche Memorandum dort gelandet, wo es von Anfang an hingehörte: im Mülleimer«.[33] Natürlich blieb die Türkei nicht untätig und bat neben Tunesien, Algerien und dem Libanon auch Deutschland, Italien, Malta und Spanien um Unterstützung.[34]

Die Spannungen im östlichen Mittelmeer müssen kein Vorspiel für einen militärischen Showdown sein. Sowohl Griechenland und seine Verbündeten als auch die Türkei haben ein gemeinsames Interesse an Verhandlungen. Alle beteiligten Parteien würden jedoch lieber aus einer Position der Stärke heraus verhandeln. Im Januar 2021 leiteten Athen und Ankara nach einer fünfjährigen Unterbrechung eine Sondierungsrunde ein. Als Reaktion darauf diskutierte die EU erneut über Verhandlungen mit der Türkei, und die Kommissionspräsidentin Ursula von der Leyen und der Präsident des Europäischen Rates Charles Michel reisten im April 2021 nach Ankara.[35] Der Europäische Rat begrüßte im Juni 2021 die »Deeskalation im östlichen Mittelmeer« und hob die Ver-

handlungen über die Aktualisierung der Zollunion und die Erneuerung
des Flüchtlingsdeals von 2016 hervor.[36] Es fehlt jedoch noch eine dritte
Partei, die als ehrlicher Makler fungiert, eine Rolle, die die Vereinigten
Staaten auf dem Höhepunkt der Auseinandersetzungen in der Ägäis
Mitte der 1990er-Jahre übernommen haben. Die Trump-Administration
stellte sich auf die Seite Griechenlands, und die Beziehungen zwischen
Washington und Athen blühten dank einer Reihe von Verteidigungs-
und Energieverträgen auf. Biden muss sich noch eine eigene Politik ein-
fallen lassen.

DAS GERANGEL UM DIE BALKANLÄNDER

Der westliche Balkan, der Hinterhof oder besser Innenhof der EU, ist ein
weiterer Zankapfel. Wie einflussreich die Türkei in dieser Region ist,
wurde bei Erdoğans Amtsantritt als exekutiver Staatspräsident im Juli
2018 deutlich. Praktisch alle Staats- und Regierungschefs des Balkans,
einschließlich des serbischen Präsidenten Aleksandar Vučić, waren anwesend.[37] Mit Ausnahme des ungarischen Ministerpräsidenten Viktor Or-
bán und des bulgarischen Präsidenten Rumen Radev waren jedoch keine
EU-Würdenträger zugegen. Während der Westen den Niedergang der
Demokratie beklagte, begrüßten die Balkannachbarn zusammen mit Or-
bán, der ebenfalls kein Musterbeispiel für Liberalismus und Rechtsstaatlichkeit ist, Erdoğans Türkei als politischen und wirtschaftlichen Partner.
Zumindest eines der betreffenden Länder hatte im Vorwahlkampf eine
Rolle gespielt. In Bosnien-Herzegowina hatte es bereits im Mai eine
Großkundgebung gegeben. Da er in Deutschland, Österreich und den
Niederlanden keinen Wahlkampf führen durfte, hatte Erdoğan seine Anhänger aus ganz Europa in das Olympiazentrum Zetra in Sarajevo eingeladen. Von der bosnischen Hauptstadt aus hatte er gegen »bestimmte
europäische Länder« gewettert, die die türkischen Bürger entlang ethnischer und konfessioneller Grenzen zu spalten versuchen.[38] Die Neue

Türkei gab sich als Anführer aller Muslime auf dem Balkan, aber auch in Europa aus. Das war natürlich nichts Neues. Schon unter Turgut Özal in den frühen 1990er-Jahren hatte die Türkei eine solche Rolle angestrebt. Damals stellte sie sich jedoch als Brücke zwischen dem Westen und den ehemaligen Besitzungen des Osmanischen Reiches dar. Diesmal erklärte Erdoğan seinen Bewunderern, dass er gegen Europa Position beziehe.

Die Alleingänge der Türkei und ihre antiwestliche Rhetorik verstärkten sowohl in der Region als auch in der Europäischen Union die Befürchtung, dass der Balkan zum Epizentrum eines geopolitischen Wettstreits werden könnte. Russland, das seit der Annexion der Krim mit dem Westen im Streit liegt, hat sich gegen die Erweiterung der NATO und der EU gewehrt. China hat seinen wirtschaftlichen Fußabdruck durch Milliarden an zinsgünstigen Krediten für neue Autobahnen, Brücken, Energieerzeugungsanlagen und andere Projekte in der Region vergrößert.

Auch die Türkei, die durch ihre Geschichte und Geografie mit den Balkanländern verbunden ist, betreibt eine eigene Nachbarschaftspolitik. Zu ihrem Arsenal gehören Handel, Investitionen, Populärkultur (zum Beispiel weit verbreitete TV-Soaps), Verbindungen zu lokalen Eliten und Geld, das über das Diyanet und die Entwicklungshilfeorganisation TİKA geleitet wird.[39] Allein in Bosnien hat die Türkei zwischen 1995 und 2020 rund 900 Projekte gefördert, darunter die Restaurierung der historischen Careva-Džamija-Moschee (Hünkâr Camii) aus dem Jahr 1450 und die Einrichtung einer hämatologischen Abteilung im Klinikum von Sarajevo. Dementsprechend genießt die Türkei bei den Bosniaken eine Popularität, die nur von der Zuneigung der bosnischen Serben zu Russland übertroffen wird. Ethnische Türken, viele Albaner sowie andere Muslime in Nordmazedonien, im Kosovo und in Serbien hegen ähnliche Gefühle. Auch die türkischen Sicherheitsdienste setzen sich für sie ein. Der Nachrichtendienst MİT sorgte im Kosovo für Aufsehen, als er im März 2018 sechs prominente Gülenisten festnahm und in die Türkei brachte.[40] Ein Diplomat wurde aus Bulgarien ausgewiesen, weil er sich angeblich in die Innenpolitik des Landes eingemischt hatte.[41] Bei der türkischen Präsenz auf dem Balkan geht es nicht nur um osmanische Nostalgie und Entwicklungshilfe, sondern allgemein um eine nachdrücklichere Verfolgung türkischer Interessen.

Was die Türkei von der EU unterscheidet, ist die Konzentration auf den starken Führer und die religiöse Identität. Erdoan Shipoli, ein Wissenschaftler an der Georgetown University, erklärte: »Das Hauptziel der türkischen Öffentlichkeitsarbeit besteht derzeit nicht darin, den Einfluss der Türkei zu erhöhen, sondern die Popularität von Erdoğan zu steigern [...]. Wir wissen, dass [der türkische Staat] diese Kundgebungen organisiert und sich ein paar Leute in Prizen, Skopje oder Novi Pazar sucht und ihnen Bilder von Erdoğan in die Hand gibt, um zu zeigen, dass er überall Sympathien genießt«.[42] Während sich die EU um die Konsolidierung der Demokratie und die Förderung der Rechtsstaatlichkeit bemüht, scheint der wichtigste politische Exportartikel der Türkei der Kult des starken Führers zu sein.[43]

Die Türkei legt großen Wert auf den Islam wie auch auf das osmanische Erbe. Das Diyanet ist seit den 1990er-Jahren auf dem Balkan präsent, wo es die salafistischen Einflüsse aus der Golfregion bekämpfte. Seit einem Jahrzehnt besteht jedoch auch ein Hauptziel der türkischen Regierung darin, die Gülenisten zu zerschlagen, ihre Infrastruktur zu vernichten und ihr Vermögen der staatlichen Maarif-Stiftung zu übertragen.[44] Einst eine Vorhut des türkischen Einflusses, ist die *Cemaat* zu einer Belastung geworden. Doch Gülen loszuwerden, ist nicht möglich ohne die Mithilfe der politischen Führer und der Regierungen des Balkans. Dies wiederum unterstreicht die Bedeutung der persönlichen Beziehungen zwischen Erdoğan und Leuten wie dem albanischen Premierminister Edi Rama, dem bosniakischen Führer Bakir Izetbegović oder Bojko Borisov in Bulgarien. Aber auch wenn er die Unterstützung der jeweiligen lokalen Machteliten braucht, hat der türkische Präsident keine Konkurrenz zu fürchten, wenn es um seinen Anspruch geht, die Stimme des Islam in der Region zu sein.

Zweifellos hat auch die Europäische Union Fehler gemacht. Die viel gepriesene Beitrittsperspektive, die der Region eröffnet wurde, hat sich zeitlich verzögert. Nach dem Beitritt Kroatiens im Jahr 2013 richtete die EU den Blick auf Montenegro und Serbien, doch die Verhandlungen verliefen schleppend. Nordmazedonien, das nach der Einigung mit Griechenland im sogenannten Namens- und Symbolstreit umbenannt wurde, musste zusammen mit Albanien mehrere Jahre warten, bis es schließlich im Frühjahr 2020 grünes Licht für die Aufnahme von Verhandlungen erhielt. Obwohl das Kosovo alle technischen Bedingungen erfüllt hat, wird ihm, ähnlich wie der Türkei, die Visafreiheit aus Angst vor einem Zustrom von Migranten noch immer verweigert. Für EU-Staats- und Regierungschefs wie Emmanuel Macron hat die interne Konsolidierung der EU, insbesondere auf der Ebene der Eurozone, Vorrang vor einer weiteren Expansion. Diese Haltung sorgt für Frustration in der Region. »Die europäische Solidarität hat sich als Märchen entpuppt«, schimpfte der serbische Präsident Aleksandar Vučić zu Beginn der Covid-19-Pandemie und lobte China für seine Hilfsbereitschaft. Aber auch die Türkei hat sich diesen Schwebezustand zunutze gemacht. Im Oktober 2017 wurde Erdoğan von Vučić in der mehrheitlich muslimischen Region Sandžak in Serbien herzlich empfangen. Eine große Menschenmenge jubelte den beiden starken Männern zu. Einen türkischen Staatschef in Begleitung von Slobodan Miloševićs ehemaligem Informationsminister zu sehen, war ein bizarrer Anblick. Aber es machte deutlich, dass sich die Zeiten geändert haben.

Trotz alledem entspricht die Türkei nicht unbedingt dem Bild eines EU-Gegners. Dank der Zollunion bleibt sie Teil des Europäischen Wirtschaftsraums. Dasselbe gilt für die westlichen Balkanländer, die alle von Freihandelsvereinbarungen mit der EU profitieren und ihre Rechtssysteme an den gemeinschaftlichen Standard angleichen. Die wichtigsten Handelspartner der Türkei in Südosteuropa sind nicht die muslimisch geprägten Länder wie Bosnien, Albanien oder Kosovo, sondern Rumänien, Bulgarien und Griechenland. Sie führen nicht nur viele Güter aus der Türkei ein, sondern exportieren auch viele Erzeugnisse dorthin. Für alle drei Länder gehört die Türkei zu den fünf wichtigsten Exportmärkten. An zweiter Stelle folgt Serbien.[45] Die Größe der eigenen Wirtschaft und die Tiefe der Integration in die EU sind ein besserer Gradmesser für die Intensität des wirtschaftlichen Austausches mit der Türkei als Kultur oder Geschichte. Kein Wunder, dass in Sarajevo häufig beklagt wird, dass türkische Würdenträger von Brüderlichkeit mit den Bosniaken sprechen, türkische Investitionen aber hauptsächlich ins benachbarte Serbien fließen.

Was die Sicherheitspolitik betrifft, so ist die Türkei nach wie vor Mitglied der NATO und unterstützt auch deren Erweiterung auf den Balkan. Die Große Nationalversammlung hat die Beitrittsverträge mit Montenegro und Nordmazedonien 2017 beziehungsweise 2019 ohne Verzögerung ratifiziert. Das steht in klarem Gegensatz zu Russlands vehementem Widerstand gegen die Erweiterung des Nordatlantischen Bündnisses. Es gibt auch keinen rhetorischen oder inhaltlichen Widerstand Ankaras gegen die EU-Erweiterung, von der auch die Türkei aufgrund der sich bietenden Handelsmöglichkeiten profitiert. Auf dem Papier, wenn auch nicht in der Realität, ist die Türkei nach wie vor ein Beitrittskandidat und befindet sich damit in der gleichen Lage wie die westlichen Balkanländer. Mehr als 150 türkische Soldaten nehmen an der EU-Friedensmission in Bosnien (EUFOR) teil, zu der die Türkei nach Österreich den zweitgrößten Beitrag leistet. Auf dem westlichen Balkan kann die Türkei kein alternatives Angebot unterbreiten, um die Region von den euro-atlantischen Institutionen wegzulocken, wie es Russland mit der Eurasischen Wirtschaftsunion oder der Organisation des Vertrags über kollektive Sicherheit (CSTO), gewissermaßen einer von Moskau geführten Nachbildung der NATO, versuchte.

Schließlich ist noch zu berücksichtigen, dass die türkische Präsenz nicht notwendigerweise einen direkten Einfluss auf die Politik und die Entscheidungen in der Region bedeutet. Die Pendeldiplomatie von Außenminister Ahmet Davutoğlu zwischen Serbien und Bosnien-Herzegowina in den Jahren 2010/11 sah auf dem Papier recht eindrucksvoll aus.[46] Doch abgesehen von einigen anfänglichen Zugeständnissen stellte sich heraus, dass die wichtigste Errungenschaft dieser Ära die Öffnung gegenüber Serbien war, die unter Erdoğan und Vučić Fahrt aufnahm. Die Türkei spielt keine zentrale Rolle im Kosovo, dem wohl bedeutendsten Problem in der Region. Die EU führt die »Normalisierungsgespräche« zwischen Belgrad und Pristina weiter, wobei die USA und gelegentlich auch Russland ins Spiel kommen. Alles in allem hat die Türkei ihre Ambitionen zurückgeschraubt. Die trilateralen Gipfeltreffen zwischen Serbien, Bosnien und der Türkei konzentrieren sich jetzt auf konkretere Themen wie die Autobahn, die Belgrad und Sarajevo verbindet.[47]

DIE VERFLECHTUNG IM ENERGIEBEREICH

Energie ist ein weiterer Bereich, in dem sich die Interessenlagen der EU und der Türkei weiterhin decken, abgesehen vom östlichen Mittelmeerraum. Die Türkei wie auch die europäischen Länder sind Energieverbraucher und daher seit jeher auf die Einfuhr von Erdöl und Erdgas angewiesen. Das Rohöl, durch welches das türkische Energiesystem gespeist wird, kommt etwa zu einem Drittel aus dem Irak. In den 2000er-Jahren wurde Russland zum wichtigsten Gaslieferanten. Aufgrund der Abhängigkeit von externen Lieferanten haben sowohl die EU als auch Ankara ein gemeinsames Interesse an einer Diversifizierung der Bezugsquellen, um eine stabile Versorgung zu gewährleisten und niedrigere Preise zu erzielen.

Dies gilt insbesondere für Gas, das im Rahmen langfristiger, von nationalen Unternehmen unterzeichneter Verträge gehandelt wird und daher anfällig ist für das Auf und Ab der politischen Beziehungen zwischen Liefer- und Verbraucherländern. Die Türkei verfolgt das Ziel, sich von einem Abnehmer von Erdgas zu einem vollwertigen Akteur auf den internationalen Märkten zu entwickeln, der in der Lage ist, Lieferungen von öl- und gasreichen Nachbarländern zu beziehen und an nachgelagerte Kunden jenseits seiner Grenzen weiterzuverkaufen. Auch die EU hat, insbesondere seit der Kürzung der Lieferungen durch die Ukraine 2006 und 2009, Strategien zur Verringerung der Abhängigkeit von Russland entwickelt. Dies geschieht vor allem durch die Förderung der Integration der nationalen Netze und die Verabschiedung von Gesetzen zur Stärkung des internen Wettbewerbs.

Der Südliche Gaskorridor, der Europa über die Türkei mit dem Kaspischen Meer verbindet, hat ebenfalls höchste Priorität. Er wurde im November 2020 Wirklichkeit, als die Transadriatische Pipeline (TAP) in Betrieb genommen wurde, die von der Türkei über Griechenland und Albanien nach Italien verläuft. Die TAP ist eine Erweiterung der Trans-Anatolischen Pipeline (TANAP), die seit 2018 in Betrieb ist. Dank der TANAP/TAP ist die Türkei in der Lage, jährlich 10 Milliarden Kubikmeter (bcm) Erdgas durchzuleiten. Ein Fünftel dieser Menge wird von Nachbarländern wie Griechenland und Bulgarien verbraucht. Infolgedessen wird Gazprom – der dominierende Anbieter in Südosteuropa – zwangsläufig Marktanteile an das Shah-Deniz-Konsortium verlieren, in dem das aserbaidschanische Staatsunternehmen SOCAR einer der Hauptakteure ist. Shah Deniz hat sich verpflichtet, die TAP-Kapazität in den 2020er-Jahren zu verdoppeln, um sowohl den Westbalkan als auch die EU versorgen zu können.

Das starke Engagement der Türkei für den Südlichen Gaskorridor steht in gewisser Weise im Gegensatz zu ihrer florierenden Zusammenarbeit mit Russland. Im Januar 2020 weihten Wladimir Putin und Tayyip Erdoğan in Istanbul die TurkStream-Erdgaspipeline ein, die die beiden Länder durch das Schwarze Meer verbindet. TurkStream soll bis zu 31,5 Milliarden Kubikmeter Gas von der Route durch die Ukraine abzweigen und ist zusammen mit dem Kernkraftwerk in Akkuyu zum Symbol für die zunehmend engeren politischen und wirtschaftlichen Beziehungen zwischen Moskau und Ankara geworden. Die Wiederinbetriebnahme war eines der wichtigsten Ergebnisse der Annäherung zwischen Putin und Ankara im August 2016, nachdem die Beziehungen wegen des abgeschossenen russischen Kampfjets fast abgebrochen waren. Gazprom hoffte, mit der neuen Verbindung seine Position auf dem türkischen Markt gegenüber Konkurrenten wie dem Iran, Aserbaidschan oder Katar zu festigen.

Doch die Realität hat sich als komplexer erwiesen. Die weltweite Gas-
und Ölschwemme und die sinkenden Preise veranlassten die türkischen
Importeure, allen voran das staatliche Versorgungsunternehmen BOTAŞ,
ihre Käufe von russischem Gas zu reduzieren. Der Anteil Russlands sank
von 52 Prozent (28,69 Mrd. m³) im Jahr 2017 auf 47 Prozent im Jahr
2018 (23,64 Mrd. m³) und auf nur noch 33 Prozent (15,9 Mrd. m³) im
Jahr 2019. Die Türkei begann, auf Flüssiggas (LNG) aus Algerien, Nigeria, Katar und sogar den USA umzusteigen. Das zu Rekordtiefpreisen
gehandelte LNG deckte im Jahr 2019 29 Prozent des türkischen Ver-
brauchs. Begünstigt wurde der Boom auch durch die umfangreichen Investitionen in LNG-Terminals und Speicherkapazitäten in den 2010er-
Jahren.

Der Anstieg der LNG-Importe versetzt die Türkei in eine vorteilhafte
Position gegenüber Russland, weil die langfristigen Lieferverträge neu
verhandelt werden müssen. Die Verträge mit BOTAŞ und vier privaten
Unternehmen, die über die sogenannte Westliche Route importieren, die
derzeit von der TurkStream-Pipeline bedient wird, stehen Ende 2021 zur
Erneuerung an. Auch der Vertrag der BOTAŞ über 16 Milliarden Kubikmeter pro Jahr, die seit 2005 durch die unter dem Schwarzen Meer ver-
laufende Blue-Stream-Pipeline transportiert werden, läuft Ende 2025 aus.
Ankara wird zweifelsohne versuchen, den Russen bessere Bedingungen
abzuringen, etwa einen Preisnachlass oder eine Senkung der Abnahme-
quote, die derzeit bei 80 Prozent der vertraglich vereinbarten jährlichen
Liefermenge liegt. »Die Verfügbarkeit von billigem LNG vor Ort und
die sinkende Gasnachfrage sind ein Signal an unsere bestehenden Pipe-
line-Lieferanten, dass sie flexibel sein müssen«, erklärte der stellvertretende Energieminister Alparslan Bayraktar im Februar 2020.[48]

Die Zugeständnisse, die die Türkei möglicherweise ihren Lieferanten
abringen kann, sind ein Präzedenzfall auch für die EU-Importeure. Dies
gilt natürlich auch für Griechenland, das ebenfalls auf LNG setzt, sowie
für Bulgarien und Rumänien, die Partner Athens bei dem Terminal
FSRU sind, das im nordostgriechischen Hafen Alexandroupolis errichtet
werden soll. In Bezug auf Erdgas bleibt die Türkei Teil des größeren euro-

päischen Marktes. Kein Wunder also, dass Gazprom Export, der Außen-
handelsarm des russischen Konzerns, die Türkei noch immer in den Bereich »Westeuropa« einordnet.

ENTSCHEIDEND IST DIE WIRTSCHAFT

Die Verflechtung im Energiebereich zeigt, dass die Türkei weiterhin ein
fester Bestandteil des europäischen Marktes ist. Die EU ist nach wie vor
der wichtigste Handelspartner des Landes und auch die bei Weitem wichtigste Investitionsquelle. Die Zahlen und Daten erzählen eine Geschichte,
die die kriegerische Rhetorik von Erdoğan relativiert. Die Türkei ist der
fünftwichtigste Handelspartner der EU nach den USA, dem Vereinigten
Königreich, China und der Schweiz. Sie ist ein wichtigeres Zielland für
europäische Exporte als Russland und verkauft mehr Waren in die EU
als Japan (obwohl Russland und Japan bei den Importen beziehungsweise Exporten vorne liegen).[49] In den 2010er-Jahren stieg der Anteil der
27 EU-Mitgliedsländer an den Gesamtexporten der Türkei von 46 Prozent auf 50 Prozent. Auf die EU entfällt ein Drittel der türkischen Importe, verglichen mit China mit 10 Prozent, Russland mit 7 Prozent und
den USA mit 5 Prozent. Und unabhängig von der politischen Großwet-
terlage kommen etwa zwei Drittel der ausländischen Direktinvestitionen
in der Türkei aus der Europäischen Union.

Die Zollunion – eine fortgeschrittenere Form der Integration als das
Handelsabkommen der EU mit dem Vereinigten Königreich nach dem
Brexit – bindet die beiden Volkswirtschaften aneinander. Das rasante
Wirtschaftswachstum unter der AKP-Regierung in den 2000er-Jahren
wäre ohne den reibungslosen Zugang zu einem 500-Millionen-Markt
(EU-27 plus Großbritannien) nicht möglich gewesen. Im Zeitraum
zwischen 1996 und 2016 stiegen die türkischen Exporte in die EU um
das Fünffache. Die Türkei entwickelte sich zu einem »Handelsstaat«.[50]
Obwohl das Land sein Exportportfolio in diesen Jahren diversifizierte,

behielt die EU ihre führende Position. Auch die Zollunion stellte für die Türkei kein Hindernis dar, weil auch die Liberalisierung des Handels mit der übrigen Welt mit konstantem Tempo voranschritt.[51] Vor allem der zollfreie Zugang zum europäischen Markt sowie die Beseitigung bestimmter nichttarifärer Handelshemmnisse (zum Beispiel Ursprungs-regeln) förderten die Investitionen.

Der Automobilsektor ist ein aufschlussreiches Fallbeispiel. Automo-bilhersteller wie Fiat, Renault, Hyundai oder Toyota und ihre Zulieferer und Subunternehmer haben sich in der Türkei niedergelassen, weil der zollfreie Zugang zur EU durch die Zollunion gesichert ist. Über 80 Pro-zent der türkischen Automobilexporte im Wert von 20 Milliarden Dollar gehen jedes Jahr nach Europa. Das entspricht einem Zehntel der türki-schen Auslandsverkäufe. Dabei handelt es sich nicht nur um Fahrzeuge, sondern auch um Komponenten, die anschließend in die EU reexportiert werden. Die Türkei ist gewissermaßen zu einem Dreh- und Angelpunkt für paneuropäische Produktionsketten im verarbeitenden Gewerbe ge-worden.[52]

Allerdings war die Zollunion von Anfang an mit Problemen behaftet. Erstens, weil sie die Türkei an die Bedingungen der Abkommen bindet, welche die EU mit Drittländern abschließt – darunter großen Volks-wirtschaften wie Südkorea (2011), Kanada (2017) und Japan (2019). Ankara muss mit jedem dieser Länder ein gesondertes Abkommen un-terzeichnen, um Zugang zu ihren Märkten zu erhalten – oder einem »Regionalen Übereinkommen« beitreten, wie es in der EU-Sprache heißt.[53] In der Regel stellte dies für Staaten an der europäischen Periphe-rie, die Freihandelsabkommen mit der EU abgeschlossen haben, kein Problem dar. Die Türkei hat Verträge mit den Ländern des westlichen Balkans und dem Großteil der Länder Nordafrikas und des Nahen Os-tens ausgehandelt, die unter die sogenannte Euro-Med-Regelung fallen. Der Umgang mit größeren Akteuren, die über politischen und wirt-schaftlichen Einfluss verfügen, ist jedoch schwieriger. Es besteht ein Un-terschied zwischen den Verhandlungen mit Bosnien-Herzegowina und den Verhandlungen mit Japan. Ohne Mitspracherecht in den EU-Institutionen ist die türkische Regierung nicht in der Lage, das kollektive Gewicht der EU-27 zu nutzen, um sich maximale Vorteile zu sichern. Es gibt auch keinen Mechanismus, mit dem Ankara Einfluss auf die Verhandlungen Brüssels mit Dritten nehmen könnte. Doch es ist der Türkei gelungen, im Dezember 2020 ein Abkommen mit dem Vereinigten Königreich auszuhandeln, das praktisch mit dem von Großbritannien mit der EU abgeschlossenen Abkommen übereinstimmt. Dies ist nicht unbedeutend, weil Großbritannien nach Deutschland der zweitgrößte Handelspartner Ankaras ist.

Das zweite Problem besteht darin, dass sich die Zollunion zwischen der EU und der Türkei auf Industriegüter beschränkt und Dienstleistungen ausschließt. Der Anteil der Dienstleistungen an den türkischen Exporten wächst zunehmend – ihr Gesamtwert stieg von 58,6 Milliarden Dollar im Jahr 2018 auf 63,6 Milliarden Dollar im Jahr 2019.[54] Transport und Tourismus führen die Liste an. Im Gegensatz zum Handel mit Industriegütern verzeichnete die Türkei 2019 im Handel mit Dienstleistungen einen Überschuss von 31 Milliarden USD.[55] Das entspricht fast dem türkischen Handelsdefizit im selben Jahr.[56] Die Einbeziehung von Dienstleistungen in die Handelsregelung wäre für die Türkei sehr vorteilhaft – sie würde die Angleichung der türkischen Gesetzgebung und des Rechtsrahmens an jene der EU vorantreiben, ausländische Direktinvestitionen anziehen, Innovationen und jene Art von Strukturreformen fördern, die die Türkei benötigt, um das zu überwinden, was Ökonomen als »Falle des mittleren Einkommens« bezeichnen. Studien gehen davon aus, dass der Export von Dienstleistungen um 430 Prozent und der von landwirtschaftlichen Erzeugnissen um 95 Prozent ansteigen würden, wenn die Zollunion auf den Dienstleistungsbereich erweitert werden würde. Das türkische BIP würde um 1,84 Prozent zunehmen.[57] Die Europäische Union ihrerseits würde durch den Zugang zu öffentlichen Aufträgen und Dienstleistungsmärkten profitieren.[58]

Die Türkei und die EU haben bereits in den 2000er-Jahren die Notwendigkeit einer Aktualisierung der Zollunion anerkannt und Gespräche über den Dienstleistungsbereich aufgenommen. Im Mai 2015 stellten EU-Handelskommissarin Cecilia Maelström und der türkische Wirtschaftsminister Nihat Zeybekçi Pläne zur »Modernisierung« der Vereinbarung vor.[59] Darüber hinaus legte die Europäische Kommission einen Entwurf vor, der zwei Optionen vorsieht: einen erweiterten Handelsrahmen und eine vertiefte und umfassende Freihandelszone (DCFTA) nach dem Muster der Vereinbarung mit der Ukraine. In beiden Szenarien würde die aktualisierte Zollunion neben dem öffentlichen Beschaffungswesen auch Dienstleistungen, Niederlassungsregeln, nichttarifäre Handelshemmnisse usw. umfassen.[60] Zusammen mit der Visaliberalisierung würde dies letztlich auf eine privilegierte Partnerschaft hinauslaufen, wie sie von den europäischen Konservativen bereits Mitte der 2000er-Jahre vorgeschlagen wurde. Die Türkei vertritt den Standpunkt, dass die künftigen Gespräche über eine Zollunion parallel zu den Beitrittsverhandlungen verlaufen und Letztere daher nicht aufheben. In Wirklichkeit stellt die Aktualisierung der Handelsvereinbarung jedoch eine klare Alternative zu den festgefahrenen EU-Beitrittsgesprächen dar.

Doch wie so oft kam die Politik der wirtschaftlichen Vernunft in die Quere. Der Niedergang der Demokratie in der Türkei seit 2016 und die dadurch entstandenen Konflikte mit der EU verhinderten eine Vertiefung der Integration. Im August 2017 forderte die deutsche Bundeskanzlerin Angela Merkel das Einfrieren der Gespräche über die Zollunion.[61] Auch die Spannungen mit anderen Mitgliedstaaten – den Niederlanden, Griechenland, Zypern und neuerdings Frankreich – waren diesbezüglich nicht hilfreich. Am 26. Juni 2018 beschloss der General Affairs Council (Rat für Allgemeine Angelegenheiten) formell, dass die »Arbeit an der Modernisierung der Zollunion nicht weiter fortgesetzt« wird, und nannte als Vorbedingungen dafür zum einen die Demokratisierung und die Verbesserung der Rechtsstaatlichkeit in der Türkei sowie die Anpassung an die Außenpolitik der EU.[62] Ähnliches gilt für die Verstimmungen zwischen Ankara und dem Europäischen Parlament, obwohl dieses in der Anfangsphase der Verhandlungen über die Zollunion keine formale Rolle spielt. Der Antrag der Europäischen Kommission für ein Mandat für Verhandlungen mit der Türkei über eine Modernisierung der

Zollunion, der dem Rat im Dezember 2016 vorgelegt wurde, blieb stecken. Er wurde erst im März 2021 bewilligt, als Belohnung dafür, dass die Türkei den Druck auf Griechenland und Zypern im östlichen Mittelmeerraum verringerte.[63] Obwohl die EU ihre Bedingungen bezüglich der Demokratisierung aufgeweicht hat, ist der Prozess der Modernisierung der Zollunion noch lange nicht unumkehrbar.

Die schwierige wirtschaftliche Situation in der Türkei macht die Verbesserung der Wirtschaftsbeziehungen zur EU umso notwendiger. Das Wirtschaftswachstum der Türkei brach schon vor der Covid-19-Pandemie ein; nachdem sich das Wachstum des BIP im Jahr 2018 noch auf 2,9 Prozent belaufen hatte, betrug es im darauffolgenden Jahr nur noch 0,9 Prozent. Zum Vergleich: In den guten Jahren zwischen 2000 und 2007 lag das durchschnittliche jährliche Wachstum bei etwa 7 Prozent, und 2011, als die Türkei die globale Finanzkrise hinter sich ließ, betrug es starke 11 Prozent. Das niedrige Wachstum hat strukturelle Schwachstellen offengelegt, die durch den Konsum und den Immobilien- und Bauexzess, der durch Fremdwährungsschulden finanziert wurde, den Eckpfeiler des Wirtschaftsmodells der AKP-Ära, noch verschlimmert wurden.[64] Zwischen 2008 und 2018 stieg das Verhältnis von Krediten an den Privatsektor zum Bruttoinlandsprodukt von 27 Prozent auf 70 Prozent. Mit der Türkischen Lira ging es bergab. Im September 2017 wurde 1 US-Dollar für 3,4 Türkische Lira gehandelt, ein Jahr später mussten für 1 US-Dollar 6,3 Lira gezahlt werden. Trotz der Erholung im Jahr 2019 überschritt die Lira im Oktober 2020 die psychologische Schwelle von 8 Lira für einen Dollar und verlor im Laufe des Jahres mehr als ein Fünftel ihres Wertes.[65] Die starke Abwertung wirkte sich negativ auf den Lebensstandard der Bevölkerung aus und bereitete Erdoğan Probleme.

Bedauerlicherweise sträubt sich Erdoğan gegen eine Änderung seiner Politik. Er beharrt darauf, die Zinsen niedrig zu halten, um das Wachstum auf dem jetzigen Niveau zu stabilisieren, spart nicht mit Kritik an der »Zinslobby« und verunglimpft Zentralbanker, die es wagen, eine andere Meinung zu vertreten. Die Bauindustrie, die der AKP nahesteht, profitiert von den günstigen Krediten, aber andere Unternehmen leiden unter der ausufernden Inflation. Um sich über Wasser zu halten, hat die Türkei einen Großteil ihrer Devisenreserven aufgezehrt, die von 80 Milliarden Dollar im Dezember 2019 auf nur noch 48,9 Milliarden Dollar im Mai 2020 gesunken sind. Sie lehnte es ab, den IWF um Hilfe zu bitten, aufgrund der damit verbundenen Bedingungen, und holte sich stattdessen über ein Währungsswap-Abkommen Hilfe bei Katar. Kosmetische Änderungen machten keinen großen Unterschied. Der plötzliche Rücktritt von Erdoğans Schwiegersohn Berat Albayrak als Finanzminister und die Ernennung des Technokraten Naci Ağbal zum Gouverneur der Zentralbank, der Zinserhöhungen befürwortet (Dezember 2020), trugen dazu bei, dass die Türkische Lira wieder etwas an Wert gewann. Darüber hinaus kündigte Erdoğan im März 2021 eine stärkere Beachtung der Menschenrechte an – ein Schritt, durch den er zweifellos den Westen beruhigen wollte. Doch schon bald änderte die Regierung ihren Kurs wieder. Sie drohte der prokurdischen HDP mit dem Verbot, und Erdoğan ersetzte Ağbal[66] durch einen seiner Getreuen, der die offizielle Parteilinie vertritt und Zinserhöhungen für ein großes Übel hält. Darauf stürzte die Türkische Lira abermals rasant ab – ein klassisches Beispiel für Erdoğanomics.

Diese Episode zeigt die Grenzen der Annäherung der Türkei an die EU auf. Die Türkei hat zwar ein Interesse daran, ihren Zugang zum europäischen Markt zu erweitern, aber es gibt ernsthafte Hindernisse, die einem solchen Schritt entgegenstehen. Neben der Frage der Demokratie und der Menschenrechte oder den Streitigkeiten mit den EU-Mitgliedstaaten haben sie mit dem politisch-wirtschaftlichen Modell zu tun, das unter Erdoğan aufgebaut wurde.

Die »*Yerli ve Millî*«-Kampagne, Subventionen für Günstlinge, die Beteiligung des Staates an Schlüsselunternehmen wie Turkcell, Türk Telekom und Turkish Airways (THY), die Liquidität, die in staatliche Banken gepumpt wird, und der Druck auf private Kreditgeber, um die Kreditvergabe aufrechtzuerhalten, oder auch die Importzölle, die während der Covid-19-Pandemie erhoben wurden, belegen den Trend zum wirtschaftlichen Nationalismus.[67] Wie die Zeitschrift *The Economist* feststellte, »versucht die Türkei, Chinas Wachstumsstrategie (mit staatlich gestützten Krediten für Immobilien- und Infrastrukturinvestitionen) nachzuahmen, ohne dass sie dabei von gutmütigen Anlegern und festsitzenden Ersparnissen profitieren kann.«[68] Deshalb werden die Unsicherheiten zwangsläufig anhalten. Zugleich wird die Türkei ihre Beziehungen zur EU fortführen, wird jedoch versuchen, diese so weit wie möglich nach ihren eigenen Bedingungen zu gestalten.

AUSBLICK

WIE GEHT ES WEITER?

Erdoğan kam vor zwei Jahrzehnten an die Macht. Man mag ihn lieben oder hassen, aber er hat sowohl der Türkei als auch ihren Nachbarn, einschließlich der Europäischen Union, seinen Stempel aufgedrückt. Unter Erdoğan ist die Türkei reicher und einflussreicher geworden, aber auch unfreier, konfrontativer und aggressiver in ihrer Außenpolitik, und ihre Wirtschaft stagniert. Doch wie wird die Türkei in zwanzig Jahren aussehen? Wohin wird sie sich nach der Achterbahnfahrt der 2010er-Jahre entwickeln?

Spekulationen über die Zukunft der Türkei sind von Natur aus ein heikles Unterfangen. Selbst gut begründete Vermutungen laufen Gefahr, von den Ereignissen überrollt und unbrauchbar gemacht zu werden. Dennoch lassen sich einige Trends deutlich erkennen.

Zum einen wird die Türkei in zwanzig Jahren immer noch die Türkei von Erdoğan sein. Wenn sich nichts grundlegend verändert, wird er aller Wahrscheinlichkeit nach immer noch das Sagen haben. Erdoğan wird seine Macht nicht aufgeben. Er hält die Politik des Landes in seinem eisernen Griff; davon wird er nicht ablassen, koste es, was es wolle. Ja, die Opposition könnte eine Mehrheit in der Großen Nationalversammlung erringen. Aber auch in einem solchen Szenario würde Erdoğan dank der Präsidialverfassung weiterhin die Oberhand behalten. Seine Kontrolle über die Justiz, einschließlich des Verfassungsgerichts, eine Vielzahl von Regulierungs- und Verwaltungsbehörden und den Sicherheitsapparat wird den Ausschlag geben. Ganz zu schweigen von der informellen Rolle,

die er in der Wirtschaft ausübt. Erdoğans Gegner könnten ihm 2023 sogar die Präsidentschaft streitig machen, denn seine Beliebtheitswerte sind
auf einem historischen Tiefstand, und die populären Bürgermeister von
Istanbul und Ankara sitzen ihm im Nacken.[1] In der Tat könnten Ekrem
İmamoğlu und Mansur Yavaş im Jahr 2023 gute Chancen bei der Präsidentschaftswahl haben, weil sie von der wirtschaftlichen Unzufriedenheit und der verbreiteten Ablehnung von Flüchtlingen aus Syrien und
jetzt auch Afghanistan profitieren. Doch es kommt nicht nur darauf an,
wer die Stimmen zählt, sondern auch darauf, wie viele Stimmen jeder
Kandidat erhält.[2] Schlimmstenfalls könnte das Regime auf Repressionen
zurückgreifen, um sein Überleben zu sichern.[3] Es wird auch den Nationalismus instrumentalisieren und Kulturkämpfe der alten Schule neu ent-
fachen, um einen Keil zwischen die Opposition zu treiben, die derzeit
das gesamte politische Spektrum umfasst, von den religiösen Konservativen bis zu den Hardlinern unter den Säkularisten und von den Nationalisten bis zur prokurdischen HDP.[4]

Die große Frage ist, ob ein alternder Erdoğan in ein oder zwei Jahrzehnten noch in der Lage sein wird, diese Aufgabe zu erfüllen. Gesund-
heitliche und altersbedingte Bedenken werden zweifellos die Suche nach
einem Nachfolger, der zu gegebener Zeit die Zügel in die Hand nehmen
könnte, noch dringlicher machen – eine Frage, die bereits wie ein Damo-
klesschwert in der Luft hängt. Und wie wir von anderen autoritären Regimen wissen, setzt ein Machtwechsel das System unter enormen Druck.
Er erhöht die Unsicherheit, schürt bei den etablierten Eliten Ängste um
ihren Platz in der Hierarchie und um das angehäufte Vermögen und verschärft die Risse zwischen rivalisierenden Fraktionen innerhalb der Regierung und ihrer Klientel. Erdoğans Erbe – wie auch immer er heißen
mag (wahrscheinlich wird es keine »Sie« sein) – könnte angesichts von
inneren Konflikten, wirtschaftlicher Unsicherheit und externen Herausforderungen Schwierigkeiten haben, die Stabilität zu wahren. Ohne das
Charisma Erdoğans, seine Anziehungskraft auf die »einfachen Leute«
und seine informelle Autorität gegenüber der Elite wird es der nächste
politische Führer des Landes schwer haben. Unter diesen Umständen

könnten Verhandlungen und Kompromisse mit der Opposition oder sogar die Teilung der Macht die einzige praktikable Strategie sein, um einem neuen Präsidenten das politische Überleben zu sichern. Dies könnte die Rückkehr zu einem parlamentarischen System, die Abschaffung des Präsidentialismus oder zumindest eine Neugestaltung des verfassungspolitischen Kräfteverhältnisses bedeuten. Mit anderen Worten: Die Türkei der Zukunft könnte einen Weg einschlagen, der aus der sogenannten »dritten Welle« der Demokratisierung in Südeuropa und Lateinamerika in den 1970er- und 1980er-Jahren bekannt ist. Dabei würde die AKP nach Erdoğan ihren hegemonialen Status einbüßen, aber weiterhin eine tragende Rolle im politischen System spielen.

Aber dass es Erdoğans Türkei ist, bedeutet nicht, dass er selbst das Land führen muss. Auch ohne ihn wird der Erdoğanismus weiterleben. Man denke nur an den Peronismus, den Gaullismus und viele andere -ismen in nahen und fernen Ländern. Die Erzählungen von politischer und wirtschaftlicher Ermächtigung, davon, den Islam wieder in den Mittelpunkt des öffentlichen Lebens zu rücken, und davon, die Türkei zu einer Großmacht im Nahen Osten und darüber hinaus zu machen, werden bei der konservativen Wählerschaft Anklang finden. Erdoğan wird eine Vaterfigur sein, und sein historisches Erbe wird noch für Generationen weiterleben. Aber es wird so spaltend sein wie eh und je. Was die AKP-Anhänger als das goldene Zeitalter der Türkei feiern werden, wird der anderen Hälfte des Landes als dunkle Ära der Unterdrückung und Unfreiheit in Erinnerung bleiben. Man darf sich auf kommende Erinnerungskriege gefasst machen, die an die heutigen Auseinandersetzungen um Atatürk oder Sultan Abdülhamid II. erinnern werden.

Gleichzeitig wird ein wesentlicher Teil von Erdoğans politischer Agenda wahrscheinlich unerfüllt bleiben. Die AKP-Herrschaft könnte die Art und Weise, wie die Bürger der Türkei über Geschichte und kollektive Identität denken, neugestalten und den Islam wieder in den Mittelpunkt stellen. Es gibt jedoch keine Anzeichen dafür, dass sie eine einheitlich religiöse, gottesfürchtige Gesellschaft hervorbringen wird. So konservativ die Türkei auch ist, der Säkularismus scheint sogar eher zu-

als abzunehmen. So ergab beispielsweise eine Umfrage des Meinungsfor-
schungsinstituts Konda aus dem Jahr 2018, dass der Anteil derjenigen,
die sich als »religiös konservativ« bezeichnen, innerhalb eines Jahrzehnts von 32 auf 25 Prozent gesunken ist.[5] Der Anteil der Bürger, die
während des heiligen Monats Ramadan fasten, ging von 77 auf 65 Prozent zurück. Die Dominanz der AKP führt nicht zu einem umfassenden
Identitätswandel. Es ist gut möglich, dass sie eher das Gegenteil bewirkt,
weil sie die Anziehungskraft der islamistischen Politik untergräbt. Insgesamt werden die Verwerfungen in der türkischen Gesellschaft und Politik
weiterbestehen. Sie werden sich tiefgreifend auf die künftige politische
Entwicklung auswirken, auch wenn zugegebenermaßen nur eine Spaltung des AKP-wählenden, religiös-konservativen Lagers das Gleichgewicht kippen könnte.[6] Auch die Kurdenfrage wird sich nicht lösen lassen,
insbesondere wenn die HDP (oder ihre Nachfolger) ihre Position als
politischer Königsmacher festigt, wie bei den Bürgermeisterwahlen in
Istanbul im Jahr 2019 geschehen.

Was sich auch nicht ändern wird, ist die Hassliebe der Türkei zum
Westen. Zum Zeitpunkt der Abfassung dieses Buches bemüht sich
Erdoğan um einen Neustart der Beziehungen sowohl zu den USA als
auch zur EU. Seine Begegnung mit Präsident Joe Biden am Rande des
NATO-Gipfels im Juni 2021 war ein positives Signal. Die EU ist zufrieden mit der Deeskalation der Spannungen im östlichen Mittelmeer, diskutiert mit Ankara über eine Erneuerung des Flüchtlingsabkommens
von 2016 und möglicherweise auch eine Modernisierung der Zollunion.
Parallel dazu wird darüber gesprochen, wie sich die Türkei am europäischen »Green Deal« beteiligen könnte. Daraus lässt sich folgern, dass
eine vollständige Trennung der Türkei vom Westen nicht wahrscheinlich
ist, trotz der aggressiven Rhetorik von Erdoğan und seiner Anhänger.
Klare Mehrheiten im Lande unterstützen die weitere Mitgliedschaft in
der NATO. Die wirtschaftliche Not hat auch die Attraktivität der EU
vergrößert. Laut der jährlichen Umfrage der Kadir-Has-Universität zur
Außenpolitik im Jahr 2021 sprachen sich fast 60 Prozent für einen Beitritt aus.[7]

In zwei Jahrzehnten wird die Türkei noch immer eine wichtige regionale Macht sein. Ankara wird sich vielleicht dafür entscheiden, seine militärische und diplomatische Präsenz im Nahen Osten, in Nord- und Subsahara-Afrika zu verringern, aber es wird auf lange Sicht in Syrien und im Nordirak bleiben. Der Rückzug und die Aufgabe der Kontrolle über die Enklaven an der syrischen Grenze werden sich schwierig gestalten, und die Türkei wird sich in diesen Gebieten weiterhin um die Sicherheit, die Regierungsführung und die wirtschaftliche Entwicklung kümmern. Die türkische Außenpolitik mag noch immer vom Streben nach einer regionalen Führungsrolle getrieben sein, aber eine realistischere Einschätzung der Fähigkeiten des Landes sowie der Interessen anderer wichtiger Akteure im Nahen Osten ist für den Erfolg entscheidend. Gleiches gilt in Bezug auf andere Regionen wie den Balkan, wo die Türkei nicht in der Lage ist, die EU zu ersetzen, oder den Südkaukasus, wo Russland weiterhin eine starke Position haben wird. Um in der Nachbarschaft Einfluss nehmen zu können, muss die Türkei vor allem ihr eigenes Haus in Ordnung bringen: Sie muss zu einem hohen Wirtschaftswachstum zurückfinden, ihre Institutionen stärken und nicht zuletzt ihren Demokratisierungsprozess wieder in Gang bringen. Nur dann wird sie ihr »Soft Power«-Potenzial voll ausschöpfen können.

AUSGEWÄHLTE LITERATUR

Gesamtdarstellungen

Kerslake, Celia, Kerem Öktem und Philip Robins (Hg.), Turkey's Engagement with Modernity: Conflict und Change in the Twentieth Century, Palgrave, 2010.

Özerdem, Alparslan und Matthew Whitting (Hg.), *The Routledge Handbook of Turkish Politics,* Routledge, 2019.

Tezcür, Günes. Murat (Hg.), *The Oxford Handbook of Turkish Politics,* Oxford University Press, 2021.

Zürcher, Erik-Jan, *Turkey: A Modern History* (4. überarbeitete Aufl.), I.B. Tauris, 2017.

Innenpolitik der AKP

Arat, Yeşim und Şevket Pamuk, *Turkey Between Democracy and Authoritarianism,* Cambridge University Press, 2019.

Başer, Bahar und Ahmet Erdi Öztürk (Hg.) Authoritarian Politics in Turkey: Elections, Resistance and the AKP, I.B. Tauris, 2017.

Baykan, Toygar Sinan, The Justice and Development Party in Turkey: Populism, Personalism, Organization, Cambridge University Press, 2020.

Bosco, Anna, Senem Aydın-Düzgit und Susannah Verney (Hg.), *The AKP Since Gezi Park: Moving to Regime Change in Turkey,* Routledge, 2020.

Çağaptay, Soner, The New Sultan: Erdoğan and the Crisis of Modern Turkey, I.B. Tauris, 2014.

Çarkoğlu, Ali und Barnett Rubin (Hg.), *Religion and Politics in Turkey,* Routledge, 2013.

Cook, Stephen, False Dawn: Protest, Democracy, and Violence in the New Middle East, Oxford University Press, 2017.

Esen, Berk und Şebnem Gümüşçu, »Rising Competitive Authoritarianism in Turkey«, *Third World Quarterly* 37(9), 2016, S. 1581–1606.

Gençkaya, Ömer Faruk und Ergun Özbudun, Democratization and the Politics of Constitutionmaking in Turkey, CEU Press, 2009.

Grigoriadis, Ioannis, Trials of Europeanization: Turkish Political Culture and the European Union (Palgrave, 2009).

Karaveli, Halil, Why Turkey Is Authoritarian: From Atatürk to Erdoğan, Pluto Press, 2018.

Kuru, Ahmet und Alfred Stepan (Hg.), *Democracy, Islam and Secularism in Turkey,* Columbia University Press, 2012.

Lord, Ceren, Religious Politics in Turkey: From the Birth of the Republic to the AKP, Cambridge University Press, 2018.

Öktem, Kerem, Angry Nation: Turkey Since 1989, Zed Books, 2009.

Öktem, Kerem und Karabekir Akkoyunlu (Hg.), Exit from Democracy: Illiberal Governance in Turkey and Beyond, Routledge, 2019.

Özkırımlı, Umut (Hg.), The Making of a Protest Movement in Turkey: #occupy-gezi, Palgrave, 2014.

Saka, Erkan, Social Media in Turkey: A Journey through Citizen Journalism, Political Trolling and Fake News, Lexington Books, 2020.

Smith, Hannah Lucinda, *Erdoğan Rising,* William Collins, 2020.

Waldman, Simon und Emre Çalışkan, *The New Turkey and Its Discontents,* Oxford University Press, 2017.

Yavuz, M. Hakan und Bayram Balcı, *Turkey's July 15th Coup: What Happened and Why,* University of Utah Press, 2018.

Nationalismus, Identität und die Kurdenfrage

Başaran, Ezgi, Frontline Turkey: The Conflict at the Heart of the Middle East, I.B. Tauris, 2017.

Çandar, Cengiz, Turkey's Mission Impossible: War and Peace with the Kurds, Lexington Books, 2020.

Çifçi, Deniz, The Kurds and the Politics of Turkey: Agency, Territory and Religion, I.B. Tauris, 2021.

Kadıoğlu, Ayşe und Fuat Keyman, *Symbiotic Antagonisms: Competing Nationalisms in Turkey,* University of Utah Press, 2011.

Taşpınar, Ömer, Kurdish Nationalism and Political Islam in Turkey: Kemalist Identity in Transition, Routledge, 2005.

Türkmen, Gülay, Under the Banner of Islam: Turks, Kurds, and the Limits of Religious Unity, Oxford University Press, 2021.

White, Jenny, *Muslim Nationalism and the New Turks,* Princeton University Press, 2014.

Wirtschaft

Buğra, Ayşe und Osman Savakan, New Capitalism in Turkey: The Relationship between Politics, Religion and Business, Edward Elgar, 2014.

Öniş, Ziya und Fikret Şenses (Hg.), Turkey and the Global Economy: Neoliberal Restructuring and Integration in the Post-crisis Era, Routledge, 2010.

Pamuk, Şevket, Uneven Centuries: Economic Development of Turkey since 1820, Princeton University Press, 2018.

Gesellschaft und Kultur

Göle, Nilüfer, *The Forbidden Modern: Civilization and Veiling,* University of Michigan Press, 1997.

Muedini, Fait, LGBTI Rights in Turkey: Sexuality and the State in the Middle East, Cambridge University Press, 2018.

Saktanber, Ayşe und Deniz Kandiyoti, *Fragments of Culture: The Everyday of Modern Turkey,* Bloomsbury, 2001.

Stokes, Martin, Republic of Love: Cultural Intimacy in Turkish Popular Music, University of Chicago Press, 2010.

Temelkuran, Ece, Turkey: The Insane and the Melancholy, Zed Books, 2016.

Özyürek, Esra, Nostalgia for the Modern: State Secularism and Everyday Politics in Turkey, Duke University Press, 2006.

White, Jenny, Turkish Kaleidoscope: Fractured Lives in a Time of Violence, Princeton University Press, 2021.

Außenpolitik

Başkan, Birol und Ömer Taşpınar, The Nation of the Ummah: Islamism and Turkish Foreign Policy, SUNY Press, 2021.

Çağaptay, Soner, Erdoğan's Empire: Turkey and the Politics of the Middle East, I.B. Tauris, 2019.

Hale, William, *Turkish Foreign Policy since 1774* (3. Aufl.), Routledge, 2013.

Hintz, Lisel, Identity Politics Inside Out: National Identity Contestation and Foreign Policy in Turkey, Oxford University Press, 2018.

Keyman, Fuat und Şebnem Gümüşçu, Democracy, Identity and Foreign Policy in Turkey, Palgrave, 2014.

Kirisçi, Kemal, Turkey and the West: Fault Lines in a Troubled Alliance, Brookings Institution, 2017.

Mufti, Malik, Daring and Caution in Turkish Foreign Policy, Palgrave, 2009.

Öktem, Kerem, Ayşe Kadıoğlu und Mehmet Karlı, Another Empire? A Decade of Turkey's Foreign Policy under the Justice and Development Party, Bilgi University Press, 2012.

Phillips, Christopher, The Battle for Syria: International Rivalry in the New Middle East (2. Aufl.), Yale University Press, 2020.

Robins, Philip, Suits and Uniforms: Turkish Foreign Policy since the Cold War, Hurst, 2003.

Robins, Philip, »Turkey's ›Double Gravity‹ Predicament: The Foreign Policy of a Newly Activist Power«, *International Affairs* 89:2, S. 381–397.

Stein, Aaron, Turkey's New Foreign Policy: Davutoğlu, the AKP and the Pursuit of Regional Order, RUSI, 2014.

Tuğal, Cihan, The Fall of the Turkish Model: How the Arab Uprisings Brought Down Islamic Liberalism, Verso Books, 2016 [deutsche Ausgabe: Das Scheitern des türkischen Modells. Wie der Arabische Frühling den islamischen Liberalismus zu Fall brachte, Verlag Antje Kunstmann, München, 2017].

Yavuz, M. Hakan, Nostalgia for the Empire: The Politics of Neo-Ottomanism, Oxford University Press, 2020.

ANMERKUNGEN

Vorwort zur deutschen Erstausgabe

1 »United West, divided from the rest: Global public opinion one year into Russia's war on Ukraine« von Timothy Garton Ash, Ivan Krastev, Mark Leonard, in European Council in Foreign Relations, 22. Februar 2023, https://ecfr.eu/publication/united-west-divided-from-the-rest-global-public-opinion-one-year-into-russias-war-on-ukraine/ (abgerufen am 20.03.2023).

Einleitung   Das Drehbuch des Machthabers

1 Zitiert in Bahattin Gönültaş, »Turkey Fighting for Global Energy Security: Erdoğan«, Anadolu Agency/Anadolu Ajansı, 10. Oktober 2016.

2 Diese Gefühle beruhten auf Gegenseitigkeit. In einem Artikel fasste der Journalist Jeffrey Goldberg zusammen, wie Obama nach Goldbergs Meinung Erdoğan einschätzte, nämlich als »einen Reinfall und als einen autoritären Politiker, der sich weigert, seine enorme Armee zu nutzen, um Stabilität in Syrien zu schaffen«. Siehe »The Obama Doctrine«, in: *The Atlantic*, April 2016. Natürlich kam diese Bemerkung beim türkischen Präsidenten nicht sehr gut an.

3 »Why the European Union Needs Turkey«, St John's College, Oxford, 28. Mai 2004, berichtet in Marinela Raouna, »No Cold Turkey«, in: *Cherwell*, 4. Juni 2004. Der gesamte Text der Rede findet sich in: *Insight Turkey* 6 (3), Juli-September 2004, S. 7–15.

4 Konstantínos Pétrou Kaváfis, *Brichst du auf gen Ithaka... Sämtliche Gedichte*. Übersetzt von Wolfgang Josing unter Mitarbeit von Doris Gundert, Köln: Romiosini Verlag 1983.

5 Es gibt eine umfangreiche Literatur über die gesellschaftlichen Spaltungen in der türkischen Politik, siehe auch Şerif Mardin, »Center–Periphery Relations: A Key to Turkish Politics?«, in: *Daedalus* 102 (1), 1973, S. 169–190.

6   Natürlich kann man den Opfermythos (*mağduriyet*) auch in Frage stellen. Bis in
    die 1990er-Jahre akzeptierte das Militär in gewissem Maße den Islam, wobei die
    sogenannte türkisch-islamische Synthese nach dem Putsch von 1980 eine wichtige
    Funktion hatte.

7   *Reis* (Oberhaupt, Chef) ist ein türkischer biografischer Spielfilm von Hüdaverdi
    Yavuz, der Erdoğans Leben von der Kindheit bis zu seinem Gefängnisaufenthalt
    1998 zeigt. Er wurde am 26. Februar 2017, Erdoğans 63. Geburtstag, bei einer
    Gala in Istanbul öffentlich vorgestellt und kam am 3. März in die türkischen Ki-
    nos – am Vorabend des Verfassungsreferendums 2017.

8   Arabeske gehört seit Ende der 1960er-Jahre zur türkischen Popmusik. Die Mu-
    sikrichtung entstand aus der Vermischung türkischer Volksmusik, arabischer
    Klänge und westlicher Popmusik.

9   »Başkan Erdoğan Türkiye Gençlik Zirvesi'nde konuştu«, in: *Takvim*, 3. Novem-
    ber 2018.

10 Sofern nicht anders bezeichnet, werden Dollarbeträge in diesem Buch immer in
    US-Dollar angeführt. Der Harvard-Ökonom Dani Rodrik wies darauf hin, dass
    das BIP zu konstanten Preisen inflationsbereinigt in der genannten Periode um
    64 Prozent und das BIP pro Kopf um 43 Prozent wuchs. So eindrucksvoll dieser
    Zuwachs auch sein mag, liegt es doch weit unter der von der Regierung behaupte-
    ten Verdreifachung. »How Well Did the Turkish Economy Do Over the Last De-
    cade?« Dani Rodrik's Weblog, 20 June 2013, https://rodrik.typepad.com/dani_
    rodriks_weblog/2013/06/how-well-did-the-turkish-economy-do-over-the-last-
    decade.html (abgerufen 28.01.2023).

11 Karabekir Akkoyunlu und Kerem Öktem, »Existential Insecurity and the Making
    of a Weak Authoritarian Regime in Turkey«, in: *Journal of Southeast European and
    Black Sea Studies* 16 (4), 2016, S. 505 ff.

12 Murat Somer, »Understanding Turkey's Democratic Breakdown: Old vs. New and
    Indigenous vs. Global Authoritarianism«, in: *Journal of Southeast European and
    Black Sea Studies* 16 (4), 2016, S. 484 ff. Hakan Övünç Ongur »*Plus ça Change*:
    Re-articulating Authoritarianism in the New Turkey«, in: *Critical Sociology* 44 (1),
    2018, S. 45–59.

13 In Wahrheit gehörte der Islam schon immer zum nationalen Selbstverständnis der
    Türkei, ob implizit oder ganz offen. Die säkularen Eliten betrachteten nicht-
    muslimische Minderheitsgruppen (wie Griechen, Armenier, Juden) als »die An-
    deren«. Trotz der formalen Verpflichtung auf das Grundrecht der Gleichheit
    wurden solche Gruppen diskriminiert, zum Beispiel durch die 1942 eingeführte
    sogenannte Vermögenssteuer (*Varlık Vergisi*). Im Unterschied zu ihnen wurden
    muslimische ethnische Gemeinschaften wie die Kurden und andere dem türki-

schen nationalen Mainstream assimiliert. Entsprechend der Millî-Görüş-Tradition sorgte die AKP dafür, dass die Verbindung zwischen Islam und Türkischsein deutlicher offenkundiger wurde. Zu den verschiedenen Artikulationen des türkischen Nationalismus, sowohl säkular als auch religiös-konservativ, siehe Jenny White, *Muslim Nationalism and the New Turks,* Princeton, NJ: Princeton University Press 2014.

14 Soner Çağaptay, *The New Sultan: Erdoğan and the Crisis of Modern Turkey*, London: I.B. Tauris 2017.

15 Mustafa Kemals Name wird oft der Ehrentitel *gazi* (ein muslimischer Kämpfer Gottes) vorangestellt. Den Hinweis auf dieses Detail verdanke ich Lisel Hintz.

16 Zu der Parallele zwischen dem hamidischen Regime und der Türkei unter Erdoğan siehe Edhem Eldem, »Sultan Abdülhamid II: Founding Father of the Turkish State? (Eröffnungsrede)«, in: *Journal of the Association of Ottoman and Turkish Studies* 5 (2), Herbst 2018, S. 25–46.

17 Wie auch auf seine Erfahrung mit dem Konstitutionalismus, der schon zu Zeiten des Osmanischen Reiches entstanden ist.

18 Galip Dalay, »Turkey and the West Need a New Framework«, in: Galip Dalay, Ian Lesser, Valeria Talbot und Kadri Taştan, *Turkey and the West: Keep the Flame Burning*, Policy Paper 6, German Marshall Fund, Brüssel, Juni 2020, S. 5 ff.

19 »Türkiye Kamuoyunda Avrupa Birliği Desteği ve Avrupa Algısı Araştırması 2019«, İktisadi Kalkınma Vakfı, Oktober 2019, S. 7.

20 Caroline Feehan und Lisel Hintz, »Burden or Boon? Turkey's Tactical Treatment of the Syrian Refugee Crisis«, Middle East Institute, 10. Januar 2017.

21 Bemerkung bei einer Diskussion über die präsidentielle Verfassung der Türkei, Southeast European Studies at Oxford (SEESOX), 3. März 2021.

22 Alexander Cooley und Daniel H. Nexon, »The Illiberal Tide«, in: *Foreign Affairs*, 26. März 2021.

23 Malik Mufti, *Daring and Caution in Turkish Strategic Culture: Republic at Sea,* Basingstoke: Palgrave 2009, S. 3.

24 Siehe die Botschaft des scheidenden türkischen Botschafters in den USA, Serdar Kılıç, an die muslimisch-amerikanische Gemeinschaft: »Farewell Message from Ambassador Serdar Kılıç to Muslim American Community«, Türkische Botschaft in Washington, D.C., 2. März 2021, http://washington.emb.mfa.gov.tr/Mission/ShowAnnouncement/382098 (abgerufen 28.01.2023). Die AKP spricht von *kutlu yolculuk/yürüyüş* (gesegnete Reise/Wanderung) oder *dava* (Anliegen, Mission) im Hinblick auf die Vereinigung der (sunnitischen) Muslime. Kemal Kirişci, *Turkey and the West: Fault Lines in a Troubled Alliance,* Washington, DC: Brookings Institution 2017, S. 17.

25 Siehe beispielsweise Ömer Taşpınar, »Turkey's Middle East Policies: Between
    Neo-Ottomanism and Kemalism«, Carnegie Endowment, 7 October 2008. Lisel
    Hintz setzt sich mit dem Begriff »Neo-Ottomanism« (Neo-Osmanismus) ausei-
    nander. Sie spricht von einem osmanisch-islamistischen »Identitätsvorschlag«
    und kontrastiert ihn mit Begriffen wie republikanischer Nationalismus, pantürki-
    scher Nationalismus und westlicher Liberalismus: Lisel Hintz, *Identity Politics
    Inside Out: National Identity Contestation and Foreign Policy in Turkey,* Oxford:
    Oxford University Press 2018, S. 36, 49–57. Siehe auch M. Hakan Yavuz, *Nostal-
    gia for Empire: the Politics of Neo-Ottomanism,* Oxford: Oxford University Press
    2020.
26 »Das imperiale Paradigma misst dem externen Umfeld der Türkei die Fähigkeit zu,
    großen Nutzen hervorzubringen, wenn man bereit ist, sich offen mit ihm ausein-
    anderzusetzen und es neu zu gestalten.« Mufti führt seinen Ursprung auf die
    1950er-Jahre zurück, als Adnan Menderes mit seiner Demokratischen Partei an der
    Macht war. Mufti, *Daring and Caution,* S. 4, 29–36.
27 Die Türkei schloss auch mit Katar ein Währungs-Swap-Abkommen über 15 Mil-
    liarden Dollar. Verhandlungen mit der Europäischen Zentralbank und der US-
    Zentralbank führten dagegen zu keinen Ergebnissen.
28 Hugh Pope und Nigar Göksel, »Turkey Does Its Own Thing«, Chatham House,
    1. Dezember 2020. Siehe auch Lisel Hintz, »No One Lost Turkey: Turkey's For-
    eign Policy Quest for Agency with Russia and Beyond«, in: *Texas National Secu-
    rity Review* 2 (4), August 2019, S. 143–50.

1   Die Vergangenheit ist kein anderes Land

1   Für einen allgemeinen Überblick über die 1990er-Jahre siehe Erik-Jan Zürcher,
    Turkey: A Modern History, London: I.B. Tauris 2017, 4. Aufl., Kap. 16: »Years of
    Crisis, 1994–2002«; Kerem Öktem, *Angry Nation: Turkey Since 1989,* London:
    Zed Books 2011, Kap. 7–9.
2   Eine eingehende Darstellung der politischen Wirkung der Urbanisierung ein-
    schließlich der Rolle der Kommunen und der mit Parteien verbundenen sozialen
    Netzwerke bei Wohlfahrtsleistungen siehe Yeşim Arat und Şevket Pamuk, *Turkey
    Between Democracy and Authoritarianism,* Cambridge: Cambridge University
    Press 2019, Kap. 2: »A Long Wave of Urbanization«.
3   Zu einer ähnlichen Folgerung im Hinblick auf die 1990er-Jahre als eine prägende
    Epoche gelangen auch Arat und Pamuk, wobei sie sich vor allem auf bestimmte
    Trends beziehen, etwa die rapide Urbanisierung und die Transformationsprozesse,
    sowie auf das Versagen der machthabenden Eliten, auf gesellschaftliche Erforder-

nisse und kulturelle Konflikte zu reagieren und so weiter. Siehe Arat und Pamuk, *Turkey Between Democracy and Authoritarianism.*

4 Dinnerrede der britischen Premierministerin, 7. April 1988. Das Transkript ist verfügbar unter www.margaretthatcher.org/document/107211. Thatcher hatte ihre Bewunderung für den »Özalismus« schon im Februar 1986 anlässlich des Besuchs des türkischen Ministerpräsidenten in Großbritannien zum Ausdruck gebracht. Siehe www.margaretthatcher.org/document/106331 (abgerufen 28.01.2023).

5 Einige dieser Reformen waren schon von Süleyman Demirels Regierung entworfen worden; nachdem diese durch den Militärputsch im September 1980 gestürzt worden war, wurden die Reformen unter der Militärregierung umgesetzt.

6 Die Zollunion trat 1996 in Kraft, also nach Özals Tod, ist aber dennoch Teil seines Erbes.

7 Die durchschnittlichen Wachstumsraten blieben jedoch hinter den Zuwächsen der Zeit der rapiden Industrialisierung der Türkei in den 1960er- und 1970er-Jahren zurück. Siehe Sumru Altug, Alpay Filiztekin und Şevket Pamuk, »Sources of Long-term Economic Growth for Turkey, 1880–2005«, in: *European Review of Economic History* 12 (3), Februar 2008, S. 393–430.

8 Tosun Arıcanlı und Dani Rodrik (Hg.), *The Political Economy of Turkey: Debt, Adjustment and Sustainability*, Basingstoke: Palgrave Macmillan 1990; Dani Rodrik, »Premature Liberalization, Incomplete Stabilization: The Özal Decade in Turkey«, in: M. Bruno u. a. (Hg.), *Lessons of Economic Stabilization and Its Aftermath*, Cambridge, MA: MIT Press 1991.

9 Über Özal und seine Ära siehe İhsan Sezal und İhsan Dağı (Hg.), *Kim Bu Özal? Siyaset, İktisat, Zihniyet*, Istanbul: Boyut Yayıncılık 2001. Siehe auch seine Memoiren: Turgut Özal, *Turgut Özal'ın Anıları*, zusammengestellt von Mehmet Barlas, Istanbul: Sabah Yayınları 1994.

10 Balkan Talu und İrfan Bozan, *İmam Hatip Liseleri Efsaneler Ve Gerçekler*, Istanbul: Turkish Foundation for Economic and Social Studies [TESEV] 2004, S. 67.

11 Cengiz Çandar, *Turkey's Mission Impossible: War and Peace with the Kurds*, Lanham, MD: Lexington Books 2020, Kap. 5: »Özal, Talabani, Öcalan.« Çandar beriet Özal in kurdischen Angelegenheiten und diente auch als Vermittler zur Führung der PKK. Siehe auch seine Memoiren *Mesopotamia Ekspresi: Bir Tarih Yolculuğu*, Istanbul: İletişim 2014.

12 Ziya Öniş, »Turgut Özal and His Economic Legacy: Turkish Neo-liberalism in Critical Perspective«, in: *Middle Eastern Studies* 40 (4), Juli 2004, S. 113–134.

13 Das Referendum ermöglichte es auch Necmettin Erbakan, gegen den nach dem Militärputsch von 1980 ein Politikverbot verhängt worden war, in die Politik zu-

rückzukehren und noch im selben Jahr zum Vorsitzenden der Wohlfahrtspartei (Refah Partisi) gewählt zu werden.

14 Altug, Filiztekin und Pamuk, »Sources of Long-term Economic Growth.«

15 Fatih Kaya und Selihan Yılar, »Fiscal Transformation in Turkey over the Last Two Decades«, in: *OECD Journal of Budgeting*, 2011/1, S. 59–74.

16 Die Informationen über den Unfall wurden möglicherweise vom Nachrichtendienst der Türkei (MİT) an die Presse geleakt, um der Refah-Yol-Koalition zu schaden. Siehe Zürcher, *Turkey: A Modern History*, S. 335.

17 Im Jahr 2021 behauptete der Mafiaboss Sedat Peker, in den 1990er-Jahren eine bekannte Gestalt der Unterwelt, das Attentat auf Mumcu sei von Innenminister Ağar angeordnet worden.

18 Der Begriff hat seither so große Bekanntheit erlangt, dass er im politischen Diskurs in den Vereinigten Staaten unter Donald Trump fast zum Gemeinplatz wurde.

19 Raşit Kaya und Barış Çakmur, »Politics and Mass Media in Turkey«, in: *Turkish Studies* 11 (4), 2010, S. 521–537.

20 Henri Barkley und Graham Fuller, *Turkey's Kurdish Issue,* Lanham, MD: Rowman and Littlefield 1997.

21 M. Hakan Yavuz, »Five Stages of the Construction of Kurdish Nationalism in Turkey«, in: *Nationalism and Ethnic Politics* 7 (3), 2001, S. 1–24.

22 Die Zahlen stammen vom türkischen Verteidigungsministerium, den Streitkräften und der Polizei, zitiert in Ezgi Başaran, *Frontline Turkey,* London: I.B. Tauris 2017, S. 31.

23 Zum GAP-Projekt siehe Joost Jongerden, »Dams and Politics in Turkey: Utilizing Water, Developing Conflict«, in: *Middle East Policy* 17 (1), Frühjahr 2010, S. 137–143.

24 Über 378 000 Menschen wurden 1987–2002 im Rahmen des Ausnahmezustands gewaltsam evakuiert. Manche Autoren schätzten die Zahl der Binnenvertriebenen und exilierten Menschen aus der Region auf 4,5 Millionen. Siehe Başaran, *Frontline Turkey*, S. 31.

25 Christopher de Bellaigue, »The Battle for Turkey: Can Selahattin Demirtaş Pull the Country Back from the Brink of Civil War?«, in: *The Guardian*, 29. Oktober 2015.

26 Yılmaz wiederholte diese Aussage noch einmal 2002 bei einer Wahlkampfveranstaltung in der Stadt. »Yılmaz: Avrupa'ya Diyarbakırsız gidilmez«, in: *Radikal*, 12. Oktober 2002.

27 Çandar, *Turkey's Mission Impossible*, S. 111–164.

28 Öktem, *Angry Nation*, Kap. 8: »Fighting Terror: The Guardian State in Western Turkey.«

29 Die MHP wurde 1965 von Oberst Alparslan Türkeş gegründet, einem prominenten Mitwirkenden des Militärputsches von 1960. Ihr Jugendflügel, die Grauen
Wölfe (*Bozkurtlar*), stand an vorderster Front im nicht erklärten Bürgerkrieg mit
der Linken, der während der gesamten 1970er-Jahre anhielt. Die Partei wurde
nach dem Putsch von 1980 verboten, aber schon 1983 wieder zugelassen und darf
seit Anfang der 1990er-Jahre wieder ihren alten Namen führen.

30 Ziya Öniş und Barry Rubin (Hg.), *The Turkish Economy in Crisis,* London: Frank
Cass 2003.

31 G. Gülsün Akın u. a., »Transformation of the Turkish Financial Sector in the
Aftermath of the 2001 Crisis«, in: Ziya Öniş und Fikret Şenses (Hg.), *Turkey and
the Global Economy: Neo-liberal Restructuring and Integration in the Post-Crisis Era,*
Abingdon: Routledge 2009, S. 73–101.

2 Die Türkei in der Welt nach dem Kalten Krieg

1 Damals sprach Bülent Ecevit, Vorsitzender von Cems Demokratischer Linkspartei
(DSP), von einer »regional-zentrierten Außenpolitik« (*bölge-merkezli dış poli-
tika*). Zur Kontinuität in der Prä-AKP-Periode siehe Kemal Kirişci, *Turkey and the
West,* S. 153.

2 *OECD Observer*, Ausgabe 140, Mai 1986, S. 4–8, unter www.oecd-ilibrary.org/
docserver/observer-v1986-3-en.pdf (Abruf am 05.02.2023 nicht möglich).

3 Sam Cohen, »Turkey Takes a Tentative Step towards the Soviet Union by Signing
a Trade Agreement«, in: *Christian Science Monitor*, 27. Dezember 1984.

4 William Hale, *Turkish Foreign Policy 1774–2000,* London: Frank Cass 2000, S. 177 f.

5 İhsan Dağı, »Human Rights, Democratization and the European Community in
Turkish Politics: The Özal Years, 1983–87«, in: *Middle East Studies* 37 (1), Januar
2001, S. 17–40.

6 Zitiert in Meltem Müftüler-Baç, »Turkish Economic Liberalization and European
Integration«, in: *Middle East Studies* 31 (1), Januar 1995, S. 85.

7 Die Europäische Kommission verwies auf den »substanziellen Entwicklungsab-
stand zwischen der Türkei und der Gemeinschaft« und auf den Konflikt mit Griechenland. Commission of the European Communities, Commission opinion on
Turkey's request for accession to the Community, SEC (89) 2290 final, Brüssel,
20. Dezember 1989.

8 Öniş, »Turgut Özal and His Economic Legacy«.

9 Siehe hierzu Kapitel 9.

10 Alexis Heraclides, *The Greek–Turkish Conflict in the Aegean,* New York: Springer
2010, S. 124.

11 Hale, *Turkish Foreign Policy*, S. 167 ff.

12 Philip Robins, *Suits and Uniforms: Turkish Foreign Policy Since the Cold War,* London: Hurst 2003, S. 275–283.

13 Die kemalistische Türkei wurde erstmals als Modell für die Reformen angeführt, die in Afghanistan durch Amanullah Han nach 1928 eingeleitet wurden. In den 1930er-Jahren inspirierte das Modell Türkei den von Reza Schah Pahlavi eingeleiteten Modernisierungsprozess im Iran und in den 1950er-Jahren die von Habib Bourguiba angestoßene Modernisierung Tunesiens.

14 Özal, interviewt durch Bruce Kuniholm und Ole Holsti für das Living History Program der Duke University, 26. März 1991. Transkript and Video unter http://livinghistory.sanford.duke.edu/interviews/turgut-Özal/ (abgerufen 26.01.2023).

15 Güven Sak, »From the Adriatic Sea to the Great Wall of China«, in: *Hürriyet Daily News*, 12. August 2017, www.hurriyetdailynews.com/opinion/guven-sak/ from-the-adriatic-sea-to- the-great-wall-of-china-116644 (Abruf am 26.01.2023 nicht möglich).

16 Ian Lesser, »Bridge or Barrier? Turkey and the West after the Cold War«, in: Graham Fuller u. a., *Turkey's New Geopolitics: From the Balkans to Western China,* New York: Routledge 1993.

17 Hale, *Turkish Foreign Policy*, S. 205; Robins, *Suits and Uniforms*, S. 69 f. Es muss dem erfahrenen Staatsmann – der auch den weisen Spruch »Gestern ist gestern, heute ist heute« (*dün dündür, bugün bugündür*) prägte – zugebilligt werden, dass er ohne Probleme in seine neue Rolle fand.

18 Der Konflikt um Bergkarabach, eine autonome, mehrheitlich von Armeniern bewohnte Region in Aserbaidschan, begann bereits 1988 mit Gewalttätigkeiten und Schießereien auf eher kommunaler Ebene, eskalierte dann aber im Winter 1991–1992 zu direkten kriegerischen Auseinandersetzungen.

19 Hale, *Turkish Foreign Policy*, S. 271 ff.

20 Robins, *Suits and Uniforms*, S. 343–373.

21 Im März 1997 veröffentlichten die Chefs der Christlich-Demokratischen Parteien, darunter auch der deutsche Bundeskanzler Helmut Kohl, eine Erklärung, in der festgestellt wurde, »die EU [sei] ein Zivilisationsprojekt, und innerhalb dieses Zivilisationsprojekts [habe] die Türkei keinen Platz.« Siehe Hale, *Turkish Foreign Policy*, S. 239.

22 Malik Mufti, *Daring and Caution in Turkish Strategic Culture,* Basingstoke: Palgrave 2009, S. 17–29.

23 Halis Akder, »Turkey's Export Expansion in the Middle East, 1980–1985«, in: *Middle East Journal* 41 (4), Herbst 1987, S. 553.

24 Bereits im August 1990 hatte die Türkei die Kirkuk–Ceyhan-Ölpipeline gesperrt. Sie wurde erst im Jahr 2000 wieder freigeschaltet.

25 Auch Außenminister Ali Bozer und Verteidigungsminister Safa Giray hatten ihren Rücktritt eingereicht. Bozer warf Özal vor, seine Kompetenzen überschritten zu haben, und beklagte sich darüber, dass die Türkei mit der Entsendung von Truppen in den Irak zu große Risiken eingehe. Siehe hierzu sein Interview »Beyaz Saray'da beni görüşmeye almadılar«, in: *Hürriyet*, 10. Januar 2000. Siehe auch William Hale, »Turkey, the Middle East and the Gulf Crisis«, in: *International Affairs* 68 (4), Oktober 1992, S. 679–692.

26 Aus Erdoğans Perspektive spielten dabei auch Özals Bestrebungen eine Rolle, seine Befugnisse immer weiter auszudehnen, bis er fast zu einem De-facto-Exekutivpräsidenten wurde.

27 Jedoch wurde das Defense and Economic Cooperation Agreement (DECA) 1992 nur um ein Jahr verlängert, und 8 von 12 US-Stützpunkten in der Türkei wurden bis 1994 geschlossen. 1999 stellte Washington auch die Militärhilfe für die Türkei ein. Im US-Kongress stand die Türkei wegen ihres Umgangs mit den Menschenrechten in der Kritik, konnte aber im Pentagon sowie im Außenministerium mit Unterstützung rechnen.

28 Mufti, *Daring and Caution*, S. 87–109; Robins, *Suits and Uniforms*, S. 163ff.

29 1995 unterzeichneten Syrien und Griechenland ein Abkommen, das es griechischen Kampfjets erlaubte, auf syrischen Stützpunkten zu landen.

30 Mahmut Bali Aykan, »The Turkish–Syrian Crisis of October 1998: A Turkish View«, in: *Middle East Policy* 6 (4), Juni 1999, S. 174–191.

31 Robins, *Suits and Uniforms*, S. 260–265.

32 Bekanntermaßen hatte sich Erbakan für eine Islamische Union eingesetzt und sich seit den 1970er-Jahren gegen die türkischen Ambitionen für eine Mitgliedschaft in der Europäischen Gemeinschaft beziehungsweise Europäischen Union ausgesprochen. Übereinstimmend mit europäischen Konservativen bezeichnete er die EG/EU als »Christlichen Club«. Für eine Analyse seiner Politik siehe Binnaz Toprak, »Politicization of Islam in a Secular State: The National Salvation Party in Turkey«, in: Said Amir Arjomand (Hg.), *From Nationalism to Revolutionary Islam*, Basingstoke: Palgrave Macmillan 1984, S. 119–133.

33 Die historische Entwicklung und ein präziser Überblick über diese strittigen Themen finden sich in Alexis Heraclides, »The Unresolved Aegean Dispute: Problems and Prospects«, in: Alexis Heraclides und Gizem Alioğlu Çakmak (Hg.), *Greece and Turkey in Conflict and Cooperation: From Europeanization to De-Europeanization*, Abingdon: Routledge 2019.

34 Dimitar Bechev, *Rival Power: Russia in Southeast Europe*, New Haven, CT: Yale University Press 2017, S. 125.

35 Stephen Kinzer, »Turkey, Rejected, Will Freeze Ties with the European Union«, in: *The New York Times*, 15. Dezember 1997.

36 Die Reibereien der Türkei mit der EU (und auch mit der Westeuropäischen Union WEU, einer Verteidigungskooperation, in der die Türkei assoziiertes Mitglied ist) schwelten während der gesamten 1990er-Jahre. Die türkische Regierung sorgte sich, dass durch den Ausbau der WEU zu einer sicherheitspolitischen Säule der EU die NATO unterminiert werden würde, während man gleichzeitig deren militärische Kapazitäten nutzen wolle. Im Wesentlichen würde das bedeuten, dass die Türkei zur Verteidigung Europas verpflichtet wäre, ohne eine entsprechende Gegenverpflichtung der EU zu erhalten. Hale, *Turkish Foreign Policy*, S. 229–233.

37 Habibe Özdal u. a., *Türkiye-Rusya İlişkileri: Rekabetten Çok Yönlü İşbirliğine*, Ankara: USAK 2013, S. 21. Dafür wurde Ecevit zu Hause scharf kritisiert, auch weil er dem russischen Botschafter in Ankara zugesichert hatte, bei seinem Besuch nicht auf einem Abstecher nach Tschetschenien zu bestehen. »Ecevit' in Çeçen Sıkıntısı«, in: *Yeni Şafak*, 22. Oktober 1999.

38 Oktay Tanrısever, »Turkey and Russia in Eurasia«, in: Lenore Martin und Dimitris Keridis (Hg.), *The Future of Turkish Foreign Policy*, Cambridge, MA: MIT Press 2004. Siehe auch Gençer Özcan, Evren Balta und Burç Beşgül (Hg.), *Kuşku ile Komşuluk. Türkiye ve Rusya İlişkilerinde Değişen Dinamikler*, Istanbul: İletişim 2017.

39 Europäischer Rat, 10. bis 11. Dezember 1999, Helsinki, Schlussfolgerungen des Vorsitzes, I. Vorbereitung der Erweiterung, Punkt 12, unter www.europarl.europa.eu/summits/hel1_de.htm#I (abgerufen 26.01.2023). Die Türkei hob ihr Veto gegen die von der EU geplanten Krisenreaktionskräfte auf und machte damit den Weg frei für die sogenannte Berlin-Plus-Vereinbarung zwischen der NATO und der EU (2002) sowie für die Entsendung von Friedensmissionen in Mazedonien und Bosnien nach 2003.

40 Eine ausführliche Darstellung findet sich in James Ker-Lindsay, *Crisis and Conciliation: A Year of Rapprochement between Greece and Turkey*, London: I.B. Tauris 2007.

41 Meltem Müftüler-Baç, »Turkey's Political Reforms and the Impact of the European Union«, in: *South European Society & Politics* 10 (1), März 2005, S. 16–30.

42 Philip Robins, »The 2005 BRISMES Lecture: A Double Gravity State – Turkish Foreign Policy Reconsidered«, in: *British Journal of Middle Eastern Studies* 33 (2), 2006, S. 199–211.

3   Goldene Jahre

1   Anadolu Agency, 3. Oktober 2005, www.ab.gov.tr/p.php?e=37622 (abgerufen 26.01.2023).

2   Die 1969 gegründete Millî-Görüş-Bewegung (National Vision) war mit Necmettin Erbakan und den von ihm geführten politischen Kräften verbunden: der *Nationalen Ordnungspartei* (1970–1971), der Nationalen Rettungspartei (1972–81), der Wohlfahrtspartei (1983–98) und der Tugendpartei (1998–2001). In ihrer Ideologie mischten sich politischer Islam und türkischer Nationalismus. Nachdem das Verfassungsgericht 2001 die Tugendpartei verboten hatte, gründete Erbakan die Partei der Glückseligkeit, während sich die Gruppierung um Erdoğan und Gül als AKP abspalteten.

3   Zu »Weißen Türken« and »Schwarzen Türken« siehe Simon A. Waldman und Emre Çalışkan, *The New Turkey and Its Discontents*, Oxford: Oxford University Press 2017, S. 12 ff. Ebenso Michael Fergusons Überlegungen zum politischen Gebrauch einer radikalisierten Sprache: »White Turks, Black Turks and Negroes: The Politics of Polarization«, in: *Jaddaliya*, 29. Juni 2013, www.jadal- iyya.com/Details/28868 (abgerufen 26.01.2023).

4   European Stability Initiative (ESI), *Islamic Calvinists: Change and Conservatism in Central Anatolia,* 19. September 2005, www.esiweb.org/publications/islamic-calvinists-change-and-conservatism-central-anatolia (abgerufen am 26.01.2023).

5   Sultan Tepe, »Turkey's AKP: A Model ›Muslim Democratic Party‹?«, in: *Journal of Democracy* 16 (3), 2005, S. 69–82. Eine skeptische Sicht findet sich in William Hale, »Christian Democracy and AKP: Parallels and Contrasts«, in: *Turkish Studies* 6 (2), 2005, S. 293–310.

6   Ruşen Çakır und Fehmi Çalmuk, *Recep Tayyip Erdoğan, Bir Dönüşüm Öyküsü*, Istanbul: Metis Yayınları 2001, S. 144.

7   Yalçın Akdoğan, *AK Parti ve Muhafazakar Demokrasi,* Istanbul: Alfa Yayınları 2005.

8   Es gab auch noch andere einflussreiche Personen, darunter der Geschäftsmann Cüneyd Zapsu, Gründungsmitglied der AKP, die dazu beitrugen, Kontakte über den Atlantik herzustellen.

9   Siehe Nora Onar, »Kemalists, Islamists, and Liberals: Shifting Patterns of Confrontation and Consensus, 2002–06«, in: *Turkish Studies* 8 (2), 2007, S. 273–288.

10 Die AKP genoss auch starke Unterstützung seitens des Vereins Unabhängiger Unternehmer und Industrieller (*Müstakil Sanayici ve İş Adamları Derneği*, kurz *MÜSİAD*), eines 1990 gegründeten Verbands mit konservativ-frommer muslimischer Ausrichtung.

11 »Diplomatlar şokc oldu«, in: *Milliyet*, 26. Mai 2005.

12 Bereits vor den Parlamentswahlen 2011 wurden 167 der 340 aktuellen Abgeordneten von den Wahllisten gestrichen. »Many AKP and CHP MPs Are Left Off the Election Candidate Lists«, Economist Intelligence Unit, 3. Mai 2011. Die Säuberung wurde teilweise durch den schwelenden Konflikt mit den Gülenisten verursacht. Siehe Selim Koru, »The Institutional Structure of ›New Turkey‹«, Black Sea Strategy Paper, Foreign Policy Research Institute, Februar 2021, S. 35. Doch es wurden auch Liberale von den Listen gestrichen, darunter der Universitätsprofessor Zeynep Dağı und Suat Kınıklıoğlu, der ehemalige Vorsitzende des Außenpolitischen Ausschusses.

13 Ergun Özbudun, »AKP at a Crossroads: Erdoğan's Majoritarian Drift«, in: *South European Society and Politics* 19 (2), 2014, S. 155–167.

14 Der Annan-Plan war eine Blaupause für eine Wiedervereinigung der beiden Teile Zyperns, vorgeschlagen vom UN-Generalsekretär Kofi Annan auf der Grundlage eines Mandats des Weltsicherheitsrats. Von 1999 bis 2003 wurde der Plan fünfmal überarbeitet, scheiterte aber schließlich nach einem Referendum, das am 24. April 2004 in beiden Teilen Zyperns abgehalten wurde. Während die türkischen Zyprer den Plan mit großer Mehrheit annahmen, stimmten zwei Drittel der griechischen Zyprer dagegen.

15 Murat Yetkin, »E-muhtıra erken seçimi gündeme taşıdı«, in: *Radikal*, 29. April 2007.

16 Nazlı Ilıcak, »27 Nisan ve CHP«, in: *Sabah*, 18. April 2012.

17 Das Gericht entschied am 1. Mai 2007, dass das Votum null und nichtig sei, weil nicht die erforderliche Mindestzahl von 367 Abgeordneten im Parlament anwesend gewesen seien. »YSK: Abdullah Gül'ün hatırlattığı Anayasa Mahkemesi'nin 2007'deki ›367 Kararı‹ neydi?«, BBC Turkish, 7. Mai 2019.

18 Die CHP unternahm den Versuch, die Verabschiedung der Verfassungsänderungen im Parlament durch Anträge vor dem Verfassungsgericht zu blockieren. Ausführlicher hierzu siehe Carol Migdalovitz, »Turkey's 2007 Elections: Crisis of Identity and Power«, Congressional Research Service, US Congress, Update v. 11. Juli 2007, unter https://fas.org/sgp/crs/mideast/RL34039.pdf (abgerufen 27.01.2023).

19 Für eine Analyse der Abstimmung siehe Ali Çarkoğlu, »Ideology or Economic Pragmatism: Profiling Turkish Voters in 2007«, in: *Turkish Studies* 9 (2), 2008, S. 317–344.

20 Die AKP konnte mithilfe der MHP (Partei der Nationalistischen Bewegung) und der DSP (Demokratische Linkspartei) das Quorum-Problem faktisch überwinden, da diese beiden Parteien eigene Kandidaten aufgestellt hatten. Die DSP hatte sich damit von ihrem Bündnispartner bei den Wahlen gelöst.

21 Für einen kurzen Überblick über die türkische Volkswirtschaft in den 2000er-Jahren siehe Ziya Öniş und Fikret Şenses (Hg.), *Turkey and the Global Economy: Neo-liberal Restructuring in the Post-crisis Era,* Abingdon: Routledge 2009.

22 Gesundheitsfürsorge und die Maßnahmen der zuständigen Behörde TOKİ (Toplu Konut İdaresi) im Bereich Wohnungsbau waren ausgesprochen populäre Themen, wie Arat und Pamuk auf der Grundlage einer Reihe von Studien anmerken, aber die tatsächlichen Erfolge in beiden Politikbereichen waren gemischt, siehe Arat und Pamuk, *Turkey. Between Democracy and Authoritarianism*, S. 100 f.

23 Shaun Walker, »This is the Golden Age: Eastern Europe's Extraordinary 30-year Revival«, in: *The Guardian*, 26. Oktober 2019; Marcin Piatkowski, *Europe's Growth Champion: Insights from the Economic Rise of Poland*, Oxford: Oxford University Press 2019.

24 Zürcher, *Turkey: A Modern History*, S. 367.

25 Der Vertrag über eine Verfassung für Europa wurde von den Mitgliedstaaten im Oktober 2004 unterzeichnet, aber im Jahr darauf bei Referenden in Frankreich und den Niederladen abgelehnt. Mehrere institutionelle Bestimmungen, beispielsweise die Einführung des Amtes eines Präsidenten/einer Präsidentin des Europäischen Rates, wurden jedoch in den Vertrag von Lissabon (2009) übernommen.

26 Europäischer Rat (Kopenhagen), Tagung vom 12. und 13. Dezember 2002, Schlussfolgerungen des Vorsitzes, Paragraf 19, unter www.consilium.europa.eu/media/20906/73842.pdf (abgerufen 27.01.2023).

27 Çigdem Nas und Yonca Özer, *Turkey and EU Integration: Achievements and Obstacles,* Abingdon: Routledge, 2017, S. 59.

28 »Turkey Signals U-turn on Adultery«, BBC News, 14. September 2004. Zu den Wirkungen der EU-Bedingungen im Blick auf die Rechte der Frauen siehe Arat und Pamuk, *Turkey Between Democracy and Authoritarianism*, S. 237–240.

29 Waldman und Çalışkan, *The New Turkey and Its Discontents*, S, 22 ff.

30 Ebenda, S. 19–31.

31 Im Juni 2008 wies das Verfassungsgericht Änderungen der Verfassung ab, die kopftuchtragenden Frauen – ungefähr zwei Drittel der weiblichen Bevölkerung – die Einschreibung an den Universitäten erlauben sollten. Die Richter befanden, dass derartige Veränderungen der Grundrechte das Prinzip des Säkularismus verletzten. Drei Jahre zuvor hatte der Europäische Gerichtshof für Menschenrechte im Fall *Leyla Şahin v. Turkey* den Bann von Kopftüchern in höheren Bildungsinstitutionen bestätigt.

32 Meltem Müftüler-Baç, »Turkey's Political Reforms and the Impact of the European Union«, in: *South European Society & Politics* 10 (1), März 2005, S. 16–30. Siehe auch Ergun Özbudun und Ömer Faruk Gençkaya, *Democratization and the*

Politics of Constitution-making in Turkey, Budapest: Central European University Press 2009.

33 Die OHAL-Region war nach der Verhaftung Öcals allmählich verkleinert worden.

34 Siehe Ezgi Başaran, *Frontline Turkey: The Conflict at the Heart of the Middle East,* London: I.B. Tauris 2017.

35 Das 1983 erlassene Sprachverbotsgesetz verbot jeglichen Gebrauch des Kurdischen; das Verbot war bereits 1991 teilweise eingeschränkt worden.

36 Das Verbotsverfahren gegen die AKP wie auch gegen die DTP wurde vom damaligen Generalstaatsanwalt Abdurrahman Yalçınkaya initiiert.

37 Gareth Jenkins, »Terrorism, Counter-insurgency and Societal Relations«, in: Alp Özerdem und Matthew Whiting, *The Routledge Handbook of Turkish Politics,* Abingdon: Routledge 2019, S. 266–274.

38 Siehe hierzu Gonca Şenays Interview mit Emre Taner, »Sır istihbaratçı anlattı«, Al Jazeera, 10 November 2016.

39 Cengiz Çandar, »The Perennial Kurdish Question and Failed Peace Processes«, in: Özerdem und Whiting, *The Routledge Handbook of Turkish Politics,* S. 253–263, ferner Amed Dicle, *Türkiye-PKK Görüşmeleri (2005–2015),* Diyarbakır: Mezopotamya 2017.

40 Terörle Mücadele Kanunu (3713, 12. April 1991), T.C. Çumhurbaşkanlığı Mevzuat Bilgi Sistemi, unter www.mevzuat.gov.tr/MevzuatMetin/1.5.3713.pdf (abgerufen 27.01.2023).

41 Oxford Analytica, »TURKEY: Neutralising PKK Requires KRG Engagement«, 14. November 2007.

42 Howard Eissenstat, *Erdoğan as Autocrat: A Very Turkish Tragedy,* Project on Middle East Democracy (POMED) Bericht, 12. April 2007, unter https://pomed. org/pomed-report-Erdoğan-as-autocrat-a-very-turkish-tragedy/ (abgerufen 27.01. 2023).

43 Katherine Baldwin und Selçuk Gökölük, »Blair Promotes Turkish EU Membership«, Reuters, 20. Januar 2007. Blairs Sichtweise wurde auch von anderen Europhilen geteilt. »Die Frage lautet nicht, was Europa für die Türkei tun kann, sondern was die Türkei für Europa tut«, schrieb Timothy Garton Ash im Oktober 2005 in seinem Beitrag »How the Dreaded Superstate Became a Commonwealth«, in: *The Guardian,* 6. Oktober 2005. Auch andere EU-Mitgliedstaaten unterstützten die Türkei, darunter Spanien, Portugal, Italien, Finnland, Schweden und die neuen Mitglieder aus Mittelost- und Osteuropa.

44 Entschließung des Europäischen Parlaments zu den Fortschritten der Türkei auf dem Weg zum Beitritt (2006/2118(INI)), *Amtsblatt Nr. 306 E vom 15/12/2006*

S. 0284–0296, https://eur-lex.europa.eu/LexUriServ/LexUriServ.do?uri=CELE
X:52006IP0381:DE:HTML (abgerufen 27.01.2023).

45 In der Pressemitteilung des türkischen Außenministeriums zum EU-Beitritt der
Republik Zypern heißt es: »Die griechischen Zyprer, die am 1. Mai 2004 der EU
beitreten, haben keine Berechtigung, für das gesamte Zypern oder für die türkischen
Zyprer zu sprechen. Sie können keine Verfügungsgewalt, Rechtsprechung oder
Souveränität über die türkischen Zyprer, die denselben Status haben, beanspruchen,
und auch nicht über die gesamte Insel Zypern. Sie können den türkischen Zyprern
keine ›Republik Zypern‹ aufzwingen. Daher können die griechischen Zyprer, die
sich unter einer eigenen Verfassungsordnung organisieren, keine legitime Regierung
bilden, die die Gesamtheit Zyperns und der türkischen Zyprer repräsentiert.«
Ministerium für Auswärtige Angelegenheiten, Pressemitteilung, 1. Mai 2004, www.
mfa.gov.tr/no_73---press-release-regarding-the-eu-enlargement_-1-may-2004.
en.mfa,Absatz 9 (in Englisch verfügbar, abgerufen 27.01.2023).

46 Die juristische Position der Türkei besagt, dass die Existenz des Staates Zypern, wie
er 1960 gegründet worden war, im Jahr 1963 endete, als die türkischen Zyprer
aufgrund der gewaltsamen Ausschreitungen zwischen Gemeinden aus den gemeinsamen Institutionen austraten. Im November 1983 erkannte Ankara die »Türkische Republik Nordzypern« als souveränen Staat an. Siehe James Ker-Lindsay, *The
Cyprus Problem: What Everyone Needs to Know,* Oxford: Oxford University Press
2011.

47 Damit wurde der institutionelle Schlagabtausch weitergeführt, bei dem es um die
Rolle der NATO und damit letztendlich auch um die Rolle der Türkei im Rahmen
der Sicherheits- und Verteidigungspolitik der EU ging. Siehe hierzu Kapitel 2.

48 Ferner wurde beschlossen, dies auch zu einer Bedingung für die Abschlussberatung
über alle 35 Verhandlungskapitel zu machen.

49 Estelle Shirbon, »France's Sarkozy Secures Constitutional Reform«, Reuters, 21
Juli 2008.

50 In seinem Urteil zum Fall *Leyla Şahin v. Turkey* von 2004 bestätigte der Europäische Gerichtshof für Menschenrechte das türkische Gesetz, das es Studentinnen
untersagte, während der Vorlesungen, Seminare und Tutorials an den Universitäten Kopftücher zu tragen. Obwohl die EU mit diesem Urteil nichts zu tun hatte,
beeinträchtigte es in den Augen der AKP-Anhänger den Ruf »Europas« als Be-
schützerin der Religionsfreiheit und als Verbündete im Kampf gegen das säkularis-
tische Establishment.

51 Für den vollen Text der Vorlesung Ratzingers am 12. September 2006 in Regensburg siehe www.vatican.va/content/benedict-xvi/de/speeches/2006/september/
documents/hf_ben-xvi_spe_20060912_university-regensburg.html (abgerufen

27.01.2023). Als eine Versöhnungsgeste besuchte Papst Bendikt XVI. einen Monat später die Türkei und betete gemeinsam mit Mustafa Cağrıcı, dem Leiter der Diyanet. Bei diesem zweiten päpstlichen Besuch Istanbuls in fast 2000 Jahren wurde auch eine gemeinsame Erklärung mit Bartholomeos I., dem griechisch-orthodoxen Ökumenischen Patriarchen von Istanbul, herausgegeben, die sich auf die christlichen Wurzeln der Türkei bezog. Wie zu erwarten war, löste auch dies eine Kontroverse aus. Siehe Ian Fisher, »Pope Benedict XVI Prays at Blue Mosque in Turkey«, in: *The New York Times,* 30. Oktober 2006.

4   Null Probleme mit den Nachbarn

1   Davutoğlu im Gespräch mit Marc Grossman, veranstaltet von der US-amerikanischen Denkfabrik Council of Foreign Relations, 14. April 2010. Transkript unter www.cfr.org/event/conversation-ahmet- Davutoğlu-0 (abgerufen 27.01.2023).

2   Ahmet Davutoğlu, »Turkish Foreign Policy and the EU«, in: *Turkish Policy Quarterly* 8 (3), Herbst 2009, S. 12. Siehe auch sein Buch *Stratejik Derinlik: Türkiye'nin Uluslararası Konumu,* Istanbul: Kure Yayınları 2001.

3   Für eine Momentaufnahme der türkischen Außenpolitik dieser Zeit gegenüber den Nachbarn siehe H. Linden u. a., *Turkey and Its Neighbors: Foreign Relations in Transition,* Boulder, CO: Lynne Rienner 2011; Mehmet Karlı, Ayşe Kadıoğlu und Kerem Öktem (Hg.), *Another Empire: A Decade of Turkey's Foreign Policy under the Justice and Development Party,* Istanbul: Bilgi University Press 2012.

4   Nach Berechnungen von Kemal Kirişci nahm der Handel mit den Nachbarn zwischen 1991 und 2010 um das 17-Fache zu, der mit der EU jedoch nur um das 7-Fache. Wie auch immer, der Trend zu stärkerer Diversifizierung war offenkundig. Siehe Kemal Kirişci, »Turkey's Engagement with Its Neighborhood: A ›Synthetic‹ and Multidimensional Look at Turkey's Foreign Policy Transformation«, in: *Turkish Studies* 13 (3), September 2012, S. 319–341.

5   Daten des Statistikinstituts der Türkei (TÜİK) zufolge machten die Exporte in die VAE 6 Prozent der Gesamtexporte oder 8 Milliarden Dollar aus, verglichen mit 6,2 Prozent oder 8,2 Milliarden Dollar in das Vereinigte Königreich und 9,8 Prozent oder 13 Milliarden Dollar nach Deutschland, siehe unter www.tuik.gov.tr.

6   Der Iran war eine Ausnahme.

7   Daten abrufbar unter www.tcmb.gov.tr/.

8   Kirişci, »Turkey's Engagement with Its Neighborhood«, S. 320. Jedoch besuchten allein 2009 12 Millionen Reisende aus der EU (außer Bulgarien, Rumänien und Griechenland) die Türkei, siehe Ahmet Evin u. a., *Getting to Zero: Turkey, Its Neighbors and the West,* Washington, D.C.: The Transatlantic Academic

2010, S. 10, www.bosch-stiftung.de/sites/default/files/publications/pdf_import/
Report_TA_GettingtoZeroFINAL.pdf (Abruf am 27.01.2023 nicht möglich).

9 Am 28. März 2011, als Syrien bereits in eine politische Krise abglitt, veranstaltete
die türkische Zentralbank eine internationale Konferenz mit dem Thema »Stärkung
des Bankenwesens in der Shamgen-Region«, an der die Gouverneure der Zentral-
banken von Syrien, Jordanien und Libanon teilnahmen.

10 »Başbakan'dan üçüncü balkon konuşması«, in: *Hürriyet*, 12. Juni 2011.

11 İbrahim Kalın, »Soft Power and Public Diplomacy in Turkey«, in: *Perceptions* 16
(3), Herbst 2011, S. 10.

12 Beispiele für gesellschaftliche und wirtschaftliche Akteure, die sich mit dem Einfluss der Türkei im Ausland befassten, gab es zuhauf: von der Türkischen Stiftung
für wirtschaftliche und soziale Studien (Türkiye Ekonomik ve Sosyal Etüdler Vakfı,
TESEV), einer angesehenen liberalen und unabhängigen Denkfabrik, die von der
EU gefördert wurde, über konservative Wohlfahrtsorganisationen wie die İHH,
eine nichtstaatliche Organisation für humanitäre Hilfe, bis hin zu Diaspora-Orga-
nisationen wie KAFDER (im Nordkaukasus), BalGöç und RUMDER (auf dem
Balkan). Auch konservative Unternehmerorganisationen wie MÜSİAD, TÜSİAD,
DEİK, sowie die Versammlung türkischer Exporteure (TİM), die Union of Cham-
bers and Stock Exchanges of Turkey (TOBB) und die mit der Gülen-Bewegung
assoziierte Organisation TUSKON wirkten dabei mit.

13 Philip Robins, »Turkey's ›Double Gravity‹ Predicament: The Foreign Policy of a
Newly Activist Power«, in: *International Affairs* 89 (2), März 2013, S. 381.

14 Davutoğlu stützte sich auf zwei intellektuelle Traditionen: erstens auf die islami-
sche Theologie, die Begriffe wie »Tauhīd« (Glaube an die Einheit Gottes) und
»Tanzih« (die Unvergleichbarkeit Gottes erklären) betont, und zweitens auf klas-
sische geopolitische Ansätze, wie sie von Halford Mackinder (1861–1947) und
Friedrich Ratzel (1844–1904), dem intellektuellen Vater des Konzepts des »Le-
bensraums«, vorgetragen wurden. Siehe Aaron Stein, *Turkey's New Foreign Policy:
Davutoğlu, the AKP and the Pursuit of Regional Order,* London: RUSI 2015,
S. 6–9. Siehe ferner Behlül Özkan, »Turkey, Davutoğlu and the Idea of Pan-Isla-
mism«, in: *Survival* 56 (4), August-September 2014, S. 119–140. Zur »Großen
Restauration« siehe Davutoğlus Rede in der Dicle Universität, Diyarbakır, am
15. März 2013, unter www.mfa.gov.tr/disisleri-bakani-ahmet-davutoglu_nun-
diyarbakir-dicle-universitesinde-verdigi-_buyuk-restorasyon_-kadim_den-
kuresellesmeye-yeni.tr.mfa (abgerufen 27.01.2023).

15 Die Transkription wurde veröffentlicht in: *The Guardian*, 29. Juni 2004.

16 »The US–Turkish Partnership, Remarks to the American Turkish Society«
(Meet the Ambassadors Series), The Knickerbocker Club, New York, NY,

10. Februar 2005, https://2001-2009.state.gov/p/us/rm/42115.htm (abgerufen 27.01.2023).

17 Von den 550 Abgeordneten stimmten 264 für und 250 gegen die Vorlage; 19 enthielten sich und 17 waren nicht anwesend. Technisch hatte damit zwar die Mehrheit für den Entwurf gestimmt, doch verfehlte die Vorlage die vorgeschriebene Mindeststimmenzahl. Ertan Efegil, »Why Did the Turkish Government Reject the Memorandum on 1 March?«, in: *Insight Turkey* 6 (1), Januar–März 2004, S. 105–112. Siehe auch William Hale, *Turkey, the US and Iraq,* London: Saqi 2007, S. 106ff.

18 »Turkey: Why the Vote Went South«, 3ANKARA1350_a, 3. März 2003, unter https://wikileaks.org/plusd/cables/03ANKARA1350_a.html (abgerufen 27.01.2023).

19 »Ex-minister Reveals Why Turkish Parliament Voted ›No‹ to Participation in Iraq War«, in: *Daily Sabah*, 15. Februar 2016.

20 »Turkey: Why the Vote Went South.« Trotz Pearsons Behauptung neigte Gül eher zu Arınç als zu Erdoğan. Austausch mit einem früheren Mitarbeiter Güls, März 2021.

21 »Turkey: Former President Demirel Tells Ambassador Turkey Must Mend Fences with US«, 03ANKARA2596, 22. April 2003, unter https://wikileaks.org/plusd/cables/03ANKARA2596_a.html (abgerufen 27.01.2023).

22 Soner Çağaptay, »Turkey after the July 2007 Elections: Domestic Politics and International Relations«, Aussage vor der US-Kommission über Sicherheit und Zusammenarbeit in Europa (Commission on Security and Cooperation in Europe, CSCE, auch bekannt als U.S. Helsinki Commission) am 26. Juli 2007, Washington, D.C.

23 »Turkey: Troubled Terrain for Pope Benedict«, Pew Research Center, 27. November 2006, www.pewresearch.org/global/2006/11/27/turkey-troubled-terrain-for-pope-benedict/ (abgerufen 27.01.2023).

24 »Turkey Defies the US with a Syria Visit«, BBC News, 13. April 2005.

25 »Türkiye, Rusya ve İran'la ittifak arayışında olmalı«, in: *Sabah*, 8. März 2002.

26 In einer amerikanischen Nachricht von 2003 wurden drei Gruppen im Generalstab identifiziert, die sich gegenseitig ablehnten: Atlantiker wie der Generalstabschef Hilmi Özkök, Nationalisten (*ulusalcı*) and Eurasier. Die Unterschiede zwischen den beiden letztgenannten Gruppen waren insoweit unklar, als beide ein Misstrauen gegenüber der EU und den USA teilten. »The Turkish General Staff: A Fractious and Sullen Political Coalition«, 03ANKARA2521, 18. April 2003, https://wikileaks.org/plusd/cables/03ANKARA2521_a.html (abgerufen 27.01.2023).

27 İhsan Dağı, »A Pro-Russian Turkish General?«, İhsan Dağı's blog, 8. Juni 2007, http://ihsandagi.blogspot.com/2007/06/pro-russian-turkish-general.html (abgerufen 27.01.2023).

28 Der Maoismus war in den 1960er- und 1970er-Jahren populär gewesen und warf einen langen Schatten über das türkische politische Leben, da sowohl eine Reihe liberaler Aktivisten als auch der Gründer der PKK, Abdullah Öcalan, ihre politischen Wurzeln auf diese Doktrin zurückführen.

29 Perinçeks Tageszeitung *Aydınlık* hatte Verbindungen zum Militär. Die amerikanische Botschaft erklärte: »Der Zweite Armeekommandant General Fevzi Turkeri benutzt seit Langem die nationalistische sozialistische Tageszeitung *Aydınlık*, um skurrile, antiamerikanische Stories (soll heißen, Anschuldigungen, wonach die USA die PKK/KADEK materiell unterstützten) zu veröffentlichen.« »The Turkish General Staff.«.

30 Suat Kınıklıoğlu und Valeriy Morkva, »An Anatomy of Turkish–Russian Relations«, in: *Journal of Southeast European and Black Sea Studies* 7 (4), Dezember 2007, S. 533–553.

31 Interviews mit türkischen Diplomaten, Ankara, Juni 2015.

32 F. Stephen Larrabee, »Turkey Rediscovers the Middle East«, in: *Foreign Affairs,* Juli/August 2007.

33 Und blieb der einzige, bis Ägypten 1979 das Camp David-Abkommen unterzeichnete.

34 »Some 10 Palestinians to Go to Turkey in Captive Swap«, Reuters, 18. Oktober 2011.

35 Omri Efraim, »Peres Lauds Erdoğan efforts on Shalit«, in: *Ynetnews*, 10. Dezember 2011.

36 Peter Walker, »Syria and Israel Officially Confirm Peace Talks«, in: *The Guardian*, 21. Mai 2008.

37 Kapitel 5 befasst sich ausführlicher mit den sich vertiefenden Beziehungen zwischen der Türkei und Syrien nach 1998. Siehe auch Raymond Hinnebusch und Özlem Tür (Hg.), *Turkey–Syria Relations: Between Amity and Enmity,* Abingdon: Routledge 2013.

38 Erdoğan besprach einige der Details telefonisch mit Assad, www.brookings.edu/wp-content/uploads/2016/06/USTurkeyIsrael-TriangleFINAL.pdf (abgerufen 28.01.2023).

39 »Wir riefen sie an, aber sie ließen uns im Unklaren.« Gespräch mit einem führenden türkischen Politiker, Ankara, November 2010.

40 Die sogenannte Gaza Freedom Flotilla wurde von der İHH Humanitarian Relief Foundation organisiert, um trotz der israelisch-ägyptischen Blockade des Gaza-

streifens Hilfsgüter nach Gaza zu bringen. In der Nacht vom 30. auf den 31. Mai 2010 wurde eines der Schiffe, die *Mavi Marmara*, in internationalen Gewässern von israelischen Kommandos aufgebracht. Neun Aktivisten starben, ein zehnter erlag später seinen Verletzungen, und Dutzende weitere Aktivisten wurden verwundet.

41 Kirişci, *Turkey and the West*, S. 158 f.

42 Im März 2013 entschuldigte sich Netanjahu in einem Telefonat mit Erdoğan für den *Mavi Marmara*-Zwischenfall, wobei er auch einer Entschädigung der Familien der Opfer zustimmte – eine von der Türkei verlangte Bedingung.

43 Mehmet Karlı, »Discourse vs. Figures: A Reality Check for Turkey's Economic Depth«, in Karlı, Kadıoğlu und Öktem (Hg.), *Another Empire*, S. 154.

44 Dmitry Zhdannikov, »Exclusive: How Kurdistan Bypassed Baghdad and Sold Oil on Global Markets«, Reuters, 17. November 2015. Siehe auch Gönül Tol, *Untangling the Turkey–KRG Energy Partnership: Looking Beyond Economic Drivers*, Global Turkey in Europe, Policy Brief 14, März 2014.

45 Siehe Bill Park, »Turkey, US and KRG: Moving Parts and the Geopolitical Realities«, in: *Insight Turkey* 14 (3), 2012, S. 109–125.

46 Elin Kinnander, »The Turkish–Iranian Gas Relationship: Politically Successful, Commercially Problematic«, Oxford Institute for Energy Studies, Januar 2010, www.oxfordenergy.org/wpcms/wp-content/uploads/2010/11/NG38-The TurkishIranianGasRelationship-ElinKinnander-2010.pdf (abgerufen 28.01.2023).

47 Siehe http://turkishpolicy.com/article/940/turkey-iran-energy-economy-and-politics-in-the- face-of-sanctions (abgerufen 28.01.2023).

48 Zur Haltung des Iran zum kurdischen Nationalismus siehe Walter Posch, »Fellow Arians and Muslim Brothers: Iranian Narratives on the Kurds«, in: Gareth Stansfield und Mohammed Shareef (Hg.), *The Kurdish Question Revisited*, London: Hurst 2017.

49 Güney Yıldız, »PKK Kurdish Deal with Turkey May Worry Iran and Syria«, BBC News, 10. Mai 2013.

50 Interviews in Istanbul und Ankara, November 2010.

51 »Caspian Makan: I Cannot Believe It Yet. I Still Think I Will See Neda Again«, in: *The Observer*, 15. November 2009.

52 Zitiert in Baskın Oran, »Proactive Policy with Many Hunches on the Back«, in: Karlı, Kadıoğlu und Öktem (Hg.), *Another Empire*, S. xv. Wexler äußerte dies gegenüber *Cumhuriyet* (Republic), dem ehemaligen Flaggschiff des Einparteienstaates und Leuchtfeuer des Säkularismus. Aber im Unterschied zu Erbakans Annäherung an den Iran im Jahr 1996 gab es jetzt in der türkischen Öffentlichkeit größere Akzeptanz für eine solche Kooperation mit Teheran.

53 Pelin Turgut, »Obama in Turkey: Winning Hearts, Healing Rifts«, in: *Time*, 7. April 2009.

54 »Sezer asker gönderilmesine karşı«, CNN Türk, 25. August 2006.

55 »Golubaia mechta stala potokom«, in: *Rossiyskaya gazeta*, 18. November 2005.

56 Die Entdeckung von Erdgasvorkommen im östlichen Mittelmeer 2009 setzte diesen Plänen ein Ende.

57 Fiona Hill und Ömer Taşpınar, »Turkey and Russia: Axis of the Excluded?«, in: *Survival* 48 (1), 2006, S. 81–92.

58 Ahu Özyurt, »The Russia House«, in: *Hürriyet Daily News*, 23. Oktober 2015.

59 Boris Yeltsin war zweimal, 1992 und 1998, nach Istanbul gereist, doch in beiden Fällen zu multilateralen Konferenzen der Schwarzmeer-Wirtschaftskooperation und der Organisation für Sicherheit und Zusammenarbeit in Europa.

60 BP musste zeitweilig eine weitere Pipeline schließen, die von Baku zum georgischen Hafen Supsa führte.

61 Cheney hatte Ankara allerdings schon im März desselben Jahres besucht.

62 Zitat eines armenischen Experten in Fiona Hill, Kemal Kirişci und Andrew Moffatt, »Armenia and Turkey: From Normalization to Reconciliation«, in: *Turkish Policy Quarterly* 13 (4), Winter 2015, S. 135.

63 Beim hundertjährigen Gedenktag 2015 äußerten sich türkische Politiker kämpferisch, auch solche, die zuvor das Trauma und die Leiden der Armenier eingestanden, aber das »G-Wort« vermieden hatten. Siehe Kirişci, *Turkey and the West*, S. 134 ff.

64 Ansprache von Ahmet Davutoğlu, Minister für Auswärtige Angelegenheiten der Republik Türkei, Eröffnungssitzung der Ersten Südosteuropa-Ministerkonferenz der Alliance of Civilizations, Sarajewo, 14. Dezember 2009, www.mfa.gov.tr/ address-by-h_e_-ahmet-Davutoğlu_-minister-of-foreign-affairs-of-republic-of-turkey-at-the-opening-session-of- the-alliance-of-civilizations_-first-south-east-europe-ministerial-conference_-14-december-2009_-sarajevo.en.mfa (abgerufen 28.01.2023.)

65 Darko Tanasković, *Neoosmanizam: Povratak Turske na Balkan,* Belgrade: Službeni glasnik 2010.

66 2015 verkaufte die NBG die Finansbank an ein Unternehmen aus Katar.

67 Jahja Muhasilović, »Turkey's Faith-based Diplomacy in the Balkans«, in: *Rising Powers Quarterly* 3 (3), Dezember 2018, S. 63–85. Siehe ferner Ahmet Erdi Öztürk und İştar Gözaydın, »A Frame for Turkish Foreign Policy via the Diyanet in the Balkans«, in: *Journal of Muslims in Europe* 7 (3), Oktober 2018, S. 331–350.

68 Sowohl Russland als auch die Türkei sind Mitglieder des Friedensimplementierungsrats (Peace Implementation Council, PIC), der mit der Umsetzung des Frie-

densabkommens von Dayton beauftragt ist und der auch das Amt des Hohen Repräsentanten der Vereinten Nationen für Bosnien und Herzegowina überwacht.

69 Nemanja Čabrić, Maja Nedelkovska, Donjeta Demoli und Amina Hamzić, »Turks
Bewitch the Balkans with Their Addictive Soaps«, in: *Balkan Insight*, 1. Mai 2013,
https://balkaninsight.com/2013/05/01/turks-bewitch-the-balkans-with-their-
addictive-soaps/ (abgerufen 28.01.2023).

70 Dimitar Bechev, »Turkey in the Balkans: Taking a Broader View«, in: *Insight Turkey* 14 (1), 2012, S. 131–146. Für eine allgemeine Analyse der türkischen Politik
in der Balkan-Region siehe Ahmet Erdi Öztürk, *Religion, Identity and Power: Turkey and the Balkans in the Twenty-first Century,* Edinburgh: Edinburgh University
Press, 2020.

5 Ein unsanftes Erwachen

1   David Kirkpatrick, »Premier of Turkey Takes on Regional Role«, in: *The New
York Times*, 13. September 2011.

2   Cihan Tuğal, *Das Scheitern des Türkischen Modells. Wie der Arabische Frühling den
islamischen Liberalismus zu Fall brachte,* München: Verlag Antje Kunstmann 2017,
S. 17.

3   Ebenda.

4   Siehe Marc Lynch, *Arab Spring: The Unfinished Revolutions of the New Middle East*,
New York: Public Affairs 2013.

5   Ahmet Davutoğlu, »Zero Problems in a New Era: Realpolitik is No Answer«, in:
Foreign Policy, 21. März 2013.

6   Aaron Stein, *Turkey's New Foreign Policy: Davutoğlu, the AKP and the Pursuit of
Regional Order,* London: RUSI 2015, S. 36.

7   »Gül'ün Tunus izlenimleri«, Al Jazeera, 12. März 2012.

8   Berichten zufolge soll die Türkei im August 2013 der Bruderschaft geraten haben,
sich der Forderung nach vorgezogenen Neuwahlen zu widersetzen und den Rabaa-
al-Adawiya-Platz weiterhin besetzt zu halten. (Austausch mit einem ehemaligen
türkischen politischen Entscheider, März 2021.) Auch in der türkischen Gesellschaft gab es starke Unterstützung für die Demonstrationen. So schlug der Bürgermeister von Istanbul, Kadir Topbaş, vor, einen der Plätze in der Stadt nach dem
R4bia-Symbol umzubenennen. »Four-finger Salutes as Turks Back Egypt Protes-
tors«, Reuters, 19. August 2013.

9   »İşte Erdoğan'ın yaptığı Rabia'nın anlamı – Rabia ne demek, İzle«, in: *Türkiye
Gazetesi*, 21. Januar 2018. Siehe auch Tuğal, *Das Scheitern des Türkischen Modells,*
S. 15 (der Einband von Tuğals Buch zeigt Erdoğan mit dem R4bia-Zeichen).

10 Im März 2021 wollte Ankara die Beziehungen zu Ägypten neu beleben und for-
    derte deshalb die von der Bruderschaft kontrollierten Medien auf, ihre Kritik am
    Regime Al-Sisis zu mäßigen. »Turkey Asks Egyptian Opposition to Tone Down
    Criticism: TV Channel Owner«, Reuters, 19. März 2021. Zu Mitgliedern der
    Bruderschaft, die in der Türkei Asyl gesucht hatten, siehe das Interview mit dem
    Gelehrten Mustafa Menshawy (Doha Institute for Graduate Studies) für den Pod-
    cast Turkey Book Talk, 8. Dezember 2020, https://turkeybooktalk.podbean.
    com/e/mustafa-menshawy-on-muslim-brotherhood-members-in-exile-in-turkey/
    (abgerufen 28.01.2023).

11 Ümit Çetin, »NATO'nun Libya'da ne işi var«, in: *Hürriyet*, 1. März 2011.

12 Seumas Milne, »Turkey Offers to Broker Libya Ceasefire as Rebels Advance on
    Sirte«, in: *The Guardian*, 27. März 2011.

13 »Turkey Says Offered Gaddafi Guarantee to Quit Libya«, Reuters, 10. Juni 2011.

14 Ian Traynor, »Libya: NATO to Control No-fly Zone after France Gives Way to
    Turkey«, in: *The Guardian*, 24. März 2011.

15 Jeffrey Goldberg, »The Obama Doctrine«, in: *The Atlantic*, April 2016.

16 Was natürlich die Russen in ihrer harten Haltung im Blick auf Syrien bestärkte.

17 Siehe Kapitel 9.

18 Aber natürlich ignorierte die Türkei die Aufstände in Bahrain im Februar und
    März 2011, als die schiitische Mehrheit, von den politischen Veränderungen in
    Tunesien und Ägypten ermuntert, gegen die sunnitische Monarchie protestierte.

19 Der Ausdruck war schon zuvor im Umlauf gewesen, siehe Talip Küçükcan,
    »Ortadoğu'nun İlham Kaynağı Türkiye«, in: *SETA*, 23. Oktober 2010, www.setav.
    org/ortadogunun-ilham-kaynagi- turkiye/ (abgerufen 28.01.2023). Kemal Kirişçi
    schlägt alternativ den Begriff *demonstrative effect* vor: »Turkey's Demonstrative
    Effect«, in: *Insight Turkey* 13 (2), 2011, S. 33–55.

20 Mensur Akgün, Gökçe Perçinoğlu und Sabiha Senyücel Gündoğar, *The Perception
    of Turkey in the Middle East,* Istanbul: TESEV Publications 2009, www.tesev.org.
    tr >wp-content >uploads (abgerufen 28.01.2023).

21 Osman Bahadır Dinçer und Mustafa Kutlay, »Turkey's Power Capacity in the
    Middle East«, USAK Report 12–04, Toronto, Juni 2012.

22 Christopher Phillips, »Into the Quagmire: Turkey's Frustrated Syria Policy«,
    Middle East and North Africa Programme Briefing Paper, MENAPBP04/12,
    Chatham House, S. 4. Siehe auch den umfassenden Bericht über den Konflikt in
    Phillips' Buch *The Battle for Syria: International Rivalry in the Middle East,* New
    Haven, CT: Yale University Press 2016, 2. Aufl.

23 2008 vereinbarte Ankara im Rahmen der neuen Syrisch-türkischen Interregiona-
    len Kooperation 42 Projekte in Höhe von insgesamt 6,3 Millionen Dollar. Chris-

topher Phillips, »Turkey's Global Strategy: Turkey and Syria«, SR007, LSE IDEAS, London School of Economics and Political Science, 2011, S. 37.

24 Bilal Y. Saab, »Syria and Turkey Deepen Relations«, Brookings Institution, 6. Mai 2009, http://www.brookings.edu/articles/syria-and-turkey-deepen-bilateral-relations/ (abgerufen 28.01.2023).

25 Waltina Scheumann und Omar Shamaly, »The Turkish–Syrian Friendship Dam on the Orontes River: Benefits for All?«, in: Aysegül Kibaroglu und Ronald Jaubert (Hg.), *Water Resources Management in the Lower Asi-Orontes River Basin: Issues and Opportunities,* Genf, Graduate Institute of International and Development Studies; Istanbul: MEF University 2016, S. 125–137.

26 Hassan Hassan, »The Gulf States: United against Iran, Divided over Islamists«, in: Julian Barnes-Dacey und Daniel Levy (Hg.), *The Regional Struggle for Syria,* London: European Council on Foreign Relations 2013, S. 17–24. Ähnlich wie die Türkei hatten auch die Golfmonarchien, darunter das aufblühende Katar, von der Periode der Annäherung profitiert, die um 2009–2010 ihren Höhepunkt erreichte.

27 Sam Dagher, *Assad or We Will Burn the Country: How One Family's Lust for Power Destroyed Syria,* London: Little Brown 2019.

28 *Today's Zaman*, 1. August 2011.

29 Philips, »Into the Quagmire«, S. 6.

30 Loğoğlu rief immer wieder zu einer Normalisierung der Beziehungen zu Damaskus auf.

31 Der Skandal war schon 2014 bekannt geworden, siehe »İşte Erdoğan'ın yok dediği silahlar«, in: *Cumhuriyet*, 29. Mai 2015. Videos, die von Sedat Peker, einem berüchtigten Anführer einer kriminellen Organisation, im Mai-Juni 2021 veröffentlicht wurden, zeigten angebliche Waffentransfers an radikale Gruppierungen in Syrien. Siehe hierzu Fehim Taştekin, »Turkish Mobster's Revelations Extend to Arms Shipments to Syria«, Al-Monitor, 2. Juni 2021.

32 Waffen, die von Geldgebern aus den Golfstaaten finanziert worden waren, wurden angeblich über den türkischen Flughafen Ankara-Esenboğa zur Grenze geschafft.

33 Regan Doherty und Amena Bakr, »Secret Turkish Nerve Center Leads Aid to Syria Rebels«, Reuters, 27. Juli 2012.

34 Mustafa al-Sabbagh, Generalsekretär der syrischen Nationalkoalition, und Ghassan Hitto, ein ethnischer Kurde und erster Ministerpräsident einer von der oppositionellen Syrischen Nationalkoalition unterstützten Übergangsregierung im Syrischen Bürgerkrieg, wurden von Katar unterstützt. Hitto trat im September 2013 nach einer Amtszeit von nur sechs Monaten zurück, ein Anzeichen dafür, dass sich Saudi-Arabien gegenüber Katar durchgesetzt hatte.

35 Hassan Hassan, »The Gulf States«, S. 22.

36 Yezid Sayigh, »Endgame for the Syrian National Coalition«, Carnegie Middle East Center, 17. Mai 2013. Mit der Bruderschaft verbündete und von Katar finanzierte Milizen übten im Norden Syriens Einfluss aus, beispielsweise die Liwaa al-Tawhid-Brigade in Aleppo and die Ahfad al-Rasoul-Brigaden in Idlib.

37 Die Türkei war 2011 Gastgeber einer der Gesprächsrunden der P5+1 in Istanbul.

38 Austausch mit einem ehemaligen türkischen Politiker, März 2021.

39 Austausch mit dem Autor, November 2013.

40 Anthony Cordesman, »Syria's Uncertain Air Defense Capabilities«, Commentary, Center for Strategic and International Studies, Washington, D.C., 6. Mai 2013.

41 Die Türkei schoss am 23. März 2014 eine syrische Maschine über Hatay ab und im September 2015 einen Mi-17-Helikopter.

42 Ian Traynor, »UK Forces EU to Lift Embargo on Syria Rebel Arms«, in: *The Guardian*, 28. Mai 2013.

43 Christopher Phillips, *The Battle for Syria: International Rivalry in the Middle East*, New Haven, CT: Yale University Press 2016.

44 Marc Lynch, »What's Really at Stake in the Syria Debate«, War on the Rocks, 20. Oktober 2016, https://warontherocks.com/2016/10/whats-really-at-stake-in-the-syria-debate/ (abgerufen 28.01.2023).

45 »The Ephemeral Alevi Opening«, in: *The Economist*, 11. August 2012.

46 Nuh Yılmaz, »Turkey: Goodbye to Zero Problems with Neighbors«, in: Julien Barnes-Dacey und Daniel Levy, *The Regional Struggle for Syria*, S. 71.

47 ISIS und al-Nusra hatten anfänglich über eine Verschmelzung nachgedacht, da sie gemeinsame organisatorische und ideologische Wurzeln hatten, wandten sich jedoch dann ab 2014 gegeneinander. Charles Lister, *The Syrian Jihad, Al Qaeda, the Islamic State and the Evolution of an Insurgency*, London: Hurst 2015, S. 119 f.

48 »Dışişleri: Irak'ta 80 Türk Rehin«, in: *Hürriyet*, 11. Juni 2014.

49 Es war der bislang blutigste Terroranschlag auf türkischem Boden, der sogar das verheerende Bombenattentat in der Grenzstadt Reyhanlı am 11. Mai 2013 übertraf. Obwohl die Behörden den Angriff dem Assad-Regime anlasteten, wäre auch eine Täterschaft der al-Nusra-Milizen durchaus plausibel erschienen.

50 Interviews mit türkischen Diplomaten, Ankara, Juni 2014.

51 Die US Air Force führte im Juli den ersten Schlag gegen den ISIS aus; am 7. August autorisierte Obama weitere militärische Aktionen. Einen Monat später war die Operation »Inherent Resolve« in vollem Gang. Auch Frankreich, Großbritannien, Australien, Kanada, die Niederlande sowie Jordanien, Saudi-Arabien, VAE, Bahrain und Katar führten Luftschläge durch. Die Kurdische Regionalregierung vertrieb den IS aus Erbil und die Belagerung des Sindschar-Gebirges wurde durch-

brochen. Aufgrund der Gegenoffensive der vom Iran unterstützten Milizen wurde der IS im Irak immer weiter zurückgedrängt.

52 Constanze Letsch, »Turkey Denies New Deal Reached to Open Airbases to US in Fight against ISIS«, in: *The Guardian*, 13. Oktober 2014.

53 Die PYD wurde 2003 gegründet; ihr bewaffneter Flügel, die YPG (Volksverteidigungseinheiten, Yekîneyên Parastina Gel), bildete sich am Beginn des syrischen Krieges. Sowohl die PYD als auch die PKK gehören der sogenannten Koma Civakên Kurdistan oder KCK (etwa: Union der Gemeinschaften Kurdistans) an, eine Dachorganisation von Akteuren im Nahen Osten, die die Umsetzung des von Abdullah Öcalan am 20. März 2005 deklarierten »Demokratischen Konföderalismus« zum Ziel haben. Näheres hierzu findet sich in: Zeynep Kaya und Robert Lowe, »The Curious Question of the PYD–PKK Relationship«, in: Gareth Stansfield und Mohammed Shareef (Hg.), *The Kurdish Question Revisited*, London: Hurst 2017, S. 275–287.

54 Kurdische Milizen stießen aber gelegentlich auch mit den Streitkräften des Regimes zusammen, zum Beispiel in Aleppo.

55 Aydoğan kommentierte damit Barzanis Besuch in Diyarbakır im November 2013, mit dem er seine Unterstützung des von der PKK und der türkischen Regierung initiierten Friedensprozesses signalisierte. Umut Uraş, »Kurdish Leader Makes Historic Turkey Visit«, Al Jazeera, 20. November 2013.

56 Der Kurdische Nationalrat KNC propagierte Vorstellungen für eine syrische Föderation, wobei auch die Bezeichnung »Arabisch« aus dem offiziellen Namen des Staates (Arabische Republik Syrien) gestrichen werden sollte. Doch die Nationalkoalition syrischer Revolutions- und Oppositionskräfte, in der arabische Gruppierungen vorherrschten, sowie die radikaleren salafistischen Gruppierungen lehnten diese Änderung ab.

57 »Salih Muslim's Ankara Visit Marks a Major Policy Change«, Rudaw, 29. Juli 2013.

58 Siehe Anja Flach, Ercan Ayboğa und Michael Knapp, *Revolution in Rojava. Frauenbewegung und Kommunalismus zwischen Krieg und Embargo*, Hamburg: VSA 2016.

59 Constanze Letsch, »Turkey Denies New Deal Reached to Open Airbases to US in Fight against ISIS«, in: *The Guardian,* 13. Oktober 2014.

60 Cale Salih, »Is Tal Abyad a Turning Point for Syria's Kurds?«, BBC News, 16. Juni 2015.

61 Die Hälfte der Flüchtenden lebte in 17 Lagern, die über 8 türkische Provinzen verteilt waren. Weitere 155 000 Menschen lebten in den Städten entlang der Grenze zu Syrien. Oxford Analytica, »Domestic Fallout Hampers Turkey's Syria Policy«, Oxford Analytica Daily Brief, 3. Juli 2013.

62 International Crisis Group, *Turkey's Syrian Refugees: Defusing Metropolitan Tensi-*
ons, Report 248, Europe and Central Asia, 29. Januar 2018, www.crisisgroup.org/
europe-central-asia/western-europemediterranean/turkey/248-turkeys-syrian-
refugees-defusing-metropolitan-tensions (abgerufen 28.01.2023).

63 Suat Kınıklıoğlu, »Syrian Refugees in Turkey: Changing Attitudes and Fortunes«,
in: SWP Comment 05, Stiftung Wissenschaft und Politik (SWP), Berlin, 5. Februar 2020.

64 Philips, »Into the Syrian Quagmire«, S. 15.

6   Erdoğan setzt sich durch

1 Erdoğan, zitiert in Sabrina Tavernise, »Turkish Court Blocks Islamic Candidate«,
New York Times, 2. Mai 2007.

2 Zu den Besonderheiten des *laiklik,* der türkischen Version des Säkularismus, siehe
Kapitel 1.

3 Sabrina Tavernise, »Turkey's High Court Overturns Rule Headscarf Rule«, *New*
York Times, 6. Juni 2008.

4 Das Verfassungsgericht bestätigte das Kopftuchverbot.

5 Abdüllatif Şener, ein ehemaliger stellvertretender Ministerpräsident, der 2007 aus
der AKP ausgetreten war, stand schon in den Startlöchern und gründete eine eigene politische Plattform, die Yeni Oluşum Hareketi (Bewegung der neuen Forma-
tion), die später in Türkei-Partei umbenannt wurde.

6 Die Partei des Friedens und der Demokratie (Barış ve Demokrasi Partisi, BDP) war
bereits 2008 gegründet worden, weil kurdische Aktivisten davon ausgingen, dass
die DTP wie ihre Vorgänger HADEP und DEHAP von einem Verbot bedroht
sein würden.

7 »Turkey Needs More Reform, European Union Says after Vote«, CNN, 13. September 2010.

8 »Youtube'a erişim yasağı«, *Hürriyet,* 6. März 2007.

9 Die Untersuchungshaft wurde in der Türkei in der Vergangenheit wie auch unter
Erdoğan häufig missbraucht. Siehe zum Beispiel das Urteil des Europäischen Gerichtshofs für Menschenrechte in der Rechtssache *Şık gegen die Türkei* (Nr. 2), Antrag Nr. 36493/17, 24. November 2020. Auch *Kavala gegen die Türkei,* Antrag
Nr. 28749/18, 10. Dezember 2019.

10 Evren (1917–2015) wurde im Juni 2014 zu einer lebenslangen Freiheitsstrafe verurteilt. Er starb während des Berufungsverfahrens gegen das Urteil. Der andere
noch lebende Putschistenführer, General Ali Tahsin Şahinkaya (1925–2015),
wurde ebenfalls zu lebenslanger Haft verurteilt und starb im Hausarrest.

11 *Hürriyet,* 1. August 2010. Şakir Dinçşahin, »A Symptomatic Analysis of the Justice and Development Party's Populism in Turkey, 2007–2010«, *Government and Opposition* 47(4), 2012, S. 618–640.

12 Ersin Kalaycıoğlu, »*Kulturkampf* in Turkey: The Constitutional Referendum of 12 September 2010«, *South European Politics and Society* 17(1), 2012, S. 1–22.

13 Die CHP unterstützte 20 der 23 Verfassungsänderungen.

14 »Fethullah Gülen'in referandum yorumu«, *Habertürk,* 1. August 2010. In seiner Siegesrede nach dem Plebiszit dankte Erdoğan den »Brüdern von jenseits des Ozeans«.

15 »Turkish Reform Vote Gets Western Backing«, *BBC News,* 13. September 2010.

16 »Die Europäische Union begrüßt die Verfassungsreform in der Türkei«, *Deutsche Welle,* 13. September 2010.

17 Einige Gerichte blieben auch nach der Verhärtung des Regimes im Gefolge des Putschversuchs von 2016 bei ihrem Standpunkt. Im Februar 2020 sprach ein Richter den Philanthropen Osman Kavala frei, der wegen erfundener Anschuldigungen im Zusammenhang mit den Gezi-Protesten angeklagt war.

18 Vortrag bei Southeast European Studies at Oxford (SEESOX), 3. März 2021. Im Juli 2019 sprach das Verfassungsgericht die sogenannten »Akademiker für den Frieden« vom Vorwurf der Unterstützung des Terrorismus frei. Ebenso stellte das Gericht im Januar 2018 fest, dass die Rechte des Schriftstellers Mehmet Altan auf ein faires Verfahren verletzt worden seien. Im Dezember 2020 entschied das Gericht im Fall von Osman Kavala jedoch in die entgegengesetzte Richtung und ignorierte das vorherige Urteil des Europäischen Gerichtshofs für Menschenrechte.

19 93 Prozent der Einzelanträge an das Verfassungsgericht wurden zugunsten der Kläger entschieden.

20 Perinçek wurde im August 2013 zu lebenslanger Haft verurteilt, aber das Urteil wurde später aufgehoben.

21 Waldman und Çalışkan, The New Turkey and Its Discontents, S. 31–38.

22 Siehe dazu Kapitel 1.

23 Die Debatte über den »tiefen Staat«, die in den 2000er-Jahren ihren Höhepunkt erreichte, hat in jüngster Zeit mit den Enthüllungen des flüchtigen Mafiabosses Sedat Peker über seine Verbindungen zur türkischen Regierung und den Sicherheitsdiensten ein Comeback erlebt. Die YouTube-Videos, die Peker seit Anfang Mai 2021 veröffentlicht hat, haben sich im Internet weit verbreitet. Siehe Patrick Keddie und Umut Uras, »Sedat Peker's Case: Videos Grip Turkey, Rattle Government«, *Al Jazeera,* 31. Mai 2021.

24 »Evet milletin savcısıyım«, Yeni Şafak, 16. August 2008.

25 Öktem, *Angry Nation,* Kap. 14: »The Guardian State Exposed«, S. 159–163.

26 Şık und Şener wurden im März 2012 freigelassen. Im Jahr 2015 wurde Şık jedoch
erneut vor Gericht gestellt, weil er ein Buch über die Allianz der AKP mit den
Gülenisten veröffentlicht hatte, die nun zum Feind erklärt wurden. Er wurde beschuldigt, einer terroristischen Vereinigung anzugehören, und wurde von Dezember 2016 bis März 2018 über ein Jahr lang ohne Urteil in Einzelhaft gehalten. Das
Gerichtsverfahren ist noch nicht abgeschlossen.

27 Die Strafe wurde in 20 Jahre Haft umgewandelt.

28 Neben Ergenekon und Balyoz gab es einen dritten Fall, den Fall der Militärspio-
nage, der sich ebenfalls gegen die oberste Militärführung richtete.

29 Als Kommandant der Gendarmerie hatte Özel in seiner Laufbahn nicht alle Stufen
der Hierarchie durchlaufen. Nach der üblichen Praxis stieg der Chef der Ersten
Armee und der Landstreitkräfte zum Chef des Generalstabs auf. Hilmi Özkök,
Yaşar Büyükanıt und İlker Başbuğ waren alle Befehlshaber der Ersten Armee gewesen.

30 Halil Karaveli, »A Growing Convergence of Perceptions: The Turkish Military
and the AKP«, *Turkey Analyst* 2(17), 18. September 2009.

31 Robert Tait, »Turkey Appoints Anti-Islamist Army Chief«, *Guardian,* 5. August
2008.

32 Der Stimmenanteil der AKP stieg auf 49,83 Prozent, das beste Ergebnis, das sie
jemals bei Parlamentswahlen erzielte.

33 Pınar Doğan und Dani Rodrik, *Balyoz: Bir Darbe Kurgusunun Belgeleri ve Gerçekler* (Istanbul: Destek Yayınları, 2017).

34 »Sie liefen durch die Flure und fuchtelten mit den Armen, als ob ihnen das alles
gehöre«, beschrieb ein Bürokrat die gülennahen Organisationen in verschiedenen
Abteilungen des Staates nach dem Referendum von 2010. Zitiert in Koru, *The
Institutional Structure of »New Turkey«*, S. 34.

35 Zum Beispiel der sogenannte Deniz-Feneri-Fall, bei dem es um die Veruntreuung
von Millionenbeträgen durch eine türkisch-deutsche Wohltätigkeitsorganisation
ging, die der AKP nahe steht.

36 »Wir werden dieses Land nicht der Hegemonie des Kapitals überlassen. In der
Vergangenheit konnte man mit Regierungen spielen wie mit Katzen oder Hunden,
aber mit dieser Regierung geht das nicht.« Marc Champion und Joe Parkinson,
»Turkish Prime Minister, Business Lobby Face Off«, *Wall Street Journal,* 19. August 2010.

37 Kerem Öktem, »Why Turkey's Mainstream Media Chose to Show Penguins
Rather than Protests«, *Guardian,* 9. Juni 2013.

38 Der Eigentümerwechsel führte zum Abgang mehrerer Journalisten, insbesondere
von Murat Yetkin, des Chefredakteurs von *Hürriyet*.

39 Zu den AKP-freundlichen Medien: Waldman und Çalışkan, *New Turkey and Its Discontents,* S. 125–130.

40 Siehe Erkan Saka, Social Media and Politics in Turkey: A Journey through Citizen Journalism, Political Trolling, and Fake News, Washington, DC: Lexington Books, 2019.

41 Zur KCK siehe Seevan Saeed, *Kurdish Politics in Turkey: From PKK to KCK,* Abingdon: Routledge, 2017, S. 76–134.

42 Dilek Kurban und Serkan Yolaçan, *Kürt Sorunun Çözümüne Dair Bir Yol Haritası: Bölgeden Hükümete Öneriler,* TESEV-Bericht, Dezember 2008, www.tesev.org. tr/wp-content/uploads/rapor_Kurt_Sorununun_Cozumune_Dair_Bir_Yol_ Haritasi_Bolgeden_Hukumete_Oneriler.pdf_Kurt_Sorununun_Cozumune_ Dair_Bir_Yol_Haritasi_Bolgeden_Hukumete_Oneriler.pdf.

43 Kommission der Europäischen Gemeinschaften, Fortschrittsbericht Türkei 2009, KOM (2009),533, Brüssel, 14. Oktober 2009, S. 30.

44 Alexander Christie-Miller, »The PKK and the Closure of Turkey's Kurdish Opening«, Middle East Research and Information Project, 4. April 2010, https:// merip.org/2010/08/the-pkk-and-the-closure-of-turkeys-kurdish-opening/.

45 Çandar, *Turkey's Mission Impossible,* Kap. 8: »Oslo, Talking on Security«.

46 Der Premierminister versuchte damit, den CHP-Vorsitzenden Kılıçdaroğlu, der ebenfalls aus Dersim stammt, in die Bredouille zu bringen. »Turkey's PM Erdoğan Apologises for 1930s Kurdish Killings«, *BBC News,* 23. November 2011.

47 Auf dem Weg dorthin gab es Zwischenfälle wie die Ermordung der PKK-Mitbegründerin Sakine Cansız und zweier weiterer Aktivisten in Paris am 9. Januar 2013.

48 »Öcalan's Statement: Key Excerpts«, *BBC News,* 21. März 2013.

49 Çandar, Turkey's Mission Impossible, Kap. 9.

50 Osman Baydemir, »The ›We Know Best‹ Democracy«, in Dimitar Bechev (Hg.), *What Does Turkey Think?, European Council on Foreign Relations,* Juni 2011, S. 43–9. Siehe auch Waldman und Çalışkan, *The New Turkey and Its Discontents,* S. 184–189.

51 Die Einsetzung einer »Kommission der weisen Männer« (Akil Adam Komisyonu) machte die Situation nicht besser. Zum Glück wurde sie bald in »Kommission der Weisen« (Akil İnsanlar Komisyonu) umbenannt. Dennoch machten Frauen weniger als ein Fünftel der 63 Mitglieder der Gruppe aus. Zur geschlechtsspezifischen Perspektive der kurdischen Frage: Nadje Al-Ali und Latif Tas, »›War is Like a Blanket‹: Feminist Convergences in the Kurdish and Turkisch Wommen's Rights Activism für Peace«, *Journal of Middle East Women's Studies* 13(3), 2017, S. 354–175.

52 Ein Hinweis auf die Vielfalt des Protests ist auch die Tatsache, dass nur etwa 41 Prozent der Teilnehmer bei den Wahlen 2011 für die CHP gestimmt hatten. Waldman und Çalışkan, *The New Turkey and Its Discontents*, S. 103–4.

53 »Cumhurbaşkanı Gül'den Gezi Parkı açıklaması«, *Hürriyet*, 3. Juni 2013.

54 »Gezi Parkı, işgal alanı değildir«, *Cumhuriyet*, 11. Juni 2013.

55 Gespräch mit dem Autor, Istanbul, Juni 2013.

56 Joshua D. Hendrick, *Gülen: The Ambiguous Politics of Market Islam in Turkey*, New York: New York University Press, 2013.

57 »Profile: Gülen's Hizmet Movement«, *BBC News*, 18. Dezember 2013. In den Worten eines Bürokraten: »[Die Gülenisten] hatten kluge Leute mit herausragenden Abschlüssen, die sich für wichtige öffentliche Einrichtungen bewarben. Es war Regierungspolitik, sie einzustellen. Das kam direkt vom Minister.« Koru, *The International Structure of >New Turkey<*, S. 34. Gülen selbst zählt Berichten zufolge Antonio Gramsci zu seinen Lieblingsautoren wegen der Ideen dieses marxistischen Theoretikers über kulturelle Hegemonie. Gespräch mit einem türkischen Experten, November 2012.

58 »Arrest Warrant Issued for Former Turkish Intelligence Chief«, CNN, 10. Februar 2012.

59 »Islamic Scholar Critizes Turkish Government Response to Gezi Protests«, *Hürriyet Daily News*, 20. März 2014.

60 Aslı Aydıntaşbaş, »The Good, the Bad and the Gülenists«, European Council on Foreign Relations, 23. September 2016.

61 Constanze Letsch, »Leaked Tapes Prompt Calls for Turkish PM to Resign«, *Guardian*, 25. Februar 2014.

62 Später bestritt Gül jegliche Verbindung zur *Cemaat*. »Former President Gül Denies Any Link to Gülen Group«, *Hürriyet Daily News*, 5. Januar 2017.

63 Viele AKP-Wähler nahmen die Korruptionsenthüllungen mit dem allenthalben zu hörenden Spruch »*çalıyor ama çalışıyor*« (»Ja, sie stehlen [wie alle Politiker], aber sie arbeiten/liefern auch«) achselzuckend hin.

7 Die Neue Türkei

1 Peter Kenyon, »Turkey's President and his 1,100-room >White Palace<«, National Public Radio, 24. Dezember 2014.

2 Putin weilte am 1. Dezember 2014 dort und war damit nach Papst Franziskus das zweite internationale Staatsoberhaupt, das den Präsidentenpalast besuchte.

3 Çağaptay, The New Sultan.

4   Die strategische Vision der Türkei 2023. Verfügbar unter: www.tsv2023.org/index. php/en/proje.html.

5   Der Ausdruck »Neue Türkei« (*Yeni Türkiye*) wurde erstmals im Wahlprogramm der AKP für die Parlamentswahlen im Juni 2015 verwendet. Ich bin Ayşe Kadıoğlu für den Hinweis dankbar.

6   Bahar Başer und Ahmet Erdi Öztürk (Hg.), *Authoritarian Politics in Turkey: Elections, Resistance and the AKP,* London: I.B. Tauris, 2017; Berk Esen und Şebnem Gümüçü (Hg.), »Rising Competitive Authoritarianism in Turkey«, *Third World Quarterly* 37(9), 2016, S. 1581–1606.

7   Freedom House, *Freedom in the World 2020: A Leaderless Struggle for Democracy,* Februar 2020, S. 14, https://freedomhouse.org/sites/default/files/2020-02/ FIW_2020_REPORT_BOOKLET_Final.pdf. Die Türkei verzeichnete auch in anderen Indizes zur Messung der Demokratie eine starke Abstufung, zum Beispiel auch in den vom Varieties of Democracy (V-Dem) Institute und der Economist Intelligence Unit veröffentlichten Indizes.

8   Jason Brownlee, »Why Turkey's Democratic Decline Shakes Up Democratic Theory«, Monkey Cage Blog, *Washington Post,* 23. März 2016, www.washingtonpost.com/news/monkey-cage/wp/2016/03/23/why-turkeys-authoritarian-descent-shakes-up-democratic-theory/.

9   »Turkey's Erdoğan is Inaugurated as President«, *BBC News,* 28. August 2014.

10   Nick Tattersall und Tulay Karadeniz, »Erdoğan Chairs Turkish Cabinet, Pushing Presidential Powers«, Reuters, 19. Januar 2015.

11   Von 2014–18 war es auch Sitz des Ministerpräsidenten.

12   Zur Pelikan-Gruppe siehe Hannah Lucinda Smith, *Erdoğan Rising: The Battle for the Soul of Turkey,* London: William Collins, 2019, Kapitel 4, »Erdoğan and Friends«.

13   Anfang 2016 wurde Güls Name aus der Liste der AKP-Gründer gestrichen.

14   Parallel dazu verließen bei den Parlamentswahlen 2015 viele ehemalige AKP-Abgeordnete die Partei aufgrund der in den Parteistatuten verankerten Regel, dass Abgeordnete nur drei Wahlperioden absolvieren dürfen.

15   Albayrak war Energieminister (2015–18) und wechselte dann in das Finanzministerium (2018–20).

16   Soylu kam ursprünglich von der Partei des Rechten Weges (DYP) und brachte in gewisser Weise das Erbe der von Tansu Çiller und Innenminister Mehmet Ağar Mitte der 1990er-Jahre propagierten Taktik der verbrannten Erde gegen die PKK mit. Soylu trat 2012 in die AKP ein, nachdem er zuvor Vorsitzender der Demokratischen Partei, der Nachfolgepartei der DYP, gewesen war. Wie Erdoğan stammt er aus der Schwarzmeerregion.

17 Für eine vollständige Aufstellung der Charaktere siehe Nicholas Danforth, »The Outlook for Turkish Democracy: 2023 and Beyond«, Policy Notes, Washington Institute, 2020, S. 3–7, www.washington-institute.org/media/632? disposition=inline.

18 Zum türkischen Modell des Klientelismus siehe Ayşe Buğra und Osman Savaşkan, *New Capitalism in Turkey: The Relationship Between Politics, Religion and Business,* Cheltenham: Edward Elgar, 2014.

19 Nach Ansicht von Berk Esen und und Şebnem Gümüşçü ist der Klientelismus auch für die autoritäre Ausrichtung der AKP verantwortlich. Siehe »Why did Turkish Democracy Collapse?«.

20 Özge Kemahlıoğlu, »Winds of Change? The June 2015 Parliamentary Election in Turkey«, *South European Society and Politics* 20(4), Dezember 2015, S. 445–464.

21 Burcu Özçelik, »What the HDP Success Means for Turkey«, Kommentar, Carnegie Endowment, 11. Juni 2015, https://carnegieendowment.org/sada/60370.

22 Die CHP verlor im Vergleich zu 2011 etwas mehr als 1 Prozent ihrer Stimmen, aber ihre Fraktion wuchs um sieben Mitglieder.

23 Sabri Sayarı, »Back to a Predominant Party System: The November 2015 Snap Election in Turkey«, *South European Society and Politics* 21(2), 2016, S. 267.

24 »Seni başkan yaptırmayacağız«, *Cumhuriyet,* 17. März 2015. Man beachte die Verwendung des informellen »Du« (»sen« statt »siz«). Wie Selim Koru klugerweise anmerkt: »Ein Linker und Führer einer ethnischen und sprachlichen Minderheit sprach zu Erdoğan, dem Führer der religiösen und kulturellen Mehrheit, als Gleicher.« Koru, *The Institutional Structure of* »*New Turkey*«, S. 15.

25 Osman Baydemir (HDP) behauptete später, die Partei habe Erdoğan die Unterstützung eines AKP-Minderheitskabinetts oder einer AKP-CHP-Koalition vorgeschlagen. Koru, *The Institutional Structure of* »*New Turkey*«, S. 17.

26 Meinungsumfragen bestätigten seine Vermutung. Sayarı, »Back to a Predominant Party System«, S. 268.

27 In der Zwischenzeit nutzte die AKP die Uneinigkeit der Opposition, um İsmet Yılmaz nach vier Wahlgängen zum Parlamentspräsidenten zu wählen (1. Juli 2015).

28 Max Hoffman und Michael Werz, »Turkey's Right Rises Again«, Center for American Progress, Washington, DC, 3. November 2015.

29 Kerem Öktem und Karabekir Akkoyunlu, »Exit from Democracy: Illiberal Governance in Turkey and Beyond«, *Journal of Southeast European and Black Sea Studies* 16(4), November 2016, S. 469–480.

30 Çandar, »The Perennial Kurdish Question«, in Özerdem and Whiting (Hg.), *The Routledge Handbook on Turkish Politics,* S. 262.

31 Ioannis Grigoriadis, »The Peoples' Democratic Party (HDP) and the 2015 Elections«, *Turkish Studies* 17(1), 2016, S. 39–46.

32 Çandar, »The Perennial Kurdish Question«.

33 Çandar, »Başbakan Davutoğlu: Silahın dili sona erecek«, NTV, 28. Februar 2015. Davutoğlu zeigte eine Vorliebe für symbolische Gesten. Bei einem Besuch in Diyarbakır im Januar bezeichnete er Öcalan als »*serok*« (»Führer« auf Kurdisch), was angesichts des Images der PKK in den Köpfen der meisten Türken zweifellos ein mutiger Schritt war.

34 Önder reiste fünf Tage vor den Treffen in die Kandil-Berge und hatte am Vortag mit Öcalan gesprochen.

35 »Erdoğan: Silah bırakma lafla olmaz«, *Al Jazeera Türk,* 11. März 2015.

36 Zu den Überlegungen der verschiedenen Parteien siehe Burak Bilgehan Özpek, *The Peace Process between Turkey and the Kurds: Anatomy of a Failure,* Abingdon: Routledge, 2017, Kap. 3: »Why Did the Peace Process Fail?«

37 Başaran, *Frontline Turkey,* S. 124–49.

38 »Ağrı'da gerçekte ne yaşandı?«, BBC Turkish, 13. April 2015.

39 »AKP beyannameye süreci ekledi«, *Al Jazeera Turk,* 21. April 2015.

40 International Crisis Group, »A Sisyphean Task? Resuming Turkey-PKK Peace Talks«, Briefing 77, Europe and Centralasia, 17. Dezember 2015.

41 Sınırdaki Düşman: Türkiye'nin DAİŞ İle Mücadeles, Ankara: SETA Foundation, 2016, S. 36.

42 William Armstrongs Interview mit Deniz Cifci, *Turkey Book Talk Podcast,* 24. September 2019, https://armstrongwilliam.wordpress.com/2019/09/24/deniz-cifci-on-the-fissures-within-kurdish-politics-in-turkey/.

43 Videos von türkischen Lastwagen, die seit 2014 auf kurdisch-nationalistischen Websites kursieren.

44 Rede nach einem Bombenanschlag in Gaziantep, 21. August 2016. Verfügbar unter www.hdp.org.tr/en/our-co-chair-mr-selahattin-demirtas-speech-on-the-massacre-in-gaziantep/8782/.

45 Zu den kurdischen Forderungen siehe Başaran, *Frontline Turkey,* S. 157–158.

46 Die Entscheidung, den Waffenstillstand zu brechen, die von der KCK getroffen wurde, einer kurdischen Dachorganisation, die vom Kandil-Kommando dominiert wird, schien auch die Stellung Öcalans zu untergraben.

47 Die YDG-H war im Januar 2015 bekannt geworden, als ihre Mitglieder in Cizre mit Anhängern der konservativ-islamistischen Partei der Freien Sache (Hür Dava Partisi oder Hüda Par) zusammenstießen.

48 »KCK: ›Kürdistan halkı için özyönetimden başka bir seçenek kalmamıştır‹«, *T24,* 12. August 2015.

ANMERKUNGEN**383**

49 Diese Behauptung ist mit einer gewissen Vorsicht zu genießen. Die Übernahme von HDP-geführten Gemeinden durch von der Regierung ernannte Beamte im Herbst 2015 wurde beispielsweise von der Entfernung mehrsprachiger Schilder an öffentlichen Gebäuden begleitet. Im Februar 2016 wurde IMC, ein 2011 gegründeter liberaler prokurdischer Fernsehsender, von Türksat abgekoppelt – und im Oktober desselben Jahres verboten.

50 Demirtaş' Reise nach Moskau im November 2015, inmitten der Spannungen zwischen der Türkei und Russland, war unter diesen Bedingungen keine kluge Entscheidung.

51 Abdullah Öcalan rief seine Parteianhänger auf, neutral zu bleiben und nicht an dem Bündnis teilzunehmen.

52 »İşte CHP'nin darbe raporuna muhalefet şerhi«, *Sözcu,* 12. Juni 2017.

53 Der ranghöchste Beteiligte am Umsturzversuch, General Akın Öztürk, war von 2013 bis 2015 Kommandeur der türkischen Luftwaffe gewesen. Ein Drittel der 220 Brigadegeneräle stand mit dem Putschversuch in Verbindung, aber nur 14 Prozent der hohen Generäle.

54 Die fehlgeschlagenen Putschversuche von Oberst Talât Aydemir fanden im Februar 1962 und im Mai 1963 statt. An den versuchten beziehungsweise erfolgreichen Interventionen von 1960–63 waren jedoch untergeordnete Offiziere beteiligt, was einen Unterschied zu 2016 darstellt. Siehe Berk Esen, »A Praetorian Army in Action: A Critical Assessment of Civil-Military Relations in Turkey«, *Armed Forces and Society* 47(1), 2020, S. 201–222.

55 Yaprak Gürsoy, »The 15 July 2016 Failed Coup and the Security Sector«, in Özerdem and Whiting (Hg.), *The Routledge Handbook on Turkish Politics,* S. 286.

56 Işık Koşaner, der ehemalige Chef des Generalstabs, vertrat diese Ansicht. »Işık Koşaner neden istifa ettiğini açıkladı«, *Hürriyet,* 26. Oktober 2016. Siehe auch Dexter Filkins, »Turkey's Thirty-year Coup, Did an Exiled Cleric Try to Overthrow Erdoğan's Government?«, *The New Yorker,* 17. Oktober 2016.

57 Vor allem Kadetten der Militärakademien in Ankara und Istanbul spielten eine Schlüsselrolle beim Putsch am 27. Mai 1960.

58 Kadri Gürsel, »Turkey's Failed Coup Reveals ›Army within an Army‹«, *Al Monitor,* 22. Juli 2016.

59 Metin Gürcan, »Never Again! But How? State and Military after the 15 July Coup«, Istanbul Policy Center, April 2017; ders., »Bir Darbe Girişimi Anatomisi«, *T24,* 18. Juli 2016. Gürcan bezeichnete den Umsturzversuch als WhatsApp-Putsch, nach der Smartphone-Anwendung, die von den Putschisten zur Kommunikation untereinander genutzt wurde.

60 Gönül Tol et al., »Unpacking Turkey's Failed Coup: Causes and Consequences«,

Middle East Institute, 17. August 2016. Siehe auch Berk Esen und Şebnem Gümüşçü, »Turkey: How the Coup Failed«, *Journal of Democracy* 28(1), Januar 2017, S. 59–73.

61 Dazu gehörten auch 63 Polizisten und 3 regierungsnahe Soldaten. Das Büro von Ministerpräsident Yıldırım zählte 36 Tote und 49 Verwundete unter den Putschisten. Gürsoy, »The 15 July 2016 Failed Coup«.

62 Die Aufhebung des Ausnahmezustands fiel mit der Verabschiedung eines Anti-Terror-Gesetzes (Gesetz 7145 vom 25. Juli 2018) zusammen, das die Behörden ermächtigte, Personen ohne Anklageerhebung bis zu vier Tage in Haft zu nehmen und auf lokaler Ebene 15 Tage lang Abriegelungen zu verhängen. Die Bestimmungen dieses Gesetzes, das den Ausnahmezustand faktisch über sein ursprüngliches Ablaufdatum hinaus verlängerte, ermöglichen auch die Entlassung von Militärpersonal und Staatsbediensteten. »Turkey Parliament Approves New Anti-Terror Law«, *Al Jazeera*, 25. Juli 2018. Siehe auch İnsan Hakları Derneği (Menschenrechtsvereinigung), »Sürekli OHAL'i Düzenleyen 7145 Sayılı Kanun Hakkında«, Presseerklärung, 1. August 2018, www.ihd.org.tr/surekli-ohali-duzenleyen-7145-sayili-kanun-hakkinda/.

63 Gürsoy, »The 15 July 2016 Failed Coup«. S. 290.

64 Kavala wurde im Februar 2020 freigesprochen, dann aber erneut verhaftet, und es wurden neue Anklagen gegen ihn im Zusammenhang mit dem Putsch erhoben.

65 Kararname KHK 668. *Resmi Gazete,* 25. Juli 2016. Mit demselben Dekret wurden Hunderte Militärangehörige aus ihren Ämtern entfernt.

66 Auch die mit der *Cemaat* verbundenen Unternehmen und Wirtschaftsgüter wurden vom Staat übernommen.

67 Constanze Letsch, »Turkey Shuts 15 Media Outlets and Arrests Opposition Editor«, *Guardian,* 30. Oktober 2016.

68 Şık wurde 2018 freigelassen, dann aber 2019 zu zehn Monaten Haft verurteilt.

69 Zitiert in »The Legacy of an Attempted Coup in Turkey«, *The Economist,* 15. April 2017.

70 »A&G'nin araştırma sonucu: Terörün arkasında ABD var«, *Aydınlık,* 8. Januar 2017.

71 In ähnlicher Weise wurden die USA beschuldigt, auch für den Putsch von 1980 verantwortlich gewesen zu sein.

72 »İşte Türkiye'nin yerli ve milli silahları!«, CNN Türk, 16. Oktober 2019.

73 »Yerli ve milli SUV ve sedan bir arada! Kırmızı beyaz«, *Habertürk,* 27. Dezember 2019.

74 »Erdoğan: Siz milli de yerli de olamazsınız«, BBC Turkish, 29. September 2015.

75 »Turkey's President Erdoğan is Grabbing Yet More Power«, *The Economist*, 21. Januar 2017. Was sicherlich dazu beigetragen hat, dass Bahçeli seinen Kurs änderte, war die Unterstützung, die er von der Regierung erhielt, als er sich im Sommer und Herbst 2016 gegen die Herausforderung durch Meral Akşener und Sinan Oğan um die Führung der MHP durchsetzte. Koru, *The Institutional Structure of »New Turkey«*, S. 20.

76 Dies war von vornherein vorgesehen. Sinan Ülgen, »Get Ready for a More Aggressive Turkey«, *Foreign Policy*, 2. Juli 2018.

77 Wegen dieser Änderung schlossen sich die Dissidenten innerhalb der MHP, darunter Meral Akşener, der »Nein«-Kampagne an.

78 Für einen Überblick über die Änderungen siehe Sinan Ekim und Kemal Kirişci, »The Turkish Constitutional Referendum Explained«, Order from Chaos Blog, Brookings Institution, 13. April 2017. Ferner dazu Koru, *The Institutional Structure of »New Turkey«*, S. 4–6.

79 »Yeni Anayasa anketinden çok konuşulacak sonuçlar«, *Sözcü*, 28. Dezember 2016.

80 Serap Yazıcı, »Constitutional Amendments of 2017: Transition to Presidentialism in Turkey, GlobaLex«, NYU School of Law, September 2017, www.nyulawglobal. org/globalex/2017_Turkey_Constitution_Amendments.html.

81 Steven Levitsky und Lucan A. Way, »The Rise of Competitive Authoritarianism«, *Journal of Democracy* 13(2) 2002, S. 52–53. Siehe auch Esen und Gümüşçü, »Rising Competitive Authoritarianism«.

82 »Observer Says up to 2.5 Million Turkish Referendum Votes Could Have Been Manipulated«, Reuters, 18. April 2017.

83 Siehe Orçun Selçuk, Dilara Hekimci und Onur Erpil, »The Erdoğanization of Turkish Politics and the Role of the Opposition«, *Journal of Southeast European and Black Sea Studies* 19 (4), 2019, S. 541–564.

84 Auch die Dysfunktionalität des exekutiven Präsidialsystems spielte eine Rolle: 24 der insgesamt 55 Präsidialdekrete, die zwischen 2018 und 2020 erlassen wurden, mussten nachträglich korrigiert werden, um Rechtsfehler zu beheben. Routineentscheidungen werden auf der höchsten Ebene getroffen, anstatt sie zu delegieren. Dadurch stiegen die Transaktionskosten. Vortrag von Ersin Kalaycıoğlu, Tagung über die neue Verfassung der Türkei, Southeast European Studies in Oxford (SESOX), 3. März 2021. Aufzeichnung verfügbar unter www.youtube.com/watch?v=k0H9T8. Auch Gareth Jenkins, »Turkey's Dysfunctional Presidential System«, *Turkey Analyst*, 5. Mai 2020.

85 Im Wahlkampf versprach İnce beispielsweise, dass er in der südöstlichen Stadt Şanlıurfa die größte islamische Universität der Welt aufbauen werde. »Dünyanın

en büyük islami Bilimler Üniversitesi'ni Şanlıurfaya kuracağım«, *Yurt Gazetesi,* 6. Juni 2018.

86 F. Michael Wuthrich und Melvyn Ingleby, »A Pushback against Populism: Running on ›Radical Love‹ in Turkey«, *Journal of Democracy* 31(2), April 2020, S. 24–40.

87 »Seçim sonuçları: Ekrem İmamoğlu 800 binden fazla oy farkla İstanbul Büyükşehir Belediye Başkanı seçildi«, BBC Turkish, 24. Juni 2019.

88 Die Amtszeit von Melih Gökçek in Ankara dauerte von 1994 (jene Wahl, bei der Erdoğan das Bürgermeisteramt in Istanbul gewann) bis 2017, als er seinen Posten bei einer AKP-internen Säuberung verlor.

89 Die MHP konnte ihren Einfluss auf die Politik behaupten, nicht zuletzt aufgrund von Erdoğans Abneigung, Entscheidungen zu treffen, die sich in der türkischen Öffentlichkeit als unpopulär erweisen könnten. Infolgedessen sind ihre Beziehungen zur AKP, ihrem Partner in der »Bürgerallianz«, von Zwietracht geprägt. Vielleicht werden die beiden Parteien bei den nächsten Parlamentswahlen getrennte Listen aufstellen, wobei sich die AKP für ein Bündnis mit kleineren konservativen und Mitte-Rechts-Gruppierungen sowie möglicherweise mit einer kurdischen Partei entscheiden könnte. Mehveş Evin, »What Does Lowering Election Threshold to 7 % Mean for Turkish Politics?«, *Duvar English,* 3. September 2021.

90 Das BIP der Türkei stieg im Jahr 2020 um 1,8 Prozent, was im Vergleich zu anderen großen Volkswirtschaften durchaus beeindruckend ist, aber noch nicht ausreicht, um den Trend des geringen Wachstums umzukehren.

91 Alev Coşkun, »128 milyar dolar nerede? Kime, hangi isimlere satıldı?«, *Cumhuriyet,* 25. April 2021. Dorian Jones, »Questions over Missing Billions Pose Challenge to Erdoğan«, *VOA,* 26. April 2021.

92 Koray Çalışkan, »From Competitive towards Full Authoritarianism«, *New Perspectives on Turkey* 58, Mai 2018, S. 5–33.

8　»Unser sogenannter strategischer Partner«

1 Erklärungen von US-Vizepräsident Biden und des türkischen Präsidenten Erdoğan im Pool Spray, Präsidentenpalast, Ankara, 25. August 2016, https://obamawhitehouse.archives.gov/the-press-office/2016/08/25/remarks-vice-president-biden-and-president-Erdo%C4%9Fan-turkey-pool-spray.

2 Gülnur Aybet, »Joe Biden's Visit to Ankara and Solving Pressing Issues«, *Al Jazeera,* 24. August 2016.

3 Evren Balta, Anmerkungen auf einer von der Heinrich-Böll-Stiftung veranstalteten Tagung, 10. Dezember 2010. Siehe auch Evren Balta und Mitat Çelikpala, »Tur-

key and Russia: Historical Patterns and Contemporary Trends in Bilateral Relations«, in Güneş Murat Tezcür (Hg.), *The Oxford Handbook of Turkish Politics,* Oxford: Oxford University Press, erscheint in Kürze.

4   Anton Lavrov, *The Russian Air Campaign in Syria: A Preliminary Analysis,* CNA Occasional Paper, June 2018, www.cna.org/CNA_files/PDF/COP-2018-U-017903-Final.pdf.

5   Generalmajor Qasem Soleimani, Befehlshaber der Quds-Truppen, besuchte Moskau im Juli 2015 im Vorfeld der Militärintervention. Laila Bassam und Tom Perry, »How an Iranian General Plotted Out Syrian Assault by Moscow«, Reuters, 6. Oktober 2015.

6   Dimitar Bechev, Stanislav Secrieru und Nicu Popescu (Hg.), *Russia Rising: Putin's Foreign Policy in the Middle East and North Africa* London: I.B. Tauris, 2021.

7   Emre Erşen, »Evaluating the Fighter Jet Crisis in Turkish-Russian Relations«, *Insight Turkey* 19(4), 2017, S. 85–104.

8   »Turkey's Downing of Russia Jet ›Stab in the Back‹ – Putin«, *BBC News,* 24. November 2015.

9   »Mehmet Şimşek'ten Rusya itirafı: ›9 milyar dolar‹«, *Cumhuriyet,* 7. Dezember 2015.

10 Die SDF (Syrian Democratic Forces) wurden im Oktober 2015 von der YPG zusammen mit verschiedenen arabischen, assyrischen und anderen Kräften gebildet. Sie wurden vom US Central Command (CENTCOM) unterstützt. Siehe Suleiman al-Khalidi und Tom Perry, »New Syrian Rebel Alliance Formed, Says Weapons on the Way«, Reuters, 12. Oktober 2015.

11 International Crisis Group, *Russia and Turkey in the Black Sea and the South Caucasus,* Europe and Central Asia Report Nr. 250, Brüssel, 28. Juni 2018.

12 Bechev, *Rival Power,* S. 139–176.

13 Burak Ege Bekdil, »US Begins Removing Patriot Missiles from Turkey«, *Defense News,* 11. Oktober 2015.

14 Unmittelbar nach dem Abschuss des Flugzeugs übergaben die türkischen Behörden die Leichen der beiden getöteten Piloten als Geste des guten Willens an Russland.

15 In einem Telefonat am 17. Juli drückte Putin sein Beileid für die Opfer des Putschversuchs aus und forderte eine Rückkehr zu Ordnung und Stabilität. Obama rief erst zwei Tage später an, obwohl auch er den Putschversuch bereits am 15. Juli verurteilt hatte.

16 AKP-Mitglieder machten auch für den Abschuss des russischen Jets im November 2015 Gülenisten in der Luftwaffe verantwortlich. »Rus Savaş Uçağının Fetö Tarafından Düşürüldüğü İddiası«, *Milliyet,* 7. Oktober 2017.

17   Soli Özel, »Whither Turkey-Russia Relations?« Robert Bosch Academy, 2020, www.robert-boschacademy.de/de/perspectives/whither-turkey-russia-relations. Şener Aktürk, »Relations between Russia and Turkey Before, During, and after the Failed Coup of 2016«, *Insight Turkey* 21(4), Herbst 2016, S. 97–113.

18   Der Ort hat eine besondere Symbolik. Der Palast geht zurück auf den Enkel von Katharina der Großen, Großfürst Konstantin Pawlowitsch. Der Großfürst, der nach dem römischen Kaiser Konstantin der Große benannt worden war, war eine zentrale Figur in Katharinas sogenanntem Griechischen Plan (*Grecheskii Proekt*), der in den 1780er-Jahren entwickelt wurde. Er sah die Wiederherstellung des byzantinischen Staates unter russischer Oberhoheit und mit Konstantin Pawlowitsch auf dem Thron vor.

19   Seitdem hat die Türkei die fraglichen Gebiete weitgehend in ihren Verwaltungsbereich eingegliedert: Sie führte die Türkische Lira als offizielles Zahlungsmittel ein, schloss das lokale Stromnetz an ihr nationales Netz an, investierte in die Infrastruktur und stellte öffentliche Dienstleistungen bereit. Siehe Aslı Aydıntaşbaş, *A New Gaza: Turkey's Border Policy in Northern Syria,* Policy Brief, European Council on Foreign Relations, Mai 2020.

20   Dimitar Bechev, »Russia and Turkey: The Promise and Limits of Partnership«, in Bechev, Secrieru und Popescu (Hg.), *Russia Rising.*

21   Kareem Shaheen, »Aleppo: Russia-Turkey Ceasefire Deal Offers Hope of Survival of Residents«, *Guardian,* 13. Dezember 2016.

22   Selim Koru, *The Resiliency of Turkey-Russia Relations,* Black Sea Strategy Paper, Foreign Policy Research Institute, November 2018, S. 15, www.fpri.org/wp-content/uploads/2018/ 11/bssp2-koru.pdf.

23   Der erste russische Entwurf vom 23. Januar 2017 wurde von der Türkei abgelehnt, weil er eine Autonomie für die kurdische Region vorsah. Siehe Pavel K. Baev und Kemal Kirişci, *An Ambiguous Partnership: The Serpentine Trajectory of Turkish-Russian Relations in the Era of Erdoğan and Putin,* Turkey Project Policy Paper, Brookings Institution, September 2017, S. 11. Ab 2018 beherbergte Russland das sogenannte Syrische Verfassungskomitee mit Vertretern der Regierung und verschiedener Oppositionsgruppen.

24   In der Regel behielten die »versöhnten« Kräfte die Kontrolle über ihre Gemeinden und Regionen. Fadi Adleh und Agnès Favier, *Local Reconciliation Agreements for Syria: A Non-starter for Peacebuilding,* Forschungsprojektbericht, Middle East Directions, Robert Schumann Center for Advanced Studies, European University Institute, 2017.

25   Nach der Übernahme verließen viele Kurden Afrin und wurden durch arabische Siedler aus den Vorstädten von Damaskus ersetzt. Jamie Dettmer, »Kurds Say Turkey Plans to Reshape Demographics in Northern Syria«, *VOA,* 29. Januar 2018.

26 Aaron Stein, »Roadmap to Nowhere: Manbij, Turkey and America's Dilemma in Syria«, *War on the Rocks,* 29. Juni 2018.

27 Maria Tsvetkova, »Russia and Turkey Agree to Create Buffer Zone in Syria's Idlib«, Reuters, 17. September 2018.

28 So ließ die BOTAŞ ihre Forderung nach einer Preissenkung für Gazprom-Lieferungen im Rahmen des 2011 nach langwierigen Verhandlungen unterzeichneten langfristigen Vertrags fallen.

29 Die russischen Behörden hielten das sogenannte »Tomatenverbot« bis Mai 2018 aufrecht. Siehe Baev und Kirişci, *An Ambiguous Partnership,* S. 7.

30 Dimitar Bechev, »TurkStream: Geopolitical Implications and Future Prospects«, Al Sharq Center, 28. Mai 2020.

31 Nordstream 2 ist eine Partnerschaft zwischen Gazprom und westlichen Unternehmen wie Royal Dutch Shell, E.ON und Wintershall.

32 Cihan Dizdaroğlu, Mustafa Aydın und Sinem Akgül Açıkmeşe, *Turkish Foreign Policy: Research on Public Perceptions,* Umfrage der Kadir Has Universität, Juli 2019, www.khas.edu.tr/en/haberler/research-public-perceptions-turkish-foreign-policy-2019-0.

33 Siehe Kapitel 6.

34 Erdoğan entschuldigte sich nicht, vielmehr behauptete er, Trump habe eine Entschuldigung für den ungebührlichen Vorfall angeboten.

35 Die Verluste werden auf rund 9 Milliarden Dollar geschätzt. Zu den betroffenen Unternehmen gehören Roketsan, Havelsan, Alp Aviation, Ayesas, Kale Aerospace, Tübitak-SAGE, die Turkish Aerospace Industries (TAI) und die türkische Tochtergesellschaft der niederländischen Fokker Elmo. Siehe Ece Toksabay und Tuvan Gümrükçü, »Turkish Defense Firms Set to Lose Billions after F-35 Removal«, Reuters, 18. Juli 2019.

36 Obama versprach während seines Wahlkampfs 2008, den Völkermord anzuerkennen, tat dies jedoch während seiner Amtszeit nicht.

37 Soli Özel und Serhat Güvenç, »US-Turkey Relations since World War II: From Alliance to Transactionalism«, in: Tezcür (Hg.), *The Oxford Handbook of Turkish Politics.*

38 »U.S. Secretary of State Nominee Calls NATO Ally Turkey a ›So-called Strategic Partner‹«, Reuters, 19. Januar 2021.

39 Hümeyra Pamuk, »Erdoğan says Turkey Plans to Buy More Russian Defense Systems«, Reuters, 27. September 2021.

40 Im Oktober 2018 ließ die Türkei Andrew Brunson frei, einen aus North Carolina stammenden protestantischen Geistlichen, der wegen angeblicher Verbindungen zu den Putschisten von 2016 inhaftiert worden war. Sein Fall, der im Mittelpunkt

eines diplomatischen Streits zwischen Washington und Ankara stand, fand bei Trumps konservativer Basis großes Interesse. Daher war die Freilassung vor den US-Zwischenwahlen im November eine Art Geschenk des Serail an das Weiße Haus. Trump empfing Brunson im Oval Office. »Andrew Brunson: Trump Meets US Pastor Freed by Turkey«, BBC News, 18. Oktober 2018. Unterdessen halfen die von Trump in Tweets bekanntgegebenen Sanktionen – zum Beispiel die Verdoppelung der Stahl- und Aluminiumzölle – Erdoğan, die türkische Öffentlichkeit hinter sich zu versammeln. Es war eine Win-Win-Situation. Lisel Hintz, »No One Lost Turkey: Turkey's Foreign Policy Quest for Agency with Russia and Beyond«, *Texas National Security Review* 2(4), August 2019, S. 149–150.

41   Steven A. Cook, »Erdoğan Plays Washington Like a Fiddle«, Council for Foreign Relations, 3. September 2019.

42   Julian Borger, »Mattis' Resignation Triggered by Phone Call between Trump and Erdoğan«, *Guardian,* 21. Dezember 2018.

43   Jake Sherman, »Pence Announces Ceasefire Deal with Turkey«, *Politico,* 17. Oktober 2019.

44   İbrahim Kalın im Interview mit NTV, »Cumhurbaşkanlığı Sözcüsü İbrahim Kalın NTV'de'« 21. November 2020.

45   Abgesehen von der ostentativen Kameradschaft mit Russland hat die Türkei zur »maßgeschneiderten Vorwärtspräsenz« der NATO im Schwarzen Meer beigetragen, die die Antwort auf die Annexion der Krim war. Dazu gehören häufige Übungen, die Rotation von Marineschiffen von Verbündeten außerhalb der Schwarzmeer-Region, einschließlich der USA, und eine multinationale Rahmenbrigade, die in der Nähe von Constanţa, Rumänien, stationiert ist. Die Rolle der Türkei in der Eindämmungsstrategie des Bündnisses gegenüber Moskau ist einer der Hauptgründe, warum Bukarest in den EU-Beratungen für eine Zusammenarbeit mit Ankara und gegen Sanktionen plädiert hat. Siehe »Boosting NATO's Presence in the East and Southeast«, www.nato.int/cps/en/natohq/topics_136388.htm.

46   Siehe Çağaptay, *Erdoğan's Empire,* S. 231–265.

47   »Turkey's Erdoğan Presses World Leaders to Help Myanmar's Rohingya«, Reuters, 4. September 2017.

48   Im Jahr 2009 bezeichnete Erdoğan das chinesische Vorgehen in der Provinz als »Völkermord«, erklärte aber zehn Jahre später, die Menschen in Xinjiang lebten glücklich und zufrieden. Ankaras Kurswechsel basiert sowohl auf kommerziellen als auch auf strategischen Überlegungen. Kuzzat Altay, »Why Erdoğan Has Abandoned the Uyghurs«, *Foreign Policy,* 2. März 2021.

9 Das Streben nach Macht

1 Birol Başkan, Turkey and Qatar in the Tangled Geopolitics of the Middle East, New York: Palgrave Pivot, 2016.

2 Die Katar-Krise führte zu einem Zerwürfnis zwischen Saudi-Arabien auf der einen und der Türkei und Katar auf der anderen Seite im Jemen. Im März 2015 billigten die Türkei und Katar die »Operation Decisive Storm«, die von Riad gegen die vom Iran unterstützten Huthis eingeleitet wurde. Die Krise von 2017 führte jedoch zum Ausschluss der von Doha und Ankara unterstützten Al-Islah-Partei, die mit den Muslimbrüdern in Verbindung steht, aus der von Saudi-Arabien geführten Militärkoalition. Ali Bakeer und Giorgio Cafiero, »Turkey's Influence in Yemen«, *TRT World,* 1. Mai 2018.

3 »Turkish Parliament Approves Troop Deployment to Qatar«, *Al Jazeera,* 7. Juni 2017. Ein zweiter Stützpunkt ist im Bau. Hande Fırat, »A New Military Base in Qatar to Inaugurate in Autumn«, *Hürriyet Daily News,* 14. August 2019.

4 Güney Yıldız, »GCC/Qatar Reconciliation: Good or Bad News for Turkey?« Point of View, Stiftung Wissenschaft und Politik (SWP), Berlin, 18. Januar 2021.

5 »Qatargas, BOTAŞ Sign New Three Year LNG Agreement«, Anadolu Agency, 20. September 2017.

6 *Qatar Tribune,* 27. November 2018.

7 Fehim Taştekin, »Turkey Sees Greater Partnership with Qatar than Is Apparent«, *Al Monitor,* 4. Dezember 2019. »Another 7 Billion of Qatari Investment to Flow into Turkey«, *Daily Sabah,* 3. Dezember 2019.

8 Tom Bateman, »Afghanistan: Qatar and Turkey Become Taliban's Lifeline to the Outside World«, *BBC,* 2. September 2021.

9 Magdalene Mukami und Mohammed Dhaysane, »Somalia Thrives with a Helping Hand from TİKA«, Anadolu Agency, 16. Oktober 2019, www.aa.com.tr/en/africa/somalia-thrives-with-helping-hand-from-tika/1615224.

10 Mehmet Özkan, »The Turkish Way of Doing Development Aid? An Analysis from a Somali Laboratory«, in Isaline Bergamaschi et al. (Hg.), *South-South Cooperation Beyond the Myths: Rising Donors, New Aid Practices?,* Basingstoke: Palgrave Macmillan, 2017, S. 59–79.

11 »Qatar to Build New Port at Somali's Hobyo«, *Al Jazeera,* 8. August 2019.

12 Micha'el Tanchum, »Turkey's String of Pearls: Turkey's Overseas Naval Installations Reconfigure the Security Architecture of Mediterranean-Red Sea Corridor«, Fokus 4/2019, Austrian Institute for European and Security Policy (AIES), 2019.

13 Asya Akça, »Neo-Ottomanism: Turkey's Foreign Policy Approach to Africa«, *New Perspectives in Foreign Policy,* 17. April 2019, Center for Strategic and International Studies, Washington, DC; Andres Schipani und Laura Pitel, »Erdoğan's

Great Game: Turkey Pushes into Africa with Aid, Trade and Soaps«, *Financial Times,* 18. Januar 2021.

14 Akça, »Neo-Ottomanism«.

15 Die türkische Regierung ließ westlichen Regierungen geheime Tonbänder zukommen, die im saudischen Konsulat aufgenommen wurden. Ezgi Erkoyun, »Turkey Gave Khashoggi Tapes to European Nations, Erdoğan Says«, Reuters, 10. November 2018.

16 »Erdoğan Slams US ›Silence‹ over Khashoggi, Demands Saudi Answers«, *Al Jazeera,* 4. Februar 2019.

17 Abas Al Awati und Çağan Koç, »Saudis Let Wallets Do the Talking to Punish Turkey for Khashoggi«, Bloomberg, 22. November 2018; Amberin Zaman, »Turkey Groans under Economic Pressure from Saudis«, *Al Monitor,* Mai 2019.

18 Andrew Wilks, »Turkey, Saudi Arabia Eye Improved Ties After Gulf Crisis Ends«, *Al Jazeera,* 25. Januar 2021.

19 Turkey-UAE: »Erdoğan and MBZ Discuss Bilateral Ties During Phone Call«, *Middle East Eye,* 30. August 2021.

20 Jonathan Schanzer, »How Iran Benefits from an Illicit Gold Trade with Turkey«, *The Atlantic,* 17. Mai 2013.

21 Dorian Jones, »Erdoğan Defies Trump Over Iran Sanctions«, *VOA,* 27. September 2019.

22 Galip Dalay, »Turkish-Iranian Relations Are Set to Become More Turbulent«, German Marshall Fund, 9. Februar 2021.

23 Die Eisenbahnlinie Baku-Tiflis-Kars war 2005 von den Präsidenten der Türkei, Aserbaidschans und Georgiens vereinbart worden. Sie wurde nach mehrfachen Verzögerungen im Oktober 2017 fertiggestellt.

24 Dalay, »Turkish-Iranian Relations«; siehe auch Çağaptay, *Erdoğan's Empire,* Kap. 9: »Competing Persians«, S. 155–169.

25 Für einen Überblick über die Streitigkeiten siehe Nikos Tsafos, »Getting East Med Energy Right«, Commentary, Center for Strategic and International Studies, Washington, DC, 26. Oktober 2020.

26 Zypern hat Abkommen über die Abgrenzung der Ausschließlichen Wirtschaftszonen mit Ägypten (2003) und Libanon (2007) unterzeichnet.

27 Meliha Benli Altunışık, »Turkey's Eastern Mediterranean Quagmire«, Middle East Institute, 18. Februar 2020.

28 Ece Toksabay und Michele Kambas, »Turkey Won't Allow Greek Interference in East Med Activities – Minister«, Reuters, 24. Oktober 2018.

29 Bülent Usta, »Turkey Conducts Largest Naval Exercise«, Reuters, 28. Februar 2019.

30 Die Reaktion der EU auf die türkischen Aktivitäten im östlichen Mittelmeer wird
    in Kapitel 10 ausführlicher dargestellt.

31 David Brunnstrom und Renee Maltezou, »US Warns Turkey Over Offshore Dril-
    ling Near Cyprus«, Reuters, 5. Oktober 2019.

32 »Macron Criticises Turkey's Imperial Inclinations as Row Between Countries Es-
    calates,« *Guardian*, 1. November 2020.

33 Nektaria Stamouli, »Ship's Return Home Raises Hopes of Greece-Turkey Tensi-
    ons Cooling«, Politico.eu, 15. September 2020.

34 Zu *Mavi Vatan* siehe Ryan Gingeras, »Blue Homeland: The Heated Politics be-
    hind Turkey's New Maritime Strategy«, *War on the Rocks*, 2. Juni 2020.

35 In Produktion ist auch noch die TCG *Anadolu*, ein amphibisches Angriffsschiff/
    leichter Flugzeugträger, der mit einem Hubschrauberdock ausgestattet ist.
    H.I. Sutton, »Turkey's New Assault Carrier Will Transform Navy«, *Forbes*,
    13. Mai 2020.

36 Am 28. November 2019 unterzeichnete die türkische Regierung zwei Absichtser-
    klärungen mit der GNA: eine Erklärung über die direkte Stationierung türkischer
    Truppen in Libyen und eine Erklärung über maritime Angelegenheiten. Eine
    rechtliche Vereinbarung zur Abgrenzung der AWZ folgte am 1. Dezember.

37 Die Kosten für die EastMed-Gaspipeline werden auf 6–7 Mrd. Euro geschätzt, als
    Bauzeit sind sieben Jahre veranschlagt. Ihre jährliche Kapazität beträgt 10 Milliar-
    den Kubikmeter (bcm).

38 Amberin Zaman, »Eastern Mediterranean Crisis Balloons as Turkish Drill Ships
    Multiply«, *Al Monitor*, Juli 2019.

39 Zum Wettbewerb der Türkei mit den VAE siehe Aslı Aydıntaşbaş und Cinzia
    Bianco, *Useful Enemies: How Turkey-UAE Rivalry is Remaking the Middle East*,
    Policy Brief, European Council on Foreign Relations, 15. März 2021.

40 Zum Zeitpunkt der Abfassung dieses Buches führen die Türkei und Griechenland
    erneut Gespräche, und die Außenminister beider Länder vereinbarten gegenseitige
    Besuche im April/Mai 2021.

41 Menelaos Hadjicostis, »A ›Homecoming‹ to a Ghost Town Sparks Greek
    Anguish«, Associated Press, 10. September 2010.

42 Çağaptay, Erdoğan's Empire.

43 Omar Ashour, *Between ISIS and a Failed State: The Saga of Libyan Islamists*, Wor-
    king Paper, Project on US Relations with the Islamic World, Brookings Institution,
    August 2015.

44 Giovanna De Maio, »The Palermo Conference on Libya: A Diplomatic Test for
    Italy's New Government«, Order from Chaos blog, Brookings Institution, 19. No-
    vember 2018.

45 »Libya: Haftar Bans Flights, Boats from Turkey«, *Al Jazeera,* 29. Juni 2019.

46 Die Syrische Nationale Armee wurde im Dezember 2017 in der von der Türkei kontrollierten Enklave in der nördlichen Provinz Aleppo gegründet. Ihr gehören Teile der Freien Syrischen Armee an.

47 Bethan McKernan und Hussein Akoush »Exclusive: 200 Syrian Troops Deployed to Libya to Support Government«, *Guardian,* 15. Januar 2020.

48 Dicle Eşiyok, »Turkish Military Contractor SADAT Has Always Been in Libya«, *Ahval,* 4. Januar 2020.

49 Vassilis Nedos, »Turkish Frigates Sailing Between Crete and Libya«, *Kathimerini,* 30. Mai 2020.

50 »Turkey Sends Secret Arms Shipments to Libya«, *BBC News,* 26. März 2020.

51 Murat Sofuoğlu, »How Turkish Drones Are Changing the Course of the Libyan Civil War«, *TRT World,* 22. Mai 2020.

52 Ben Fishman und Conor Hiney, »What Turned the Battle for Tripoli«, Brief Analysis, Policy Watch 3314, Washington Institute, 6. Mai 2020.

53 Jalel Harchaoui, »The Pendulum: How Russia Sways Its Way in Libya«, *War on the Rocks,* 7. Januar 2021. Als Geste gegenüber Russland erlaubten die türkischen Streitkräfte den Rückzug der Wagner-Soldaten aus dem Gebiet um Tripolis.

54 »Turkey Says Lasting Ceasefire Discussed with Libyan PM«, *TRT World,* 17. Juni 2020.

55 Orhan Coşkun und Tuvan Gümrükçü, »Turkey Eyes Libya Bases for Lasting Military Foothold: Source«, Reuters, 15. Juni 2020.

56 Tarek Megerisi, »It's Turkey's Libya Now«, European Council on Foreign Relations, 20. Mai 2020.

57 Gespräch mit einem libyschen Experten, Februar 2021. Enes Canlı und Mucahit Aydemir, »Libya to Keep ›Distinguished Ties‹ with Turkey: Interim Premier«, Anadolu Agency, 25. Februar 2021.

58 Siehe Kapitel 8.

59 Das russische Militär lehnte ein Ersuchen der Türkei ab, den syrischen Luftraum für Hubschrauber zu öffnen, um die Verwundeten in medizinische Einrichtungen jenseits der Grenze zu evakuieren, die nur wenige Flugminuten entfernt sind. Der Transport auf dem Landweg erhöhte die Zahl der Verletzten. Gespräch mit einem internationalen Experten mit Quellen innerhalb des türkischen Militärs, Februar 2021.

60 Ali Bakeer, »The Fight for Syria's Skies: Turkey Challenges Russia with New Drone Doctrine«, Middle East Institute, 26. März 2020.

61 »Putin Hails Compromise with Erdoğan at Sotchi Peace Talks«, RFE/RL, 29. September 2021.

62 Ragıp Soylu, »Turkish F-16s [were] Kept in Azerbaijan ›as Deterrent against Armenian Attacks‹«, *Middle East Eye*, 8. Oktober 2020; Ed Butler, »Syrian Mercenaries Used as Cannon Fodder in Nagorno-Karabakh«, *BBC News*, 10. Dezember 2020

63 Ein weiteres Beispiel in dieser Hinsicht sind die florierenden Beziehungen zwischen der Türkei und der Ukraine, die sich auch auf die Zusammenarbeit im Verteidigungsbereich erstrecken. Siehe International Crisis Group, *Russia and Turkey in the Black Sea*. Im Oktober 2020 unterzeichneten die Präsidenten Selensky und Erdoğan ein Kooperationsabkommen für den Bereich der Verteidigungsindustrie. »Erdoğan Hails Deepening Cooperation with Ukraine«, *TRT World*, 16. Oktober 2020.

64 Die Große Nationalversammlung genehmigte den Einsatz am 17. November 2020.

65 Berg-Karabach fällt in den Zuständigkeitsbereich der sogenannten Minsk-Gruppe in der Organisation für Sicherheit und Zusammenarbeit in Europa (OSZE), die von Russland, Frankreich und den USA geleitet wird.

66 Berichten zufolge sind die Aktionen der Türkei dank der technologischen Fortschritte der Streitkräfte heute effektiver als die grenzüberschreitenden Operationen in den 1990er- und 2000er- Jahren. Sie haben das Potenzial, die Infrastruktur der PKK in dem Gebiet, einschließlich der Tunnel und Höhlenverstecke, zu zerstören. Can Kasapoğlu, »Maximum Pressure: Turkey's Anti-PKK-Counter-terrorism Campaigns in Northern Iraq«, *Terrorism Monitor* 19 (9), Jamestown Foundation, 7. Mai 2021.

67 Oxford Analytica, »Iraq's Disputed Sinjar Will Be a Long-term Flashpoint«, 12. März 2021.

10   Europa: Vom Partner zum Gegner?

1 »Cumhurbaşkanı Erdoğan: ›Ey Avrupa Birliği kendinize gelin‹«, *Haberler.com*, 10. Oktober 2019.

2 Zia Weise und Jacopo Barigazzi, »EU Countries Agree to Suspend Arms Exports to Turkey«, *Politico.eu*, 14. Oktober 2019.

3 »Turkey's Erdoğan and French President Macron Butt Heads – Again«, *Al Jazeera*, 26. Oktober 2020.

4 Botschaft von Präsident Erdoğan zum Europatag, Präsidialamt der Republik Türkei, 9. Mai 2020. Verfügbar unter: www.tccb.gov.tr/en

5 E-Mail-Korrespondenz mit dem Verfasser, Februar 2021.

6 Interviews in Ankara, März 2011.

7 Cihan Dizdaroğlu u. a., Turkish Foreign Policy: Research on Public Perceptions 2019.

8   Bemerkung bei einem Rundtischgespräch zum Thema »Turkey, Russia and the West in the Middle East«, veranstaltet von der Stiftung Wissenschaft und Politik, Berlin, 23. Juni 2020.

9   Mehul Srivastava und Alex Barker, »Davutoğlu's Future Hangs on Success of EU-Turkey Visa Deal«, *Financial Times,* 2. Mai 2016.

10   Abgeschlossen durch eine gemeinsame Erklärung des Europäischen Rates (der 28 Staats- und Regierungschefs der EU) und der Türkei. Vollständiger Text verfügbar unter: www.consilium.europa.eu/en/ press/press-releases/2016/03/18/ eu-turkey-statement/.

11   »The Aegean Tragedy – Key Facts and Key Steps«, ESI, 24. Januar 2020, www.esiweb.org/publications/aegean-tragedy-key-facts-and-key-stepsm.

12   Die Asylanträge sollten in der Türkei geprüft werden, bevor die Flüchtlinge in den Mitgliedstaaten neu angesiedelt werden sollten. Die Gesamtzahl der aufzunehmenden Flüchtlinge wurde auf 54000 begrenzt.

13   »Aegean Plan 2.0 – Preventing a Desaster in the Times of Corona«, *ESI Newsletter,* 3/2020, 20. März 2020.

14   »EU-Turkey Statement 2.0«, ESI, 16. März 2021,www.esiweb.org/proposals/eu-turkey-statement-20.

15   Pazarkule liegt in einer türkischen Enklave am rechten Ufer des Evros/Meriç, während die griechisch-türkische Grenze in Thrakien ansonsten weitestgehend die dem Fluss folgt. Aus diesem Grund ist das Gebiet Pazarkule/Karaağaç, das an die Stadt Edirne angrenzt, ein bevorzugter Bereich für illegale Grenzübertritte.

16   »İnsanlığın sınırı: Polis eskortlu mülteci otobüsleri, Yunanistan otoritelerince darp edildikten sonra geri itilen insanlar«, Amnesty International Türkei, 10. März 2019. Gespräch mit einem ehemaligen Mitarbeiter der Europäischen Kommission, Februar 2021.

17   Siehe Kapitel 9.

18   »EU Chief Says Greece is Europe's Shield in Migrant Crisis«, *BBC News,* 3. März 2020.

19   Interview mit einem ehemaligen hochrangigen Mitarbeiter der Europäischen Kommission, Februar 2021.

20   Ayla Jean Yackley, »Turkey Will Not Act as Europe's ›Warehouse‹ for Aghan Refugees, says Erdoğan«, *Financial Times,* 26. August 2021.

21   Philip Oltermann, »Erdoğan Accuses Germany of ›Nazi Practices‹ over Blocked Political Rallies«, *Guardian,* 5. März 2017.

22   »Dutch Riot Police Break Up Pro-Erdoğan Demonstration in Rotterdam«, Reuters, 12. März 2017.

23   »Turkey President Recep Tayyip Erdoğan Plans Election Rally in Europe«, *Deutsche Welle,* 24 April 2018.

24 Im Jahr 2017 forderte der Geheimdienstausschuss des Bundestages nach Veröffentlichungen in der *Welt* eine Untersuchung über Spionage. Ian Johnson, »Report: Turkey's MİT Agency Menacing ›German Turks‹«, *Deutsche Welle,* 21. August 2016; »Report: German Politicians under Surveillance by Turkish Intelligence«, *Deutsche Welle,* 28. Juni 2017.

25 »Austria to Shut Down Mosques, Expel Foreign-funded Imams«, Reuters, 8. Juni 2018.

26 Frankreich schickte eine Fregatte und Rafale-Kampfjets auf die Insel Kreta, um seine Solidarität mit Griechenland zu zeigen. »Amid Tensions with Turkey, Greece in Joint Manoeuvres with France«, Reuters, 13. August 2020.

27 Salim Kahraman, »French Naval Presence in Eastern Mediterranean Not Just About Energy«, *Ahval,* 17. Juli 2019.

28 »EU Sanctions top Turkish Petroleum Executives for East Mediterranean Drilling«, *Duvar,* 28. Februar 2021.

29 Sarantis Michalopoulos, »Merkel and Borissov Blocked EU Sanctions against Turkey at Summit: Sources«, *Euractiv,* 11. Dezember 2020.

30 Dennoch hat die Türkei seit 2017 etwa ein Drittel ihrer Finanzmittel verloren. Die EU hat im Zeitraum 2014–20 3,5 Mrd. Euro überwiesen (zusätzlich zu den 6 Mrd. Euro, die für die syrischen Flüchtlinge bereitgestellt wurden). Das sind 1,8 Mrd. EUR weniger als ursprünglich veranschlagt. Antwort von Vizepräsidentin Mogherini im Namen der Europäischen Kommission. Referenz der Anfrage: E-002279/2019 (Marco Zanni), Europäisches Parlament, 24. September 2019.

31 Nachdem die Abgeordneten des Europäischen Parlaments im März 2019 die Resolution mit 307 Ja-Stimmen, 109 Nein-Stimmen und 143 Enthaltungen gebilligt hatten, bezeichnete Ömer Çelik, der Sprecher der AKP, diesen Rechtsakt als »wertlos, ungültig und anrüchig.« Gilbert Reilhac, »EU Parliament Calls for Freeze on Turkey's Membership Talks«, Reuters, 13. März 2019.

32 »Greece, Italy Sign Deal Delimiting Maritime Zones«, *Al Jazeera,* 9. Juni 2020.

33 »Egypt and Greece Sign Agreement on Exclusive Maritime Zones«, Reuters, 6. August 2020.

34 »7 Countries to Join Turkish Naval Exercise in East Mediterranean«, *Daily Sabah,* 27. April 2020.

35 Ein Besuch, der durch den sogenannten »Sofa-Zwischenfall« getrübt wurde, als von der Leyen im Gegensatz zu ihrem männlichen Kollegen Charles Michel keinen Sitzplatz neben Erdoğan erhielt.

36 European Council Conclusions, 25. Juni 2021, www.consilium.europa.eu/en/press/press-releases/2021/06/25/european-council-conclusions-on-external-relations-24-june-2021/.

37 »Balkan Leaders Flock to Erdoğan Inauguration«, *Balkan Insight,* 9. Juli 2018.

38 »Erdoğan Bosna Hersek'te: Avrupa'nın Bize Karşı Tavrının Sebebi Oradaki Türklerin Dağınıklığıdır«, *BBC Turkish,* 20. Mai 2018.

39 Eine sachkundige und aufschlussreiche Erörterung des türkischen Engagements in der Region, die sich auf eine Fülle von Interviews mit Bewohnern der Türkei und muslimischen Eliten stützt, findet sich in Öztürk, *Religion, Identity and Power.*

40 Fatos Bytyci, »Kosovo Investigates Seizure of Turkish Nationals«, Reuters, 31. März 2018.

41 »Bulgaria Expels Turkish Diplomat for Conducting Islamist Activity«, *Euractiv,* 22. Februar 2016.

42 Darko Janjević, »Erdoğan Wants Balkans as ›Leverage‹ on Europe: Expert«, *Deutsche Welle,* 18 March 2017.

43 Öztürk, Religion, Identity and Power, S. 50.

44 »Maarif Foundation: Turkey's International Education Juggernaut«, *Daily Sabah,* 16. Juni 2020. Wie Erdi Öztürk jedoch feststellt, hat die *Cemaat* ihre Wurzeln in der Region und die Dominanz der AKP ist nicht vollständig. »Die Machtverhältnisse können sich plötzlich in unerwarteter Weise ändern.« Öztürk, *Religion, Identity and Power,* S. 218.

45 Daten des türkischen Statistikinstituts, www.turkstat.gov.tr. Dimitar Bechev, »Die Politik der Türkei auf dem Balkan – Kontinuität und Wandel in der Erdoğan-Ära«, *Südosteuropa Mitteilungen* 59(5–6), 2019, S. 34–45.

46 Siehe Kapitel 5.

47 Bechev, »Die Politik der Türkei auf dem Balkan«.

48 Neben Russland verhandelt die Türkei auch mit Aserbaidschan (Vertrag über 6,6 Mrd. m³, der im April 2021 ausläuft) und Nigeria (LNG-Vertrag, der im Dezember endet). Ein Dreijahresvertrag mit Katar (LNG) steht Ende des Jahres zur Erneuerung an, aber die diplomatische und sicherheitspolitische Allianz zwischen Ankara und Doha wird wahrscheinlich dazu beitragen, die Gespräche zu erleichtern.

49 Im Jahr 2019 importierte die Türkei Waren im Wert von 70 Milliarden Euro aus der EU, während sich die Exporte auf 68 Milliarden Euro beliefen. Daten von TurkStat.

50 Kemal Kirişci, »The Transformation of Turkish Foreign Policy: The Rise of the Trading State«, *New Perspectives on Turkey* 40, Frühjahr 2009, S. 29–56.

51 Sinan Ülgen und Yiannis Zahariadis, »The Future of Turkish-EU Trade Relations: Deepening vs Widening«, *Turkish Policy Quarterly* 3(4), 2004, S. 17–59.

52 Gabriel Felbermayr, Rahel Aichele und Erdal Yalçın, »EU-Turkish Customs Union: How to Proceed?«, *VOX,* 23. Juli 2016, https://voxeu.org/article/eu-turkish-customs-union-how-proceed.

53 Der einzige Fall, in dem die Türkei ein Abkommen geschlossen hat, nicht aber die EU, ist Malaysia. In diesem Fall nahm die Türkei nach der EU ebenfalls Freihandelsverhandlungen auf, die jedoch schneller voranschritten als die Verhandlungen mit der EU. Infolgedessen verstößt die Türkei mit der Umsetzung ihres Freihandelsabkommens mit Malaysia am 1. August 2015 gegen zentrale Bestimmungen der Zollunion, insbesondere gegen den Grundsatz der Angleichung an die EU-Zolltarife.

54 Der internationale Handel mit Dienstleistungen (sowohl Einfuhren als auch Ausfuhren) entsprach 8 Prozent des türkischen BIP im Jahr 2005 und 12,2 Prozent im Jahr 2019. Im selben Zeitraum stieg dieser Anteil in der Weltwirtschaft insgesamt von 11 Prozent auf 13,5 Prozent. Ahmet Adnan Eken und Didem Yazıcı, »Structure of Turkey's Export of Services«, Turkish Central Bank Blog, 19 April 2021. https://tcmbblog.org/wps/wcm/connect/blog/en/main+menu/analyses/structure+of+turkeys+exports+of+servicesmain+menu/analyses/structure+of+turkeys+exports+of+services.

55 Gökhan Ergöcun, »Turkey: Services Exports Hit Historic High in 2019«, *Anadolu Agency,* 14. Februar 2020.

56 Gökhan Ergöcun, »Turkish Trade Deficit Narrows to $31.13 bln in 2019 – Trade Ministry«, Reuters, 3. Januar 2020.

57 Felbermayr u. a. »EU-Turkish Customs Union: How to Proceed.«

58 Kemal Kirişci und Onur Bülbül, »The EU and Turkey Need Each Other. Could Upgrading the Customs Union Be the Key?«, Order from Chaos blog, Brookings Institution, 29. August 2017.

59 »EU, Turkey Announce Modernization of Custom Union«, *Hürriyet Daily News,* 12. Mai 2015.

60 Europäische Kommission, Generaldirektion Handel, Study of the EU-Turkey Bilateral Preferential Trade Framework, Including the Customs Union, and an Assessment of Its Possible Enhancement, Final Report, 26. Oktober 2016, https://trade.ec.europa.eu/doclib/docs/2017/january/tradoc_155240.pdf.

61 Celal Özcan, »Merkel Conveys Germany's Veto on Customs Union Update with Turkey to Juncker«, *Hürriyet Daily News,* 31. August 2017.

62 Rat für Allgemeine Angelegenheiten, Council Conclusions on Enlargement and the Stabilization and Association Process, 26. Juni 2018, Punkt 35, www.consilium.europa.eu/media/35863/st10555-en18.pdf.

63 Statement of the Members of the European Council, 25. März 2021, Punkt 11, www. consilium.europa.eu/media/48976/250321-vtc-euco-statement-en.pdf.

64 Marc Pierini, »Options for the EU-Turkey Relationship«, Carnegie Europe, 3. Mai 2019.

65 Marc Jones, »Turkish Lira – Fair Value or Fair Game?«, Reuters, 20. August 2020.

66 Ağbal war der dritte Zentralbankgouverneur, der innerhalb von zwei Jahren entlassen wurde.

67 »Turkey's Illiberal Economic Model Will Extend Further«, Oxford Analytica Daily Brief, 3. August 2020.

68 »Unanchored in Ankara«, *The Economist,* Printausgabe, 25. März 2021.

Ausblick   Wie geht es weiter?

1 »MetroPoLL anketi yayımlandı: Yavaş ve İmamoğlu Erdoğan'ı geride bıraktı«, *Cumhuriyet,* 18. September 2021.

2 Bemerkenswerterweise haben die AKP und die MHP vor Kurzem vereinbart, die Sperrklausel von 10 Prozent auf 7 Prozent zu senken. Damit soll sichergestellt werden, dass die Ultranationalisten in die nächste Große Nationalversammlung einziehen. Siehe Nergis Demirkaya, »With Lower Election Threshold, AKP and MHP May Enter Separate«, *Duvar English,* 10. September 2021.

3 In ähnlicher Weise behauptet Soner Çağaptay, Erdoğan werde sich bis zum bitteren Ende an die Macht klammern. Siehe *A Sultan in Autumn: Erdoğan Faces Turkey's Uncontrolable Forces,* London: Bloomsbury, 2021.

4 Prominente Beispiele für solche Spaltungstaktiken, die darauf abzielen, die Gesellschaft zu polarisieren und die AKP zu stärken, sind der Versuch, die HDP zu verbieten, die Änderung des Status der Hagia Sophia, einer ursprünglich von Kaiser Justinian erbauten byzantinischen Kathedrale, von einem Museum in eine Moschee (Juli 2020) und die Aufhebung der sogenannten Istanbul-Konvention, eines rechtlichen Vertrags zur Bekämpfung von Gewalt gegen Frauen, den die Türkei im Rahmen des Europarats unterzeichnet hat.

5 » 10 Yılda Ne Değişti?«, KONDA Araştırma ve Danışmanlık, Umfrage basierend auf Feldforschung im März-April 2018, https://interaktif.konda.com.tr/en/HayatTarzlari2018/#firstPage.

6 In den letzten Jahren hat die AKP kontinuierlich an Unterstützung verloren. Erdoğan ist beliebter als seine Partei, und viele wählen die AKP nur »wegen dem *reis*«, während andere Wähler zu Splittergruppen wie Gelecek und Deva abwandern. Ich danke Karabekir Akkoyunlu für diesen Hinweis.

7 Mustafa Aydın u. a., *Public Perceptions on Turkish Foreign Policy,* Umfrage, Kadir Has Universität, 15. Juni 2021, https://khas.edu.tr/en/arastirma/khasta-arastirma/khas-arastirma-lari/turk-dis-politikasi-kamuoyu-algilari-arastirmasi-2021.